21세기

기업과 경영

윤 훈 현 저

청목출판사

머리말

100년이라는 짧은 역사를 갖고 있는 경영학은 많은 경영이론의 등장으로 어느 학문에 뒤지지 않게 큰 발전을 이룩하고 있다. 특히 21세기의 경영환경의 변화는 어느 때보다도 기업경영을 어렵게 하고 있다. 국제화, 정보기술의 급속한 발전, 기업문화의 변화, 세계적인 금융위기 등은 새로운 경영이론과 연구의 필요성에 박차를 가하고 있다. 또한 기업의 체질변화와 위기에 직면하여 적응-발전된 경영학은 기업이라는 분야뿐만 아니라 기타 여러 분야에까지도 그 중요성과 응용성이 커지고 있다.

그러나 경영학이 기업(Business)에 대한 것인가 또는 경영(Management)에 대한 것인가에 따라 크게 두 분야로 논의되고 있다. 이에 미국에서조차 경영학에 관한 기본서적도 두 분야, 즉 Business와 Management로 나누어 출간되고 있다. 이러한 상황에서 가장 적절하고도 타협적인 방법은 두 분야를 합치는 것이 타당하다고 사료되어, 본서는 두 분야를 함축하여 하나의 책으로 만들었다.

본서는 경영학을 처음 접하는 독자들이 쉽게 이해할 수 있는 경영학의 입문서로서, 기업을 경영하는 실무의 기본이 되는 경영학의 원리 · 원칙에 초점을 두었다. 기본적인 원리에 바탕을 둔 과학적 지식이 탄탄하여야만 실무에 필요한 응용적인 전략 수립이 가능하다는 판단하에, 본인이 그 동안 대학강단에서 얻은 강의경험 그리고 기업인들과의 대화 등을 토대로 한 학기 강의 교재로 사용하기에 적합하도록 최신의 경영이론을 수록하였다.

한편, 경영학의 전체 흐름을 잘 파악할 수 있도록 본서를 체계적으로 구성하는데 심혈을 기울였으며, 이론에만 치우쳐 현실과 동떨어져 뒤처지지 않는 경영학 교재가 되도록 하였다. 본서의 내용과 관련된 적절한 실제 사례 그리고 한국 기업의 현실세계를 알리고 이해하는데 도움이 되도록 하였다.

새로운 경영이론과 실제 사례 그리고 기업의 현상으로 만들어진 본서는 많은 경영학 관련 서적, 신문, 전문잡지, 인터넷 등의 도움을 얻었음을 밝힌다. 특히, Contemporary Business(Boone & Kurtz), Management(Robbins and Coulter), The Future of Business(Gilman and McDaniel), Management(Koontz and

Weihrich), Management(Daft), Marketing Management(Kotler and Keller), Operations Management(Krajewski, Ritzman and Malhotra) 등의 도움을 받았다. 또한 기업과 경영(윤훈현·장형걸), 현대경영학(이진규), 현대경영의 이해(이건창), 21세기 원론경영학(김석회), 경영학원론(이필상·이만우·정순진), 21세기를 위한 경영학(조동성), 21세기 경영학(지호준) 등의 도움을 받았다.

본서는 전체를 6부로 구성하였는데, 1부는 경영학의 기초개념, 2부는 기업이론, 3부는 기업환경과 경영전략, 4부는 경영과정론, 5부는 기업의 주요 기능 그리고 6부는 경영의 신조류와 경영기법으로 구성되어 있다. 특히 제6부의 경영의 신조류와 경영기법에서는 최신의 경영기법과 이론을 짜임새 있게 정리·제시함으로써 경영학을 배우는 독자들이 그 내용을 보다 이해하기 쉽게 하였다.

경영학이라는 방대한 영역을 한 권의 책으로 정리한다는 것은 무리한 저자의 욕심이다. 그러나 본인은 독자들의 지식에 보탬이 된다는 소신을 가지고 경영학을 처음 배우는 대학생, 그리고 타전공으로 입사하여 현재 기업에서 일하고 있는 조직구성원들에게 적합하고 도움이 되도록 저술하는데 심혈을 기울였다.

이 책이 나오기까지 조언과 자료수집 등 물심양면으로 도와주신 많은 분들에게 감사를 드리며, 이 책을 발간할 수 있도록 허락해 주신 청목출판사의 유성열 사장님을 포함하여 임직원 여러분의 정성과 노고에 감사드린다.

끝으로 항상 가정의 건강함, 기쁨과 슬픔 그리고 고통을 인내와 사랑으로 해결하며, 본서를 집필할 수 있도록 헌신적으로 도와준 아내, 혜정에게 마음속 깊이 고마움을 느끼며, 짧은 기간이라는 마음의 고통과 갈등을 잘 이겨내주면서 미국에서 공부에 열중하고 있는 연구의 동반자인 아들 영삼, 영삼의 어려움을 함께 나누고 있는 연진, 그리고 한 동안 보지 못했지만 항상 귀여운 웃음을 선사하는 손녀 채영, 또한 생활의 활력을 주고 새로운 기쁨을 주는 외손자인 이결과 이협, 두 아들을 지혜롭고 건강하게 키우고 있는 딸 주연, 그리고 희망스러운 미래를 향해 너무나 고생하며 노력하는 사위 범규 등 모든 가족들에게 고맙다는 말 이외에는 더 이상의 표현이 없을 것 같다. 모두의 고마움과 도움 덕분에 이 책이 탄생되었다.

저자 윤훈현

차 례

제 4 부 경영과학론

제1부

경영의 기초개념

제 1 장

경영학과 기업의 개념

현대경영의 중요성과 고객중심 경영

치열한 경영환경에서 살아남아 기업으로서 계속 성장·발전하기 위해서는 고객지향적 경영전략이 필요하다. 많은 기업들이 고객중심의 경영을 표방하고 있으나 이들 기업이 처한 현실과 고객지향적 경영목표와는 상당한 차이가 있음을 알 수 있다. 대부분의 기업들은 고객이 원하는 제품을 만들고 고객의 만족도를 높이면 고객지향적 기업이 되는 것으로 알고 있다. 진정한 고객지향적 기업이 되기 위해서는 정확한 이해와 선진기업들의 사례를 살펴보는 것이 중요하다.

① 고객과의 가치 공유

Dell, HP, P&G 등 고객지향적 기업을 보면 고객중심의 경영철학이 있으며 이러한 철학이 구호에 그치지 않고, 종업원들이 고객지향적 마인드를 가지고 업무를 수행할 수 있도록 조직문화에 스며들어 있다는 것이다. 그러나 많은 국내 기업들은 대외적으로 고객을 중시하는 CI(Corporate Identity), BI(Brand Identity) 작업을 하고 있지만, 정작 고객에게 어떠한 가치를 제공해야 하는지를 결정하지 못하고 있다. 고객중심의 철학을 공유한다는 것은 단순히 고객지향적인 슬로건을 지닌 기업이라는 의미와는 다르다. 전사적인 차원에서 고객중심의 철학을 전파하여 기업의 지향점이 정확하게 고객을 향하게 한다면 자연스럽게 고객가치를 높일 수 있는 경쟁력을 갖출 수 있을 것이다.

② 고객의 통찰력을 반영할 전담 조직 구성

고객에 대한 통찰력을 기업의 경영에 반영할 수 있는 전담 조직이 필요하다. IBM은 기존의 제품중심 조직구조에다가 고객중심의 산업별 조직을 추가함으로써 조직의 운영이 고객중심으로 이루어지도록 변화시켰다. 이 외에도 Intel, Cisco, Pepsi, HP 등 많은 선진 기업들이 CCO(Chielf Customer Officer)를 설치하는 등 2000년 이후 CCO에 대한 관심이 높아지고 있다.

③ 고객중심의 사업모델 구성

대다수 기업이 신제품개발을 통해 수익을 창출하는 제품중심의 경영을 하고 있으나 고객지향적 기업은 고객과의 관계강화와 고객의 문제해결을 통해 수익을 창출하고 있는 점이 다르다. 1990년대 경영위기에 처했던 IBM의 루이스 거스너 회장은 제조와 판매중심의 기업문화가 IBM을 위기에 몰아넣은 원인 중의 하나로 인식하고 각 제품 사업부를 분리매각하는 대신 통합된 제품과 서비스로 솔루션을 제공함으로써 위기에서 탈출할 수 있었다.

④ 고객중심의 고유한 경영시스템 보유

고객지향적인 철학, 조직구조 문화는 궁극적으로 고객지향적 경영시스템을 만들게 된다. 고객지향적 경영시스템은 고객의 생생한 목소리가 경영활동에 직접적으로 반영되고 있다는 점과 임직원들이 효과적으로 고객의 가치를 창조할 수 있는데 집중하고 있다. HP는 고객 세분시장을 기준으로 고객과의 커뮤니케이션이 일어나는 모든 단계에서 고객의 경험가치(TCE: Total Customer Experience)를 측정하여 이를 경영의 한 축으로 활용하고 있다.

⑤ 성과 평가의 중심에 고객

기업의 목표와 개인의 동기부여를 일치시키는 중요한 요소로 고객중심의 관점에서 성과지표를 설계하고 평가하는 것이 중요하다. Dell은 매년 목표 고객 만족도를 부여하여 이를 달성할 경우 보너스를 지급하는 시스템을 도입하고 있으며, 이는 매출 목표를 달성하는 것과 동일한 수준의 중요도로 KPI(Key Performance Indicator)에 반영하고 있다.

이와 같이 고객지향적 기업은 가치사슬 전반에 고객중심적인 요소들이 녹아 있는 것을 알 수 있다. 그러나 고객지향성을 추구하는 것이 현실적으로는 매우 어렵다. 성공적인 고객지향적 기업이 되기 위해서는 고객의 변화에 적극적으로 부응할 수 있도록 지속적으로 변화하고 업그레이드하는 노력이 뒤따라야 한다.

자료원: LG경제연구원, 〈주간경제〉 제894호, 2006년 7월 21일 재수정

제 1 절 경영학의 연구대상

경영학이란 기업의 경영활동에 대해 체계적으로 연구하는 학문으로서, 기업의 목적을 달성하기 위해 자본과 물적자원, 인적자원, 정보, 지식 등을 이용하여 계획수립, 조직화, 충원화, 지휘 및 통제하는 활동을 체계적으로 연구하는 활동이다. 즉 경영학은 **기업**(firm, company, business, corporation, enterprise)의 목표를 효율적, 효과적으로 달성하기 위해 체계적으로 연구하는 학문으로서, 조직체(organization)인 기업 그리고 경영이라는 행위(managerial behavior)에 대해 과학적인 연구를 하는 실증적인 학문이다.

1. 조직과 기업

조직이란 공통의 특정한 목적을 달성하기 위해서 다수인이 모인 사람들의 집단으로서, 통일의사체를 갖고 있는 사람들로 구성된 모임체를 의미한다. 이러한 모임체인 조직(가정, 학교, 교회, 군대, 기업, 동창회, 특정 공동체, 국가 등)에 참여하는 조직구성원들은 나름대로 역할을 담당하여 공동의 목적을 달성하기 위해 노력한다. 즉 조직은 〈그림 1-1〉과 같이 네 가지의 특성을 가지고 있다. 첫째, 각 조직은 뚜렷한 공동 목적을 가지고 있다. 둘째, 각 조직은 사람들로 구성되어 있다. 셋째, 모든 조직은 구성원의 행동을 통제 및 조정하기 위해 체계적인 구조로 형성되어 있다. 넷째, 조직은 외부환경과의 상호작용을 하는 개방적 시스템이다.

경영학은 광범위하게 모든 조직을 연구대상으로 하지만, 본서에서는 조직 중에서 기업조직에 한정하고, 또한 기업조직 중에서도 비영리조직(정부, 교육기관, 종교단체, 자선단체 등)을 제외한 영리조직에 초점을 둔다. 따라서 경영학의 연구대상은 영리조직인 기업으로서, 통일의사체로서의 경제적 경영체 중에서도 생산경제 조직체만으로 한정한다.

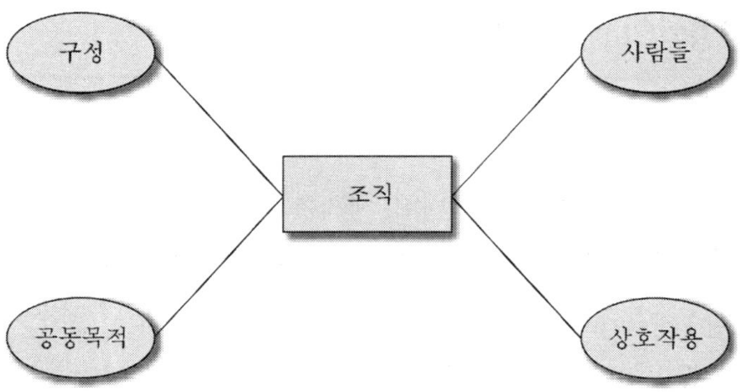

〈그림 1-1〉 조직의 특성

2. 관리적 행위

경영학의 연구대상은 **경영**이라는 행위로서, 그것은 기능적인 업무행위와 관리과정인 관리적 행위이다.

기능적인 업무행위는 자본을 조달해서 운용하는 재무(finance)행위, 조달된 자본으로 생산에 필요한 생산요소를 확보하는 구매(purchase)행위, 확보된 생산요소를 투입해서 제품(서비스 등)을 산출해 내는 생산(production)행위, 그리고 생산된 제품을 소비자로 하여금 구매하도록 하는 마케팅(marketing)행위, 기업의 구성원과 관련된 활동을 하는 인적자원(human resource)행위 그리고 상기의 행위를 보다 효율적으로 수행할 수 있도록 보조하는 회계, 경영정보 등의 행위도 있다.

그러나 상기의 여러 활동(행위)들은 기업이 대규모화됨으로써 다양성과 복잡성이 증대되어 더욱 어려워지고 있다. 이에 경영활동을 보다 효율적, 효과적 및 과학적으로 관리하기 위한 관리적 행위 즉 **관리과정**을 거치도록 하고 있다. 관리과정은 계획(plan), 집행(do), 통제(see)의 과정(PDS 과정)으로 이루어지는데, 이것도 경영학의 연구대상이 된다.

따라서 경영학의 연구대상은 첫째, 기업이라는 조직 그리고 둘째, 기업을 경영하는 행위를 모두 포함한다.

제 2 절 기업의 의미

1. 기업의 의미와 특성

경영의 원리가 적용되는 경제주체인 기업이란 인간의 욕구를 충족시켜 주는 제품이나 서비스를 생산하고 구매케 하여 이익을 창출하는 경제주체인 조직체이다. 본서에서는 **기업**이란 이윤추구의 동기에 의해서 운영되는 경제, 기술, 사회 시스템으로서의 생산경제의 조직체라고 정의한다. 이상의 정의에서 볼 때, 기업은 〈그림 1-2〉와 같이 여러 가지 특성을 가지고 있다.

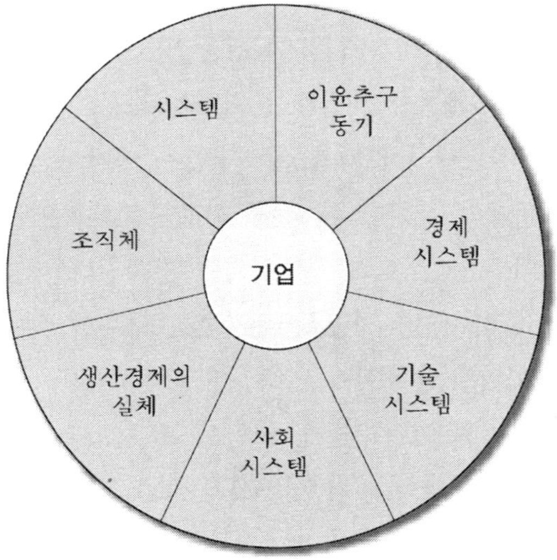

〈그림 1-2〉 기업의 특성

첫째, 기업은 이윤추구의 동기에 의해서 운영된다. 이것은 자본주의 사회에서 기업이 존재하는 이유는 영리를 추구한다는 것으로서, 생산을 통한 영리를 목적으로 하는 영리경제의 단위라는 것이다.

그러나 기업이 영리추구를 목적으로 수단과 방법을 가리지 않고, 사회적 희생이나 저항을 무시하면서 무차별적으로 극대이윤을 추구하게 된다면, 기업의 존재의의가 기업가의 개인적인 목표만을 실현하기 위한 것으로 전락하게 된다. 이에 따라 주주, 종업원, 소비자, 국가, 채권자, 중간상 및 원료공급자 등 다수의 **이해관계자**(stakeholders)들로부터의 저항을 받게 되고 소외될 때 결국에는 경영의 존재 자체에 대한 정당성과 합법성을 상실하게 되어 존립 자체가 위태롭게 될 수도 있다. 이에 따라 현대기업은 극대이윤이 아니라 여러 다양한 이해관계자들이 수용하는 사회지향적 이윤개념을 받아들이고 있다.

둘째, 기업은 경제시스템의 특징을 갖는다. 기업이 경제시스템이란 뜻은 무한경쟁 속에서 많은 활동(기능)을 수행함에 있어 경제성을 중요시해야 한다는 개념으로서, 모든 조직구성원들이 원가절감 의식을 가지고 노력해야 한다는 것이다.

셋째, 기업이 기술 시스템이라는 의미는 기업이 경쟁에서 살아남기 위해서는 성능, 디자인, 품질 등이 뛰어난 제품을 생산할 수 있어야 한다는 것이다. 즉 현대기업이 존속, 성장하기 위해서는 모든 조직구성원들의 기술수준이 높아야 한다는 것이다. 또한 기술은 과학적 지식을 신제품 및 서비스 등으로 상업화하는 것이므로, 혁신을 통해서 신제품을 개발하여 기업을 성공적으로 성장시켜야 한다.

넷째, 기업이 사회 시스템이라는 특성은 기업은 인간의 집단으로 구성되어 있으므로 기업내 사회관계가 원만할 때 업무관계가 효과적으로 조성되고 또한 和(화)의 인간관계가 이루어짐으로써 경영성과도 향상된다는 것이다. 뿐만 아니라 기업은 전체 사회의 하위 시스템으로 존재하므로 다수의 이해관계자들의 상호작용관계가 원만할 때 기업의 존재의의도 바람직하게 된다.

다섯째, 기업은 생산경제의 실체로서, 인간의 욕구를 충족시켜 줄 가치가 있는 재화나 서비스를 생산하여 생활의 질을 향상시킨다. 생산은 효용가치를 창조하는 것이므로 생산형태에 따라 형태상의 효용을 창조하는 제조업, 시간상의 효용을 창조하는 금융업, 장소상의 효용을 창조하는 유통업, 운수업 등 모두가 기업에 포함된다.

여섯째, 기업이 조직체라는 것은 다수인이 공동의 목적을 달성하기 위해 상호작용하는 단위를 의미한다. 따라서 어느 한 개인에 의해서 가업이나 생업으로 영위하는 경우(예: 소형 슈퍼마켓 등)에는 기업에 포함되지 않으므로 경영학의 연구대상으로서는 적당하지 않다.

일곱째, 기업이 **시스템**이라는 의미는 기업에 종사하는 모든 구성원들이 시스템적 사고에 의해서 전체와 부분을 함께 볼 수 있는 안목을 가지고 경영활동을 해야 한다는 것이다. 즉 조직내 행위(활동)부서의 구성원들은 전체 시스템과의 상호작용 속에서 업무를 수행할 수 있어야 하고 또한 전체 시스템도 많은 하위 시스템과의 조화 속에서 업무를 수행할 수 있을 때 조직 전체의 업무성과가 제고될 수 있다.

또한 기업은 크게는 사회라는 환경 시스템 속에서 존재하면서, 일정한 기능(생산주체)을 수행하는 하위 시스템(subsystem)이므로, 기업의 내부기능 시스템과 계층 시스템인 하위부문 시스템은 항상 상호작용 과정에서 **시너지 효과**(synergy effect: 상호작용 효과)를 발휘하여 전사적 시스템에 기여할 수 있어야 한다.

종합적으로 볼 때, 기업이라는 시스템은 우선 목표(목적)를 정하고, 그 다음으로 기업을 둘러싸고 있는 환경 시스템(환경조건)을 인식하고, 각각의 독자적이며 핵심적인 기능을 수행하는 하위 시스템(구성요소: elements)을 구조적으로 체계화(체계적으로 결합)한 하나의 전체가 되어야 한다.

2. 기업의 구성요소와 역할

기업의 구성요소는 기업이 활동하는데 토대가 되는 것으로서, 기업이 제품이나 서비스를 생산하고 마케팅하여 고객에게 가치를 제공하기 위해 소요·사용되는 자원으로 3M 또는 4M이라고 하는데, 경제학에서는 생산요소라고 한다.

- **천연자원**(material): 사무실이나 공장을 건립하거나, 제품을 생산하기 위해 필요한 것으로서 농업용 토지, 건축용 입지, 임야, 농산물, 광산물 및 원유 등이 포함된다. 이것은 생산하기 위해 천연상태로 투입·이용되는 요소로서 기본적인 자원이다.
- **인적자원**(man): 재화나 서비스를 생산하기 위해 필요로 하는 정신적이고

육체적인 노력인 노동이다. 즉 기업의 구성원인 최고경영자로부터 최말단의 노동자에까지 일을 하는 모든 사람들이 제공하는 것이다.

- **자본**(money, capital): 자본이란 화폐, 기계, 공구 및 건물, 원료 구입, 종업원 채용과 같이 기업을 운영하는데 필요한 자금으로서, 이 자금은 투자자, 채권자 등에 의해서 제공된다.
- **기업가 정신**(management:entrepreneurships): 기업을 설립하고 여러 생산요소를 결합하여 제품이나 서비스를 만들어 구매토록 하여 이익을 획득하는데 발생하는 위험을 감수하고자 하는 의지이다. 즉 기업가는 사기업 시스템 내에서 위험감수자로서, 어느 경우에는 실제로 관리(경영자)하기도 하며, 또는 고용경영자에게 이러한 책임을 위양하기도 한다.

최근 들어, 지식이 다섯 번째 구성요소로 부각되고 있다. **지식**(knowledge)이란 노동인력의 총체적인 재능과 기술이라는 것으로 정의할 수 있다. 그러나 기업의 자원으로서 지식이 의미하는 것은 의사결정에 필요한 정보를 수집·집적하고 체계화하여 미래의 사용에 대비하여 보편성을 갖도록 한 형태로서 유용한 가치창출로 이어진 것이다. 이와 같은 지식이 생산요소로 부각되는 이유는 기업환경의 불확실성이 커지고, 업무의 성격과 조직 구성, 경영기법 등이 빠르게 변화하면서 지식과 학습의 가치가 날로 커지고 있기 때문이다.

상위 시스템인 사회가 제공하는 생산요소를 활용하는 기업은 국민경제활동을 구성하는 하나의 경제주체라는 것으로 그 역할을 설명할 수 있다. 즉 기업은 일자리, 제품, 서비스 등을 사회에 제공하여 삶의 질을 결정하는 중요한 역할을 함으로써, 한 국가의 경제를 성장·발전시키는 추진력을 제공하여 경제발전은 물론 사회, 정치 발전 등에 기여를 하고 있다.

첫째, 기업은 목표이익을 달성하기 위해 최소의 투입물로 최대의 산출물을 생산·공급해야 하기 때문에 자원을 효율적으로 이용하는 역할을 수행해야 한다.

둘째, 기업은 국민들이 필요로 하는 제품과 서비스를 생산·제공함으로써 소비자를 만족시켜야 한다. 특히 소비자들의 다양화되고 있는 욕구를 충족시키는 기업만이 존속·성장할 수 있으므로, 다양한 제품과 서비스를 개발할 뿐만 아니라 사회 전체가 긍정적으로 받아들일 수 있어야 한다.

셋째, 기업은 생산과 마케팅 등의 활동을 통해 획득한 이윤을 공정하게 배분하여 그 과정에서 모든 이해관계자들의 소득을 증가시켜야 한다.

넷째, 기업은 새로운 고용기회를 창출해야 하며, 또한 기업간의 공정한 경쟁이 이루어지도록 제품의 다양화, 비용절감, 새로운 기술개발 등 여러 가지 중요한 역할을 수행해야 한다.

제 3 절 경영의 개념

1. 경영의 의미

우리는 다양한 사회활동을 수행하고 있다. 개인적이든 집단적이든 현대인들은 여러 활동에 관여하고 그 활동의 결과가 잘 될 수 있도록 노력한다. 스포츠팀의 감독, 기업의 경영자, 비영리조직의 경영자, 군대의 지휘관 등 모든 사람들은 상이한 직업을 가지고 상이한 사회활동을 수행하지만, 모두가 갖고 있는 공통점은 사람들과 협력하여 기대하였던 바람직한 결과를 성취하기 위해 노력을 경주한다는 것이다.

이렇게 볼 때, 경영은 기업의 목적을 달성하기 위해 행해야 하는 활동으로서, 학자들마다 유사하게 정의하고 있다. 본서에서 **경영**(management)이란, 사회적 존재로서 생존하고 발전하기 위한 조직의 목적을 효율적, 효과적으로 달성하기 위해 기업이 필요로 하는 인적, 물적, 지적 자원을 구입 및 투입하여 제품이나 서비스를 생산하고 이를 제공하는 기능을 원활하게 수행하기 위해 제자원을 계획수립, 조직화, 충원화, 지도, 통제 등을 통해서 체계적으로 관리·운영하는 과정이라고 정의한다.

여기에서 **효율성**(efficiency)이란 일을 올바르게 하는 것(doing thing right)으로서, 효과성을 높이는 과정에서 투입되는 희생이나 비용을 최소화하는 것이다.

즉 효율성은 투입에 대한 산출의 비율로서 산출과정에서 산출증가분에 대한 투입자원의 비율이라고 정의할 수 있다. 기업이 투자한 투입보다 산출이 많으면 효율성이 높다고 할 수 있으므로 최소의 투입자원을 사용함으로써 효율성이 높아진다. 이러한 점에서 효율성은 자원의 활용정도와 관련이 있다.

효과성(effectiveness)은 올바른 일을 하는 것(doing the right thing)으로서, 기업이 미리 설정한 목표를 어느 정도 달성하였느냐 하는 것이다. 따라서 조직이 목표를 달성할 때 효과성이 높다고 한다.

결론적으로 경영자들이 조직 운영에 있어서 효과적이지 못하거나 효율적이지 못할 때 경영은 실패한 것으로 볼 수 있다. 따라서 경영자는 효과성을 높이기 위해서 그 기업이 추구하는 목표를 설정하고, 그 목표를 달성하기 위해 노력을 기울여야 한다. 또한 효율성을 높이기 위해서는 최소의 비용으로 최대의 효과를 추구해야 한다.

따라서 성공적인 경영은 효율성과 효과성을 동시에 성취하는 것이며, 경영자는 이 두 가지가 균형이 되도록 하는 책임을 진다. 즉 효율성과 효과성은 상호관계를 맺고 있으므로 비로소 기업은 경쟁력을 갖게 된다.

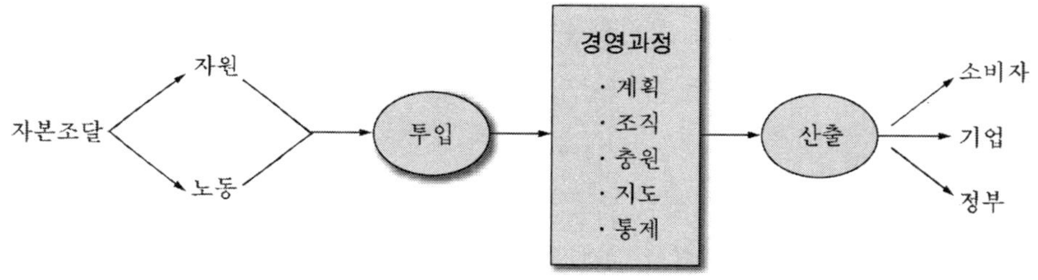

〈그림 1-3〉 경영의 과정

〈그림 1-3〉과 같은 경영은 기능상에서 볼 때 크게 세 가지 과정으로 나누어 볼 수 있다. 첫째, 재화나 서비스를 생산하기 위해 필요로 하는 생산 요소(투입물:input)를 구입하기 위해 자본을 조달하고 그 자본을 운용하는 것이다(재무기능). 둘째, 구입한 생산요소를 생산과정에 투입하여 보다 더 큰 효용가치가 있는 재화나 서비스를 산출하는 것(생산기능). 셋째, 산출물을 소비자, 타조직 또는 정부 등이 구입하도록 하는(마케팅 기능) 것, 그리고 인적자원기능 및 회계기능 등

업무기능이 있다.

그리고 상기의 기능을 보다 과학적, 효율적 및 효과적으로 수행하기 위해서 경영은 하나의 순환과정, 즉 계획(plan), 실행(do), 통제(see)의 과정을 반드시 거친다. 이것은 관리기능으로서, 이 순환과정은 계획화(planning), 조직화(organizing), 충원화(staffing), 지도(leading) 및 통제(controlling) 등으로 전개된다. 이 5개의 순환과정은 학자들에 따라 다소 차이가 있는데, **관리순환과정**(management cycle)이라고도 한다(〈그림 1-4〉 참조).

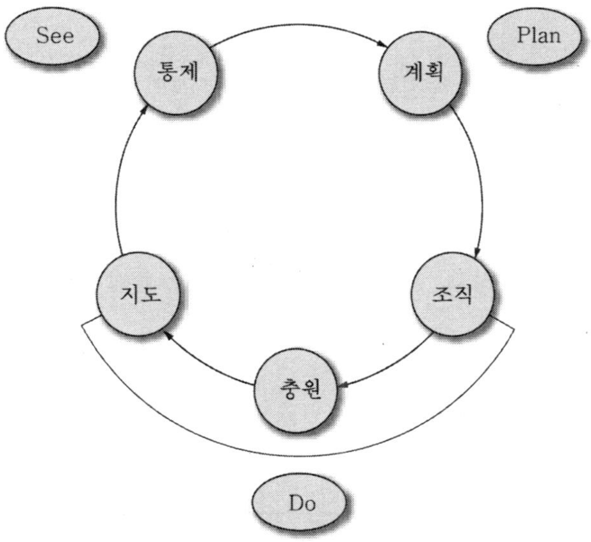

〈그림 1-4〉 관리순환 과정

2. 관리과정

경영자가 기업의 업무기능을 수행하기 위해 절대 필요한 관리기능은 하나의 과정으로 이루어져야 하는데, 이것은 경영자의 기능으로서, 그 활동내용은 다음과 같다.

• **계획화**(계획수립, planning): 기업의 목적과 목표를 수립하고, 그것을 실현하

기 위해 필요한 방법(전략)을 강구하는 과정이다. 즉 조직의 목표를 달성하기 위해 해야 할 일이 무엇인가를 결정하고, 언제, 어떻게 그 일을 할 수 있는가를 파악하며, 누가 그 일을 해야 하는가를 결정하는 과정이다.

- **조직화**(organizing) : 구성원들로 하여금 계획과 목표를 보다 효율적으로 실현할 수 있도록 업무를 분담하고 또한 업무들 간의 관계를 명확히 하며, 효율적인 형태로 조직을 구성(조직구조)하여 인적 및 물적 자원을 배분하는 관리과정이다.
- **충원화**(staffing) : 조직 내 지위에서 업무를 효율적으로 수행해 나갈 적재의 인재를 적소에 채용, 배치하고 그들을 관리하는 과정이다.
- **지도**(지휘, leading) : 종업원으로 하여금 조직의 목표를 완성하도록 하기 위해 요구되는 과업을 보다 효율적으로 수행할 수 있도록 리더십을 발휘하고, 동기를 부여하는 관리과정이다.
- **통제**(controlling) : 경영활동이 미리 수립된 계획과 표준(목표)에 일치하도록 개인과 집단이 과업을 계획대로 차질 없이 수행해 나가고 있는가를 점검하고 감독, 시정 조치하는 관리과정이다.

제 4 절 현대 경영학의 과제

1. 현대 경영이 해결해야 할 주요 과제

경영에 대한 정의에 기초하여 현대 경영은 다음의 다섯 가지 주요 과제를 해결해야 한다.

첫째, 기업의 목표를 실현해야 한다. 기업은 생산경제의 단위체이므로, 고객가치를 창조하고 제공하여 고객만족을 이룰 수 있는 제품과 서비스를 생산, 제공하여 그 반대급부로서 이윤이라는 가치를 추구할 수 있어야 한다.

둘째, 조직의 효율성과 효과성을 함께 확보해야 한다. 일을 올바르게 행하여 올바른 일을 달성함으로써 기업의 총체적인 성과를 제고시켜야 한다. 즉 경영자는 조직의 목표를 달성하기 위해 효과성을 제고시킬 수 있어야 하고, 또한 한정된 자원을 보다 효율적으로 활용할 수 있어야 한다.

셋째, 다른 사람들과 함께 다른 사람들을 통해서 업무를 수행해야 한다. 경영은 사회적 과정으로 이루어진 인간 시스템이므로, 더불어 함께 협동함으로써 특정기능을 효율적으로 수행할 수 있다.

넷째, 경영자원을 효율적으로 활용해야 한다. 인간의 욕구는 무한한 반면에 그 욕구를 충족시켜 줄 수 있는 자원이 유한한 희소성의 세계 속에서 경영활동이 이루어지므로, 경영관리의 주요 과제는 유한한 자원을 가장 효율적으로 투입하고 결합해서 인간이 효용가치를 느낄 수 있는 제품 또는 서비스를 생산·공급하는 것이다. 또한 오늘날 많은 국가들이 **자원민족주의**(resource nationalism)를 강력하게 주장하고 있으므로, 자원이 부족한 국가에서 활동하는 기업은 이에 대한 전략을 강구함으로써 차질 없는 경영활동의 전개에 대비해야 한다.

다섯째, 변화하는 환경에 보다 적절히 대비해야 한다. 오늘날의 급격한 변화는 미래를 정확하게 예측할 수 없도록 한다. 경영자는 그 속에서 의사결정을 하고 집행해야 하기 때문에 그만큼 위험부담은 높아지고 있다. 이에 경영자는 환경지향적인 사고에 기초하여 변화를 진단하고, 그에 근거하여 환경에 적응하며, 보다 적극적으로 환경을 개발하여 경영에 유도하도록 환경을 활용해야 한다.

2. 현대의 경영자가 유의해야 할 변화내용

지속가능경영이라는 새로운 패러다임이 등장하고 있는 21세기의 급격한 환경변화 속에서 경영자는 아래의 변화내용에 유의해야 한다.

첫째, **세계화 시대의 도래**: 세계화와 신경제의 도래에 의한 정보화로 세계는 점점 좁아져 지구촌화되어 세계의 모든 사람들은 24시간 내의 생활권 속에서 함께 살아가고 있다. 또한 기업도 세계화의 경쟁 속에서 생존을 위한 경쟁전략을 모색하고 있다. 이에 경영자는 국제경영에 더 무게를 두고 국제화에 대비하는 경영활동을 전개해야 한다.

둘째, **제품 또는 서비스 품질의 개선**: 기업이 마케팅 전략을 구사함에 있어 품질로 승부할 수 없을 때 시장점유율의 확대는 불가능하므로, 기업은 전사적 품질경영의 개념에 기초하여 품질개선에 전사적 노력을 경주해야 한다.

셋째, **환경보호주의(environmentalism)의 대두**: 산업화에 따른 산림훼손, 지구온난화, 오존층 파괴, 유독 폐기물, 기타 대기 · 토양 · 수질 오염 등에 의한 환경오염 문제가 인간의 생명을 위협하고 있는 오늘날 환경파괴의 주범이라고 할 수 있는 기업은 환경오염을 예방하고 개선하는데 총력을 기울여야 한다.

넷째, **윤리적 생각과 행동의 필요성 증대**: 우리 사회의 곳곳에서 옳고 그름이나 선과 악의 잣대가 쓸모없이 되고, 도덕적 해이에 의해 윤리적 감각이 소멸됨으로써 삶의 터전이 점차 삭막해지고 있다. 이러한 소용돌이 속에서 기업의 도덕불감증은 궁극적으로 기업과 소비자 그리고 국가가 함께 손해를 보게 되므로, 기업은 지속가능한 경영을 위해 어느 때보다도 윤리적 생각과 행동이 필요하다.

제 5 절 경영 마인드

1. 경영 마인드의 필요성과 의미

21세기에는 대통령부터 시작해서 가정주부에 이르기까지 모두가 경영 마인드를 가져야 한다는 이야기를 자주 듣는다. 그 이유는 어느 조직의 대표자가 능력이 있느냐 없느냐를 평가할 때 주로 경영 마인드를 기준으로 삼기 때문이다. 따라서 경영 마인드는 우리의 일상생활과 분리될 수 없는 필수요소가 되고 있다.

경영 마인드(business mind)란 경영자가 기업의 목표를 달성하기 위해 효과성과 효율성을 가진 여러 가지 아이디어나 지혜를 적용하는 것으로서, 효과성과 효율성을 추구하는 마인드를 뜻한다.

이렇게 볼 때, 어떻게 하면 보다 더 효과적으로 목표를 달성할 수 있을까 또는 어떻게 하면 보다 더 효율적으로 업무를 완수할 수 있을까와 같은 문제에 대한 해답을 찾고자 노력하는 마인드가 경영 마인드이다.

그러나 환경은 급격하고도 꾸준하게 변화하므로, 경영 마인드에는 반드시 유연한 사고방식이 요구된다. 시대에 따라서, 환경에 따라서, 상황에 따라서 최적의 대안이 달라질 수 있으므로, 어느 하나를 고집해서는 안 되는 것이 경영 마인드이다.

그러므로 경영 마인드는 조금이라도 더 효과적이고 효율적인 방법을 찾아내기 위해 끊임없이 아이디어나 지혜를 짜내야 하는 어려움이 있다. 따라서 지구촌이 하나의 시장으로 통합되면서 지속적인 성장을 하지 않고서는 생존조차 할 수 없는 무한경쟁시대에 있는 기업은 강력한 경쟁력을 갖기 위해서 모든 경영자가 철저한 경영 마인드를 갖추어야 한다.

상기의 경영 마인드에 기초하여 행해지는 것이 경영혁신인데, **경영혁신**(management innovation)이란 기업의 목표를 달성하기 위해 새로운 생각이나 방법으로 기존 업무를 다시 계획하고 조직화하여 지휘하고 통제하는 것이다. 즉 새로운 제품이나 서비스, 새로운 생산공정기술, 새로운 구조나 관리시스템, 종업원을 변화시키는 새로운 계획이나 프로그램을 의도적으로 실행함으로써 기업의 중요한 부분을 본질적으로 변화시키는 것을 말한다.

기업에게 경영혁신이 필요한 경우는 다음과 같다.

첫째, 기업이 원하는 목표를 달성하지 못하고 있는 경우다. 시장점유율 1위를 목표로 하는 회사가 만년 2~3위 수준에서 멈춘다면 지금까지 사용해오던 경영기법을 버리고 혁신적인 기법을 도입할 필요가 있다.

둘째, 기업이 새로운 목적을 추구하는 경우이다. 시장점유율 1위를 목표로 하던 회사가 이를 달성하게 되면 수익을 개선하는 쪽으로 목표를 바꾸는 것이 보통이다. 이같이 목표가 성장에서 수익성으로 바뀐다면 그동안 효과를 보았던 성장지향적 경영기법을 수익지향적 경영기법으로 전환해야 할 것이다.

셋째, 기업환경이 급변하는 경우다. 독점적인 시장환경 속에서 기존 경영혁신 기법으로 좋은 성과를 내던 기업은 경쟁이 치열해짐에 따라 경쟁에서 살아남고 번영할 수 있는 새로운 경영기법을 모색해야만 할 것이다.

이처럼 다양한 목적을 가진 경영혁신기법은 경영활동이 일어나는 장을 변화시키는 기법과 실제 경영활동 프로세스를 변화시키는 기법으로 나눌 수 있다. 경영활동의 장을 변화시키는 기법에는 비전만들기(VM), 리스트럭처링(RS), 학습조직(LO), 벤치마킹(BM) 등이 있다. 이러한 기법들은 경영내용 중 특정부문에 영향을 끼친다기보다는 기업전체 차원에 영향을 끼치며, 경영활동의 환경을 변화시키는 근본적인 경영혁신기법에 속한다.

반면에 경영활동의 프로세스를 변화시키는 기법들로는 장기전략계획(LSP), 경쟁전략(CS), 영점기준예산계획(ZB), 신인사제도(NP), 리엔지니어링(RE), 다운사이징(DS), 시간기준경쟁(TBC), 전사적 품질경영(TQM), 종합적 품질관리(TQC) 등을 들 수 있다. 이들은 경영활동의 적용대상인 기업의 수준에 따라 적용을 달리하여 관리와 업무처리의 방법을 변화시키는 기법들이다.

2. 경영 마인드의 핵심요소

기업이 강력한 경쟁력을 확보하기 위해서 경영자는 세 가지 경영 마인드를 가져야 한다. 첫째는 고객을 최우선으로 하는 고객중심 마인드, 둘째는 치열한 경쟁 속에서 경쟁우위를 확보할 수 있는 방법을 찾는 경쟁우위 마인드, 셋째는 기업 자체의 가치를 극대화시키는 가치극대화 마인드이다.

이러한 세 가지 마인드가 통합적으로 연계되어 기업현장에서 추진될 때 경영 마인드를 통한 혁신적 경영활동이 이루어진다.

1) 고객중심 마인드

성공하는 기업은 고객은 왕이다. 또는 고객 말은 항상 옳다라는 철학을 가지고 있는데, 이는 고객중심적 사고와 고객만족이 기업에게 중요하다는 것이다.

고객중심 마인드란 경영자가 기업을 경영하는 데 있어 가장 먼저 생각하는 것인 고객에게 제공되는 일체의 물질적, 심리적 행동이 최상의 고객만족을 가져다 주는 활동으로 이루어지도록 하는 것을 의미한다.

그러나 여기에서 **고객**이란 최종소비자인 외부고객, 기업에서 열심히 일하는 종업원인 내부고객 그리고 기업의 경영활동에 간접적, 직접적으로 도움을 주는 보조고객(중간상, 원료공급업자, 주주, 채권자 등 이해관계자) 등이 모두 포함되므로, 고객의 의미를 폭넓게 이해할 필요가 있다.

따라서 세계적으로 성공한 기업들은 자사의 제품이 잘 팔리고 있을 때에는 항상 고객의 불만을 경청하는데 최선을 다하고 있으므로, 성공하는 경영자가 되기 위해서는 최종소비자인 새로운 고객뿐만 아니라 현재의 고객도 만족할 수 있도록 하는데 모든 생각의 초점을 모아야 한다. 또한 경영자는 주주를 가장 중요한 고객으로 보고 주주의 입장에서 경영활동을 수행함으로써 주주에게 이익이 돌아갈 수 있도록 해야 한다. 그리고 기업은 좋은 성과를 성취하기 위해서는 종업원을 고객이라고 생각하고 가족처럼 따뜻한 배려와 너그러운 마음씨를 가지고 대해야 한다.

2) 경쟁우위 마인드

경영 마인드에는 고객중심 마인드와 함께 경쟁사와 비교할 때 어떻게 하면 상대적으로 더 큰 만족을 제공할 수 있는가를 찾는 경쟁우위 마인드가 요구된다. 이러한 **경쟁우위 마인드**는 경쟁의 범위가 넓어지고 경쟁정도가 격화될수록 더욱 더 중요하게 작용한다.

경쟁우위(competitive advantage)는 어느 특정한 기업이 다른 수많은 기업과의 경쟁에서 우위에 설 수 있는가의 여부를 판단할 때 사용하는 개념으로서, 기업이 경쟁우위를 확보하기 위해서는 기업 특유의 기술이나 탁월한 경영능력 등이 필요하다.

이러한 경쟁우위의 원천으로는 가치활동과 **핵심역량**(core competence)이 있는데, 가치활동은 창조적인 경영활동을 의미하고, 핵심역량은 기업의 경쟁력 확보에 결정적인 역할을 하는 중요한 경영자원이다. 따라서 특정한 기업활동이나 특정한 경영자원이 경쟁기업에 비해 우위에 있으며 또한 두 가지가 밀접하게 관련되어 있어야만 지속적인 성장과 발전을 도모할 수 있다.

이 때 기업이 갖고 있는 특정한 경영자원이 경쟁사에 비해서 우위를 가지려면 두 가지 조건이 충족되어야 한다.

첫째, 기업이 가진 자원이 다른 기업들이 갖지 못한 희소한 자원이어야 한다.

둘째, 기업이 갖고 있는 자원인 핵심역량이 되려면 현재 그 산업에서 중요하게 작용되는 것이어야 한다.

따라서 기업이 경쟁우위를 확보하기 위해서는 자신이 가진 핵심역량이 무엇인가를 파악하고, 이를 핵심사업이나 핵심제품으로 연결해야만 글로벌 경쟁에서 승리할 수 있다.

3) 가치극대화 마인드

경영 마인드를 가진 의사결정은 고객 그리고 경영우위의 조건을 따르되 수익성이라는 또 하나의 조건을 따라야 한다. **수익성**(profitability)은 효과적이면서 효율적인 아이디어에 의해서 획득될 수 있는데, 이 아이디어에 의해 수익성이 커지면 커질수록 경영활동이 최종목적인 기업가치의 극대화에 도달할 수 있다.

이러한 기업의 가치를 극대화하기 위해서는 두 가지 방법이 가능하다.

첫째는 주식시장에서 주가를 높여 기업의 가치를 극대화하는 방법인데, 수익성은 주가에 영향을 미치며, 주가는 다시 기업의 가치에 영향을 미치기 때문이다. 즉 주가가 높으면 높을수록 기업의 가치는 커지게 된다.

둘째는 상표나 특허권 등 무형자산의 가치를 높여 기업가치를 극대화하는 방법이다. 상표가 제4의 자산으로 부상하고 있다는 것은 강력한 상표는 소비자가 가격에 상관없이 항상 그 제품을 구매하도록 만드는 충성도(선호도)를 형성하기 때문이다.

21세기 기업들이 효과적으로 상표전략을 사용하기 위해서는 두 가지 조건이 필요한데, 첫째는 상표가 뚜렷한 경영목표나 비전을 담고 있어야 하며, 둘째는 변덕스러운 소비자의 심리를 정확히 읽어낼 수 있어야 가능하다.

아울러 상표개발뿐만 아니라 특허권이나 전문지식 또는 아이디어 등과 같은 다양한 무형의 지식자원들을 적극적으로 개발하여 기업의 가치를 극대화시키도록 노력해야 한다.

3. 경영 마인드가 있는 기업과 경영 마인드가 없는 기업

1) 경영 마인드가 있는 기업

기업은 경영 마인드라는 원칙을 가지고 가장 활발한 경영활동을 하는 경제 주체이므로, 경영 마인드가 있는 기업은 경영 마인드의 핵심요소인 고객중심 마인드, 경쟁우위 마인드, 가치극대화 마인드 등을 갖고 계획화, 조직화, 충원화, 지도, 통제 등의 경영활동을 효과적, 효율적으로 수행하는 기업을 말한다.

일시적으로 성공하는 기업이 아니라 어떠한 변화가 있더라도 강력한 경쟁력을 바탕으로 건실하게 성장해 가는 기업은 분명한 경영 마인드를 갖추고 있다. 또한 어떤 특정한 사유 하나로 성공하는 것이 아니라 고객중심, 경쟁우위, 가치극대화 마인드를 토대로 한 체계화된 경영활동이 뒷받침되었기 때문에 성공한 것이라는 사실을 분명히 인식할 필요가 있다.

2) 경영 마인드가 없는 기업

경영 마인드가 없는 기업은 고객의 중요성도 모르고 경쟁우위를 확보하기 위한 핵심역량도 없으며, 가치극대화를 위한 노력도 소홀히 하는 특징을 가지고 있다. 계획화 따로, 조직화 따로, 충원화 따로, 지도 따로, 통제 따로 등 경영활동에 일관성도 없고 체계도 없는 기업이다. 즉 순간순간의 일의 중요도가 바뀌고, 분위기에 따라 크게 휩쓸리는 모습은 경영 마인드가 없는 기업의 대표적인 특징이다.

반면에 분명한 경영목표에 입각해서 차분하게 각자의 역할을 수행하고 있는 모습은 경영 마인드가 있는 기업의 특징이다. 또한 경영 마인드가 있는 기업은 목표달성을 위해 새로운 생각이나 방법을 계획하고 실행하는 경영혁신을 꾸준하게 시도하는 특징을 갖고 있다.

제 2 장

경영학의 특성과 발전

제 1 절 경영학의 학문적 특성과 연구방법

사회과학의 한 분야인 경영학이 응용과학으로서 성립되기 위해서는 법칙이나 원리를 객관화하고 보편화된 지식체계라는 의미를 갖추어야 한다.

1. 경영학의 특성

〈그림 2-1〉과 같이 경영학은 하나의 과학(science)으로서 이론적 특성을 갖는 학문이자, 고객이 원하는 제품이나 서비스를 실제로 생산하여 제공하는 기술로서의 실천적인 특성을 나타내는 양면적 성격의 학문이다.

이론성은 이론과학 또는 순수과학으로 특성을 갖는 것으로, 이는 경영학이 현재 나타나고 있는 경영현상에 대하여 이론적 연구방법을 통해서 경영현상에 드러나 있는 공통적 특성을 하나의 원칙으로 정립해 나가는 특성을 갖고 있다는 것이다. 따라서 있는 그대로의 경영현상을 사실적으로 분석함으로써 거기에서 경영의 원리를 논리적으로 세워나가는 방법을 사용하게 된다.

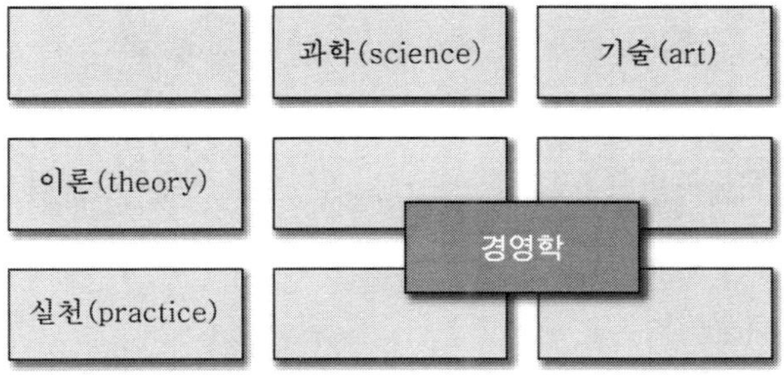

〈그림 2-1〉 경영학의 학문적 특성

실천성은 실제적인 학문으로서 실천과학 또는 응용과학으로서의 특성을 갖는 것으로, 기업이 추구하는 목표를 성취하기 위해 어떤 수단이나 방법을 선택하는 것이 가장 이상적인가를 고려하면서 규범적인 선택을 하는 학문의 연구방법을 의미한다. 즉 있는 그대로의 경영현상에 대한 단순한 설명이 아니라, 경영은 적어도 이렇게 전개되어야 한다는 경영의 실천원리를 추구해 가는 방법을 사용하게 된다.

이 경우, 양 특성의 관계는 상호보완의 관계로 이루어져야 하는데, 그것은 경영실무에 지향해야 할 이론적 기초를 제시하며, 또한 이론을 바탕으로 실천에 옮김으로써 경영의 성과를 거둘 수 있다는 것이다.

또한 경영학은 과학으로서의 특성과 기술로서의 특성을 동시에 갖고 있다.

경영학이 **과학**으로 다루어질 때, 그것은 경영의 실천원리에 필요한 하나의 비전과 원리를 제시하게 된다. 또한 경영학이 **기술**로 다루어질 때, 그것은 현실로서 기업이 추구하는 목표인 성과를 보다 용이하게 실천할 수 있게 하는 실천적인 방법을 제시한다.

그러나 만일 경영학이 하나의 과학으로만 다루어지게 된다면 그것은 현실과 동떨어진 공론으로서 지식을 위한 지식으로 전락하게 된다. 반대로 경영학이 하나의 기술로만 다루어진다면 그것은 경험과 직관에만 의존하게 되므로, 시행착오를 거듭하는 혼란을 낳게 된다.

또한 경영학은 그 연구대상이 기업조직과 그 관리적 행동이라는 경영현상에 대한 학문이며, 이는 인간들 상호간에서 발생하는 사회현상을 대상으로 하여 그

현상 속에서 나타나는 인과관계를 규명하는 사회과학의 한 분야로서의 특징을 갖는다. 따라서 **사회과학**으로서의 경영학은 인간생활에 필요한 재화와 서비스를 보다 효율적이며 효과적으로 생산·제공하기 위해 기업 내의 경영사회 관계에 대한 특성과 원리를 규명하는 것을 연구의 대상으로 하는 학문적 특성을 갖는다.

2. 경영학의 연구방법

1) 연구방법

경영학을 하나의 독자적인 학문으로 성숙시키기 위해서는 다음의 연구방법이 필요하다.

(1) 귀납적 방법과 연역적 방법

첫째, **귀납적 방법**(inductive method)은 경영에 관한 실제적 현실을 과학적으로 인식하기 위해 다수의 경영실무를 실제로 관찰하고, 개개의 사례에서 공통된 사실을 추론함으로써 일반화된 하나의 정리로서의 경영원리를 도출해 내는 연구방법이다.

이 방법으로 얻게 된 원리와 원칙들은 실무에 직접 활용가능하다는 장점이 있다. 그러나 실제의 관찰과정에서 관찰이 불완전하다거나, 관찰된 현상이 전체 현상을 대표할 수 없을 정도로 불충분할 때, 그 이론은 일관성과 과학성이 결여될 수 있다.

둘째, **연역적 방법**(deductive method)은 일련의 전제 또는 가설을 설정하고, 그것으로부터 논리적인 추론에 의해 일정한 원리를 끌어내는 사유(thinking) 중심의 연구방법이다. 이 방법에 의한 이론은 일관성과 논리성을 나타냄으로써 하나의 이론을 형성하게 된다.

그러나 이 방법은 전제와 가설이 옳지 못할 때, 이에서 추론된 결론이 옳지 못하게 되고 또한 그 결론은 현실에의 적용가능성에서 문제가 있을 수 있다는 한계가 있다.

결론적으로 볼 때, 상기의 귀납적 방법과 연역적 방법은 상호보완되어야 한다.

즉 귀납적 방법에 의해 얻게 된 일반화된 원리도, 연역적 방법에 의한 사유적 추론에 의해 그 논리적 타당성이 재검토되어야 하고, 논리적인 사유의 추론과정에서 도출된 원리도 실증적 증거에 의해서 검정되어야 한다.

(2) 실험적 방법

능률향상이라는 기업의 실천적 활동을 중요시하는 미국 경영학의 경우, 경영학을 기술론이나 전략론 지향적으로 다룸으로써 경영의 목적달성을 위해 경영이 추구해야 할 수단이 무엇인가를 밝히는데 역점을 두고 있다.

이런 배경에서 실험을 중심으로 한 선험적 방법을 중요시한다. **실험**(experiment)이란 어떤 문제에 포함되는 변수의 효과를 밝혀내기 위해 한 가지 이상의 변수를 조작 즉 조치(action)를 취하여 그 조치의 결과를 관찰하는 것이다.

이와 같이 실험에서 얻은 인과관계를 현실의 기업에 적용할 수 있는 방법과 절차를 설계하는 것에 분석의 초점을 두는 것이 **실험적 방법**의 특징이다. 그러나 실험은 외생변수의 영향 등이 실험을 방해하거나 결과를 신뢰할 수 없는 것으로 만들 수 있다. 즉 비용, 시간 및 통제상의 문제점이 사전에 고려되어야 한다.

실험에 기초한 선험적 방법에서는 필요로 하는 보다 실천가능한 정보를 얻기 위해 **사례연구**(case study)의 방법을 이용한다. 이 사례연구는 경영현장에서 실제로 나타난 사례를 중심으로 경영학을 연구함으로써 분석력과 통찰력 그리고 문제해결책을 키울 수 있고 또한 실행가능한 경영의 지도원리를 적용할 수 있다.

2) 인접과학

경영학은 여러 인접한 유관과학의 도움 없이는 존재 자체가 불가능한 종합적인 응용과학(학제적:interdisciplinary applied science)의 특징을 갖는다.

첫째, **경제학**으로서, 기업의 경영무대는 기업의 상위 시스템인 경제 속이므로, 그 모태가 되는 경제학에 대한 철저한 이해가 필요하다. 따라서 경제학과 경영학을 접목시킨 관리경제학을 활용해야 하며, 또한 시장형태 및 경기순환 등의 경제상황을 연구해야 한다.

둘째, **수학**과 **공학**으로서, 기업은 기술 시스템적 특성이 있으므로 우수한 품질과 저렴한 원가의 제품을 생산 · 제공하기 위해서는 수학과 공학에 의한 계량적인 관리기법을 도입해야 한다. 특히 **계량경영학**은 수학적 모텔에 의해 경영이나 기술문제 그리고 자원배분의 문제를 최적으로 해결할 수 있다. 또한 생산현장에서 기계공학 등을 이용하여 더 좋은 제품을 만들 수 있고 또한 공학은 인간-기계 시스템의 경영학과 결합하여 산업공학으로 활용한다.

셋째, **통계학**은 기초가 되는 수단학문이므로, 소비자의 신념, 태도 등 소비자의 구매행동에 대한 마케팅 조사 및 소비자의 행동분석을 위해 통계적 지식과 기법이 필요하다. 또한 순수통계를 기초로 응용함으로써 경영현장에 유용한 의사결정용 자료를 제공하여 경영연구에 도움을 준다.

넷째, **심리학**은 개인의 행동특성을 파악하는데 결정적인 역할을 한다. 구성원 개인이나 소비자 개인의 행동특성을 규명하기 위해 심리학의 이론이 필요하다. 오늘날에는 심리학을 경영학과 결합함으로써 산업심리학 또는 경영심리학을 개발하여 이용하고 있다.

다섯째, **사회학**은 사회시스템인 기업에서 경영학을 연구하기 위해 도움을 준다. 사회학은 집단의 특성이나 행동양식을 연구하는 학문이므로, 경영학은 소비자 집단과 구성원 집단의 속성을 밝히거나 또는 조직사회에 대한 연구를 위해 사회학을 활용함으로써 경영사회학 또는 산업사회학이 성립되었다.

여섯째, **사회심리학**은 사회적 맥락에 있는 개인에 관심을 두는 심리학적 사회심리학과, 인간의 상징적 상호작용에 관심을 갖는 사회학적 사회심리학으로 구분되는데, 모두는 구성원과 소비자의 행태를 연구하는데 중요한 역할을 한다.

일곱째, **인류학** 중에서 문화인류학은 경영학에서 중요한데, 분화구조가 경영전략을 수립하는데 중요한 의미를 갖기 때문이다.

여덟째, **정치학**과 **법학**으로서, 기업경영은 정치적 영향으로부터 피할 수 없고, 또한 조직 내 구성원간의 역학관계나 권력구조 및 영향력의 행사방법이 경영조직의 운영에 영향을 미치므로 정치학은 중요한 준거학문이 되고 있다. 또한 법인체로서의 기업이 법의 테두리를 벗어나서는 어떤 법적인 행위도 행사할 수 없다. 따라서 기업이 관리능력과 행위능력을 행사하는데 있어 법학에 대한 이해와 활용이 필요하다.

아홉째, **행동과학**은 구성원이나 소비자들의 태도와 행동 특징을 심리학, 사회학, 인류학, 사회심리학, 정치학, 법학 등에 의해서 학제적으로 연구하는 종합과학이므로 경영학에 있어서 행동과학은 심장부를 형성한다. 즉 이것은 사회과학의 한 분야인 경영학이 경영사회 속에서 조직구성원 상호간에 유효한 사회관계가 이루어지도록 함으로써 기업의 목표달성을 보다 효율적, 효과적으로 실현하는 것을 목표로 한다는 것이다(〈그림 2-2〉 참조).

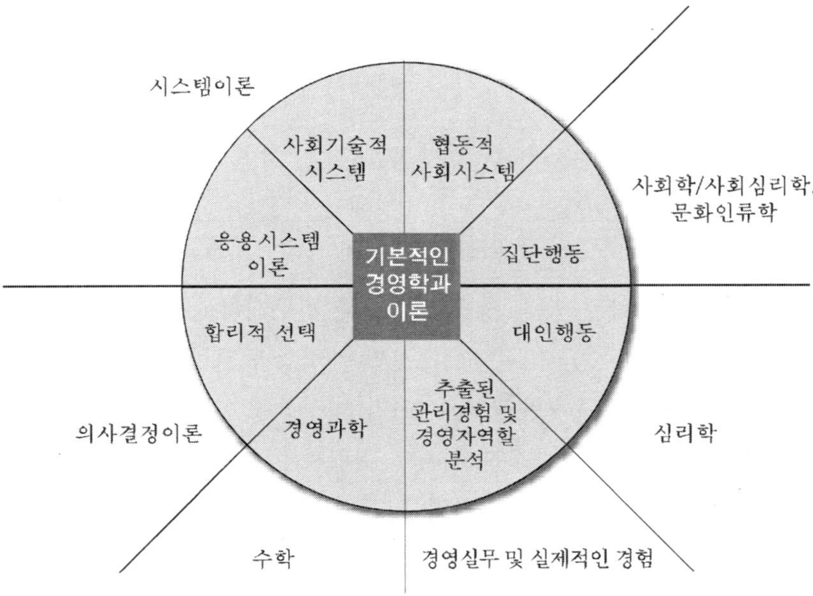

〈그림 2-2〉 경영학 연구의 접근방법과 인접과학

제 2 절 경영학의 발달사

경영학은 서양에서 생성 · 발전된 학문으로서, 경제학이 발달한 독일에서 출발하여 프랑스, 미국에서 현재에 이르고 있다.

1. 독일의 경영경제학

근대 경영학의 출발은 독일 경영학에서 시작한다. 독일의 **경영경제학**은 1895년의 독일상업 교육협회와 1898년의 라이프찌히 상과대학 설립을 계기로 상업학의 형태로 발전하기 시작하였다. 1901년과 1906년에 상과대학이 설립된 후 상업학은 상업경영학으로 발전되고, 제1차 세계대전 후에는 경영경제학이란 이름으로 변화하였다.

20세기 독일 자본주의는 급속한 성장과 발전을 하면서 대규모 관리운영을 담당할 전문가의 양성이 필요하였다. 이 과정에서 이론과 실제의 커다란 불균형이 생겨났고, 이를 설명하기 위한 새로운 이론적 기반의 모색이 필요하게 되었다. 이에 따라 독일 경영학은 양대 전쟁으로 인한 인플레이션으로 야기된 기업자산에 대한 평가의 이론적 연구가 추진됨으로써 체계성과 과학성을 의식하고 있다.

1950년대에 와서 서독에서는 구텐베르크가 미시경제 이론을 경영경제학에 도입하였고, 독일 경영학에서 지배적인 위치를 확립하게 되었다. 1990년 이후의 독일 경영학은 환경에 관심을 갖기 시작하였다. 독일 국민들의 환경에 대한 높은 국민적 관심과 인식은 기업으로 하여금 제품의 설계단계로부터 판매단계에 이르기까지 모든 직능영역에서 환경 부담의 경감과 재활용 문제를 고려하도록 하였다.

2. 프랑스의 경영학

1875년 사바리(Savary)의 『완전한 상인』, 1817년 페이앙(Payen)의 「공업장부의 취급법」도 결정적인 기여를 하였다. 그러나 최고경영자의 스승 또는 근대운용관리이론의 대부라고 불리우는 페이욜(Henry Fayol)은 경영사에서 금자탑을 세웠다.

페이욜은 1916년에 일반사업관리를 통해서 경영의 14개 관리원칙을 제시하였으며, 그의 결정적인 기여는 경영자가 수행할 기능을 여섯 가지(기술력, 영업적, 재무적, 보전적, 회계적 및 관리적 활동)로 분류한 것이다.

페이욜은 상기의 활동 중에서도 관리적 활동을 가장 중요시하였는데, 이는 오늘날 관리과정학파의 효시가 되고 있다. 그리고 기업을 경영할 때 유용한 14개 관리원칙을 체계화한 관리기법은 기업뿐만 아니라 정부, 군대, 종교기관 등에서 적용될 수 있다고 주장하였다.

제 3 절 미국의 경영관리학과 경영이론의 발전단계

현재의 수준으로 경영학을 발전시키는데 결정적으로 기여한 국가는 미국이다. 그러나 경영이론이 어떻게 정립되어야 하느냐에 대해서는 완전한 의견일치를 보지 못하지만 관리과정접근법이 총체적인 의미가 있다고 주장하기도 한다.

그러나 일반적으로 경영이론은 5개 단계로 구분해 볼 수 있다. 〈그림 2-3〉과 같이 고전적, 행동론적, 시스템적, 상황론적 그리고 자원중심적 경영학의 5단계로 설명할 수 있다.

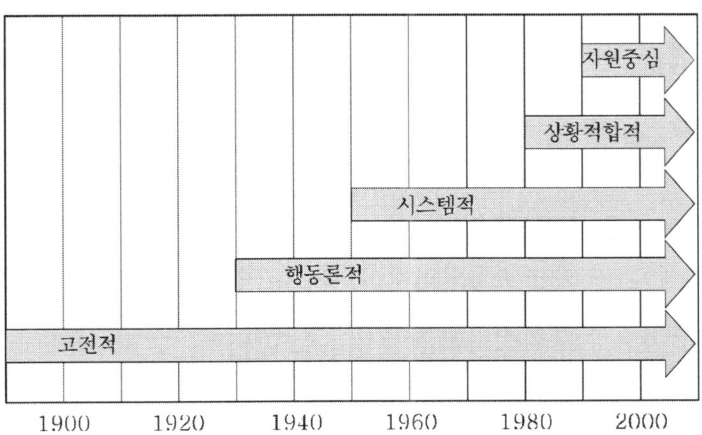

〈그림 2-3〉 경영학의 발전사

1. 고전적 경영학

고전적 경영학이란 1890년대 이후 작업과 조직을 더욱 효율적으로 관리하는 방법에 대한 연구를 강조하는 경영이론이다.

1) 테일러의 과학적 관리론

테일러 시스템, 테일러리즘, **과학적 관리법**, 과업관리로 불리우는 이 이론은 노동집약적 생산방법에서 자본집약적 생산방법으로 생산방법이 바뀌어 가는 과정에서 나타나게 된 관리기법이다.

그 당시 기업주의 임률파괴에 대항한 노동자들의 조직적 태업(systematic soldiering)을 해소하기 위해 테일러가 고안한 이 관리기법은 노동능률의 저하가 인습적인 표류관리(drifting management: 주먹구구식 관리: rule of thumb)에서 기인된 관리의 비제도화에서 비롯되었다는 점에서 아이디어를 얻었다. 그리하여 관리를 제도화하기 위해 과학적인 **과업관리**를 적용하였다.

테일러는 "High Pay, Low Labor Cost"의 명제를 통해서 노사간의 갈등을 해소할 수 있다고 보고, 그 해답을 과업관리(task management)에서 찾았는데, 그 주요 내용은 다음과 같다.

i) **공정한 일일 최대과업량**: 이것은 일류직공이 하루에 최선을 다해서 열심히 일할 때 실현할 수 있는 작업량인데, 그것은 과학적인 방법, 즉 시간연구와 동작연구(time and motion study)인 작업연구에 의한 방법을 의미한다.

ii) **표준화된 제조건**: 불편없이 작업을 할 수 있도록 종업원들에게 제반의 여건을 조성한다.

iii) **성공시에 높은 임금지급**: 할당된 과업을 성공적으로 수행했을 때 종전보다 높은 임금을 지급한다.

iv) **실패시에 손실부담**: 과업수행에 실패할 때 종업원 스스로가 손실을 보도록 하는 것으로 차별성과급 제도의 도입을 뜻한다.

근대 경영학의 효시가 된 과학적 관리의 이론은 4가지, 즉 과학적인 작업과정 연구, 과학적인 근로자 선발, 성과급제도, 직능별 감독제도로 요약될 수 있다. 이러한 과학적 관리법은 평범한 자질을 가진 사람도 비범한 일을 성취할 수 있도록 관리를 제도화함으로써 생산성을 제고시킨 공이 있으며 또한 경험과 주관적 판단에만 의존하던 방임(표류) 관리에서 탈피하여 체계적이며 합리적인 과학적 관리법을 제시함으로써 관리과정의 개념을 확립하는 데 공헌하였다.

그러나 이 이론은 조직 속의 인간을 인간 모터시함으로써 인간을 소외했다는 비판을 받았다. 즉 조직의 인간관계에서 심각한 문제를 야기시켜 노동조합으로부터 크게 저항을 받았다.

이러한 테일러의 과학적 관리법은 자신의 노력에 추가하여 여러 사람들의 도움으로 이루어진 것이다. 시간과 동작연구는 Gilbreth(길브레스) 부부의 동작연구 그리고 Gantt(간트)의 간트차트에 의해서 보다 구체화되고 적용된 것이다. 길브레스는 동작연구를 통해 최선의 작업방법을 도입하기 위해 종업원들이 현장에서 준수해야 할 **현장규칙 34가지**(Therblig 규칙)를 제정하고, 이를 준수케 함으로써 불필요한 시간과 노력의 낭비를 최소화하려고 하였다. 한편 간트는 종업원의 육성에 관심을 나타냄으로써 과학적 관리법에 인간적 측면을 부여하였으며, 간트차트를 통해서 작업의 순서를 결정하고, 진행상황을 감독함으로써 생산관리 분야에 크게 공헌하였다.

2) 포드 시스템

포드 시스템은 포드(Henry Ford)가 포드이즘을 자동차 생산공장에 실행하기 위해 추진한 관리기법으로서 포드 시스템, 포드이즘, 컨베이어 시스템 또는 동시관리 시스템이라고 하며, 생산관리에 대해 혁신적인 공헌을 하였다.

포드는 기업을 사회적 공적기구로서 사회봉사기관이라고 인식하여 기업의 사회성을 중요시하여 경영의 주요지표를 고임금과 저가격(High pay, Low price) 실현에 두었다. 그러한 경영이념을 달성하기 위해 대량생산체제를 도입하여 경영합리화에 의해 원가절감을 성취하고, 이를 실현하기 위한 방법으로 생산의 표준화와 이동조립법을 채택하였다.

첫째, **생산의 표준화**는 제품 하나만을 전문적으로 생산한다는 것을 의미하는데, 이것은 생산의 단순화와 전문화를 전제로 한 것이다(생산의 3S 원칙임).

둘째, **이동조립법**은 모든 생산공정을 컨베이어 시스템화하고 모든 작업자를 컨베이어 벨트 위에서 작업을 하도록 작업을 동시관리 시스템화하는 것이다. 이로써 작업능률 향상과 대량생산 그리고 그에 따른 원가절감과 가격변화의 효과를 가져왔다.

포드이즘은 기업의 사회성을 강조함으로써 생산성 향상과 가격인하를 가능케 하였다는 점에서 현대 경영에 지대한 공헌을 하였다. 그러나 작업 도중 허리를 굽혀서는 안 되고, 또 일보도 움직이지 않고 기계속도에 매달려 생산을 하도록 노동을 강화했다는 점에서 인간의 기계화라는 비난을 받고 있다.

2. 행동론적 경영학

행동론적 경영학은 생산성을 향상시키는 최선의 방법이 과학적 관리론이나, 대량생산이 아니라는 사실이 밝혀짐으로써 조직 속의 인간과 그들 상호간의 관계가 중요하다는 것에 초점을 인간관계론에 집중하는 것이다.

1) 오웬과 민스터베르크의 이론

인간관계론에 대한 연구는 오웬(R. Owen)에 의해서 시작되는데, 그는 인간이 기계보다 더 중요하다는 것을 강조하여 종업원도 자아보존의 욕구를 가진 인간으로 다루어야 한다고 주장한다. 오웬은 작업자가 갖는 개인적, 사회적 욕구에 관심을 가질 경우, 생산성 향상의 효과를 주므로, 인간관계에 관심을 가져야 한다고 주장한다.

그 다음으로 민스터베르크는 산업심리학의 개척자로서, 작업장에서 종업원들이 갖는 심리적 불안, 즉 정신적 압박감과 위축감을 즐겁고 여유 있게 내적 조화상태로 바꾸어야 한다고 설명한다.

2) 호손 실험

인간관계론은 **호손 실험**(Hawthorne research)에 의해서 결실을 보게 된다. 호손 실험이란 하버드 대학교의 사회학자인 메이요(E. Mayo)와 뢰스리스버거(E. Röethlisberger) 등이 웨스턴 전기회사의 호손공장에서 1924년부터 1932년까지 4단계 실험으로 이루어진 것으로서, 경영관리에서 인간관계에 기초를 둔 비공식조직을 중요시해야 한다는 결론을 얻어냈다는 점에서 경영학적 의의가 크다.

4단계 실험은 1차 실험(조명 실험), 2차 실험(계전기 조립작업 실험), 3차 실험(면접 실험), 4차 실험(배전기 전선작업 실험)으로 이루어졌는데, 4차 실험에서 인간관계의 핵심요인이 밝혀졌다. 이 실험에서는 종업원 상호간의 내면관계에 초점이 맞추어져 조사되었는데, 조사결과는 의식적, 무의식적으로 형성된 종업원 상호간의 자생적 조직이 작업의 성과실현에 결정적으로 영향을 미친다는 것이다.

호손 실험의 결론은 생산성 향상에 영향을 주는 요인에는 물질적 작업환경이나 경제적인 노동조건뿐만 아니라, 종업원의 태도나 감정 등의 인간관계에 의해서도 크게 좌우된다는 것이다. 또한 그 중에서도 중요한 것은 구성원들 간의 인간관계에서 자연적으로 발생하게 되는 비공식적 조직과 집단규범이 조직의 성과에 결정적으로 영향을 미친다는 것을 강조한다.

이것은 조직에 있어서 비용의 논리나 능률의 논리도 중요하지만, 감정의 논리가 더욱 중요하기 때문에, 감정의 논리에 의해서 움직이는 인간관계 중심의 비공식적 조직에 대해 배려해야 한다는 것이다.

인간관계론의 핵심이 인간행동의 연구를 개인적인 경제적 욕구에서 집단적, 사회적 욕구로 전환시킴으로써 인간의 만족도와 생산성 향상에 사기(morale)의 개념이 도입되었다.

3) 맥그리거의 *X* – *Y*이론

맥그리거(Douglas McGregor)는 "*The Human Side of Enterprise*"라는 저서를 통해, 모든 인간행동에 관해 두 가지 상반된 가정을 하고 이를 토대로 경영을 해야 한다고 주장하였다.

*X*이론이란 인간은 작업을 통해서는 본질적인 만족을 느낄 수 없고 가능한 한 작업을 피하려고 하며 야망이나 독창성이 거의 없다고 보는 이론이다. 따라서 *X* 이론에서는 기업목표를 달성하기 위해서 강제로 명령을 내리거나 처벌하는 등의 적극적인 지도와 통제가 필요하다는 것이다.

한편 *Y*이론은 사람을 긍정적으로 파악하여 사람은 일을 즐기고 조건 여하에 따라서 자기만족의 근원이 된다고 보는 이론이다. 따라서 *Y*이론에서는 사람은 일을 할 때 작업조건에 따라 고통스럽게 느낄 수도 있지만 기쁨을 가져올 수도 있으므로 강제적인 분위기보다는 협력적인 분위기 그리고 독려와 인정, 칭찬이 더욱 중요하고 필요하다는 것이다.

3. 시스템적 경영학

경영환경 여건이 변화하면서 최근에 와서는 시스템 이론 등 새로운 이론들이 큰 영향을 미치고 있는데, 그 중 하나가 시스템적 경영학이다. **시스템적 경영학**(system management)이란 경영활동을 부분적으로 이해하고 분석하기보다는 전체적인 시스템으로 보고 상호간의 관계를 살펴보는 것이다.

시스템(system)이란 상호 연결되어 있고 상호의존적인 많은 부분들이 전체를 형성하고 있는 모습으로서, 각 부분체(구성요소: element)는 전체와 영향을 주고받으며 상호의존적 관계를 지속하고 동시에 차례로 외부환경과도 상호의존적인 관계를 맺는다. 또한 유기적 관계를 유지하는 개방체제를 유지해야 하는데, 개방시스템은 〈그림 2-4〉와 같이 조직과 외부환경이 자원을 서로 주고받는 관계를 갖는다.

따라서 경영활동을 하나의 시스템으로 보면 사람 등의 인적자원과 시설, 장비 등의 물적자원 및 자본, 정보 등이 투입되고, 숙련된 기술을 통해 투입물이 변환되면 제품이나 서비스가 산출된다고 볼 수 있다. 이러한 시스템적인 활동에 의해 기업은 이익을 획득하면서 계속해서 존속한다는 것이 시스템 이론이다.

시스템 이론에 의한 연구방법은 시스템적 접근방법인데, 이것은 경영을 여러 가지 상호관련된 상호의존적인 단위들이 통합되어 한 세트를 이루는 것이라고

보는 관점으로서, 조직을 **개방 시스템**(open system)으로 간주하고 외부환경에 의존하여 상호연계가 있다고 보는 접근방법이다.

이렇게 볼 때, 기업은 공동의 목적을 달성하기 위해 각기 다른 일을 하는 부분들로 구성되어 있으며, 각 부분들의 변화는 나머지 부분들에게 영향을 미치게 된다. 따라서 경영자는 기업을 상호작용하는 부분들의 집합체로 보고 시스템적으로 경영문제를 해결해야 한다.

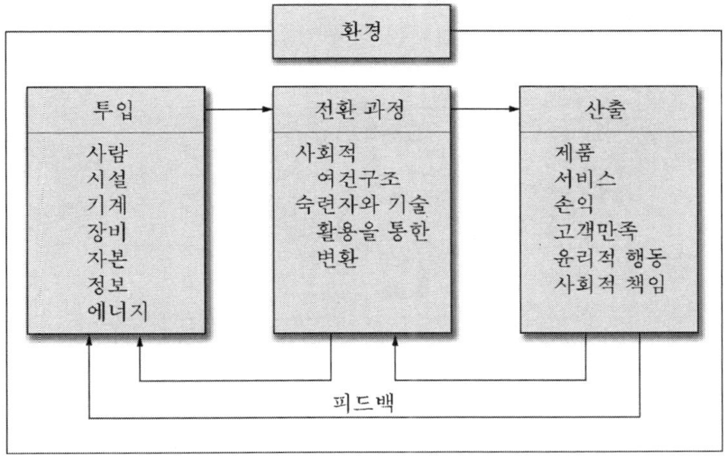

〈그림 2-4〉 개방 시스템으로서의 조직

4. 상황적응론적 경영학

오늘날에는 예상치 못한 오일쇼크나 환율의 급등락 등 외환위기와 같이 환경이나 상황이 급속하게 변화됨으로써 모든 상황에 똑같이 적용될 수 있는 경영이론은 있을 수 없게 되어 등장한 것이 **상황적응적 경영학** 또는 **상황적합적 경영학**(contingency management)이다. 즉 상황적응적 경영학은 모든 상황에 적용되는 보편적 원리를 찾기보다는 해당 상황에 가장 적합한 원리를 찾는데 초점을 둔 것이다.

1980년 이후 환경이 급속히 변화되면서 과거에 적용되었던 경영원리가 더 이상 적용될 수 없는 상황이 자주 발생함에 따라 경영은 상황적이라는 사실에 입각해서 모든 관리적 문제에 접근하고자 하는 이론이 **상황적응 이론**(contingency theory, situational theory)이다.

상황적응 이론은 환경과 상황요인을 조건변수로 하고, 조직의 내부특성 변수와 성과의 관계를 특성화하는 이론으로서, 상위 시스템인 환경과 하위 시스템인 기업조직 간의 상호작용을 주목하고, 각 시스템 간이나 시스템의 내부 및 조직과 환경이 어떤 조건을 이룰 때 조직의 유효성이 증가하는가를 규명하는 것이 기본개념이다. 즉 경영자는 시간이 변화함에 따라 급속하게 변하는 경영상황에 대처하기 위해서 기업의 목표달성에 최적인 경영기법을 결정하게 된다.

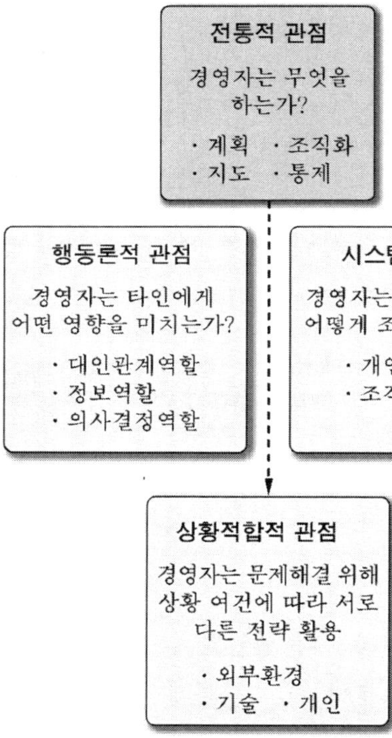

〈그림 2-5〉 상황적응적 관점

상황적응 이론이 적용되는 상황적응적 경영학의 주된 결정요인은 기업내부와 외부의 환경이다. 외부적인 경제, 사회, 정치, 기술환경 그리고 내부적인 보유기술, 과업, 인적자원 등이 환경에 적합한 경영이 실행되어야 하는 것이다. 즉 환경이 변함에 따라 또는 상황이나 여건이 변함에 따라, 어떻게 하면 미래환경에 가장 적합한 전략을 수립하여 대응하느냐 하는 문제를 중요한 과제로 삼고 연구하는 이론이다. 따라서 글로벌 경영과 전략경영은 이러한 상황적응적 경영이론에 부합되어 개발된 것이다(〈그림 2-5〉 참조).

5. 자원중심적 경영학

21세기를 맞아 세계는 정보사회, 지식사회로 급격하게 변화하고 있으므로, 기업은 이에 대응하기 위해 많은 노력을 기울이고 있다. 그러나 그렇지 않을 경우, 기업은 경쟁력을 상실하게 되므로 끊임없는 기술개발 그리고 기업이 보유하거나 도입할 수 있는 자원을 효과적으로 활용할 수 있어야 한다. 이 때 중요한 핵심요인은 바로 정보, 지식 등의 자원이다. 이러한 정보와 지식을 체계적으로 수집하여 기업가치를 극대화하기 위해서는 **자원중심적 경영학**(resource-based management)의 활용이 요구된다.

자원중심적 경영학은 기업이 활용할 수 있는 핵심적 자원을 가지고 해당 산업에서 경쟁적 위치를 찾는 방법에 초점을 두는 것으로서, 정보사회, 지식사회로의 변천에 따른 정보경영과 지식경영을 통해 해결할 수 있다.

6. 시장경영학

경영학은 이론적인 내용뿐만 아니라 실무에서도 활용될 수 있어야 가치가 있다. 따라서 앞에서 연구한 많은 경영이론들을 따로 따로 볼 것이 아니라 하나의 이론으로 통합하여 기업의 경영목표를 달성할 수 있도록 활용해야 한다. 이와 같이 많은 이론들이 통합되어 실제의 기업환경에서 적용되고 있는 경영학을 **시장경영학**(management in market)이라고 한다.

기업현장의 경영문제를 해결하고 보다 나은 대안을 제시하는 시장경영학은 특정한 하나의 경영이론만을 적용하는 것이 아니라 다양한 많은 경영이론을 복합적으로 적용한다. 그러므로 〈그림 2-6〉과 같이 시장경영학은 기업이 효율적인 경영활동을 하기 위해서 고전적 경영학, 행동론적 경영학, 시스템적 경영학, 상황적응적 경영학, 그리고 자원중심적 경영학 등을 모두 활용하게 된다.

결론적으로 볼 때, 실제의 경영현장을 설명하는 시장경영학은 어느 특정한 경영이론만이 아니라 여러 이론들이 복합적으로 연계되어 이루어지므로 이들을 종합적으로 보는 시각이 필요하다.

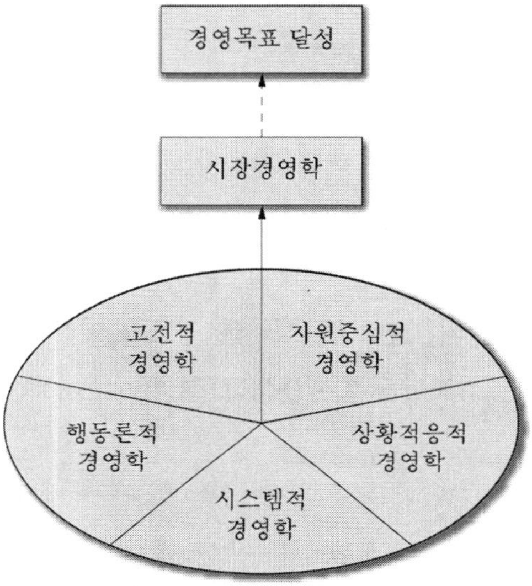

〈그림 2-6〉 시장경영학

제4절 현대 경영학의 연구동향

1. 현대 경영학의 제학파와 관리과정 접근법

학문적 접근에 있어서 학자들 간의 상이한 견해로 여러 이론이 제시되고 있어, 쿤츠(H. Koontz)와 오도넬(C. O'Donnell) 교수는 경영학의 학파를 분류하기 위해 Management Theory Jungle을 주장하였다. 그것은 정글에 많은 종류의 나무가 있듯이 경영학의 학파도 다양하다는 것으로, 처음에는 6개 학파를 제시하였으나,

그의 공저자인 웨이리치(H. Weihrich)는 14개 범주로 나누었다. 13개 이외에 나머지 이론인 관리과정(운영관리) 접근법(management process or operational approach)이 총체적인 의미가 있다고 설명한다.

관리과정 접근법은 경영자의 직무와 관련시킴으로써 적절한 경영지식을 함께 도출하려고 시도한 것으로서, 경영업무의 기초가 되는 개념과 원칙 및 기법을 결합하려고 시도한 것이다. 즉 13개 이론의 중심부분에 관리과정 접근법이 존재한다는 것으로서, 13개의 다양한 분야의 모든 지식에 관심을 두는 것이 아니라 관리활동에 가장 유용하고 적절하다고 여겨지는 지식에만 관심을 두는 것이다.

2. *Z*이론-미국, 일본 경영방식의 절충

1970년대 이후 일본의 눈부신 경제성장과 일본기업들의 지속적인 세계진출에 따라 미국기업의 경영자들은 일본식 경영에 대해 깊은 관심을 갖고 미국식 방식으로만 발전해 왔던 경영이론에 일본식 경영이론을 조화시키려고 시도하였다. 이에 따라 1981년 UCLA의 일본계 미국교수인 오우치(William Ouchi)가 일본과 미국이 다같이 효과적인 어떤 절충식의 경영이론을 개발한 것이 **Z이론**(*Z*Theory)이다.

〈표 2-1〉과 같이 *Z*이론은 미국사회의 규범과 문화적 장점을 그대로 유지하면서 일본의 경영방식을 포함한 경영이론이다. *Z*이론에서는 집단책임을 강조하고, 품질향상, 점진적인 정책의 개선, 그리고 비공식적인 통제와 복지향상 등에 많은 비중을 두고 있다.

〈표 2-1〉 *Z*이론의 주요 비용

미 국	일 본	*Z*이론
단기고용제도	종신고용제도	장기고용제도
개인책임주의	집단책임주의	집단책임주의
개인적 의사결정	집단적 의사결정	집단적 의사결정
신속한 평가와 승진	느린 평가와 승진	느린 평가와 승진
공식적인 통제	비공식적 통제	비공식적인 통제와 공식적 측정
전문화된 경쟁경로	비전문화된 경쟁경로	적절하게 전문화된 경쟁 경로
세분화된 관심	전체적인 관심	전체적인 관심

3. 맥킨지의 7-*S* 접근방법

상담기업인 McKinsey & Company가 개발한 7-*S*틀은 경영을 분석하기 위한 것으로 여러 연구조사(In Search of Excellence)에 사용된 기본요소이다. 7-*S*는 경영분석의 요소 및 경영이론으로 널리 이용되고 있는데, 〈표 2-2〉와 같이 전략(strategy), 조직구조(structure), 시스템(system) 등 세 가지의 하드웨어와 요원(staff), 기술(skill), 행동특성(style) 및 공유된 가치관(shared value) 등 네 가지의 소프트웨어로 구성되어 있다.

7-*S* **모형**의 각 요소들이 경영의 연구방법에 있어 이론과 실무에 도움이 됨으로써 관리자의 기능에 대한 틀과 유사하여, 7-*S*와 경영관리과정도 상호관련성이 있다.

〈표 2-2〉 7-*S* 틀과 경영관리과정 접근방법과의 비교

경영관리분석을 위한 7-*S* 틀	경영관리과정
전략: 기업목표를 달성하기 위한 시스템적 활동조치와 자원배분	전략, 방침
조직구조: 조직구조 및 권한/책임 관계	조직화
시스템: 정보시스템, 제조과정, 예산 및 통제 과정과 같은 절차 및 과정	통제
스타일: 경영자가 조직의 목적을 성취하기 위해 자기의 시간을 소비하고 활용하는 방법	지도
요원: 기업의 구성원 및 조직문화 조성과 사회화	충원화
공유된 가치관: 조직구성원들이 공유하고 있는 가치관	조직화, 조직문화 및 지도력
기술: 당기업의 독특한 역량	전략, 방침

자료원 : R. T. Pascale and A. G. Athos, *The Art of Japanese Management*(New York: Warner Books, Inc., 1981); R. H. Waterman, Jr., "The Seven Elements of Strategic Fit," in A. A Thomson, Jr., A. J. Strickalnd Ⅲ, and W. E. Fulmer(eds.), *Readings in Strategic Management*(Plano, Tex. : Business Publications, Inc., 1984), pp. 333-339.

제 3 장

경영학의 선택지표

제 1 절 선택지표의 기초

1. 기초적 이론

기업은 생산경제의 단위체이고 또한 이윤추구의 조직체이므로, 기업이 유지 · 성장하기 위해서는 선택지표의 기초가 되는 이론을 이해해야 한다.

생산자인 기업은 제품의 가격〉제품의 원가가 실현될 때에 생존을 보장받게 된다. 즉 **생산자 이점**(producer benefit)=제품의 가격-제품의 원가가 된다. 또한 소비자는 기업이 생산 · 제공한 제품(또는 서비스)을 구입할 때, 그 제품이 제공하는 가치를 판단하여 구매행동을 하고, 구매 후 만족을 느낄 때 양자간에 긍정적이며 지속적인 관계(customer relationship)가 유지된다. 즉 제품의 가치〉제품의 가격의 원리가 실현될 때 소비자는 제품을 구입하게 된다. 다시 말해서 **소비자 이점**(consumer benefit)=제품의 가치-제품의 가격이 된다.

상기의 두 가지 원리를 모두 만족시킬 수 있는 제품이나 서비스를 소비자에게 제공하는 것이 기업의 과업이며 역할인데, 이를 하나의 공식으로 묶으면,

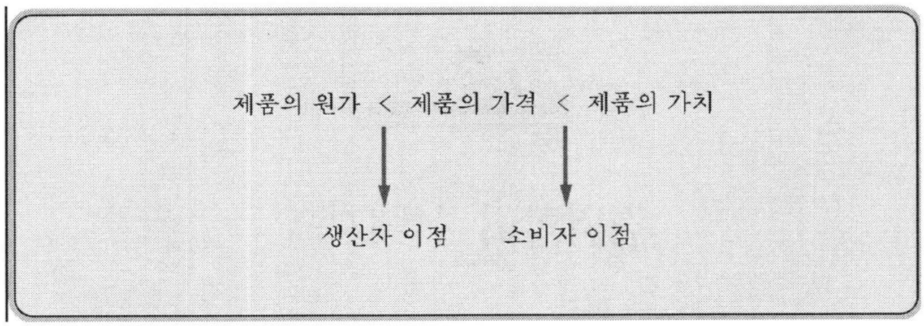

이 된다. 여기에서 우리는 기업이 생존·성장할 수 있는 경영학의 선택원리는 제품의 가치를 높이고 또한 제품의 원가를 낮추는 것임을 간파할 수 있다.

2. 현대기업의 과제

기업의 첫 번째 과제는 제품의 가치를 높이는 것인데, 제품의 가치를 창조한다는 것은 소비자가 제품을 선택할 때 최고의 소비자 이점을 제공하는 가치가 있는 제품을 고려하기 때문이다. 여기에서 **가치**(value)란 소비자의 욕구를 만족시키는 그 제품의 전반적인 능력을 소비자가 예측한 것으로서, **고객가치**는 고객이 그 제품을 소유하고 사용하여 획득한 가치와 그 제품을 획득하는데 소요되는 비용 간의 차이이다.

이러한 의미에서 볼 때, 소비자가 지급하거나 또는 투자하는 **총고객비용**(제품가격, 시간, 에너지 및 심리적 비용)보다는 기업이 소비자에게 제공하기 위해 창조한 **총고객이점**(제품, 서비스, 요원, 유통경로 및 이미지)이 더 커야 한다. 여기에서 기업이 총고객이점을 창조하기 위해서는 자사의 핵심역량을 바탕으로 차별적인 속성을 통해 소비자에게 충분한 이점(benefit)을 제공해야 한다. 그러나 차별화 속성은 창의성을 발휘해야 가능하기 때문에 경영학에 있어 창조성은 가장 기본적인 선택원리가 된다.

그 다음으로, 기업이 일정한 가치를 제공하는 경우 소비자가 지급하는 비용을 최소화하기 위해 가격을 인하해야 하는데, 가격의 인하는 우선 원가의 절감으로 가능하다. 원가절감을 실현하기 위해서는 직접적인 수단으로 경제성을 달성해야 하거나, 또는 간접적인 수단으로 생산성을 향상시켜야 한다.

그러나 원가의 최저수단 달성인 경제성 향상이나, 일정한 생산요소로 고품질의 제품이나 서비스를 생산하는 생산성 향상도 창조적 사고에 의해서 이루어진다는 사실을 명심해야 한다.

제 2 절 창조성

1. 창조성의 필요와 정의

경제성과 생산성을 향상시키기 위해서는 창조성이 바탕이 되어야 한다. 즉 기업이 경쟁적인 시장에서 우위를 획득하기 위해서는 무엇보다도 창조성을 갖추어야 한다.

또한 소비자의 욕구는 항상 변화할 뿐만 아니라 더 나은 욕구를 충족하고자 하므로, 기업은 이러한 욕구를 충족시켜 줄 수 있는 가치가 있는 새로운 제품이나 서비스를 생산하여 제공해야 하는데, 그러한 신제품과 서비스에 가치를 부여하기 위해 필요한 것이 바로 창조성이다.

창조성(creativity)이란 독특한 방식으로 아이디어들을 결합하거나 또는 아이디어들 간에 특이한 일관성을 갖도록 하는 능력이라고 정의되는데, 기업경영에서 볼 때, 창조성이란 고객, 고객의 욕구와 기호, 경쟁사 그리고 경쟁사의 경쟁력에 대한 정보에 기초하여, 신제품과 서비스의 개발을 통해서 고객의 변화하는 욕구와 기호에 부응할 수 있는 혁신을 도모하는 것이라고 할 수 있다. 따라서 가치를 창조하는 창조성은 생산력을 통한 아이디어와 기술의 결합으로 실현가능하며 또한 문제의 제기와 문제해결을 위한 인간의 고뇌에서 유발되므로, 유사한 상황에서도 독자적이고 창의적인 기회를 찾아낼 수 있는 안목을 가질 때 유발된다.

그러나 창조성을 유발하기 위해서 문제를 제기하는 경우, 소비자의 욕구와 동기, 태도 등을 파악하고, 그것에 맞추어 나갈 수 있도록 제품(서비스)개발에 전력을 투구해야 한다. 그러나 사업을 추진하는 과정에서 무엇보다도 중요한 것은 과학과 기술이 뒷받침되어야 하며, 그리고 과학과 기술이 결합되어 제품화하여 시장확대 전략에 기여할 수 있어야 한다.

2. 창조성 개발

창조성은 상상력과 기술이 결합되어 그 아이디어가 신제품으로 제품화할 수 있어야 한다. 따라서 기업은 조직구성원이 항상 그런 분위기에서 일할 수 있도록 기업문화를 조성해야 한다. 뿐만 아니라 조직구성원의 성취동기를 키우거나 제도적으로 연구개발 투자를 적극화함으로써 기술혁신 지향적 기업문화를 조성하도록 노력해야 한다.

특히 개인적인 노력은 조직구성원 모두가 항상 성취의식 속에서 새로운 아이디어를 구상하고 새로운 제품으로 연계시킬 수 있도록 창조력을 발휘하는 분위기에서 가능하다는 것이다. 예를 들어 3M사는 15%(15% Rule) 원칙을 시행함으로써 혁신을 통해 매년 200개 이상의 신제품을 출시하고 있다. 또한 Toyota사는 구성원들이 연간 200만 개 이상의 아이디어를 제안한다고 주장하는데, 그것은 각 구성원당 연간 35개 이상의 제안이며, 이 아이디어 중 85% 이상이 실현되고 있다.

이렇듯 창조성을 발휘하고 개발하기 위해서는 우선 창의적인 조직분위기가 조성되어야 하는데, 그것은 조직구성원이 변화를 두려워하지 않고 변화를 보다 적극적으로 추구할 수 있는 마음가짐을 가져야 한다는 것이다. 문제가 되는 것은 창의적인 작업환경을 조성하는 것인데, 〈그림 3-1〉과 같이 구성요인이 마련되어야 한다.

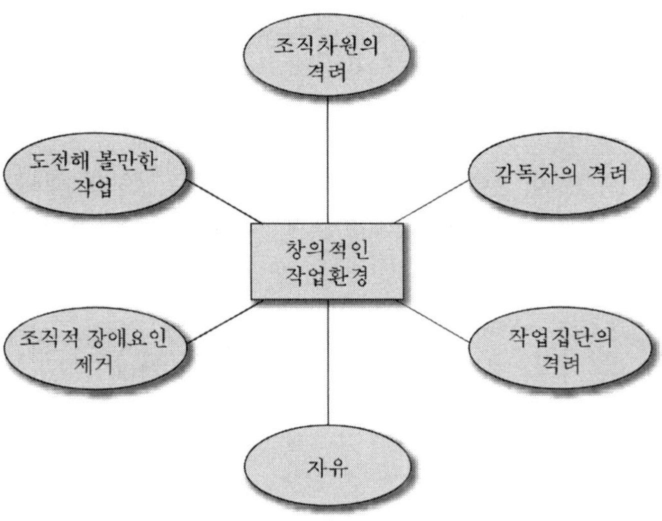

〈그림 3-1〉 창의적인 작업환경 구성요인

제 3 절 생산성, 경제성 및 수익성

1. 생산성

창조적인 기업문화에 의한 신제품 개발은 그 가치를 시장에서 받아들일 수 있는 가격이 되어야 한다. 따라서 신제품 개발과 함께 제품의 원가를 낮추는 것이 중요하다. 이러한 원가절감은 생산성 향상에서 가능하므로, 현대경영의 제2의 지표는 생산성의 재고가 된다. 물론 원가절감이 경제성에 의해서도 달성될 수 있다.

1) 생산성의 의미

생산성(productivity)이란 생산요소의 유효이용의 정도로서 제품이나 서비스를 생산하기 위해 투입된 생산요소가 생산과정에서 어떻게 효율적으로 결합됨으로써 생산물로 실현되는가를 나타내는 효과성 지표이다. 따라서 생산성은

$$\frac{\text{생산물의 산출량((output)}}{\text{생산요소의 투입량(input)}} = \text{일정}$$

로서 나타낼 수 있다.

중요한 것은 생산성이 향상되었다는 것은 일정한 투입량에 대해 산출량이 더 많아졌다는 것으로서, 생산성에서 투입량이 일정하다는 것을 전제로 해야 한다.

$$\text{A : } \frac{\text{산출량(120)}}{\text{투입량(100)}} \text{가 B : } \frac{\text{산출량(100)}}{\text{투입량(100)}}$$

보다 생산성이 더 높다고 할 수 있다.

2) 노동생산성

노동생산성(labor productivity)이란 노동자 한 사람이 하루에 생산해 내는 생산의 양을 의미하며, 물량표시 노동생산성 또는 화폐표시의 노동생산성이 있다.

노동생산성은 노동자의 숙련도나 노동의욕 등에 의해서 높아질 수 있다. 그러나 노동생산성을 높이는데 있어 가장 크게 영향을 주는 요소는 자본장비도(시설투자 규모/노동자 수)이다. 즉 자본장비도 또는 자본의 유기적 구성도가 높을 때 노동생산성은 기계화 생산에 의해 획기적으로 향상될 수 있다. 따라서 노동생산성이 생산성을 대표하는 보편적인 개념으로 사용되고 있다.

3) 부가가치 생산성

경쟁이 치열한 시장환경에서 생산성 향상으로 생산된 제품이 시장에서 판매되어 현금으로 회수되어 기업에게 되돌아와야 하므로, 여기에서 새롭게 부각된 생산성 개념이 부가가치 생산성이다.

부가가치 생산성은 노동자 한 사람이 기업에 기여한 기여가치의 크기로서, 부가가치÷노동자 수로 나타낼 수 있다. 여기에서 **부가가치**란 매출액(시장가격)에서 일체의 비용을 뺀 순가치로서, 부가가치=매출액-재료비, 감가상각비, 보험료, 에너지비, 기타 용역비(통신비, 여비, 교통비, 광고비 등)로 계산할 수 있다. 따라서 부가가치는 생산물의 시장가치에 대해 기업의 경영자와 종업원 등 구성원들이 공헌한 가치로서, 기여가치라고 할 수 있다. 여기에서 중요한 것은 경영자와 종업원의 공헌도를 시장의 평가 즉 매출액의 가치로 계산한다는 것이다.

따라서 부가가치 생산성은 기업이 요구하는 이윤의 관점에서 경영자 및 종업원의 기여도를 측정할 수 있고, 또한 자본장비도에 별 영향을 받지 않고도 경영의 능률이나 노동능률을 측정할 수 있으므로, 오늘날 실무적으로 생산성의 대표적 개념으로 활용되고 있다.

그러나 부가가치 생산성은 두 가지 면에서 문제가 있다. 첫째, 기업의 독점도가 높은 경우, 가격이 높아짐으로써 기여가치 생산성이 높게 나타난다. 둘째, 생산공정이 일관 시스템화되어 있거나, 생산의 심도가 높은 경우, 기여가치 생산성이 높게 나타남으로써 완벽한 생산성 개념이 되지 못한다.

4) 생산성 향상과 성과배분

생산성이 향상된다는 것은 보다 경쟁적인 원가구조 그리고 보다 경쟁적인 가격을 제공할 수 있는 능력이므로, 생산성 향상은 세계적인 경쟁력을 갖추는 중요한 요소이다.

오늘날과 같은 경쟁적인 환경에서 경영자는 생산성을 향상시키기 위해 생산성의 구성요소인 구성원과 운영변수에 대해 집중해야 한다.

첫째, 구성원의 측면에서 볼 때, 생산성 향상은 참여적 의사결정, 목표관리, 팀지향적 및 과정중심적 작업, 적합한 임금 시스템 등으로 이룰 수 있다.

둘째, 운영변수의 측면에서 볼 때, 운영시설의 구조와 배치, 설비용량의 이용성, 재고활용 및 시설유지 통제 등을 효과적으로 운영함으로써 생산성을 향상시킬 수 있다.

그러나 중요한 것은 생산성 향상을 통해서 기업의 성장과 고용의 증대는 물론 임금인상 및 사회복지증대에 이바지해야 한다는 것인데, 이러한 생산성 향상에 따른 성과배분인 것이다.

이러한 성과배분은 기업이나 소유자뿐만 아니라 조직구성원들 모두가 만족할 수 있는 공정성이 확보되어야 한다. 즉 성과실현에 직접 기여한 구성원에 대한 공정한 배분은 기업에 대한 공동체 의식과 소속감 그리고 자발적으로 기여케 함으로써 노사협력 체제의 산업평화를 구축하며, 그것을 기반으로 기업의 장기적인 발전과 성장도 가능해진다. 성과배분의 방법으로는 러커 플랜(Rocker plan)과 스캔란 플랜(Scanlan plan)이 있다.

한국의 노동생산성: 미국 · 일본의 25%

한국의 노동생산성이 OECD(경제협력 개발기구) 회원국 평균의 39% 수준에 불과한 것으로 나타났다. 특히 미국과 일본에 비해서는 1/4 수준에 그쳤다.

대한상공회의소가 OECD 자료를 분석해 2006년 9월 13일에 발표한 "생산성 제고를 위한 7대 과제" 보고서에 따르면, 2000년부터 2004년까지 한국 근로자의 시간당 노동생산성이 10.4달러로, OECD회원국 평균 생산성(27.0달러)의 38.6% 수준에 머물렀다.

특히 미국(40.0달러), 일본(39.9달러), 프랑스(35.6달러), 독일(34.0달러), 영국(32.1달러) 등과 비교해 보면 미국 및 일본의 근로자들이 15분이면 생산하는 부가가치를 한국기업 근로자는 1시간에 창출해 내는 것으로 나타났다.

보고서는 특히 미국, 일본 등이 우리나라와 비슷한 경제규모(1인당 GDP 1만 달러)일 때와 비교해도 현재 한국의 노동생산성은 크게 낮다고 지적하였다. 1만 달러 시대에 이른 국가들의 시간당 노동생산성은 평균 20달러 이상이었던 데 반해 한국은 9.4달러로 절반에도 미치지 못하였다. 또한 한국의 노동생산성이 낮은 이유는 고부가가치를 창출하는 업종이 많지 않은 데다 노동자 간의 유연성도 크게 떨어지기 때문이라고 설명한다.

이에 따라 보고서는 노동시장, 산업구조, 기업환경 등 3개 부문에서의 노동생산성 향상을 위한 7대 과제를 제시하였는데, 7대 과제에는 노동관행 개선, 고령화 사회에 대비한 인력관리 개선, 서비스업 육성, R&D(연구개발) 확대 및 생산성 파급효과 증대, 투자활성화, 신성장산업 육성, 규제완화 등이 포함되었다.

OECD 국가별 시간당 노동생산성 비교

(2000~2004년 평균, 단위: 달러)

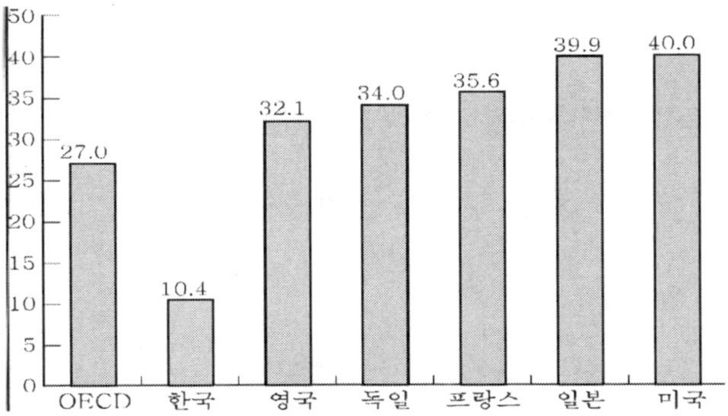

자료원: 한국경제(2006년 9월 14일)

2. 경제성

경제성은 경영활동이 경제적으로 수행되고 있는가를 판단하기 위한 것으로, 일정한 산출물을 생산하기 위해 투입된 생산요소가 최소가 될 수 있도록 하느냐를 평가하는 것으로서, 효율성을 나타내는 개념이다. 즉 **경제성**은 일정한 산출물을 얻기 위해서 투입되는 투입물의 가치를 최소로 절약한다는 것이다.

$$경제성 = \frac{목표}{수단} = \frac{목표달성도}{수단절약도} = \frac{수익}{비용} = \frac{성과}{희생} = \frac{산출물(일정)}{투입요소(최소)}$$

이다.

상기의 수식에서 볼 때 목표달성도가 이루어지고, 수단절약도가 높아지면 경제성이 높아지게 된다. 따라서 투입요소가 목표치보다 낮게 달성하는 것을 수단극소화의 원칙 또는 수단절약의 원칙이라고 하는데, 이것은 일정한 품질특성을 가진 산출물을 유지한다는 전제로 원가를 절감한다는 의식에서 이루어질 수 있다.

3. 수익성

수익성(profitability)은 투자된 자본에 의해서 창출된 이익(profit)의 성과를 나타내는 것으로서, 수익성 $= \frac{이익}{자본}$ 으로 표시된다. 즉 수익성 $= \frac{이익}{자본} = \frac{산출-투입}{자본} = \frac{매출-비용}{자본}$ 이 된다.

산출이 최대가 되기 위해서는 생산성이 요구되며, 비용이 최소화되기 위해서는 경제성이 요구된다. 결론적으로, 수익성은 생산성과 경제성의 함수관계에 있으므로, 수익성을 달성하기 위해서는 생산성 또는 경제성을 향상시키거나 또는 두 개 모두를 향상시켜야 한다.

그러나 극대이윤을 달성하기 위해 구성원을 몰아부치거나, 독점에 의해서 소비자에게 피해를 주거나, 경제성을 달성하기 위해 구성원에게 부당한 대가를 지급하거나 중간상 및 유통기관에게 부당한 대가를 지급함으로써 극대이윤의 수익성을 달성한다는 것은 다수의 이해관계자들의 반대에 부딪쳐 기업 생존의 정당성을 상실하게 된다. 그러므로 기업은 수익성을 달성하되, 이해관계자들의 이해를 조절하는 범위에서 달성하여야 한다.

제 4 장

경영자의 유형과 자질

제 1 절 경영자의 유형과 자질

1. 경영자의 의미와 유형

경영자(manager)는 조직을 이끌고 그 결과에 책임을 지는 사람이지만, 일반적으로 경영자라고 하면 기업의 목표를 달성하기 위해 재무, 생산, 마케팅, 인적자원, 회계 등과 관련된 활동을 계획수립, 조직화, 충원화, 지도, 통제를 통해 기업을 경영하는 경영주체를 의미한다.

이러한 경영자는 경영활동의 내용이 복잡해짐에 따라 경영자의 유형은 기업의 운영 및 지배 그리고 계층에 따라 분류될 수 있다.

1) 기업의 운영과 지배에 의한 분류

경영자는 소유와 경영의 분리현상에 따라 소유경영자와 전문경영자로 분류될 수 있는데, 그 중간 형태도 있다.

첫째, **소유경영자**는 기업의 소유자가 경영자인 경우로서, 자신의 자본으로 기업을 설립하여 기업의 소유자가 되고 또한 기업의 경영도 담당하는 사람으로서,

소유와 경영이 분류되지 않는 경우이다.

둘째, **고용경영자**는 소유경영자의 기업이 규모가 커짐에 따라 소유경영자가 경영하는데 한계가 있어 고용된 경영자이다. 그는 어느 정도의 권한과 책임을 위양받아 기업을 운영, 관리한다.

셋째, **전문경영자**는 기업의 규모가 더 커지고 경영환경이 급격히 변화함에 따라 전문적인 지식을 가지고 기업의 경영에만 전담하는 사람이다.

2) 기업경영의 계층에 의한 분류

기업이 취급하는 업무, 업무의 흐름, 명령계통 등의 특성에 따라 경영자는 3개층으로 분류된다(〈그림 4-1〉 참조).

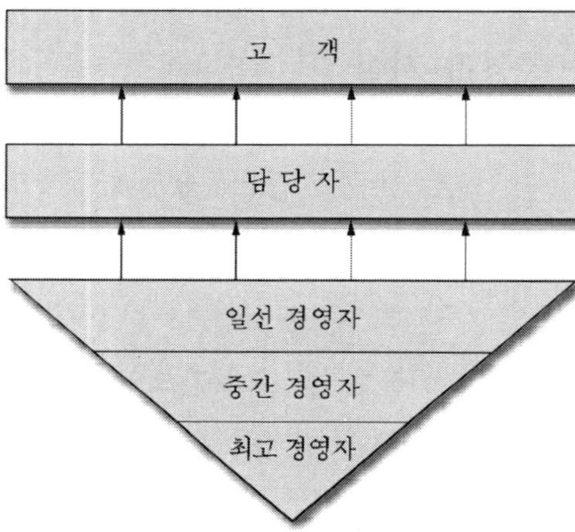

〈그림 4-1〉 경영자 계층

(1) 최고경영층(top manager)

조직의 최상위에 위치한 경영자로서, 조직에 대해 **개념적 숙련**(conceptual skill)을 키우는데 책임을 지는 경영자이다. 기업의 최상위 목표를 설정하여 대외관계를 담당함으로써 기업이 나아갈 기본방향, 중심사업, 전략, 대외관계를 결정하는 조직의 지배집단이다. 한국의 경우, 기업에서 회장, 사장, 대표이사, 전무, 상무 등으로 칭하는데, 최근에는 **최고의사결정 책임자**(CEO: chief executive officier), 재무담당 최고경영자(CFO: chief finance officier), 정보담당 최고경영자(CIO: chief information officier), 고객담당 최고경영자(CCO: chief customer officier) 등으로도 불리운다.

최고경영자는 중간경영자에 대해서 직접적인 책임을 가지고 있으며, 주로 전반적인 조직의 운영에 대해 관심을 가지고 거시적인 관점에서 계획을 수립하고, 또한 실행하는데 중간관리자와 서로 협력하는 역할을 수행한다.

특히, 대기업의 경우 최고경영자는 3개 계층, 즉 기업의 최상위에 있는 이사회를 구성하는 **수탁경영층**, 이사회로부터 위임된 권한의 범위 내에서 기업활동 전반에 대한 구체적인 계획을 세우고 이를 실행하기 위한 지도, 조정 및 통제기능을 수행하는 사장인 **전반(총괄)경영층**, 그리고 각 부문별 담당이사인 **부문경영층**으로 구분된다.

(2) 중간경영자(middle manager)

최고경영자와 하위경영자의 중간계층의 경영자로서, 최고경영층에서 설정한 목표, 사업전략에 따라 실무적으로 사업을 수행하며, 담당업무를 관리하는 하위경영자의 업무에 대한 관리, 감독의 책임을 맡는다.

이에는 부서장, 지점장 등으로, 조직의 목표가 달성될 수 있도록 각 부서별로 세부계획을 세우고, 그 계획을 수행하는 책임을 진다. 중간경영자는 업무의 계획수립기능, 업무의 관리기능, 업무의 개선기능, 의사소통의 중개기능, 최고경영자와 일선경영자와의 사이에서 조정기능 및 종업원의 통솔기능을 수행함으로써 관리통제의 기능을 담당한다.

(3) 하위경영자(일선경영자: low manager, first-line manager)

현장경영자(supervisory manager)로서, 조직의 하위계층에 위치하여 직접 업무에 종사하는 구성원들을 상대로 개별적인 접촉을 통해 가장 기본적인 단위부서를 지도, 감독하여 업무에 대해 직접적인 책임을 지는 계층이다.

기업에서 과장, 대리, 팀장, 반장 등으로서, 일선의 구성원들이 정해진 방향으로나 속도로 일을 하고 있는가를 매일 검토하며 또한 일반종업원들의 고충과 고민을 해결해 주는 역할을 수행하므로, 주로 운영통제의 기능을 수행한다. 그리고 **하위경영자**는 감독기능을 수행하는데 중간경영자와의 조정역할을 위해 문제해결을 위한 상황판단력과 대인관계 기능이 중요하다.

상기의 계층별 경영자의 수준에 따라 그들의 경영활동은 〈그림 4-2〉와 같이 차이가 있다.

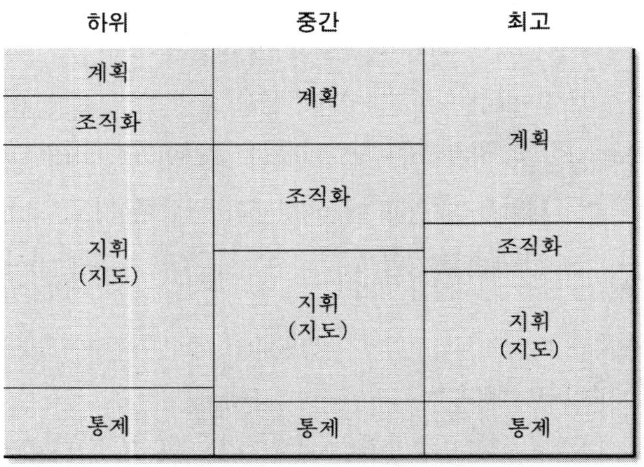

〈그림 4-2〉 경영자의 관리기능활동

2. 경영자의 역할

경영자는 조직의 다양한 자원을 결합하여 조직의 목표달성을 극대화하려고 노력하는데, 이러한 조직의 목표를 달성하기 위해서는 특별한 역할을 수행해야 한다.

1950년대 말 민즈버그(H. Minzberg)는 실제로 경영자가 매일매일 수행하는 일상업무에 기초하여 경영자의 역할을 〈그림 4-3〉과 같은 모형으로 제시하였다.

〈그림 4-3〉에 의하면 경영자는 합리적인 의사결정자로서 조직내 공식적 지위와 권한에 의거하여 대인관계 역할, 정보처리 역할 및 의사결정 역할을 수행한다.

대인관계 역할은 경영자의 업무시간 중 약 1/2 정도를 차지할 만큼 비중이 크며, 경영자의 지위에 따른 공식적 권한으로부터 발생한다.

정보처리 역할은 조직내에서 정보를 주고받는 중심역할로서, 조직내 정보신경센터와 같은 역할을 하는 경영자로 공식·비공식 정보를 효과적으로 처리하여 업무수행이 원활하게 이루어지도록 한다.

의사결정 역할은 경영자의 업무 중 가장 중요한 역할로서 네트워크를 통해 획득한 정보를 이용하여 문제해결을 위한 의사결정을 수행한다.

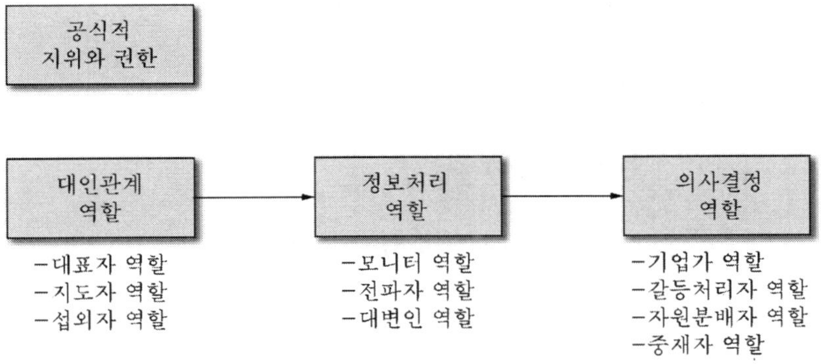

〈그림 4-3〉 경영자 역할론

3. 경영자의 경영능력(기술)

경영자가 경영활동을 효과적으로 수행하기 위해서 각 경영자는 경영능력을 갖추어야 하는데, 경영자가 어느 계층에 속해 있느냐에 따라 각각의 능력 즉 기술적 현장실무능력, 인간적 대인관계능력, 개념적 상황판단능력의 중요도가 달라질 수 있다(〈그림 4-4〉 참조).

1) 기술적 현장실무능력(technical skill)

이는 전문화된 활동을 수행하는데 필요한 기술로서, 특정한 업무분야와 관련된 지식을 이용할 수 있는 능력이다.

모든 기업에서 경영자들은 현장실무와 관련된 능력을 갖고 있어야 하지만, 특히 일선관리자 즉 실무를 수행하는 사람에게 가장 중요한 경영능력이다.

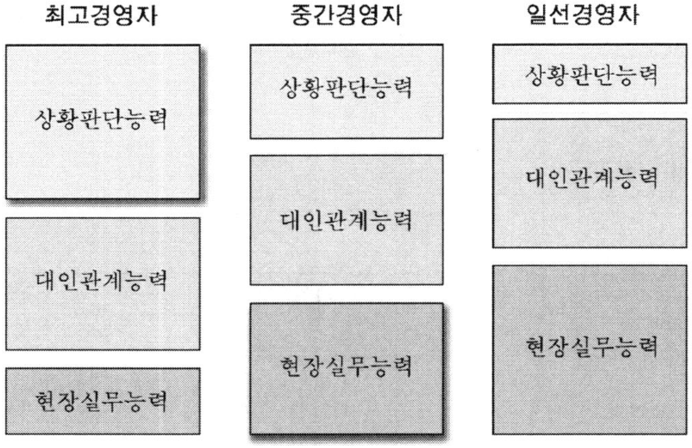

〈그림 4-4〉 경영자에게 요구되는 능력

2) 인간적 대인관계 능력(human skill)

이는 경영자가 다른 구성원들과 더불어 일하고, 원활한 의사소통을 하며, 동기부여를 할 수 있는 능력으로서, 조직의 다른 구성원들과 원만한 인간관계를 유지하고 또한 단위조직의 장으로서 부하직원의 업무를 통솔하는 능력으로 모든 경영자에게 동일하게 요구되는 능력이지만, 특히 중간관리자에게 더욱 중요하다.

이 경영능력에는 종업원과의 원활한 의사소통, 대인간 갈등의 해결 그리고 조직구성원간의 협동심 함양 등이 포함된다.

3) 개념적 상황판단능력(conceptual skill)

이는 기업조직의 내·외부 환경, 특히 이해관계자들과의 활동을 조정하고 통합할 수 있는 능력을 말한다. 즉 기업이 조직환경 속에서 지금 어디로 가고 있으며, 기업이 변화하는 환경 속에 어떻게 존재하며, 어떠한 산업에서 활동하고 있는가 또한 그 산업이 어떠한 특성을 갖고 있는가를 파악할 수 있는 능력이다.

이 능력은 기업을 전체적인 관점에서 바라볼 수 있고, 기업내의 각 부문은 서로 어떤 연관성이 있으며, 어떤 부문의 변화가 기업 전체에 어떤 영향을 미칠 것인가를 예측할 수 있는 능력으로서, 숲 밖에서 숲 전체를 보고 원시안적 안목과 능력을 갖는 것으로, 특히 최고경영자에게 더 많이 요구되는 능력이다.

제 2 절 성공적인 기업과 경영자

1. 성공적인 기업의 특성

성공적인 기업은 초일류기업 또는 초우량기업과 같은 뜻으로 해석되기도 하므로, 초일류기업에 대한 정의 및 특성으로 가름할 수 있다.

초일류기업에 대한 정의에 대해서는 학자들에 따라 다소 상이하지만, 그 핵심적 내용은 거의 일치된다. **초일류기업**이란 비록 모든 부문에서 세계 최고는 아니라 할지라도 적어도 기업의 전략적 핵심분야에서는 최고의 경쟁기업보다 우수하거나 적어도 동등한 수준에 있는 기업으로 정의할 수 있다.

이러한 초일류기업이 되기 위해서, 첫째, 이상문 교수는 6가지 요소를 제시한다. 즉 ① 고객중심경영, ② 끊임없는 개선과 경영혁신, ③ 창조적인 인적자원관리, ④ 유연한 조직 ⑤ 인간존중경영과 기업윤리, ⑥ 정보, 통신기술의 지원 등의 요소가 잘 소화될 때 초일류기업이 될 수 있다.

둘째, 피터스(Thomas J. Peters)와 워터맨(Robert H. Waterman)은 8가지 요소를 제시한다. ① 실행위주의 경영을 함, ② 고객의 욕구를 만족시켜 줌, ③ 경영자 육성을 보장하고 기업가 정신을 중시함, ④ 종업원의 욕구를 중시하며 생산성을 향상시킴, ⑤ 가치를 추구하는 기업이념과 최고경영자는 경영철학에 의해서 경영함, ⑥ 기업의 핵심분야에 초점을 맞춤, ⑦ 최소의 인원으로 간소한 조직형태를 경영함, ⑧ 상황에 따라 중앙집권적으로 또는 분권적으로 운영함이다.

셋째, Fortune지는 8개 평가기준 항목을 기준으로 하여 기업의 선호도를 평가하는데, 그 순위에 따른 특성은 ① 혁신성 ② 경영의 질적 측면 ③ 종업원의 재능 ④ 재무건전성 ⑤ 기업자산의 사용방식 ⑥ 장기적 투자가치 ⑦ 사회적 책임 ⑧ 제품/서비스의 질 등이다.

종합적으로 볼 때, **성공적인 기업**이란 고객지향적 철학을 바탕으로 기업설립의 합당성을 인정받을 수 있는 이익을 창출하고 또한 사회적 책임을 성실히 수행하여 사회시스템으로부터 존경을 받는 기업이다.

2. 성공적인 기업의 만족조건

지속가능하며 성공적인 기업이 되기 위해서는 여러 가지 조건을 충족시켜야 한다.

1) 고객만족과 기업성공

소비자의 욕구가 다양화되고, 그 욕구가 끊임없이 높아지고 있으며, 국경과 이념이 없는 시장이 전개됨에 따라 기업간의 경쟁이 국내는 물론 국제간에 치열해지면서 고객중심경영의 중요성이 더욱 강조되고 있다. 이것은 소비자의 욕구를 어떻게 만족시키느냐에 달려 있다.

고객만족경영은 고객가치 창조, 고객만족, 고객평생가치라는 것으로 표현된다. 따라서 가장 중요한 것은 제품과 서비스에 대해 고객들이 충분히 가치를 지각할 수 있도록 해야 한다. 그렇게 하기 위해서는 고객에게 상세한 제품정보를 제공하여 소비자가 그 제품에 대해 자신의 욕구를 충족시킬 수 있는 이점을 인식 즉 가치를 인식할 수 있도록 해야 한다. 그 후 제품을 구입하여 사용하고 소비하면서 기대했던 가치를 획득할 수 있도록 조치해야 한다. 즉 구매 후 사용 중에 발생한 제품결함이나 성능불량에 대해 고객들에게 거의 비용을 부담시키지 않고 그러한 결함을 없애도록 신속하게 조치함으로써 불만족하지 않도록 해야 한다.

이러한 방어적 전략을 구사함으로써 고객을 유지하게 된다. 한 조사에 의하면, 불만족을 경험한 고객의 67%는 다시 그 제품을 재구매하지 않으며, 또한 11명에게 그 제품에 대해 악평을 한다는 사실에서 볼 때, 고객만족은 기업생존의 열쇠가 된다.

2) 인간중심경영

기업의 입장에서 볼 때, 고객은 소비자인 외부고객, 내부 구성원인 내부고객,

그리고 기업이 제품을 생산하고 제공하는데 자사를 도와주는 보조고객이 있다. 그리고 세 가지 고객 이외에도 기업운영에 관련되는 모든 이해관계자 등을 포함한 광의의 고객으로 해석하는 것이 바람직하다.

이러한 고객들 중에서도 고객을 위한 가치를 창조하고, 만족을 시키는데 가장 핵심적인 주체는 바로 구성원이라는 사실이다. 따라서 성공적인 기업이 되기 위해서는 우선 구성원으로 조성된 인적자원에 대한 효율적이며 전사적으로 협력할 수 있는 관리가 이루어져야 하는데, 여러 가지 방안이 요구된다.

첫째, 모든 구성원들이 기업목표가 무엇이며, 또한 앞으로의 비전이 무엇인가를 인식할 수 있도록 수직적 · 수평적인 커뮤니케이션이 조성되어야 한다.

둘째, 구성원에 대해서 당근과 채찍을 적절하게 조화시키는 분위기를 조성함으로써 각자가 맡은 과업을 수행할 수 있도록 동기가 부여되어야 한다.

셋째, 구성원을 자신과 동일한 동료로, 그리고 한 가족처럼 대하는 경영자의 의식구조가 개선되어야 한다. 인트라넷과 엑스트라넷 등을 통해 구성원에게 많은 정보를 제공하고, 의사결정시에도 구성원을 참여시켜 모든 구성원들이 기업의 주체자라는 의식을 갖도록 하며, 적극적인 자세로 업무에 임하도록 해야 한다.

3) 기업가 정신

기업가 정신이란 기업가가 재무적, 심리적 및 사회적인 위험을 감수하며, 도전적으로 시간과 노력을 경주하여 새로운 기술과 혁신을 도모하고, 새로운 것을 개발하여 기업의 성장과 사회적 가치를 창출하며, 긍정적 또는 심리적 만족을 얻기 위한 의식이라고 정의한다. 또한 미국의 기업가협회에서는 도전정신, 신념, 협력정신, 인간제일주의 정신, 능력주의 정신, 성취 정신 등을 포함한 개념을 기업가 정신이라고 하였다.

또한 경제학자들은 위험부담과 불확실성의 처리, 혁신 및 기업의 조직과 관리라고 제시한다. 그리고 이상문은 새로운 아이디어를 개진할 수 있는 분위기 조성, 즉 그 아이디어를 실현가능성을 기준으로 실용화함, 사소한 아이디어라도 경미하게 처리하지 않음, 개발팀에게 유연성을 제공함 그리고 공헌자에게 보상하는 것이라고 설명한다.

상기의 여러 정의에서 볼 때, 현대기업에서 올바른 기업가 정신은 〈그림 4-5〉와 같이 모험심, 혁신과 창의성, 신용, 사회적 가치창출, 전략적 사고 등 5가지 요소로 구비된다.

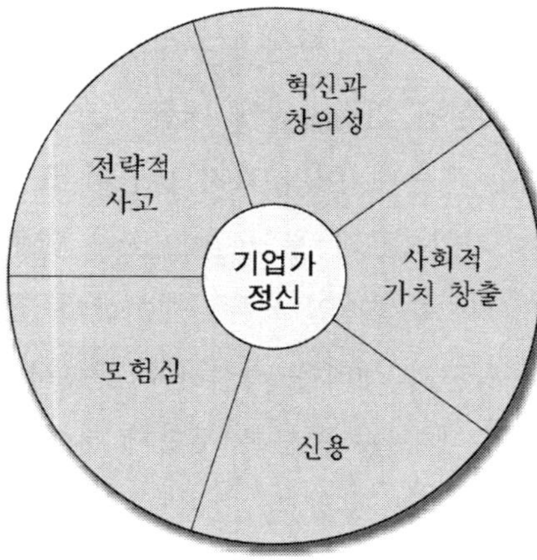

〈그림 4-5〉 기업가 정신의 구성요소

4) 유연하고 수평적인 조직구조

정보통신기술의 급속한 발전은 신경제와 세계화의 변화를 초래케 하고 있다. WTO의 출범과 FTA에 의한 세계적 시장의 부상, 점차 확대되고 있는 세계경제의 블록화 현상(EU, NAFTA, MERCOSUL 등) 등으로 외적환경이 급속하게 변화하고 있다. 또한 소비자의 욕구는 다양화되고 상향화되고 있으며, 이에 따라 기업간의 치열한 무한경쟁은 기업으로 하여금 생존, 성장하기 위해 환경변화와 고객의 수요에 빠르게 적응하도록 요구하고 있다.

그러나 기업이 비대해지고 복잡한 조직구조로 인해 신속하게 대응할 수 없으므로, 조직구조를 리엔지니어링하고 또한 축소함과 아울러 많은 의사결정 권한을 하부로 위양하고, 정보의 교류가 기업내에서 신속하게 이루어질 수 있는 상호기능적 팀 형태인 수평적 조직구조가 구축되어야 한다(사례 참조: ABB사).

다국적기업인 ABB사의 유연한 조직구조

1987년 스웨덴 기업인 ASEA사와 스위스 기업인 Brown Boreri사 간에 50 : 50의 비율로 탄생한 다국적 합작기업인 ABB(Asea Brown Boreri)사는 전력변압기, 기계설비, 전자장치, 자동차 부품, 공기조절기 설비, 철도설비 등을 포함한 산업재를 생산한다. ABB사는 240억 달러의 판매고와 108,000명의 종업원으로 구성되어 있다. 이 기업의 좌우명은 "ABB는 지역 어느 곳에서나 세계적 기업이다"라는 것이다. 자사의 공식언어는 영어로 정하고(모든 ABB사의 경영자들은 영어로 대화해야 한다) 또한 모든 재무보고서는 달러로 표시되고 보고된다.

ABB사는 세 가지의 모순, 즉 세계적 및 지역적이 되는 것, 대규모 및 소규모적이 되는 것 그리고 중앙집중적인 보고제도와 통제 속에서 근본적으로 분권화되는 모순을 조화롭게 조성하는 것을 목표로 해 조직되어 있다. ABB사는 스위스의 기업본부에 200명 미만의 스탭을 확보하고 있는데, 이에 반해 Siemens사는 기업본부에 3,000명의 스탭을 확보하고 있다.

이 기업의 여러 가지 제품계열은 8개의 사업세분시장, 65개의 사업지역, 1,300개의 기업, 5,000개의 이윤센터로 구성되어 있는데, 평균적으로 구성원들은 약 50명의 종업원으로 구성된 이윤센터에 소속되어 있다. 경영자들은 통상 국가들 간에 순환 배치되고, 이에 따라 통합된 국적조건이 고무되고 있다. 사업유형에 따라 어떤 사업은 상당한 자치권이 부여된 초지역적 사업단위로 취급되며, 또한 어떤 사업은 중앙통제를 받은 초세계적 사업단위로 취급된다.

이외에도 좋은 기업, 성공적인 기업이 되기 위해서는 적절한 이윤창출, 건전한 재무구조, 경영자의 경영철학과 비전제시, 사회적 책임의 완수 등 요건을 갖추어야 한다.

3. 21세기 최고경영자의 자질요건

21세기에 있어 최고경영자가 갖추어야 할 요건에 대한 한 연구는 변화추구형 리더십을 지니고, 조직의 장기비전을 구성원에게 제시하며, 모든 구성원들의 참여를 유도하기 위한 전도사 역할을 수행해야 한다고 제시한다. 특히 개인의 일생이나 제품의 수명주기를 뛰어넘어 오랫동안 번창할 수 있는 기업을 만드는데 주력하면서 강력한 산업구조조정, 정보 네트워크 구축 등을 지휘하여 구성원들의 창의력을 극대화시키고 최대의 가치를 창출할 수 있는 장을 제공해야 한다.

그 이외에도 성공적인 경영자가 되기 위해서는 실무교육과 정식교육을 통한 끊임없이 배우는 자세, 적극적이고 솔선수범하고 실패를 두려워하지 않는 자세, 세계적으로 생각하고 지역적으로 활동할 수 있는 능력을 가진 세계화의 경영인, 고정관념을 버리고 변화를 추구하는 자세 등 네 가지 요건을 구비해야 한다. 본서에서는 21세기형 최고경영자는 세 가지 자질을 갖추어야 한다고 본다.

1) 비전제시로 기업방향을 올바르게 결정함

비전(vision)이란 현재의 상황은 어떠하며, 앞으로는 어떻게 될 것이라는 미래 모습을 제시하는 것이다. 그러나 최근 들어 급속한 환경변화로 미래에 대한 불확실성이 증가하고 있어 미래를 자신 있게 예측할 수 있는 기업은 거의 없다.

이러한 상황에서 최고경영자는 기업의 비전을 제시하고 앞으로 나아가야 할 바를 명쾌하게 제시해야 한다. 즉 치열한 무한경쟁 속에서 기업이 유지 · 발전하기 위해서는 위기를 기회로 바꾸는 힘이 있어야 하는데, 이러한 힘은 최고경영자의 확고한 비전에서 찾을 수 있다.

기업은 확고한 비전을 가지고 목표를 향해 나아가야만 어려움을 헤쳐 나갈 강력한 추진력을 가지게 된다. 따라서 최고경영자는 자신이 제시하는 비전에 대해서 종업원들이 공감할 수 있도록 노력해야 한다.

2) 글로벌 환경변화에 적응할 수 있는 능력을 갖춤

현대의 기업을 둘러싼 환경의 변화는 너무나 다양하므로, 최고경영자의 눈은 환경변화를 정확하게 포착하고, 어떻게 대응할 것인가에 대해 연구해야 한다.

지구촌이 거대한 하나의 시장으로 통합되는 글로벌 기업환경 변화에 대해 최고경영자는 유연한 사고를 바탕으로 적절한 대응방안을 강구해야만 한다. 물론 급격한 환경변화가 위험요인으로 작용할 수 있지만 이를 기회로 삼을 수 있다. 예를 들어, 인터넷이 21세기를 주도함에 따라 과거에는 적자를 면치 못한 여러 기업들이 환경변화를 빨리 직감하고 발빠르게 대처함으로써 성공하고 있다.

3) 한정된 경영자원을 효율적으로 개발하고 활용함

21세기에는 정보사회, 지식사회로의 구조변화가 한층 빨라지므로, 정보자원이나 지식자원을 적절하게 확보하고 활용하는 것이 기업경영의 핵심이 되고 있다. 따라서 21세기의 최고경영자는 기업이 보유할 수 있는 다양한 경영자원을 효율적으로 개발하여 활용할 수 있는 능력을 갖추어야 한다.

인적, 물적자원뿐만 아니라 정보, 지식 등 다양한 경영자원을 개발하여 조달, 활용하여 기업의 경쟁력인 비교우위를 확보해야 하며 또한 기업활동의 성과를 높이게 된다. 즉 최고경영자는 확실한 비전을 제시하고 글로벌 환경변화에 대응할 수 있도록 경영자원을 효율적으로 개발, 활용할 수 있는 역량을 갖추어야 한다.

제2부

기업이론

제 5 장

기 업 형 태

제 1 절 기업형태의 분류

1. 기업형태의 분류기준

기업은 사유재산제도를 전제로 하는 자본주의의 시장경제 체제의 경제단위로서, 영리주의를 목적으로 인간의 욕구를 충족시키기 위해서 제품이나 서비스를 생산하는 개별경제주체이다. 이러한 기업의 본질은 산업사회의 고도화, 기업의 대규모화 및 다각화 등으로 변화되고 있다.

특히 기업을 설립하는 경우 기업의 형태를 결정해야 한다. 기업의 형태를 정하는 경우, 설립할 기업에 대한 출자를 누가 하며, 설립된 후에 경영을 누가 담당하며, 또한 경영을 담당할 경영권을 누가 임명하고 또 자본운용에 대한 감독과 통제를 누가 할 것인가를 결정하는 지배, 즉 출자, 경영, 지배 등 세 가지 요소에 의해 결정된다.

그 밖에도 규모에 따라 대기업과 중소기업으로 분류하고, 업종에 따라서도 구분된다. 출자성격에 따라 공기업, 사기업 또는 공사공동기업으로 분류되며, 법률의 규정에 따라 합명회사, 합자회사, 유한회사, 주식회사 등으로 구분된다. 또한 소유와 지배를 중심으로 개인회사, 인적 공동기업, 자본적 공동기업 등으로 구분된다.

2. 기업형태의 분류

보통 기업은 〈그림 5-1〉과 같이 출자, 경영, 지배를 기준으로 분류되는데, 자본의 출자관계에서 본 법률적 형태 그리고 실질적인 출자에 따르는 책임부담의 관계에서 본 경제적 형태에 의해 분류된다.

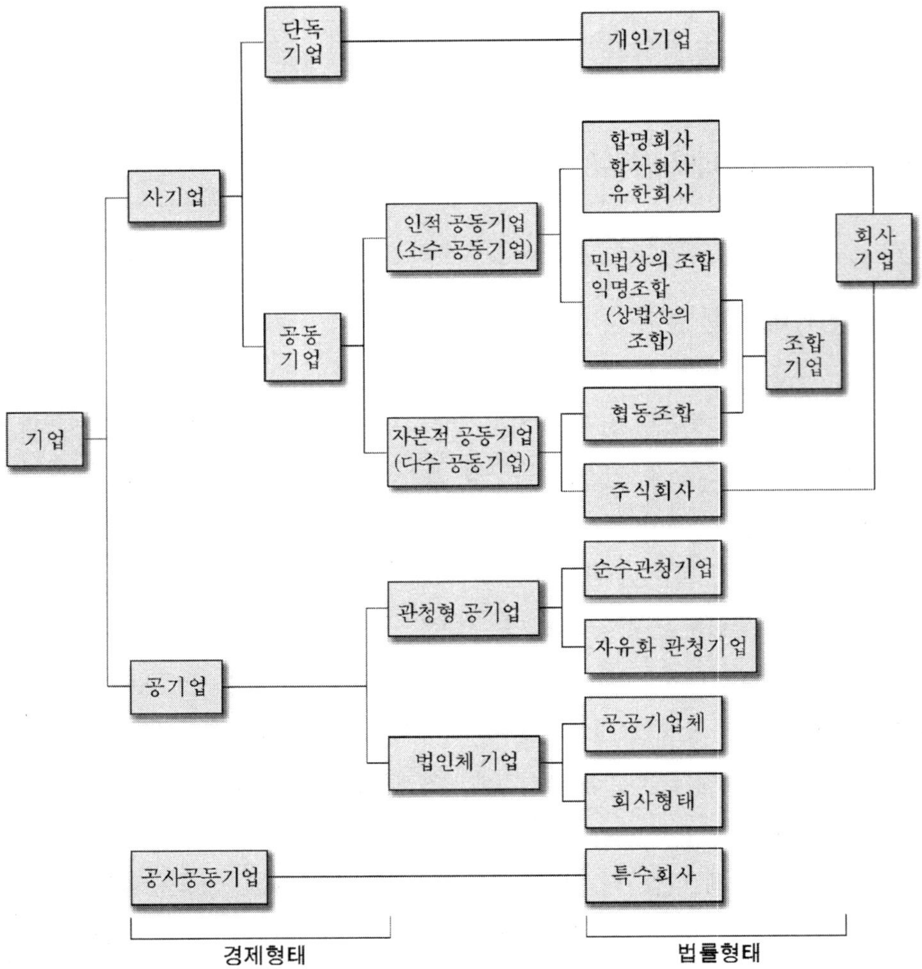

〈그림 5-1〉 기업의 형태 분류

사기업은 출자, 경영, 지배가 민간인에 의해서 이루어지는 기업이며, 공기업은 국가나 지방자치단체가 출자, 경영, 지배하는 기업이고, 공사공동기업은 민간인과 공적기관이 공동으로 출자, 경영, 지배하는 기업이다.

그리고 사기업은 기업에의 참여자 수가 단수이냐 복수이냐에 따라 단독기업과 공동기업으로 구분되며, 공동기업은 구성원간의 인적 또는 자본적 특성에 따라 인적 공동기업과 자본적 공동기업으로 분류된다.

제 2 절 사기업

1. 개인기업

개인기업은 개인이 출자, 경영, 지배하는 기업으로서 설립이 용이하고, 기업주가 기업운영에 전력투구하여 효과적으로 운영할 수 있으며, 사업상 기밀이 유지되는 장점이 있다. 그러나 자금과 경영능력에 한계가 있다는 단점이 있다.

이 개인기업은 단독기업의 특성이 있어 그 수가 기업형태 중에서 가장 많고, 대다수가 중소규모이다.

2. 합명회사

합명회사는 2명 이상의 사원(출자자)이 공동으로 출자하고, 회사의 채무에 대해 연대무한의 책임(무한책임사원)을 지면서 회사경영에 직접 참여한다.

회사운영에 대한 의사결정뿐만 아니라, 사원의 지분양도에 있어서도 전사원의 동의를 얻어야 하며, 사원총회가 없다.

3. 합자회사

합자회사는 출자와 업무집행을 담당하는 무한책임사원과 출자만을 하는 유한책임사원으로 구성된다. 유한책임사원은 직접 경영에 참여할 수 없으며, 자본을 양도할 때에도 무한책임사원 전원의 승인을 얻어야 한다.

4. 유한회사

유한회사는 주식회사의 축소형으로서, 유한책임사원으로 구성되며, 사원수도 2명 이상 50명 이하로 한정하고, 출자 일좌의 금액을 5,000원 이상으로 균일하며, 자본금도 1,000만원 이상이다.

유한회사는 사원총회, 이사회 및 감사의 기관이 있으나, 감사는 임의기관이므로 그 설치여부는 자유이다.

유한회사는 재무제표를 공시할 의무가 없으며, 비교적 소수의 사원과 자본으로 운영되므로 중소기업 경영에 알맞지만 한국에서는 보편화되지 못하고 있다.

5. 민법상의 조합

민법상의 조합은 2인 이상이 공동출자하여 공동으로 사업을 경영할 것을 약정하는 기업형태로서, 특정기능을 수행한 후 끝나면 해체된다.

민법상의 조합이 설립되는 경우는 ① 한 번의 거래 또는 몇 번의 거래로서 사업이 끝나는 프로젝트 사업을 공동으로 경영하는 경우, ② 공 · 사채와 주식 등 유가증권을 공동으로 인수하기 위해 증권인수단(syndicate)을 결성한 경우 ③ 사업설립시의 과도적인 형태 또는 단기적인 잠재적 기업형태가 필요한 경우이다.

민법상의 조합은 법인이 아니므로, 권리의무와 재산이 모두 조합원에게 귀속되어 운영도 조합원에 의해서 이루어지며, 조합원은 유한책임을 지고, 의사결정은 과반수 이상의 찬성으로 가능하다.

6. 익명조합(상법상의 조합)

익명조합은 합자회사와 유사하게 유한책임을 지고, 출자의무를 지며, 업무를 수행할 권리가 없는 익명출자자로서의 익명조합원과 업무를 직접 담당하며 무한책임을 지는 영업자로서의 현명조합원으로 구성되는 상법상의 조합이다.

익명조합원은 영업에서 획득한 이익을 배분받기 때문에 채권자의 위치에 있으므로, 익명조합원이 출자한 재산은 법률상 영업자의 재산으로 본다. 이것이 합자회사와 다른 점은 상법상의 조합은 비법인이지만, 합자회사는 법인이라는 것이다.

제 3 절 자본적 공동기업

1. 주식회사

주식회사는 거액의 자본을 용이하게 조달할 수 있고, 기업규모의 대형화와 규모의 경제적 이익을 누릴 수 있으며, 또한 경제발전과 성장에 크게 기여할 수 있기 때문에 고도 자본주의 경제의 대표적인 기업형태이다.

1) 주식회사의 특징

자본단체로서 주식회사는 상법에 의한 법인체로서 세 가지 특징이 있다.

(1) 자본의 증권화 제도

자본의 증권화 제도는 기업자본의 영구화를 바라는 경영자와 투자자본의 고정화를 원하지 않는 투자자의 욕구를 충족시키기 위한 제도로서, 주식회사는 유가증권인 주식을 발행하여 자본을 조달한다.

주식은 유가증권이므로, 주식시장을 통해 매매, 양도가 가능하여 회사에의 참여와 탈퇴가 자유롭다. 따라서 많은 일반 대중으로부터 소액의 자금을 용이하게 조달할 뿐만 아니라, 대자본도 용이하게 조성하여 기업은 규모의 경제적 이익을 누릴 수 있다.

주식을 매입한 주주는 주주권을 갖게 되는데, **주주권**에는 자익권(이익배당청구권, 잔여재산분배청구권)과 공익권(주주총회 의결권)이 있다.

(2) 유한책임제도

주주는 출자한 금액의 한도 내에서 회사의 자본위험으로부터 발생하는 회사채무에 대해 책임을 지는 **유한책임**을 진다. 파산 후 채무가 있는 경우에도 채무를 변제할 책임이 없기 때문에 주식회사는 자본조달이 용이하여 대규모한 모험적 사업의 운영이 가능하여 대기업으로 성장할 수가 있다.

(3) 소유와 경영의 분리제도

소유와 경영의 분리는 자본과 경영의 분리로서 자본의 증권화 제도 그리고 주주 유형의 변화와도 관련된다. 즉 출자의 목적이 사업에 관여하는 **사업주주**에서 투자의 목적이 이익배당을 받는 **투자주주**로 또한 투자의 목적이 주식시세에 의해 이익을 획득하는 **투기주주**로 변화되고 있다. 또한 투기주주는 사업경영에 거의 관여하지 않으므로, 기업경영은 전문경영자가 수행하게 되어 소유와 경영이 분리된다.

또한 주주의 형태가 변화됨에 따라 경영자도 소유경영자에서 고용경영자로 그리고 전문경영자로 변화되는데, 그러한 현상은 경영자 혁명이라는 것으로 설명되고 있다(〈그림 5-2〉 참조).

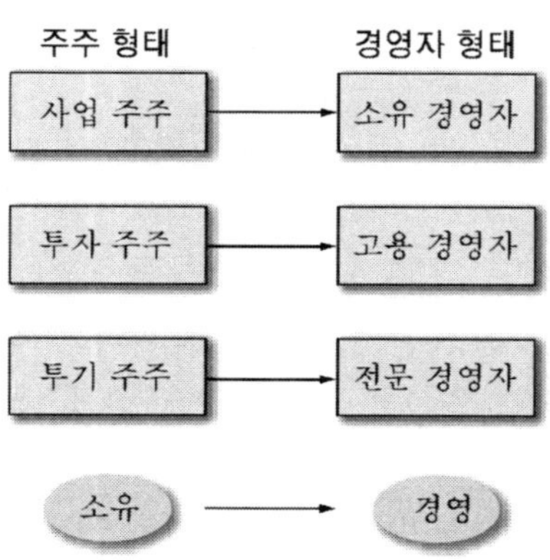

〈그림 5-2〉 주주 및 경영자 형태의 변화

2) 주식회사의 설립절차

주식회사의 설립은 상법 등으로 규정하고 있어 설립절차는 약간 까다롭다.

(1) 정관의 작성

정관이란 회사의 기본규칙으로서, 1명 이상의 **발기인**에 의해서 작성된다. 정관에는 절대적 기재사항(빠지면 정관과 회사설립 자체가 무효가 됨)과 상대적 기재사항(임의적 기재사항으로 정관에 기재할 경우 효력이 발생함)이 있다.

(2) 출자의무의 확정과 이행

정관 작성 후 **출자의무**를 확정해야 한다. 여기에는 첫째, **발기설립**으로서 발기인이 회사설립시 발행되는 주식을 모두 인수하는 방법, 둘째, **모집설립**이란 발기인이 한 주 이상만 인수하고, 나머지 주식은 일반 주주를 모집하여 인수케 하는 방법이 있다.

출자의무가 확정되면, 출자의무 이행은 수권자본제도에 의해 행해진다. **수권자본제도**는 자본금 대신에 회사가 미래에 발행하기로 예정하고 있는 주식총수(수권자본액)를 정관에 정하고, 회사설립시에 주식총수의 1/4 이상을 발행하도록 한다. 그리고 나머지 주식은 회사설립 후 필요에 따라 이사회의 결의만으로 수시로 발행할 수 있는데, 이는 자본조달의 기동성을 부여하는 방법이다.

회사설립 후 정관변경에 의해 수권주식 총수를 증가하는 경우, 그 때까지 발행한 주식총수의 4배 이상으로 증가할 수 있다.

출자의무가 이행되면 발기인은 창립총회(주주총회)를 소집하고, 대표이사를 포함한 이사회와 이사와 감사를 선임한다. 설립시에는 검사인을 지방법원에서 선임하도록 함으로써 발기인의 현물투자에 대한 검사를 하도록 한다. 임원의 선임이 끝나면 회사가 설립되는 지방법원에 설립등기를 해야 한다.

3) 주식회사의 기관

(1) 주주총회

회사의 기본조직과 경영에 관한 주요 사항에 대해 주주들이 의사를 표시하여 처리하는 최고의 의사결정기관이다. 이 때 주주는 상법이 정하는 범위에서 의사결정권을 가지며, 정기총회와 임시총회로 구분된다.

(2) 이사회

이사회는 주주총회로부터 업무집행에 관한 일체의 권한을 위임받은 수탁층으로서 회사의 업무집행에 관한 의사결정 및 이사의 직무집행을 이사전원(3인 이상, 임기 3년)으로 구성하는 필요상설기관이다.

이사는 주주총회에서 선임되며, 이사회는 이사 중에서 대표이사를 선임하고, 이사회가 결정하는 주요사항은 상법에 명시되어 있다.

1998년 2월 정부는 경제위기를 극복하고 기업의 경쟁력을 제고하기 위해 기업구조조정 추진법안을 발표하였는데, 추진방안에는 기업지배구조의 개선에 의한 경영자의 책임강화가 포함되며, 그 실천방안으로 사외이사제도의 도입을 의무화하였다. **사외이사 제도**는 외부인사를 회사경영에 참여시킴으로써 대주주인 소유자의 전횡을 막고 투명한 경영을 제고하려는 것이다.

사외이사란 회사에 종사하지 않는 자로서 경영, 경제, 회계, 법률 또는 관련기술 등에 관한 전문지식이나 경험이 풍부해야 하며 일정한 결격요건에 해당되지 않는 자를 말한다(유가증권 상장규정 제2조 제12항).

사외이사는 ① 회사의 업무집행에 관한 의사결정이 이사회를 통해 이루어지도록 이사회를 활성화시키고, ② 이사회의 경영진에 대한 감독기능을 발휘하도록 하며, ③ 지배주주나 특정주주의 이익이 아니라 주주 전체의 이익을 보호하며, ④ 기업의 사회적 책임에도 관심을 가져야 한다.

그러나 형식적으로 사외이사제도는 기업들이 경영진과 친분이 있는 자를 영입하고 형식적으로 운영함으로써 제기능을 제대로 발휘하지 못하고 있는 실정이다(사외이사가 기업의 방폐막인가 참조).

한국기업의 사외이사 현황

'대학원 이상 학력 56세 경영인 출신'
상장사 사외이사의 '평균'…작년보다 젊어져

'국내 상장사 사외이사는 만 56세, 전공은 경상계열, 대학원 이상의 학력을 지닌 경영인 출신'.

한국상장회사협의회는 3월 말 현재 거래소와 코스닥시장 상장법인 사외이사는 1,403개사, 총 2,693명으로 집계됐다고 2일 밝혔다. 지난 해보다 118개사, 255명이 늘어났다.

기업별 사외이사 수는 평균 1.92명으로 지난 해 1.90명보다 소폭 증가했다. 평균 연령은 55.7세로 지난 해(56.1세)에 비해 약간 젊어졌다.

거래소시장 상장사는 60대 사외이사가 38.8%(603명)로 가장 많았으나, 코스닥시장에서는 40대가 35.3%(402명)로 가장 높은 비중을 차지했다.

최연소 사외이사는 27세, 최고령 사외이사는 86세로 조사됐다. 사외이사들의 학력은 대학원 이상이 전체의 50.8%(1,367명)를 차지해 대졸자(45.6%, 1,229명)보다 많았다.

전공은 경상계열(37.6%), 이공계열(16.2%), 법정계열(15.7%)의 순이었다. 직업은 경영인 출신이 41.3%로 가장 많았고, 대학교수(22.6%), 변호사(11.3%), 공무원 130명(4.8%) 등이 그 뒤를 이었다.

사외이사 직업별 분포

구 분	인원(명)	구성비(%)
경영인	113	41.3
교수	608	22.6
변호사	304	11.3
회계사 · 세무사	171	6.4
공무원	130	4.8
연구원	39	1.4
언론인	44	1.6
기타	284	10.6

김상수 기자 ssoo@donga.com

자료원: 동아일보, 2007년 4월 3일자

사외이사가 기업 방패막이인가?

12월 결산법인의 정기 주주총회 시즌을 맞아 요즈음 많은 민간기업과 공기업들이 사외이사를 새로 선출하고 있다. 그런데 사외이사들 면면을 보면 소위 힘 있는 정부부처 관료 출신 비중이 갈수록 늘고 있어 기업들이 사외이사를 외부 방패막이로 삼으려는 것이 아닌가 하는 의구심을 지울 수 없다.

최근 사외이사를 선출하는 기업들에는 재경부와 공정위, 금감위 등 정부부처 전직 장·차관들이 대거 포진하고 있다. 연령이 높은 고위 관료출신도 많아 기업들이 사외이사를 경영진과 이사회에 대한 견제와 감시보다는 과거 직책을 이용한 로비스트로 활용하려는 의도가 더 많지 않나 여겨질 정도다.

전직 고위 관료들이 사외이사가 되지 말라는 법은 없다. 그들도 나름대로 다양한 경험과 전문성을 갖추고 있어 기업의 건전한 발전에 충분히 기여할 수 있다. 문제는 그들의 비중이 갈수록 높아지고 있으며, 사외이사 선출과정도 불투명하기 짝이 없어 각종 청탁이나 압력이 개입될 여지가 크다는 점이다.

외환위기 직후 사외이사제도를 본격 도입하기 시작할 당시만 해도 사외이사 경력은 경영인, 교수·연구원, 법률인, 회계사, 언론인 등 다양한 분야에 비교적 고르게 분포돼 있었다. 그러나 갈수록 기업들이 전직 관료를 선호하는 경향이 두드러지고 있다. 이는 정부 규제와 입김이 여전한 상황에서 기업들이 사외이사를 대정부 문제의 해결사로 활용하려는 목적을 갖고 있기 때문으로 풀이할 수 있다.

사외이사제도를 관장하는 정책당국은 현행제도가 더 이상 전직 공무원들에 대한 전관예우수단으로 이용되지 않도록 개선책을 마련해야 한다. 특히 사외이사가 정부 관계자의 압력을 받아 밀실에서 결정되는 게 아니라 투명한 과정을 거쳐 공개적으로 선발되도록 해야 한다.

이를 위해 현재 일부 기업에서만 제한적으로 운영되고 있는 사외이사추천위원회 제도를 모든 기업으로 확대하는 방안을 적극 검토해야 한다. 아울러 대주주나 경영진이 사외이사 추천 과정에서 지나치게 영향력을 행사하는 현행 제도와 관행도 개선해야 한다. 식견과 역량이 풍부한 인물을 선발하기 위해 상장회사협의회 등 일부 기관이 확보하고 있는 '사외이사 인력풀'을 보완·확충하고, 여기서 사외이사 추천을 의무화하는 것도 권장할만한 일이다.

자료원: 매일경제신문, 2007년 2월 26일자

(3) 감사

감사(1인 이상)는 주주총회에서 선임되며, 이사의 업무집행을 감사하는 필요상설기관으로서 회사의 회계를 감사할 권한을 가지고 있다. 감사의 선임방법에 있어서 대주주의 횡포를 막기 위해서 그 의결권을 제한하는 제도적 장치가 마련되어 있다.

4) 주식대중화와 기업공개

주식은 일반대중에게 널리 보급되어야 하는데, 그 이유는 주식이 소수의 대주주에게 집중됨으로써 재벌중심의 횡포가 이루어져 국민경제에 나쁜 영향을 줄 수 있기 때문이다.

주식이 대중화되기 위해서는 기업이 공개되어야 하는데, **기업공개**란 일반 투자자에게 자사에의 투자를 유인하도록 할 목적으로 자산상태와 영업성과, 장기적인 경영목표와 정책 등을 널리 공표하는 것이다.

기업공개를 통해 주식대중화가 이루어지고 경영민주화가 실현되며 또한 발행시장과 유통시장이 균형 있게 발전되어 국민의 저축의식과 투자로 활성화될 수 있다. 경영의 민주화는 종업원 지주제도에 의해서 가능한데, 이는 근로대중인 종업원들이 소속회사의 주식을 소유하게 함으로써 기업에 대한 관심도와 기여도가 높아지고, 따라서 회사에 대한 일체감이나 소속감이 커지게 된다.

경영에서 민주주의 이념을 실현하는 **종업원지주제도**는 종업원의 경영참여의식을 고취시키고, 노사협조를 원활히 하며, 주식대중화를 촉진시킴으로써 기업민주화의 실현과 경영능률의 향상이라는 목표를 달성한다.

2. 협동조합

1) 협동조합의 의미

협동조합은 경제적 약소자들이 경제적 약점을 상호보완하기 위해서 상부상조의 자발적 기관으로 1844년 영국의 로치데일(Rochdale)에서 소비조합으로 처음 결성되어 보급되었다.

협동조합(cooperation)은 경제적 약소자로서 소비자, 생산자 또는 민간인, 소상인들이 경제적 약점을 보완하기 위해서 상호협조와 협동정신으로 공동출자하여 조직하는 공동기업의 형태로서, 영리의 목적이 아니라 출자자 자신이 이용하기 위해서 설립된 공동체이다.

2) 협동조합의 특징과 지도원리

협동조합은 일반기업과는 상이한 원칙으로 운영되므로 다음의 자주적 특성을 가지고 있다.

첫째, **개인주의가 아닌 협동주의**: 협동을 통해 상호이익을 추구하는데, 영리보다는 조합원의 상호부조를 목적으로 한다.

둘째, **독재주의가 아닌 민주주의**: 조합의 운영은 조합원을 중심으로 출자액에 관계없이 일인일표의 민주적 관리방식을 따른다.

셋째, **영리주의가 아닌 이용주의**: 협동조합은 각종의 생산시설이나 자금을 공동으로 이용하여 상호이익을 향유할 목적으로 설립된다.

협동조합은 조성목적을 달성하기 위해 지도원칙을 준수해야 하는데, 지도원칙은 로치데일에서 활용했던 것으로 현재까지도 관리지침이 되고 있다. 지도원칙에는 누구나 조합가입, 일인일표주의, 자본에 대한 이자의 제한, 구매에 따른 배당, 현금주의, 교육의 촉진, 정치 및 종교로부터의 중립 등이 포함된다.

3) 협동조합의 형태

협동조합은 조합의 주체에 따라 세 가지 유형으로 분류된다.

(1) 소비자 협동조합

이는 조합원들이 일상생활에 필요한 물품을 공동으로 구입함으로써 소비생활의 편익을 도모할 수 있도록 만든 조합이다. 공장, 학교, 회사, 종교단체와 같이 직장별로 결성할 수 있고, 동일한 지역에 사는 주민을 중심으로 지역조합을 결성할 수도 있다.

(2) 생산자 협동조합

이는 중소생산업자들이 상호이익을 위해서 결성하는 조합이다. 이에는 조합원들이 생산한 완제품을 조합이 일괄 판매하고 이익을 조합원에게 되돌리는 판매조합, 생산에 필요한 물자나 시설 등을 공동구매하는 구매조합, 그리고 시설 등을 공동구매해서 공동으로 이용하는 이용조합 등이 있다.

(3) 신용조합

이는 자금을 융통하기 위해 경제적 약소자들이 경제적인 상부상조를 도모하기 위해 조직된 조합이다. 이에는 중소상공인들로 구성된 중소기업협동조합, 농어촌에서 만든 농협, 수협, 축협 등이 있다. 최근 한국은 농 · 축협이 통합되어 합리적인 운영과 경영성과를 기대하고 있다.

제 4 절 공기업과 공사공동기업

1. 공기업의 의미와 존재이유

공기업(public corporation)이란 공적기관, 즉 국가나 지방자치단체 및 공공단체가 공익을 목적으로 출자하고 직 · 간접으로 경영, 지배하는 형태이다.

자본주의 경제체제하에서 국가나 지방자치단체가 공기업을 운영하는 데는 불가피한 이유가 있다.

첫째, 경제정책적 목적으로서, 국민경제의 발전과 안정을 위해서 국가가 경제정책적 과제(산업육성, 국토 및 지역개발 등)를 수행하기 위해 설립하는 것이다. 대표적인 예는 미국의 TVA(Tennessee Valley Authority)로서, 이는 실업구제, 전원개발, 용수공급, 기타 경제개발을 도모하기 위해서 국가가 다목적댐 사업을 전개한 공기업이다.

둘째, 사회정책적 목적은 근로자의 생활안정, 실업구제, 사회복지 등 사회정책적 과제를 수행하기 위해 설립된 공기업으로, 주택공사가 그 예이다.

셋째, 공공정책적 목적은 공공의 편익을 도모하기 위해서 국가가 전신, 전화, 전기, 우편, 철도, 수도, 도로, 항만 등 사회생활의 필수적인 기반이 되는 공익사업을 직접 운영하기 위해 설립된 공기업으로서, 한국전력공사가 있다.

넷째, 재정정책적 목적은 국가가 지방자치단체의 재정수입을 충당하기 위해서 설립된 공기업으로서, 담배인삼공사(KT&G)가 그 예이다.

다섯째, 기타 목적으로 국가기관이 필요로 하는 물자와 서비스를 직접 생산하기 위해서 설립된 공기업으로서, 한국조폐공사가 있다.

2. 공기업 경영과 독립채산제

독립채산제(business calculation)는 공기업 경영의 독자적인 경영방식으로서, 공기업의 재정과 경영을 분리하여 공공단체와는 별개로 자주독립적인 경영활동을 유지하기 위한 제도이다.

따라서 독립채산제란 공기업 경영에 대한 분권관리 제도로서, 국가의 규제에서 벗어나 독자적인 재정적 자유를 가지고 책임 있는 경영을 하는 자주적 재무관리 방식이다. 이에 따라 자주적인 경제단위에 대해 분권화를 행하고, 획득한 이익을 경영관리의 기준 또는 자원분배의 기준에 따라 배분하는 경영관리 제도이다.

이러한 목적을 달성하기 위해 독립채산제는 수지적합의 원칙(지출이나 손실을 자체의 수입으로 충당함), 자본의 자주적 조달의 원칙(규모 확장시 필요자금을 자기금융으로 충당함), 이익의 자주적 처분의 원칙(높은 경영성과를 자주적으로 처분함)을 지켜야 한다.

3. 공기업의 형태

공기업의 형태로서 독일에서는 네 가지로 분류하는데, 이 형태는 한국에서도 적용될 수 있다.

첫째, 순수행정기업은 철도, 수도 등 국가의 행정기관으로서 구성원은 공무원이고, 자금이나 이익은 국고로 환수되며, 국가의 예산시스템에 의해서 운영된다.

둘째, 독립공기업은 순수행정기업의 관료적 병폐를 해소하기 위해 독립채산제의 도입을 강화하는 기업형태이다.

셋째, 특별법으로 법인격이 부여된 공공기업체로서, TVA, 주택공사, 농어촌개발공사 등으로서 한국의 경우 공사란 명칭이 붙어 있는 기업이 이에 해당된다.

넷째, 사법형태의 공기업은 공적기관이 출자를 하고, 경영은 일반 주식회사와 유사하여 경영합리화를 유지하고자 하는 기업형태이다.

4. 한국의 공공기관 현황

정부는 2007년 4월 공공기관 운영법에 따라 196개 기관을 기타 공공기관으로 지정함과 동시에 〈표 5-1〉과 같이 24개 공기업, 78개 기관을 준정부기관으로 개정하였다.

〈표 5-1〉 2007년 지정된 주요 공공기관 현황

공기업(24개)	한국전력공사, 한국가스공사, 한국조폐공사, 한국방송광고공사, 한국마사회, 한국석유공사, 대한주택공사, 한국토지공사 등
준정부기관(78개)	신용보증기금, 예금보험공사, 공무원연금관리공단, 한국수출보험공사, 국민연금관리공단, 한국자산관리공사, 대한체육회, KOTRA 등
기타 공공기관(196개)	중소기업은행, 한국산업은행, 한국수출입은행, 한국투자공사, 서울대병원, 민주화운동기념사업회, 신문발전위원회, 예술의 전당, 강원랜드, 한국전력기술주식회사, 대한적십자사, 국토연구원, 금융감독원 등

기타 공공기관은 경영공시를 통해 직원들의 1인당 인건비와 업무추진비, 감사결과 보고서 등을 공개해야 하며, 경영혁신 등 고객만족도 조사 실시 등을 의무적으로 해야 한다.

5. 공기업의 장 · 단점과 민영화

공기업의 장 · 단점은 그 형태에 따라 다소 상이하지만 〈그림 5-2〉와 같다. 장점도 많지만 단점이 많아 공기업 운영의 효율성을 높이고 경영부실을 없애기 위해 공기업을 사기업으로 민영화하는 방법을 강구하고 있다.

〈표 5-2〉 공기업의 장점과 단점

장 점	단 점
· 자본조달 능력이 크다. · 대규모기업으로서 규모의 경제적 이익을 누릴 수 있다. · 자재확보나 제품판매에서 유리하다. · 조세공과금을 감세받거나 면제받을 수 있다.	· 경영의 관료화로 저능률적이다. · 각종 규정과 법령 때문에 경영의 기동성이 없다. · 사무절차가 복잡하고 까다롭다. · 구성원들의 복지부동과 기동성 결여로 비능률적이다.

6. 공익기업

공익기업(public utility)이란 전기, 철도, 수도, 전신, 전화, 대중교통 등의 사업과 같이 공중의 일상생활과 직결되는 서비스를 실비 또는 염가로 제공하는 기업이다.

공익기업은 공익성과 공공성을 가지고 있으므로 요금책정 등에 대해 국가의 특별한 통제와 규제가 행해지고 있다. 한국의 공익기업에는 첫째, 운수 서비스를 제공하는 공익기업으로서 버스, 택시, 전철, 정기항공사, 정기해운사 등이 있다. 둘째, 통신 서비스를 제공하는 공익기업에는 전신, 전화, 우편, 방송사업 등이 있다. 셋째, 서비스재를 제공하는 공익기업에는 수도, 전기, 가스사업 등이 있다.

제 6 장

기업의 창업, 성장, 해체

MP3업계의 강자: 벤처기업 (주)레인콤

(주)레인콤의 설립 당시, 삼성전자나 소니 같은 세계의 유명 대기업들이 MP3와 같은 휴대용 오디오기기의 시장을 낮게 평가하였다. 하지만 정보기술(IT)시장조사기관인 IDC는 2001년 400만 대 규모였던 휴대용 오디오기기 시장이 2006년까지 연평균 70%를 상회하는 성장률을 보일 것으로 전망했다. 이는 5년 후 관련시장이 열 배 가까이 성장한다는 것을 의미한다.

1998년 삼성전자의 반도체 부문에서 재직 중이던 양준덕 이사(레인콤의 창업자이자 현 사장)는 이러한 휴대용 오디오기기 업계의 성장가능성을 간파하고 1999년 1월 레인콤을 설립하였다.

'아이리버'라는 브랜드로 유명한 (주)레인콤은 1999년 설립된 이래 제품 출시 3년만에 국내 시장의 50%, 세계 시장의 25%를 점유하였다. 또한 회사설립 이후 연평균 263%의 매출액 성장률과 518%의 당기순이익 성장률을 달성했다. 즉 레인콤은 MP3업계에서 세계 최고, 최대의 업체가 된 것이다. 2003년 말 현재 레인콤은 55%의 국내 시장점유율, 미국시장의 점유율 30% 그리고 세계 시장점유율 20%를 차지하고 있다. 미국 시장에서는 MP3 CDP에서는 소니를 능가하는 상표를 가지고 있고 소니의 제품보다도 고가로 팔리고 있다.

벤처기업인 레인콤은 설립 첫 해부터 업계 1등의 제품을 생산하는 목표를 세웠다. 오직 1등만이 세계 시장에서 생존할 수 있다고 생각했기 때문이다. 실제로 레인콤은 MP3기기 사업의 초기부터 규모, 광고, 서비스, 전시회 등을 대기업의 수준에 맞춰 계획하였다.

레인콤의 첫 제품은 당시 필립스의 MP3 CD플레이어인 '엑스패니언'을 능가하는 제품을 목표로 하였다. 이를 위해 레인콤은 신제품이 나올 때마다 새로 제품을 구입해야 하는 '엑스패니언'의 단점을 공략하기로 했다. '펌웨어 업그레이드' 정책으로 CD배속의 업그레이드에 상관없이 CD를 재생할 수 있는 MP3 CD플레이어를 만들었다. 신제품이 출시될 때마다 새로 제품을 구입할 필요없이 홈피를 이용하여 제품의 업그레이드를 할 수 있게 한 것이다. 이 '펌웨어 업그레이드' 정책으로 레인콤은 '엑스패니언'을 극복할 수 있었을 뿐만 아니라 레인콤의 제품을 구입한 고객들을 계속 레인콤의 고객으로 확보할 수 있게 되었다.

지금도 레인콤은 경쟁업체들보다 항상 1~2개월 먼저 신제품을 출시하고 있다. 제품의 고급화를 위해 세계적인 디자인업체인 이노디자인과 협력하여 디자인의 고급화도 꾀하였다. 양 사장은 제품의 생산공장을 한국이 아닌 중국에 설립하였다. 전세계의 오디오 생산의 90%를 차지하는 중국의 생산력을 무시할 수 없었기 때문이다. 또한 회사 설립 초기부터 글로벌 기업을 염두에 두었기 때문에 언젠가는 해야 할 정책이었다고 생각하여 당장은 힘들지만 추진하였던 것이다.

제품의 고급화와 브랜드의 강화를 위해 2000년 소닉블루(구 리오)에 대한 ODM(개발자 주도형 생산) 공급을 중단하는 모험을 감행하기도 했다. 그 때부터 레인콤은 2000년 판매법인 '아이리버'를 설립하여 자체 브랜드를 갖게 되었다. 여기에서 레인콤의 유통에 대한 강한 관심을 볼 수 있다. 전자산업의 특성상 다양한 유통업체를 통한 제품판매가 이뤄진다. 이렇게 되면 제품의 매출액은 증가할 수 있지만 무분별한 판매로 브랜드의 이미지가 추락하게 되는 결과를 피할 수 없다. 이러한 폐해를 피하기 위해서 레인콤은 별도 판매법인으로 유통과정에서 브랜드의 고급화를 유지하도록 한 것이다. 중간 유통 브로커를 두지 않고 강자와 손잡겠다는 원칙을 고수하여 2002년 미국 최대의 전자유통업체인 베스트바이와 계약을 체결할 수 있었다.

MP3업계에서 레인콤은 최고수준의 AS를 실행하는 것으로 유명하다. 본사 AS 센터에 항시 8명의 전담요원이 배치돼 고객방문시 30분 이내 수리가 가능하게 하며 사과의 뜻으로 반드시 선물을 증정하고 있다. 모든 AS 고객에게 대표이사 자필의 사과편지를 함께 동봉한다. 아이리버는 매일 홈페이지에 올라오는 500여개의 질문에 대해 당일답변을 원칙으로 상세하고 친절히 처리하고 있다. 아이리버는 "한 번 고객은 영원한 고객"이란 원칙답게 신규고객 유인보다 기존고객을 우대하는 서비스에 중점을 두고 있다.

벤처기업은 설립과 동시에 글로벌한 기업이 되어야 한다. 레인콤은 출시와 동시에 개발은 본사가, 디자인은 이노디자인이, 생산은 중국 선전공장에서, 판매는 아이리버 현지법인이 담당하는 방식으로 역할을 분담해 제품 개발 및 판매에 완벽을 기울이고 있다. 특히 본사가 개발에 집중하고 있는 것이 시장 선도의 원동력이 되고 있다.

강점에 집중해야 한다.

레인콤은 MP3 플레이어 한 품목에만 집중된 사업을 다각화할 계획을 갖고 있다. 디지털기기시장이 통합화로 나아가고 있다고 판단, 디지털 컨버전시 리더를 비전으로 설정하고 엔터테인먼트 시스템 기기개발에 힘을 쏟고 있다.

브랜드를 고급화해야 한다. 소홀하기 쉬운 유통과 판매에 보다 많은 관심을 가져야 한다. 웹마케팅을 강화하고 체계화된 글로벌 A/S시스템을 구축해서 고객 만족도를 강화해야 한다. 이러한 노력을 통한다면 제2, 제3의 레인콤이 탄생할 수 있을 것이다.

제 1 절 기업의 수명주기

1. 계속기업으로의 영속성

생태계에 존재하는 모든 유기체는 수명주기를 갖는다. 물론 기업은 영속성을 전제로 설립되어 **계속기업**(going concern)으로 영원히 성장, 발전해야 하지만, 영구적인 계속기업은 그렇게 흔하지 않다.

성장가능성이 있는 제품으로 고객의 욕구를 충족시킴으로써 기업은 성장하고 또한 다각화와 관리적 노력을 기울일 때 발전할 수 있다. 그러나 부적절한 경영기법의 도입, 부실한 경영, 경영 외적환경요인을 통제하지 못함으로써 쇠퇴와 사멸을 경험할 수 있다.

따라서 기업은 수명주기에 대한 진단과 예측 그리고 관리를 통해서 계속기업으로 성장, 발전할 수 있는 대책을 강구하여 기업이 갖는 사회경제적 존립 동기를 실현해야 한다.

2. 기업의 수명주기

아디재스(L. Adizes)는 **기업의 수명주기**를 5단계로 유형화하였다.

첫째, **출생**은 설립자의 창업의지에서 출발하는 단계로서, 조직의 분위기는 어수선하고, 조직구조와 운영시스템도 체계화되어 있지 않다. 조직관리도 비과학적이고 기업의 판매액과 이익도 저조하다.

둘째, **성장단계**는 기업의 판매액과 이익이 급격하게 증가하고, 종업원의 신규 채용도 증가하며, 신제품 개발과 서비스 기능도 활발하다. 창업주의 독선적 경영방법도 분권화되며, 경영활동도 비개인적 특성에 따라 전개된다.

셋째, **성숙단계**는 성장이 둔화되고, 생존의 문제가 중요시되며, 경쟁적 지위도 점점 약화되고, 조직도 진부화된다. 경직화된 관료주의가 지배한다. 이에 대해 조직은 합병이나 다각화 등을 통해 새로운 변신을 해야 한다.

넷째, **쇠퇴단계**에서 기업은 관리상 혼란의 징후를 경험하게 되며, 구성원이 조직을 떠나고, 판매고도 현저히 낮아지며, 경제적 압력으로 조직은 위축된다. 조직은 경영혁신을 위해 경영진을 교체하거나 합병을 시도하기도 한다.

다섯째, **사멸단계**에서 조직은 부채상환 능력의 상실, 지나친 재고보유와 부실채권에 의한 자금회수 불능, 수익성 격감, 조직구성원간의 갈등과 조직이탈 등으로 파멸의 악순환을 경험하게 된다. 결국 기업은 사멸의 운명에 봉착하게 되어 청산절차를 거쳐 해산하게 된다.

제 2 절 기업의 창업

1. 창업의 의미와 창업방법

기업의 **창업**이란 제품이나 서비스를 생산 · 공급하는 하나의 시스템을 구축하는 일로서, 사업을 새로이 개시하는 것 또는 기초를 닦는 것으로 회사를 설립하는 것이다. 빌 게이츠가 Microsoft사를, 마사루 이부키가 Sony사를, 휴렛과 팩커드가 HP사를, 정주영씨가 현대를, 이병철씨가 삼성을, 유일한씨가 유한양행을 창업하였다.

창업은 현대 사회에서 경제발전의 출발로서, 기업은 창업을 통해 인류가 필요로 하는 제품과 서비스를 제공하며, 인류를 위한 경제활동을 가능하게 하며 또한 창업자의 개인적 성취욕구를 충족시킨다. 한편 창업은 사회 · 경제적인 면에서 볼 때, ① 고용창출의 효과를 낳으며, ② 한 국가의 경제적 증대에도 지대한 기여를 한다.

이렇게 기업을 시작하는 방법에는 다른 사람이 운영해 온 기업을 구입하는 방법(buying: 기업인수)과 새로이 창업을 스스로 하는 방법(starting)이 있는데, 2가지 방법에 대한 비교내용은 〈표 6-1〉과 같다.

〈표 6-1〉 기업인수 대 창업의 비교

고려요인	현존기업을 구매	새로이 창업
이윤가득성	보다 신속한 이윤가득	보다 큰 이윤을 얻을 수 있는 잠재성
위험	낮은 위험	높은 위험
명성	이미 축적된 명성	명성도 없고, 명성 축적 또한 쉽지 않음
실질적 자산과 설비	시설 · 설비 갖춰짐	시설 · 설비 갖춰지지 않음
인적자원	이미 보유	새로이 충원교육 필요

2. 새로이 창업

창업(foundation)이란 창업자가 고객의 욕구를 만족시키기 위해 창업 아이디어를 가지고 자본을 동원하여 특정한 제품이나 서비스를 생산하는 기업을 설립하는 것이다. 창업 아이디어는 새로운 아이디어로서 어떠한 제품이나 서비스를 생산 · 판매할 것인가이다. 그리고 창업자본은 창업자가 기업을 실제로 설립하고 운영하는데 필요한 자원으로 기술, 시설, 노하우, 인력, 지식 등을 구입할 수 있는

돈이다(〈그림 6-1〉 참조).

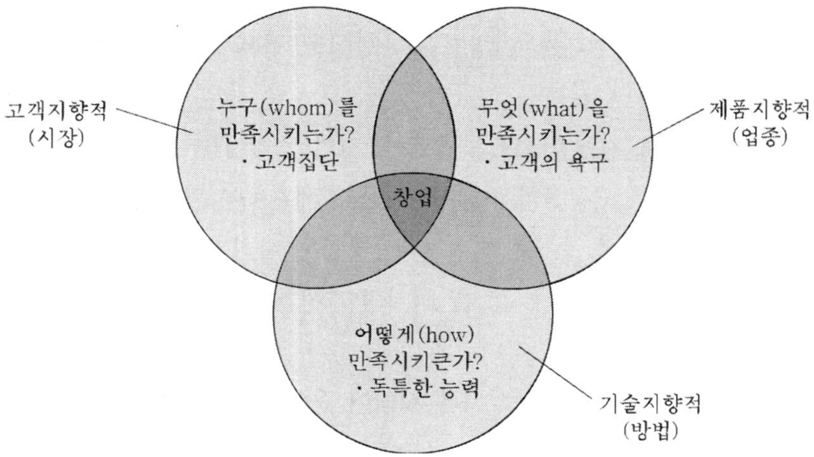

〈그림 6-1〉 창업의 구상

1) 창업의 특성

매일매일 많은 기업들이 창업하고 있지만 실제로 성공한 경우는 매우 적은데, 그 이유는 창업은 누구라도 할 수 있지만 아무나 성공할 수 없는 특성이 있기 때문이다.

첫째, 창업결정은 전형적인 불확실성하에서 이루어지는 의사결정이라는 것이다. 완벽하게 창업준비를 하더라도 확신할 수가 없는데, 그 이유는 ① 창업 아이디어가 훌륭하다는 이유만으로 수요가 저절로 창출되는 것이 아니기 때문이다. ② 새로운 사업을 추진할 때에는 예상하지 못했거나, 과정상에서 쓸모없는 자원을 보유하게 되는 경우가 있기 때문이다.

둘째, 창업은 신규자원을 투입하므로 위험부담을 안고 시작하는 것이다. 즉 창업은 새로운 인적자원과 자본이 투입되지만 그 결실은 장기간에 걸쳐서 서서히 이루어지며, 그 결실의 크기는 불확실하므로 큰 위험이 수반된다.

셋째, 창업은 본질적으로 진취적이고 창조적이며 모험적인 성격을 갖고 있다. 그 이유는 창업이 변화를 잘 감지할 수 있으며 상상력과 창의력이 뛰어나고 결단력이 있는 기업가 정신을 가진 사업가에 의해 추진하기 때문이다(기업가 정신 참조).

상기의 특성 때문에 기업을 창업하기 위해서는 사전에 충분한 분석을 통해 신중하게 접근해야 한다.

기업가정신

기업가정신(entrepreneurship)이란 창업자가 현재 가지고 있는 경영자원에 구애받지 않고 새로운 기회를 열정적으로 추구하는 정신을 말한다.

일반적으로 보수적인 기업의 경영자들은 현재 보유하고 있는 자원이 무엇인지를 파악하여 그 자원의 범위내에서만 기회를 추구하고 자원활용의 극대화를 위해 노력한다. 그러나 기업가정신을 가진 경영자는 먼저 기회를 파악한 후, 이러한 기회를 실현하는 데 필요한 자원을 필요한 시기에 외부조달(outsourcing) 등의 방법으로 확보하고 활용한다. 현재 보유하고 있는 자원에 제약받지 않고 기회를 파악하여 그것을 추구하는 데 몰두하는 것이다. 즉 '기회의 추구'와 '통제가능 자원을 초월한 자원활용'이 기업가정신의 핵심이라고 볼 수 있는 것이다.

그러나 이같은 기업가정신이라는 용어가 하나의 학문분야로까지 발전되고, 명확한 정의를 가진 고유명사로 바뀐 것은 1980년대 미국 하버드대학 교수들이 중심이 되어 학문의 대상으로 연구하기 시작하면서부터이다. 지금은 미국내에서만 1,000개 이상의 대학이 기업가정신에 대한 독립된 프로그램을 가지고 있다. 이제는 중소기업뿐만 아니라 대기업에서도 치열한 경쟁환경과 불확실한 미래에 대처해 나가는 매우 중요한 수단으로 기업가정신을 인식하고 있다.

이러한 기업가정신이 많은 사람들의 관심을 끌게 된 것은 전세계적으로 창업이 급격히 늘어나고 있다는 점과 무관하지 않다. 이러한 창업 붐은 정보사회로의 진전, 수요의 다양화, 급속한 기술발전으로 인해 첨단 소기업을 창업하는 것이 쉬워졌기 때문이다. 아울러 독립적으로 자기자신의 꿈을 실현하는 데 주력하는 젊은이들의 가치관이 창업으로 나타나고 있기 때문이기도 하다.

이러한 기업가정신은 창업자들만의 전유물이 아니며 기존의 대기업에도 필요한 실천양식이 되어가고 있다. 3M, 코닥 등 우수기업들은 일찍부터 사내기업가정신(intrapreneurship)의 중요성을 인식하여 사내벤처 제도를 적극적으로 활용하고 있으며 사내기업가를 많이 배출하고 있다.

2) 창업과정과 고려요인

창업은 상당한 자본이 투자되면서 큰 위험이 있으므로 치밀한 준비와 체계적인 절차가 필수이다. 철저하게 준비된 사업계획이 있어야 이에 맞추어 창업자의 목적을 일깨워가며 위기에 대한 전략적 대안을 제시할 수 있다.

창업 동기, 창업 형태, 창업 규모 등에 따라 창업과정은 상이할 수 있지만 일반적으로 창업은 〈그림 6-2〉와 같이 4단계 과정을 거친다. 우선 내부적 여건을 토대로 외부환경을 분석하여 최적의 창업대상 품목(item)을 탐색, 선정하고, 선정된 품목에 대한 세부적인 타당성을 분석한 다음 사업계획을 수립하고 이를 추진해야 한다.

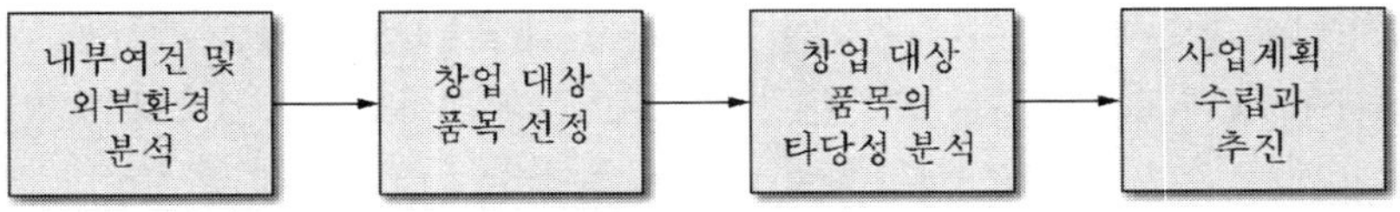

〈그림 6-2〉 창업과정

(1) 내부여건 및 외부환경 분석

새로운 사업을 시작하는데 있어 가장 먼저 고려해야 할 것은 창업을 할 수 있는 내부적 여건이 갖추어져 있는가를 살펴보는 것이다. 이를 토대로 해당분야에 대한 외부환경을 분석하여 창업에 따른 위험을 최소화해야 한다. 내부여건과 외부환경에 대한 분석이 되어야만 최적의 창업대상 품목을 설정할 수 있기 때문이다.

우선 내부적 여건으로는 기술, 경험, 자본뿐만 아니라 동업자가 가진 각종 정보나 자원을 종합적으로 검토하는 것이 포함된다. 모든 자원을 종합적으로 분석한 결과에 의해 새롭게 개척할 수 있는 분야를 선정할 수 있다. 그리고 선정된 분야들이 어떠한 상대적 강점을 갖고 있는가를 검토해야 한다.

또한 창업자는 경쟁상태가 될 수 있는 기업이나 경쟁자에 비해 상대적으로 약점이 무엇인가를 검토해야 한다. 즉 경쟁기업과 비교해서 장점과 약점을 사전에 검토해야 한다.

한편 선정된 분야가 도입단계에 있는가 또는 성장단계에 있는가를 분석해야 한다. 즉 창업을 계획할 때에는 제품이나 산업의 수명주기를 검토해야 한다.

그리고 해당분야가 정부에서 정책적으로 육성되는 분야이거나, 사회적 관심이 크게 증대되는 분야일수록 유리해질 수 있다. 이 경우에는 금융기관으로부터 자금지원을 쉽게 받을 수 있으며, 외부적으로 다양한 지원을 받을 수가 있다.

(2) 창업대상 품목 선정

내적인 강점과 약점 그리고 외적환경을 분석한 후 최적의 창업대상 품목을 선정해야 한다. 창업의 성공여부가 바로 창업대상 품목을 탐색하고 선별하는 것이기 때문이다.

창업대상 품목은 두 가지 기준으로 선정할 수 있다. 첫째는 현재 충족되지 않은 욕구를 탐색하고 이를 충족시킬 수 있는 제품을 생산하는 방법이다. 둘째는 기존제품에서 새로운 기능을 추가한 차별화된 새로운 제품을 생산하는 방법이다.

그러나 실제 현장에서 창업대상 품목을 선정하는 것, 즉 무엇으로 할 것인가를 결정하는 문제는 어렵고도 중요하다. 따라서 창업대상 품목을 선택할 때에는 현재 해당제품이 얼마나 필요한가를 분명히 파악해야 한다.

(3) 창업대상 품목의 타당성 분석

여러 창업대상 품목들 중에서 가장 매력적인 품목을 선정한 후, 이에 대한 타당성을 종합적으로 분석해야 한다. 타당성(feasibility) 분석이란 선별된 창업 아이디어를 선택할 것인가 또는 하지 않을 것인가를 최종적으로 결정하기 위해 시장성, 기술성, 경제성 등을 분석하는 것이다.

첫째, 시장성 분석은 시장동향분석, 경쟁력 분석, 수요분석, 판매전략분석 등을 통해서 제품이 적절한가를 분석하는 것이다.

둘째, 기술성 분석은 생산기술과 관련된 공학적 측면, 원가계산 등 회계적 측면, 판매 및 일반관리와 같은 관리적 측면 등의 전문지식에 대해서 분석하는 것이다.

셋째, 경제성 분석은 계획하는 사업이 경제성 내지 수익성이 있는가를 분석하는 것으로서, 예상되는 투자수익률, 매출액 마진율, 손익분기점 등을 분석하여 경제성이 있는가를 분석한다.

(4) 사업계획 수립과 추진

창업대상 품목이 매력적인 투자로 밝혀지고, 위험에 대한 분석이 완료되면, 이를 추진하기 위한 구체적인 사업계획이 수립되어야 한다. 이 사업계획에는 앞으로 추진할 구체적인 사업내용과 세부일정계획이 포함된다.

이러한 사업계획은 사업계획서에 의해 구체적인 기록으로 문서화되어야 한다. 즉 사업계획서는 나침반의 역할을 하므로, 구체적인 사업계획서를 수립하고, 이에 따라 사업을 추진해야 한다.

3) 창업의 성공전략

불확실성과 위험이 예상보다 크게 존재하므로 창업이 성공하기 위해서는 성공에 필요한 핵심요인을 찾아내고, 이를 중점적으로 강화하여 자신의 장점으로 만들고, 여기에 이용가능한 경영자원을 집중해야 한다.

창업자가 성공할 수 있는 대표적 전략으로는 4가지가 있다. 첫째는 비어 있는 시장을 찾는 빈 집 찾기 전략, 둘째는 아무도 개척하지 않은 새로운 시장을 개척하는 새 집 짓기 전략, 셋째는 핵심역량을 통해 활로를 찾는 한 집 짓기 전략, 넷째는 작은 무대가 아닌 큰 무대에 진출하여 생존을 모색하는 큰 집 짓기 전략이 있다.

(1) 빈 집 찾기 전략

빈 집 찾기 전략이란 창업을 할 때 소비자의 욕구는 있으나 아직까지 충족되지 않은 시장을 표적으로 하는 전략으로서, 소비자의 욕구를 간파하여 비어 있는 시장을 찾아 공략하는 것이다. 이 전략은 이미 존재하는 시장에서 소비자의 욕구가 충족되지 않는 부분을 파악하여 약간 변화시켜 소비자의 욕구를 충족시키는 것도 포함되는데, 마케팅 철학의 원칙을 적용하는 전략이다.

따라서 이 전략을 구사하는 기업은 경쟁우위를 가질 수 있는 분야에서 비어 있는 시장, 즉 적소(niche: 틈새) 시장을 발견하여 그 자리를 선점하는 것이다(Sony사, Gillette사 등). 그리고 선점에 따른 경쟁우위를 계속 유지할 수 있도록 지속적인 혁신노력을 기울여야 한다. 또한 이 경우에 기존시장의 선도기업과 정면으로 대결하여 경쟁하는 것을 피하고, 어떤 명확한 특정한 분야에서 주도권을 잡는 것이 중요하다.

이 전략은 가장 쉽게 접근할 수 있을 뿐만 아니라 성공가능성도 가장 큰 전략이므로 창업자는 선정된 품목이나 제품이 빈 집이냐 아니냐를 먼저 고려해야 한다.

이 전략을 구사한 한국의 대표적인 기업으로 아가방, 미래산업, 서울 반도체, 와토스 코리아 등이 있다.

(2) 새 집 짓기 전략

새 집 짓기 전략은 이제까지 전혀 없던 시장이 열릴 것을 예상하여 미리 개척하여 진출하는 전략이다. 이 전략은 소비자의 욕구변화와 기술개발추세에 따라 새롭게 시장이 열릴 것으로 예상되는 부문에 진출하는 것으로서, 개척자적인 자세가 요구된다.

그러나 이 전략은 빈 집 찾기 전략보다 훨씬 복잡하고 어려울 뿐만 아니라 위험성도 더 크다. 따라서 보다 철저한 시장성과 기술성에 대한 분석이 요구된다. (주)피죤의 섬유린스, 녹말이쑤시개 개발, 한미 반도체의 반도체장비 등이 예가 된다.

(3) 한 집 짓기 전략

한 집 짓기 전략이란 이미 존재하고 있는 제품시장에서 그 기업만이 핵심기술을 강점으로 하여 승부를 거는 창업전략이다.

이 전략은 새로운 핵심기술을 적용한 신제품의 출시이므로, 위험이 높으나 이에 따른 수익성도 높아 소규모로 창업하는 경우에 유리하므로, 벤처기업들이 자주 이용하는 전략이다. 따라서 이 전략은 단순한 기술상의 우위가 아닌 핵심적인 분야의 기술역량이 필요하므로, 한결같이 핵심분야에 대한 전문적인 기술과 장인정신이 바탕이 되어야 한다.

예를 들어, 고급가구만을 제조하는 한국가구, 침대만을 고집하는 에이스 침대, 전자저울을 생산하는 (주)카스, TV만을 생산하는 현우맥플러스가 있다.

(4) 큰 집 짓기 전략

큰 집 짓기 전략이란 큰 무대에 진출하여 가격에서 차별화하고 품질에서 차별화하는 전략이다. 그러나 큰 시장에서 성공하기 위해서는 단순히 비용절감에 의한 원가우위 효과 이외에 특별한 기술이나 핵심역량이 있어야 한다.

따라서 이 전략은 핵심기술을 가지고 있으면서 비용절감의 효과 등을 통해 세계시장을 대상으로 경쟁력 있는 제품을 생산·판매함으로써 국내외 생산기지를 형성하는 성공전략이다. 그 예로서, 텐트를 제조하는 (주)진웅, 안경테를 제조하는 서진 등이 있다.

제 3 절 기업의 규모

1. 기업규모의 의미와 최적규모

기업규모란 기업의 크기로서, 기업의 살림규모와 그에 따른 관리능률과 관계가 있다. 또한 기업의 크기가 상이함으로써 관리적 결정방법도 달라지며, 기업의 업종, 입지조건, 기타 소요자산도 기업규모에 따라 달라질 수 있다.

그러나 모든 기업에 대해 적합한 기업의 최적규모가 있는데, 일반적으로 제품단위당 평균비용이 최소가 될 수 있는 경영규모라든가 또는 노동자 일인당 부가가치가 최대가 될 수 있는 경영규모가 최적규모라 할 수 있다.

즉 **최적규모**는 대량생산의 법칙에 따른 원가절감의 효과가 대규모화에 따른 관리비용의 증대영향을 상쇄할 수 있는 경영규모를 의미한다.

2. 대기업과 중소기업의 구분

기업규모는 대기업과 중소기업으로 분류되므로, 그 기준은 명확하지는 않지만, 중소기업을 규명하면, 그 이상의 기업은 대기업이라고 규정한다.

중소기업은 기업의 규모, 경영상태, 종업원 수, 자산총액 내지 판매액 등을 기준으로 일정한 범주에 속한 작은 기업을 말하는데, 이러한 정의는 국가의 경제적, 사회적 여건 및 시대와 업종에 따라 달라질 수 있다.

한국의 경우, 중소기업청은 2005년 11월 13일 경제여건의 변화에 맞춰 중소기업 자격을 변경하는 내용의 중소기업 기본법 시행령 개정안을 입법예고하여 2006년부터 적용토록 하였다. 개정안에 따르면, ① 통신판매, 방문판매, 의약품 등 ② 휴양콘도운영업, 엔지니어링 서비스업, 방송업, 통신업 ③ 제조업, 광업, 건설업, 운송업 등으로 구분하여 기준을 정하였으며, 자산총액이 5,000억 원이 넘는 기업은 무조건 중소기업에서 제외된다.

미국의 경우, 중소기업청은 500명 이하 사업장을 중소기업으로 분류하는데, 중소기업의 특징으로서, ① 독립적으로 운영 ② 개인 또는 소수의 투자자가 소유 ③ 소재지는 한 지역에 국한 ④ 산업에 미치는 영향력이 크지 않다고 제시한다.

3. 중소기업의 중요성과 역할

중소기업 존립의 중요성은 기업 경영자 측면과 경제 시스템의 측면에서 고찰할 수 있다.

첫째, 경영자의 측면에서 볼 때, 중소기업은 대기업에 비해 기업환경의 변화에 임기응변적으로 대처할 수 있을 뿐만 아니라 특히 노동집약적 제품이나 서비스를 생산하는데 적합하다. 또한 중소기업은 독창성과 경영능력이 있으면 누구나 적은 자본으로 쉽게 설립할 수 있으므로, 기술혁신이 급속히 이루어지고 있는 사회경제적 경영환경에서도 중소기업의 발전가능성도 높아지고 있다.

둘째, 중소기업은 국가경제 차원에서도 그 존립이 필요하다. 수공예나 특수기술은 중소기업에 의해서 더 능률적으로 생산할 수 있다. 또한 중소기업은 미숙련 노동이나 저임금 노동의 중요한 흡수처가 되며, 대기업과의 계열관계를 유지함으로써 국민경제의 균형적 발전에도 중요한 역할을 담당한다. 그리고 중소기업은 대기업이 될 수 있는 시작을 제공하며, 국민경제에 지대한 영향을 미친다.

특히 한국에서 중소기업은 전체 기업들 중 약 90% 정도를 차지하면서, ① 국민경제의 안정대 역할 ② 산업간 균형발전의 유지 및 수출산업의 저변구축 ③ 투자의 효율화와 불황위험의 분담 ④ 지역사회의 균형적인 공업화 등의 역할을 하고 있다.

4. 중소기업의 성공요소

중소기업이 국가경제 발전의 근간임에도 불구하고 세계경제가 글로벌화되고 대기업이 지배하는 사회에서 중소기업의 생존경쟁이 쉽지 않은 것이 사실이다.

중소기업은 〈표 6-2〉와 같이 강점과 약점을 토대로 중견 혹은 대기업으로 성장하는 전략을 구사하거나, 경쟁력 있는 중소기업을 유지하는 전략을 취할 수 있다.

〈표 6-2〉 중소기업의 강점과 약점

약 점	강 점
① 경영 합리성 부족 -주관적 의사결정의 한계 -유능한 인력확보의 어려움	① 틈새(적소)시장 공략
② 생존 능력 부족 -대기업과의 종속 관계 -자금 동원 및 희소 자원 부족	② 쇠퇴기 제품 및 서비스 관련시장 진출
③ 경영환경 및 경쟁업체에 대한 대응력 부족 -공급업자, 소비자, 정치적 환경 변화 -공격적 경쟁업체 등장	③ 완전히 새로운 제품 및 서비스 시장 개척

중소기업이 치열한 경쟁 속에서 성장 · 발전하기 위해서는 무엇보다도 경쟁에 대한 인식의 변화가 필요하다. 즉 단순경쟁에서 총체적 경쟁으로, 정부의 보호막이 무너지고 있으며, 국경없는 경쟁이 초래되고 있으며 또한 요소주의 경쟁에서 투자주도형 경쟁으로 다시 혁신주도형으로 변화하고 있음을 인식해야 한다. 그 다음으로 중소기업만이 가지고 있는 독특한 강점을 활용하여 급변하는 경쟁환경에 적응 · 대응할 수 있는 차별화된 경쟁우위 전략을 구사해야 한다.

그 외에도 중소기업은 기업 내 · 외적 환경에 대한 민감성과 대응력, 인적자원의 유연한 활용, 정확하고 유연한 운영과 마케팅 정보에의 접근, 적절한 가격에 충분한 투자자본의 획득, 관련법규나 규칙 등의 조정이 이루어져야 성공할 수 있다.

제 4 절 벤처 비즈니스와 벤처 캐피탈

1. 벤처 비즈니스(벤처기업)

21세기 지식사회로 접어들면서 지식기반 국가건설과 기업 경쟁력을 확보하기 위한 교두보로 벤처기업이 강조되고 있다.

1) 벤처 비즈니스의 정의

벤처 비즈니스(venture business: 벤처기업)란 새로운 기술을 보유했지만 커다란 위험부담을 지닌 모험기업이라는 뜻으로, 새로운 아이디어나 신기술을 기반으로 하는 기업으로서, 오늘날 중요한 기술개발을 담당하는 중소기업으로 인식되고 있다.

벤처기업은 일반적으로 모험성이 큰 만큼 성공할 경우 매우 높은 기대수익이 예상되는 신기술 및 아이디어를 응용한 독립기반 위에서 영위하는 고위험, 고수익 신생기업이라는 개념으로서, 창업자 정신에 입각하여 독자적인 새로운 기술이나 경영 노하우를 바탕으로 대기업이 하기 어려운 특수한 분야를 담당하여 시장을 개척해 나가기 위한 미성숙기의 사업이라고 정의한다. 또한 벤처기업협회는 "개인 또는 소수의 창업인이 위험성은 크지만 성공할 경우 높은 수익이 예상되는 신기술과 아이디어를 독자적인 기반 위에서 사업화하려는 신생 중소기업"이라고 정의한다. 한편 한국에서는 벤처기업육성에 관한 특별조치법 제2조에서 벤처기업의 범위와 정의를 내리고 있다.

상기의 정의에서 볼 때, 벤처기업은 새로운 첨단기술을 이용하는 사업, 대기업이 하기 어려운 사업, 도산위험이 높은 모험적 사업이라고 요약할 수 있다. 한국에서는 연구개발형 기업, 기술집약화 기업, 모험기업 또는 위험기업 등으로 일컬어지고 있다.

한편, **벤처 산업**(venture industry)은 두 가지 종류가 있다. 첫째는 벤처기업이고, 둘째는 벤처 캐피탈(venture capital)이다. 이 양자는 그 역할이 상이하지만, 위험부담이라는 도전적인 자세를 취한다는 것이 공통적인 특성이다.

2) 밴처기업의 특징과 유형

벤처기업은 자체의 전략과 특성을 가진 중소기업 규모로서, 기술집약적이며 지식집약적 및 신시장 지향적 기업이다. 또한 구성원들이 전문가들이며 동태적 조직으로서 환경창조적 기업의 특징을 갖고 있다.

또한 벤처기업은 사업과 관련하여, 첫째, 사업 품목이 기존의 것과는 달리 혁신적이며 창의적 아이디어와 기술력에 달려 있다. 둘째, 소수의 기술 창업인이 기술혁신의 아이디어를 상업화하기 위해 설립한 기업이다. 셋째, 사업 성공에 대한 높은 위험부담이 있으나 성공할 경우 높은 기대수익을 예상한다. 넷째, 모험적 사업에 도전하는 기업가 정신을 가진 창업자에 의해서 주도되는 특성을 가지고 있다.

한편, 벤처기업은 대기업의 입장에서 참여정도가 낮은 순서로부터 6가지 유형, 즉 모험자본(venture capital), 모험사업육성(venture maturing), 모험사업의 분리독립(venture spin-off), 합작모험사업(new style joint venture), 모험사업의 흡수합병(venture merging), 내부모험사업(internal venture)으로 분류된다.

상기의 6가지 유형 중 **내부모험사업**이란 새로운 시장에 진입하기 위해서 또는 신제품을 급속히 개발하기 위해 기업내의 독립된 조직을 설립하는 형태로서 **벤처 팀**(venture team)을 형성하는 것이다(GM사의 Saturn팀, IBM사의 PC팀). 또한 모험사업의 분리독립 형태로서, **사내벤처**(corporate venture)란 기존 회사에서 분사하여 신제품 개발, 신시장 개척, 신기술의 상업화, 주요 혁신 프로젝트 등을 촉진하는 독립적 벤처기업이다(예: 웨이퍼 절단기업).

3) 벤처기업의 역할과 경영과제 및 성공요인

미국과 일본에서 벤처기업이 새로운 산업분야로 등장하여 크게 성공하고 그 역할을 담당함에 따라, 한국에서도 여러 분야에서 벤처기업이 탄생하고 성장하고 있다. 이러한 벤처기업은 국가경제나 산업에서 여러 가지 역할을 수행하고 있다.

- 중소기업 활성화의 선도적 역할을 담당한다.
- 기술개발의 기반을 강화한다.
- 산업조직간의 경쟁을 촉진하여 활성화에 기여한다.
- 지방경제의 활성화에 공헌한다.
- 고임금, 고금리 등 고비용 문제와 저효율 문제를 해결한다.
- 신규 고용창출과 국제수지개선에 기여한다.
- 경제의 활력회복과 21세기 지식정보화 사회에 대처한다.

상기의 역할을 수행하기 위해 벤처기업은 세 가지 경영자원, 즉 인적자원, 물적자원 및 자금의 3개 요소를 균형적으로 관리해야 한다. 그러나 벤처기업은 세 가지 경영자원 이외에 몇 가지 경영상의 과제가 있다.

첫째, 자금의 조달은 벤처기업의 사업개시에 가장 큰 애로사항이다. 따라서 벤처기업은 벤처 캐피탈을 통한 투자, 중소기업 창업지원법 및 신기술 사업금융지원법 등의 금융지원제도를 검토하여 이용해야 한다.

둘째, 전문기술체제의 확립이 필요하다. 즉 전문기술 시스템을 확보하여 새로운 제품을 계속 개발할 수 있도록 R&D활동을 추진해야 한다.

셋째, 집중적인 시장개척과 철저한 품질보장제도를 확립해야 한다. 전문성을 바탕으로 소비자에게 가치와 만족을 줄 수 있는 다양한 제품을 소비자에게 제공하고 신뢰를 구축하여 경쟁력을 제고시켜야 한다.

이러한 경영상의 과제를 해결하여 벤처기업이 성공하기 위한 성공요인에 대해 여러 학자들이 확인하고 있는데, 이를 종합해 보면, ① 벤처기술과 모험정신이 바탕이 되는 창업과 역량과 리더십, ② 환경변화에 대한 민감성과 시장지향적 신기술을 활용하는 적절한 전략적 반응, ③ 인적자원과 조직관리가 갖추어져야 한다.

2. 벤처 캐피탈

1) 벤처 캐피탈의 의미와 특징

벤처 캐피탈(venture capital)이란 모험자본으로서, 벤처기업에 투자함과 동시에 경영 및 기술분야에도 자문 및 상담함으로써 벤처기업을 지원하여 개발하는 기업 또는 기관이다.

따라서 벤처 캐피탈은 자본과 경영능력이 취약한 벤처기업에 대해 높은 위험부담을 감수하고, 미래의 높은 자본이득을 얻고자 창업초기단계부터 자본과 경영능력을 지원하며, 사후관리를 수행하여 투자기업을 육성한 후 KOSDAQ시장 또는 증권거래소 시장에 상장한 후 투자자본을 매각하여 수익실현 및 재원조성을 주업으로 하는 투자자 또는 투자회사 등 자본공급기업이다.

이러한 벤처 캐피탈은 기존의 금융기관과는 자금지원방식, 투자자금 회수방법, 성과보수, 리스크 등에서 차이가 있다.

첫째, 벤처 캐피탈은 투자기업의 기술력, 성장성을 평가하여 무담보 주식투자를 원칙으로 한다.

둘째, 벤처 캐피탈은 투자기업의 성과여부에 따라 엄청난 이익을 얻을 수 있는 반면에, 실패시에는 투자자금을 전혀 회수할 수 없는 리스크를 가지고 있다.

셋째, 벤처기업은 충분한 기술력과 성장가능성만 있다면 벤처 캐피탈 회사의 지원을 받아 성장할 수 있다.

2) 벤처 캐피탈의 역할

벤처 캐피탈은 자금지원이라는 기본역할과 경영지원 등의 보조역할을 한다.

첫째, 자금지원(기본역할) 역할이란 기업자금이 없지만 성공가능성이 높은 기업에게 사업자금을 융자해 주는 것이다.

둘째, 경영지원(보조역할) 역할이란 벤처기업에게 경영이나 재무에 관한 자문이나 조언, 상담 서비스를 제공하는 것이다.

그 밖에도 벤처 캐피탈의 지원은 중소기업의 창업을 활성화할 뿐만 아니라, 기계, 전자, 화학, 정보산업 등 고부가가치의 기술집약적 중소기업에 집중 투자함으로써 고용증대효과는 물론, 산업구조의 고도화에 일익을 담당하고 있다. 또한 기업의 자본구조개선 및 경쟁력 제고에 기여한다.

3) 벤처 캐피탈의 성장

벤처 캐피탈은 미국에서 최초로 탄생한 이후, 1960년대부터 크게 발전하였다. 벤처 캐피탈의 효시는 록펠러가와 휘트니가의 투자사업에서 볼 수 있다. 그 후 1946년 ARDC(American Research and Development Corporation)에 의해서 그 개념이 정립되었다.

Apple사, Microsoft사, Intel사, Sunmicro System사, Compaq사, Staples사 및 Data General사 등이 벤처기업으로 시작된 것이며, 벤처 캐피탈인 Apollo Admisors사는 Perry Ellis, Converse, Samsonite 등 여러 기업의 주식을 소유하고 있다.

한국은 1974년 KIST의 연구성과를 기업화, 상용화하기 위해 한국기술진흥기금이 설립되면서 벤처 캐피탈이 시작되었다. 그 후 1981년 정부는 기술개발기금을 지원하기 위한 특별법을 제정하고, 한국종합기술금융(KTB)을 설립하였다. 1982년과 1984년에 한국개발투자금융과 한국기술금융이 설립되었고, 이들 세 개 업체는 1986년 12월에 신기술사업금융회사로 인가받고, 벤처자본에 관한 업무를 통합하였다.

3. 벤처빌딩과 벤처기업 전용단지

벤처기업과 벤처관련 지원시설을 집단 거주케 하여 벤처기업 간의 시너지 효과를 증대시키기 위한 것이 벤처빌딩과 벤처단지이다.

첫째, **벤처빌딩**이란 벤처기업과 벤처기업 지원시설이 집중적으로 입주된 건축물로서 몇 가지 법적조건을 갖추어야 한다.

둘째, **벤처기업 전용단지**란 벤처기업 및 그 지원시설을 집단적으로 입주케 함으로써 벤처기업의 영업활동을 조장하기 위해 법규에 의해 지정된 산업단지이다. 이것은 창업에 필요한 공간을 확보해 주는 것으로서, 산업단지의 위치와 인적, 물적 네트워크가 조화를 이루도록 하기 위함이다. 한국에는 대덕 벨리가, 미국에는 실리콘 벨리, 대만에는 신축단지가 있다.

4. 인터넷 벤처기업

인터넷 인구의 엄청난 증가로 인해 인터넷 상거래를 이용해 사업을 하는 것을 **인터넷 벤처** 혹은 **사이버 벤처**(cyber venture)라고 한다. 예를 들어, 인터넷 쇼핑몰, 인터넷 부동산, 인터넷 경매, 인터넷 커뮤니티, 인터넷 방송, 인터넷 서점, 인터넷 학교 등이 있다.

1) 인터넷 비즈니스 모델

인터넷을 통해 사업을 하기 위해서는 수익창출 모델을 결정해야 하는데, 인터넷 비즈니스 모델에는 두 가지 유형이 있다.

(1) 개선 기반 모델

기존 오프라인(brick and mortal)의 사업체가 기업의 홍보비용 절약, 마케팅 효과, 소비자들의 태도 등을 유도하기 위해 홈페이지를 구축하는 것이다. 고객들로부터 직접적인 판매수익을 추구하기보다는 간접적인 이익을 추구하는 것으로서, 각 기업들의 홈페이지에 해당된다.

(2) 수익 기반 모델

실제 인터넷을 통해 수익을 창출하는 모델이다. 예를 들어, 각종 포털 사이트에서 배너광고를 통해 수익을 획득하거나, 실제 제품이나 서비스를 이용자에게 제공하여 판매수익을 얻는 것 또는 쇼핑몰에서 소비자와 공급업자를 연결해 주어 판매수수료를 받는 경우이다.

최근 인터넷 비즈니스는 거의 이 모델을 취하고 있는 추세이며(G market, 11th가 등), 역시 인터넷 벤처기업들도 이 모델에 해당된다.

2) 인터넷 비즈니스 유형

인터넷 비즈니스 유형 중 대표적인 유형은 아래와 같다.

- 검색엔진 및 포털 사이트: **검색엔진**(search engine)이란 인터넷 이용자들이 원하는 정보를 쉽고 빠르게 찾도록 도와주는 온라인 데이터베이스이다. 검색엔진의 기능이 각종 쇼핑, 기사, 엔터테인먼트, 교육 등 인터넷 이용자가 필요로 하는 모든 정보를 탐색할 수 있는 포털서비스로 전환되고 있는데, Google, Yahoo!, Empass, Naver, Daum, Freechal 등이 있다.
- 전문정보 서비스: 전문적인 정보를 요구하는 이용자를 위한 것으로서, 연구소, 전문협회 또는 구직 및 구인 등 취업관련 정보, 특정한 분야의 정보사이트 등이 있다.
- 인터넷 쇼핑몰: 전자 카탈로그나 쇼핑 카트를 이용해 인터넷상에서 판매하는 제품과 서비스를 제공하는 전자상거래 사이트로서, 오프라인에서 판매하는 대부분의 제품을 판매한다.
- 광고 서비스: 유명 사이트에 배너광고를 올려서 고객을 유인하는데 한계를 극복하기 위한 것으로서, 광고주가 광고 자체를 이벤트화하는 서비스를 제공한다. 인터넷 광고를 시청하는 소비자에게 일정 금액을 준다.
- 인터넷 신문 및 방송: 기존 신문이나 방송국의 기사나 영상자료를 인터넷 사이트에 올려서 특정한 서비스를 이용할 경우에 이용요금을 받는 형태이다.
- 각종 엔터테인먼트: 연애, 오락, 영화, 운세, 게임 등 네티즌들에게 즐거움을 주는 사이트이다.
- 온라인 교육: 인터넷을 통해 교육 서비스를 제공하는 것으로서, 직장인을 중심으로 점차 확산되고 있다.

3) 인터넷 벤처기업의 성공핵심요소

인터넷 벤처기업의 성공요소는 3C(contents, community, commerce)로서, 이를 통해서 기업경쟁력을 확보해야 한다.

첫째, 내용(contents)으로서, 특정 인터넷 벤처기업만이 독특한 정보내용이 있어야 한다. 그리고 고객이 원하는 정보가 무엇인가를 주시하고, 참신하고, 신속한 내용으로 제공해야 한다. 예를 들어, 상품정보, 가격비교, 실시간 뉴스, 새로운 음악이나 동영상 등에 대한 서비스가 있다.

둘째, 공동체(community)는 동일한 정보를 원하는 사람들끼리 인터넷에서 교류할 수 있는 장으로서, 이 공동체는 모든 비즈니스 사이트에서 카페, 동호회, 채팅공간, 게시판 등을 통해 운영된다.

셋째, 거래(commerce)는 웹을 통해서 실제 전자상거래가 행해지는 것이다. 인터넷 벤처기업은 인터넷 서비스를 유료화하여 수익을 창출하는데, 이를 위해서는 내용(contents)의 질적 수준을 높여야 하며 또한 결제에 관한 제반 사항에 오류가 없도록 해야 한다.

제 5 절 기업의 입지

1. 기업입지의 의미와 종류

기업입지(business location)란 기업의 경영활동이 행해지는 거점으로서, 공장과 영업점의 장소를 의미한다. 따라서 기업은 경제적이며 이상적으로 어느 장소가 적합한가를 분석해야 한다.

입지는 원자재, 인력 그리고 시장에 접근함으로써 자재취급을 위한 운반의 편리성 추구 즉 운송입지인자에 역점을 두고 있는데, 입지는 아래와 같은 요인에 따라 구분된다.

또한 입지는 자연적 입지인자(온도, 습도, 공업용수 등), 경제적 입지인자(자재, 인력, 시장에의 접근가능성), 인위적 입지인자(국가 등의 각종 혜택, 쾌적한 환경) 등이 고려되어야 하며 또한 입지선정시에는 지내력, 항만여건, 수송여건(인프라 상태), 지대조건, 기타 문화, 교육시설 등의 사용편리성이 고려되어야 한다.

- 입지
  - 구속적 입지
    - 자연적 요인 — 광산, 온천, 유전, 명승지와 같은 특정지역에 한정
    - 사회적 요인 — 영업 또는 건축이 제한되거나 도시계획에 저촉됨
  - 자유입지 — 입지선정상 자연적, 인위적으로 구속을 받지 않는 입지

2. 기업입지의 선정절차와 서비스업의 입지결정

1) 기업입지의 선정절차

입지인자 등 여러 요인 등을 고려한 후, 기업은 특정입지를 구체적으로 선정해야 하는데, 지역사회의 제특성 및 공업단지의 이용가능성 등을 검토해야 한다.

특정입지의 후보지역별로 소요자본 투자액 또는 일정 생산량을 생산하는 경우, 첫째, 소요되는 단위당 생산비와 판매비를 계산해야 한다.

둘째, 기업이 확장해야 할 필요성

셋째, 시장이 변화할 경우 이에 대한 대처방안

넷째, 경제사정, 임률, 기타 운송시설이나 동력원 개발 등에 대한 정부의 개발계획 요인 등도 고려되어야 한다.

2) 서비스업의 입지선정

서비스 기업은 업무를 수행할 장소를 물색하는데 제조기업과는 달리 사업종류와 시장수요를 동시에 고려해야 한다. 또한 서비스 기업은 기존 시설을 확장하거나 이전할 것도 고려해야 한다.

서비스업은 입지에 따라 비용이 큰 차이를 보이지 않지만, 매출이나 수입면에서는 현저한 차이가 있으므로, 수익창출에 초점을 두어야 한다. 그 이유는 서비

스 시설의 입지는 고객과 얼마나 가까운가가 중요하게 작용하기 때문이다.

서비스업은 고객이나 시장과 근접하게 입지를 선정하면 매출이 증가할 뿐만 아니라 높은 수준의 서비스를 제공할 수 있다. 그러므로 유통업에서도 시장에 얼마나 근접한가를 우선적으로 고려해야 한다.

고객과의 근접성 이외에도 서비스업에서 입지를 선정할 때에는 대지, 건물, 장비, 운송비 등 경제적 요인 또한 대중교통의 이용가능성 여부, 적정 주차가능 여부, 시설확장 여지, 서비스를 보완해 주는 주변 분위기 등의 요인도 고려해야 한다.

제 6 절 기업의 성장

1. 기업성장의 의미와 요인

기업성장이란 기업의 동질성이 유지되는 범위 내에서 기업의 규모와 능력이 변화하는 것을 의미하는데, 이는 경영자의 의사결정의 결과이다.

이러한 기업성장은 〈표 6-3〉과 같이 크게 두 가지로 분류되는데, 성장을 위해서는 인센티브가 적절히 제공될 수 있을 때 성장이 가속화될 수 있다.

〈표 6-3〉 기업성장의 분류

구 분	내 용
자력 성장 유로 성장	경영자의 의사결정에 따라 규모나 능력이 변화하는 성장 국가의 특정산업에 대한 육성, 지원에 의한 성장
양적 성장 질적 성장	기업을 인수 · 합병하여 이룩하는 기업확대 기업의 규모확대로서 기업의 능력 내지 생산성 향상

성장을 위한 인센티브는 첫째, 경제적 인센티브(수입증가 가능성, 원가절감 가능성, 이윤보장 가능성), 둘째, 심리적 인센티브(모험과 위험에 의한 심적 동기유발, 위신과 권력, 직무안정의 보장, 경영자에 대한 보수), 셋째, 전략적 인센티브(독점적 권력, 안정되게 사업운영 여건, 위기시에 생존가능성) 등이 있다.

2. 기업성장전략

급진적인 경영혁신, 시장구조의 변화, 기업간의 극심한 경쟁, 수익성 제고의 압력 속에서 경쟁적 우위를 확보하기 위해 기업은 생존과 성장을 위한 전략적 의사결정을 해야 한다.

기업은 〈표 6-4〉와 같이 세 가지 전략, 즉 집중적, 통합적 및 다각화 성장전략으로 성장할 수 있다.

〈표 6-4〉 성장기회전략

집중적 성장 (intensive growth)	통합적 성장 (integrative growth)	다각화 성장 (diversification growth)
시장침투 시장개발 제품개발	후방통합 전방통합 수평적 통합	집중적 다각화 수평적 다각화 복합적 다각화

1) 집중적 성장전략

집중적 성장(intensive growth)은 현존사업내에서 성장할 수 있는 추가적 기회가 있는 경우에 가능한 것으로서, Ansoff가 제시한 **제품/시장 확장 그리드**(product/market expansion grid)로서 설명할 수 있다(〈그림 6-2〉 참조).

시장 \ 제품	기존	신
기존	시장침투 전략	제품개발 전략
신	시장개발 전략	(다각화 전략)

〈그림 6-2〉 제품/시장 확장 그리드

(1) 시장침투전략

이것은 현존시장에서 현제품의 시장점유율을 증가시키는 전략으로서, 제품을 변경시키지 않고, 기존고객들에게 보다 많이 판매하는 전략이다. 예를 들어, 기업은 매출액을 증가시키기 위해 가격을 인하하거나, 광고를 증가하거나, 더 많은 취급점포를 확보하거나, 소매점의 보다 좋은 진열위치를 확보하여 구매시점 구색전시를 할 수 있다. 또한 현재의 고객들에게 기존제품을 더 많이 사용하도록 고무하거나, 기존고객들의 사용빈도를 증가시키거나, 경쟁사의 고객들로 하여금 상표를 변경하여 당기업의 제품을 구입하도록 할 수 있다. 또는 미사용자에게 자사제품을 사용하도록 설득하는 전략이 있다.

(2) 시장개발 전략

이 전략은 현제품으로 충족시킬 수 있는 욕구를 가진 새로운 시장을 추구하는 것이다. 세부전략으로는 현제품시장의 잠재사용자 집단을 확보하는 것으로서, 첫째, 인구통계적으로 시장을 검토하여 어떤 새로운 집단으로 하여금 그 제품을 구입하도록 고무할 수 있다. 둘째, 현재의 위치에서 추가적인 유통경로를 추구할 수 있다. 셋째, 현국가의 새로운 다른 지역이나 해외시장에 판매할 수 있도록 지리적 시장을 검토할 수 있다.

(3) 제품개발 전략

이것은 현재의 고객에게 새로운 제품을 제공하는 전략으로서, 기존시장에 신제품 또는 개선·수정된 제품을 공급하는 전략이다. 즉 새로운 스타일, 크기 및 색상 등의 새로운 특성이 추가된 제품을 개발하거나, 또는 고기능, 고품질의 제품을 개발할 수 있다. 또한 새로운 제품계열을 출시하거나(고가제품), 새로운 상표를 출시할 수도 있다. 그리고 기존제품에 대해 대안적인 기술을 이용하여 제품을 개발하는 전략이 있다.

2) 통합적 성장전략

통합적 성장(integrative growth)은 기업의 현사업과 관련되는 사업을 시작하거나 획득할 수 있는 기회를 이용하는 전략으로 세 가지가 있다.

첫째, **후방통합전략**은 보다 많은 이익을 창출하거나 통제하기 위해서 한두 개의 원료공급업자를 인수하는 전략이다.

둘째, **전방통합전략**은 도・소매상이 상당히 이익적일 경우 도・소매상 등 유통기관을 인수하는 전략이다.

셋째, **수평적 통합전략**은 법규의 제한이 없는 경우로서, 한두 경쟁사를 취득하는 전략이다.

3) 다각화 성장전략

(1) 다각화의 의미와 이유

다각화 성장(diversification growth)은 현재의 사업분야와는 별개의 분야에서 좋은 기회가 발견되어 기업이 새로운 업종에 진출하여 경영활동의 범위를 확대하는 것이다. 즉 전혀 새로운 분야의 제품이나 서비스의 생산을 시도하거나, 기업의 확대 또는 새로운 시장에로의 침투와 개발을 의미한다.

다각화 전략은 기업의 존립과 성장을 위한 경영 내・외적인 필요성 때문에, 또는 기업확장을 위한 경영자의 의욕이나 기업성장의 필요성으로 도모하는데, 기업이 다각화하는 이유는 기업성장의 촉구, 기업경영의 안정화, 시장변화에의 대응, 간접비의 부담감소, 시장기회의 활용, 기업내 제자원의 활용, 연구개발의 성과, 경영자의 의욕과 능력 등이다.

(2) 다각화의 강요요인과 목적

오늘날의 산업사회는 기업으로 하여금 다각화하도록 강요하는데, 그 요인은 아래와 같다.

- 기술혁신이 신제품, 신공정의 출현을 가속화시킴
- 국민소득 수준의 향상이 소비자의 욕구를 복잡, 다양화시킴
- 기업간의 격심한 경쟁으로 기업의 제자원을 활용토록 요구함
- 이해관계자들이 기업의 안정과 성장을 추구함
- 유능한 경영자의 능력을 활용함

기업내의 다각화 이유 및 사회적 강요요인에 의해서 다각화 행동이 취해지는데, 다각화는 우선 시장에서의 위험분산을 통해서 기업의 안정화를 확보하거나, 특정제품의 진부화에서 오는 위험을 해소시키기 위한 목적을 달성한다.

기업들은 통상 보다 매력적인 신종산업을 발견하여 다각화하는데, 매력적인 산업에 진출하는 것이 성공의 비결이라고 믿기 때문이다. 그러나 익숙하지 못한 제품이나 산업에 광범위하게 다각화한 기업은 시장집중력을 상실할 수가 있다.

3) 다각화 전략 유형

다각화 전략은 그 범위에 따라 3가지 유형이 있다.

첫째, **집중적 다각화 전략**은 신제품이 상이한 고객계층에 소구될 수도 있지만, 현존 제품계열과 기술적 및 마케팅 시너지를 갖는 신제품을 추구하는 전략이다. 이것은 현재의 마케팅, 생산기술, 연구개발 등을 기초로 하여 기존의 것과 쌍방의 관련성이 강한 경우에 다각화함으로써 중심제품의 판매를 강화할 수 있다.

둘째, **수평적 다각화 전략**은 현재의 제품계열과 기술적으로 무관하지만, 현재의 고객에게 소구될 수 있는 신제품을 추구하는 전략이다. 이것은 기술적, 마케팅적으로나 동종산업의 다른 제품을 추가적으로 생산, 판매하는 다각화이다.

셋째, **복합적 다각화 전략**은 현재의 기술, 제품 및 생산과 관련이 전혀 없는 신사업을 추구하는 것으로서, 마케팅과 기술의 쌍방에 대해 기존의 것과 관련이 없는 분야로의 다각화이다. 그러므로 이 다각화는 시너지가 거의 없고 위험이 크다.

제 7 절 기업의 질병과 해산

1. 기업의 질병

길맨(S. Gilman)은 기업의 질병요인으로서 5가지 병리현상을 제시하고, 이것은 기업해체의 주요한 징후가 된다고 주장하였다.

1) 순이익의 부족

순이익의 부족에 의한 수익성 저조현상이 두드러질 경우, 기업은 존폐의 위기감을 느끼게 된다. 물론 오늘날 기업은 성장, 발전을 위해 막대한 자본이 소요되므로 자금의 회수기간 중 어느 정도의 순이익이 감소하는 것은 불가피할 수도 있으므로 당해 기업의 순이익이 평균보다 낮다는 것만으로 기업이 질병에서 벗어날 수 없다고 속단해서는 안 된다.

그러나 순이익의 계속적인 부족은 질병이 되며 결국은 파산에 이르게 된다. 1996년 말 한국의 30대 그룹의 재무현황을 보면, 한화, 진로, 기아, 한일, 두산그룹은 무려 1,000억 원 이상의 적자를 낸 결과, 1997년에 부도가 발생하였다. 또한 30대 기업집단의 매출액 대비 평균 당기순이익은 0.17%에 불과하여 10,000원을 팔아 17원 정도 밖에 벌지 못하였으며, 또한 1997년을 기준으로 30대 그룹 72개 주력기업의 적자는 3조 5,847억 원으로 한국기업들은 엄청난 위기에 처하기도 하였다.

2) 재고자산 과다투자

기업이 보유하는 **재고자산**(inventories)에는 원재료, 재공품, 반제품, 제품 및 미착품 등으로 대차대조표 차변의 자산 중 유동자산 중에서 재고자산이다.

재고자산이 부족한 경우, 기업은 조업이 불가능해지고, 조업중단은 제품의 적기공급 불능을 가져와 시장기회를 상실하게 된다.

반대로 기업이 과잉재고를 보유하게 될 때, 자금사정의 문제를 일으킨다. 또한 재고자산의 과대투자는 자금핍박과 재무유동성 악화를 가져오며, 재무안정성도 해친다. 또한 제품, 원재료의 변질, 파손, 부패와 진부화에서 오는 경영상의 손실도 당하게 된다.

특히 제품의 재고가 많다는 것은 그 제품이 시장에서 고객에게 독특한 이점을 제공하지 못하는 것이므로, 우선 마케팅 철학에 입각하여 고객의 욕구를 충족시켜 줄 수 있는 제품을 개발한 후 제품이 시장에서 수용될 수 있도록 해야 한다.

또한 과잉재고가 누적될 때, 기업은 덤핑 등 할인판매를 단행하게 되는데, 기업은 적자경영은 물론 기업의 평판과 이미지를 손상당하게 되어 종국에는 파산하게 된다.

3) 매출채권에 대한 과대투자

기업은 과잉재고에서 벗어나 수익성을 제고시키기 위해 외상매출금이나 받을어음 등 매출채권에 의한 신용판매를 하게 된다. 그러나 매출채권으로 판매가 실현되더라도 그것이 부실채권이 되어 대금회수가 불가능하게 될 때, 기업은 자금부족에 빠지게 된다. 또한 외상매출금에 대손이 발생하거나, 받을어음이 부도어음화될 때, 기업은 궁지에 빠지게 된다. 즉 많은 기업들이 매출채권에 대한 과대투자 때문에 흑자도산을 하게 되는 경우가 많다.

4) 고정자산에 대한 과대투자

기업의 질병요인 중에서 가장 경계해야 할 요인은 고정자산에 대한 과대투자이다. 기업은 규모의 경제를 실현하기 위해서나 또는 대량생산 체제를 유지하기 위해 시설투자를 하게 되는데, 이러한 시설투자는 시장에서의 판매가능성을 충분히 고려하여 이루어져야 한다.

또한 기업은 시설투자시 그 자금의 원천을 고려해야 한다. 원칙적으로 고정자산에 대한 투자는 자기자본의 범위 내에서 실행되어야 이상적이지만, 시설위주의 기업은 예외적으로 자기자본과 장기차입금을 이용할 수 있다. 즉 **고정비율**($\frac{\text{비유동자산}}{\text{자기자본}} \times 100$)이 100% 이하가 되거나, **고정장기적합률**($\frac{\text{비유동자산}}{\text{자기자본} + \text{장기차입금}} \times 100$)이 100% 이하가 되어야 한다.

즉 고정자산의 비율이 100%를 초과하여 과대투자가 되는 경우 기업은 유동부채로 충당한다는 것으로, 이는 유동성을 악화시켜 지급불능의 사태를 초래케 되어 기업은 파산을 초래하게 된다.

5) 자본부족

기업의 고질화된 난치병은 자본부족이다. 기업이 자본을 조달하는 원천은 대차대조표의 대변인 타인자본(부채)과 자기자본인데, 자기자본보다 타인자본이 큰 경우 **차금(借金)회사**라는 부실기업이 되어 자본구성의 안정성에 금이 가게 된다.

자기자본보다 타인자본이 많을 경우, 부채는 원금의 상환과 확정이자를 지불해야 하기 때문에 기업은 운영자금의 부족으로 자금압박을 받게 된다.

기업이 충분한 자본을 확보하지 못하였을 때, 기업은 유리한 경영기회를 상실하게 되며, 또한 차입금의 증가는 기업의 재무구조를 악화시키고, 유동성을 해치며, 이러한 악순환은 기업의 자금부족을 더 심화시킨다.

한국의 경우, 1996년 기업들은 자본이 부족하여 타인자본에 지나치게 의존함으로써 금융비용이 많아지고(금융비용부담률이 25.6%~51.46%에 이름), 따라서 재무구조가 불안정하였다. 즉 30대 그룹의 부채비율이 1,000% 이상으로 파산에 이르는 기업이 많이 발생하였다.

결론적으로 볼 때, 기업운영과정에서 아래의 징후가 나타날 경우 기업은 질병에 걸린 것으로 보아야 한다.

- 수익과 이윤의 감소
- 고객의 불평불만 증가
- 종업원의 불만증가와 전직
- 현금부족
- 유휴시설, 유휴인력의 존재
- 작업흐름상의 애로공정
- 원가과다
- 낭비와 비효율 증가

2. 기업부실과 파산의 원인

기업부실이란 기업의 지급불능상태로서, 그것은 ① 주로 총자산이 총부채를 초래한 상황에서 유동성 압박에 의해서 기업의 부실화가 나타나는 기술적 지급불능 ② 적자가 발생하고 부채가 자산총액을 초과하는 경제적 지급불능 그리고 ③

파산 등으로 구분된다. 한국에서의 **법정관리**는 경제적 지급불능과 기술적 지급불능시에 취해진다.

기업부실은 〈표 6-5〉와 같이 외부요인과 내부요인으로 구분되는데, 미국의 기업개선국(The Business Bureau)은 경영부실의 원인으로 ① 불황 ② 자본부족 ③ 과당경쟁을 지적하였다.

〈표 6-5〉 기업부실의 요인별 분류

외부요인에 따른 부실	내부요인에 따른 부실
· 관련기업(거래처 등)의 도산 · 계열기업의 도산 · 피보증업체의 도산 · 주거래처의 이탈 · 신규시장에의 무리한 진입과 그에 따른 과당경쟁 및 매출 감소 · 경기변동에 의한 사양산업화 · 금융기관의 거래중단 · 정부의 정책변화와 규제 · 외국의 수입규제 등	· 계속적인 적자와 규모확대 · 원가상승에 따른 채산성 악화 · 매출채권 회수 부진 · 과다재고 발생 · 과다 단기차입금과 금융비용 악화 · 부실채권의 발생 · 무리한 사업 확장 · 경영능력의 부족

한국에서도 기업실패의 이유로서 경영자의 관리능력 부족, 경영여건의 불비 등 인적, 환경적 압력요인이 큰 것도 사실이다. 그러나 경영자의 판단능력 부족이나 경영정보의 불비 그리고 관리능력의 부족에 의해서 기업이 파산되는 경우가 많으므로, 경영자의 자질향상의 필요성이 무엇보다 중요하다.

결론적으로 볼 때, 기업의 파산은 막아야 하는데, 그렇게 하기 위해서는 **워크아웃**(workout) 과정을 통해서 기업개선 조치를 취하는 것이 일차적으로 필요하다. 그러나 부득이한 경우에는 법정관리와 해산조치에 들어갈 수밖에 없다.

제 7 장

기 업 집 중

제 1 절 기업집중의 개념과 목적

1. 기업집중의 의미

자본주의 경제 속에서 자유경쟁을 원칙으로 운영되는 현대기업은 치열한 경쟁으로 인해 과잉생산, 과잉공급 등으로 가격이 하락하고, 이윤이 감소됨에 따라 기업간에 과잉경쟁의 폐해를 없애거나 또는 자본적인 결합을 통해 기업의 안정과 시장지배를 꾀하기 위해 그 규모를 확대하는 방안으로서 기업집중을 꾀하고 있다.

기업집중 또는 **기업결합**이란 기업이 복합기업의 형태로 탈바꿈하여 경영상 유리한 고지를 점령하기 위해 채택하는 전략이다.

그러나, 국민경제면에서 볼 때 기업집중은 단순히 자본의 결합이므로 **외적성장**이라고 한다. 이에 반해 순이익의 증대에 의한 사내유보로 확대재생산을 이룩한 경우는 **내적성장** 또는 기업집적이라고 한다.

2. 기업집중의 목적

기업집중의 목적은 세 가지로 요약될 수 있다.

1) 시장내 경쟁배제 목적

출혈경쟁으로 인해 기업들이 손해를 보게 됨에 따라 기업들이 시장에서 과당경쟁을 피할 목적으로 동종 또는 유사부분의 다수 기업들이 일정한 협약에 의해서 수평적으로 결합하는 것으로, 이를 카르텔이라고 한다.

2) 생산공정의 합리화 목적

이는 생산공정이나 유통의 합리화를 통해 생산비의 절감이나 원료를 일정하게 확보하기 위해서 기업이 결합하는 것이다. 즉 제조회사가 원료공급업자나 제품판매회사를 흡수, 합병하여 생산의 심도를 높일 수 있을 때 생산공정은 수직적으로 결합되어 경영의 합리화를 이루게 된다. 상기의 목적에 의한 기업집중을 트러스트라고 한다.

3) 금융적 목적

대기업이 중소기업을 지배할 목적으로 자본대여나 주식참여의 금융적 관계를 맺어 중소기업을 휘하에 두기 위한 결합으로서, 콘체른이라고 한다.

이는 동종기업뿐만 아니라 이종기업 사이에서도 이루어지며, 또한 수평적, 수직적 결합에 따라 투자수익을 증대하며 또한 적은 자본으로 기업을 지배할 목적으로 출자관계에 의한 기업집중으로서, 자본적 결합이라고 한다.

제 2 절 기업집중 형태

1. 카르텔(기업연합: cartel)

1) 카르텔의 의미

카르텔은 다수의 동종 또는 유사기업이 시장에서의 경쟁을 상호배제하고, 독점적 지배를 목적으로 경제적 이익을 획득하기 위해 협정을 통해 기업을 결합하는 형태이다.

이에 참가하는 기업은 법률적, 경제적으로 독립성을 유지하면서 하나의 협정에 의해서 수평적으로 결합한다. 그 특징으로는, ① 시장을 통제하는 활동이 목적이며, ② 참가기업들이 독립성을 유지하고, 구속력이 약하며, 신사협정에 의해 이루어져 저급 카르텔의 성격을 띠며 ③ 동종 유사기업의 결합으로 가격지배력과 시장통제력은 어느 제품의 가격변동과 시장에 한정된다.

2) 카르텔의 종류

카르텔은 기업들간의 협정내용에 따라 판매카르텔, 구매카르텔, 생산카르텔로 구분된다.

첫째, **판매카르텔**은 판매상간의 경쟁을 제한하기 위해 협정을 체결하는 것으로서, 가격카르텔, 조건카르텔, 수량카르텔, 지역카르텔, 공판카르텔 등이 있다.

공판카르텔이란 신디케이트(syndicate)라고도 하는데, 각 가맹기업이 생산품을 효율적으로 판매하기 위해 상호 공동판매기관을 신설하고, 공판카르텔에 납품하고, 공판카르텔은 이를 판매하고, 이익금을 가맹기업에게 분배한다. 따라서 공판카르텔은 고급카르텔에 속한다.

둘째, **구매카르텔**은 원료나 제품이 부족하여 구매가 어려운 경우, 그리고 외국에서 원자재를 도입하여 생산할 경우에 외자를 절약하고, 도입량을 적정수준으로 유지하기 위해서 각 가맹기업끼리 구매량을 할당하는 카르텔이다. 이 카르텔은 정부의 독려에 의해서 이루어지는 경우가 있으므로 강제카르텔이라고도 하는데, 반면에 자발적으로 형성되는 경우는 자유카르텔이라고 한다.

셋째, **생산카르텔**은 생산자들이 생산량을 상호조절함으로써 시장에서의 과당경쟁을 생산단계에서부터 차단하기 위한 것이다. 이에는 생산제한 카르텔, 특수화 카르텔, 특허이용 카르텔 등이 있다.

이상의 카르텔은 가맹기업들간에 신사협정으로 이루어지므로, 협정이 잘 지켜지지 않고, 또한 가입하지 않은 **아웃사이더**(outsider)들이 많아서 기업집중의 효과가 잘 활용되지 않기도 한다.

현재 한국은 카르텔에 대해 "독점규제 및 공정거래에 관한 법률"에 의해 금지하고 있다. 정부의 금지조치는 일부 대기업 등이 법망을 피해 **담합행위**(통신회사, 정유회사, 제당회사, 제약회사, 식품회사 등)를 하여 제품가격을 인상시키는 획책에 대해 취해진 것이다.

2. 트러스트(기업합동: trust) : M&A

트러스트는 기업 상호간의 출자액을 결합하여 대자본을 기초로 하는 기업의 복합형태로서, 시장에서의 경쟁을 적극적으로 배제하고 또한 시장을 독점하기 위해서 그리고 경영합리화를 목적으로 결합된 기업형태이다. 트러스트는 각 가맹기업이 법률적으로나 경제적으로 독립성을 잃고 새로운 기업으로서 합동하는 결합방법으로, 두 가지 종류가 있다.

첫째, **흡수합동**은 어느 기존회사가 그대로 존속하면서 다른 회사를 매수하여 흡수하는 합동방식이다.

둘째, **신설합동**은 기존의 모든 기업을 해체하고 전혀 새로운 형태의 기업으로 발족하는 것이다.

상기의 트러스트가 근대적 개념으로 변화되어, M&A(인수, 합병)가 되었는데, 인수(acquisition)는 다른 회사를 매수하는 것으로, 대상기업은 독립성을 잃는다. 또한 합병(merger)은 두 회사가 결합해서 새로운 회사를 만드는 것으로서, 합병이전의 두 회사는 존재하지 않는다.

3. 콘체른(기업연휴: concern)

1) 콘체른의 의미

콘체른이란 재벌이라고도 하며, 금융적 목적으로 형성되는 기업결합 형태로서, 대기업 특히 금융기관이 중소기업을 지배할 목적으로 중소기업의 주식에 참가함으로써 경영권을 장악하는 것이다. 이때 대기업은 모기업으로, 중소기업은 자회사로서 존재한다.

많은 금융기업이나 제조기업들이 다른 종류의 중소기업의 주식을 보유하여 경영권을 확보할 때, 중소기업은 외형상으로는 독립성을 유지하지만, 실질적으로 독립성을 잃고, 대기업에 종속된다.

이와 같이 지배와 피지배의 관계가 국민경제 내에서 형성되는 경우 재벌계열이 형성된다. 오늘날 한국에서 문어발식의 기업계열화로 기업의 규모를 확산시켜 나가는데, 대기업이 중소기업을 금융적인 관계로 산하에 두는 형태이다. 이 방법에는 첫째, 주식참여, 둘째, 금융으로서 대여하는 방법, 셋째, 중역파견을 통해서 경영에 깊숙이 관여하는 방법 등이 있다.

2) 지주회사

콘체른의 형태로서 기업을 결합할 때 대표적인 예로서, 대기업인 지주회사가 지배대상이 되는 다른 기업의 주식참여를 통해 모기업-자회사의 관계를 형성하여 타기업을 지배하는 것이다. **지주회사**(holding company)란 타회사의 주식을 보유하는데 필요한 자본은 자사가 보유하고 있는 주식을 기본으로 주식을 발행하여 일반대중 투자자로부터 자본을 공모, 조달하며, 조달된 자본을 이용하여 타회사의 자본을 최소한 매입하여 그 기업을 지배하려는 목적을 가진 회사이다.

이 경우, 지주회사를 설명할 때 **증권대위**란 개념이 필요한데, 증권대위란 증권의 바꿔치기로서, 주식발행을 통해서 자사의 자본금을 조달하고, 이것을 기금으로 해서 타사의 주식을 보유하는 것으로서, 지주회사는 증권대위를 통해서 콘체른을 형성한다.

지주회사는 지주의 목적에 의해서 두 가지가 있다. 첫째, **순수지주회사**는 지주의 목적인 순수한 투자에 있는 것으로서, 뚜렷한 실체도 없고 독자적인 사업 부문도 없이 전략수립, 인사, 재무 등 자회사의 경영활동을 총지휘하는 본부기능만 한다.

둘째, **사업지주회사**는 그 목적이 피지주회사의 생산 및 판매 등 사업경영에 참여하여 기업을 거느리는 회사로서, 이에는 GE, Citicorp, ABB, IBM, 포드, P&G, 팹시, 바이엘, 글락소 등 글로벌 기업 그리고 신한금융, LS 등이 이에 속한다.

지주회사로서의 모기업과 그 지배하의 자회사와의 지배, 종속관계는 〈그림 7-1〉과 같다.

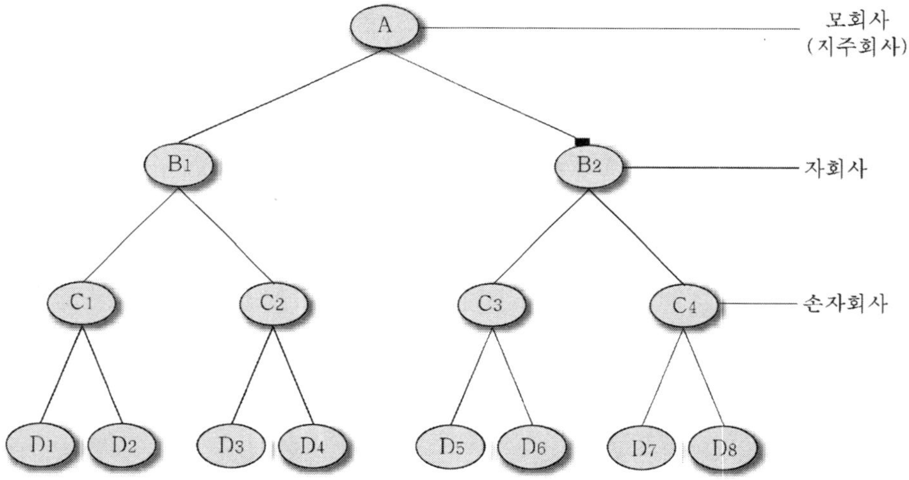

〈그림 7-1〉 지주회사에 의한 지배관계

제 3 절 기업집단화

1. 기업집단화의 의의

기업집단화란 여러 기업들 간에 자본적 집중을 통해서 기업의 결합화를 시도하는 것이 아니라 생산관리 측면에서 업무제휴, 기술원조 등의 여러 수단을 통해서 경영상, 기술상 공동이익을 추구하고자 상호결합하는 것을 말한다.

이 경우 집단화의 대상이 되는 기업집단은 지배와 종속관계가 없이 상호독립성을 유지하면서 생산기술적 내지 경영기술적인 면에서 상호간의 보완적 역할을 위해 협조한다.

기업집단의 참가기업들은 인접한 입지조건하에서 생산기술, 경영기술을 상호보완하고 활용함으로써 상호경제적 이익을 추구하고자 하는 하나의 경제협력체를 이룩한다는 것이 목적이다. 이것의 대표적인 형태에는 콤비나트와 공업단지가 있다.

2. 콤비나트

콤비나트(Combinat)는 기업집단의 대표적인 것으로서, 결합기업 또는 다각적 결합공장 혹은 공장집단이라는 뜻으로 기술적인 관점에서 유기적으로 결합된 다수기업의 집단이다.

콤비나트는 특히 지역적 집단화의 특성을 가짐으로써 일정지역 내에서 자원을 개발하고, 자원을 공동으로 이용하여 생산의 지역적, 공간적 결합을 시도하는 것이므로, 생산기술적 입장에서 유기적으로 결합되어 다각적으로 행해진다는 것에 그 특징이 있다.

콤비나트의 발전단계는 ① 원재료의 가공단계, ② 폐기물, 부산물의 처리 · 이용단계, ③ 원재료와 반제품에 이르기까지 종합적 이용단계로 분류된다. 이 모든 단계를 합친 오늘날의 전형은 석유화학을 중심으로 한 콤비나트인데, 한국의 경우 울산석유화학단지와 여천석유화학단지가 있다.

콤비나트의 장점은 자원의 다각적 · 효율적 이용, 원료확보, 에너지 절약, 운반 및 수송비의 절약, 중간이윤의 배제 등을 기할 수 있다는 점에서 시너지 효과를 기업에 제공한다.

이에 반해 각 참가기업의 공장건설이 동시에 이루어지지 않을 경우에는 종합적인 손실이 커지며, 기업집단 내에서의 제품의 결함이 생겨 조업도의 안정이 곤란해지는 단점도 있다. 또한 거대한 공장집단으로 인해 배출물 및 산업폐기물에 대한 공해유발의 문제가 되기도 한다.

3. 공업단지

공업단지란 많은 공장들이 지역적으로 인접함으로써 공해나 소음문제를 해소하고, 생산 · 기술적인 협력체제를 유지하기 위해 일정 공업지역에 군집하는 것을 말한다.

한국에는 창원공단, 구미공단, 반월 · 안산 · 시화공단, 마산, 인천 등 각 지역별로 특정제품을 생산하는 공단이 조성되어 있다. 또한 농촌지역 발전을 위해 농공단지가 조성되어 있어 공장을 유치하고, 각종 세제상 및 자금지원상의 특혜를 주고 있다.

공업단지는 그 목적과 운영상의 특성에 따라 ① 산지집단형(산지의 특산물 이용), ② 도시계획형(도시계획용, 하남공단 등), ③ 하청계열형(대기업에 계열화된 중소하청기업, 자동차, 전자 등), ④ 집단소개형(중소기업 현대화 촉진법에 의해 염색공단, 출판공단, 도금공단) 등으로 나누어진다.

4. 콩글로머릿

1) 콩글로머릿의 의미와 경영관리

콩글로머릿(conglomerate)의 어원은 com(합친다)과 glomas(덩어리)가 결합된 합성어로서 다각적으로 결합된 것인데, 다시장회사, 다산업회사, 이종복합기업이라고 불리운다.

콩글로머릿은 1950년대 후반 미국에서 기업의 수평적 및 수직적 합병이 금지됨에 따라 이종기업 간의 합병으로 방향을 돌리게 됨으로써 새로운 형태의 방법으로 다각적 합병이 이루어지게 되었다.

이것은 다른 회사를 매수하여 합병함으로써 기업의 규모를 확대시키고, 이를 통해 대규모 기업의 이점을 추구하려는 기업의 결합방법으로 제3의 기업합병이라고도 불린다. 따라서 이것은 동종기업의 수평적 결합이나 수직적 결합이 아니고, 이종기업간의 과감한 결합으로 기업의 인수, 합병(M&A)을 통한 급속한 다각화이다.

콩글로머릿이 출현하게 된 동기는 첫째, 기업의 국제화에 따라 거대기업의 조직이 요구되고, 둘째, 급변하는 기술혁신과 경영다각화 전략이 필요하고, 셋째, 독점금지법을 변칙적으로 이용하려는 이종기업 간의 합병방식의 모색, 넷째, 상장기업의 높은 주가수익성과 주식교환이 용이하다는 점을 들 수 있다.

콩글로머릿은 이종기업들이 다각화되고 또한 국제화됨에 따라 중요한 의사결정은 중앙(기업본부)에서 하고, 분권화의 원리에 따라 집행함으로써 관리적 효과를 거둘 수 있도록 관리해야 한다. 이 경우 분권화 방법은 연방적 분권제에 의한 사업부제를 택하고 있는데, 지역별로 분권화된 경영을 하고, 책임분담제의 경영과 집중적인 시장침투로 경영성과를 거두게 된다.

2) 콩글로머릿의 유형

콩글로머릿은 다기적, 다각적 경영의 콘체른에 있으므로, 이익률의 저하를 방지하고, 또한 자금유동성을 높이기 위해 형성된다는 본질에서 세 가지로 분류된다.

첫째, 시장확장형 콩글로머릿: 판매시장을 공통으로 하는 기업간의 합병으로서 의약품과 화장품, 통조림과 식료품 체인점 간과 같이 실질적으로 동일시장을 대상으로 하는 기업간의 합병이다.

둘째, 제품확장형 콩글로머릿: 기술적인 공통성을 가지고 있는 기업간의 합병으로서, 천연섬유와 합성섬유, 항공기와 미사일 산업간의 합병이 예에 속한다.

셋째, 순수형 콩글로머릿: 전형적이고 순수한 형태로서, 자본, 제품, 생산공정, 판매방법, 시장 등에 대해 전혀 공통성이 없는 기업간의 합병에 의한 복합기업의 형성이다. 예를 들어, 은행업과 레저산업, 철강업과 제지업, 항공업과 제약업 등이 합병하는 것이다.

제3부

기업환경과 적응

제 8 장

기업환경과 생태경영

제 1 절 기업환경의 본질

1. 기업환경의 의미와 중요성

기업은 상위시스템인 환경시스템 속에서 영향을 받고 또한 영향을 주면서 존속, 성장하는 개방시스템이다. 이것은 기업의 의사결정이 기업을 둘러싸고 있는 환경에 의해서 직·간접적으로 영향을 받는다는 것으로, 기업을 경영함에 있어서 환경요인에 대해 적응능력을 갖춘다는 것이 중요하다는 것이다.

기업환경이란 기업의 능력에 영향을 미치는 것으로서, 기업의 외부에 있는 상황적 요소라고 정의할 수 있으며, 기업활동과 상호작용하는 모든 주변상황 및 환경요인을 포함하므로 그 요인은 매우 다양하며 또한 그 범위도 넓다.

기업은 변화무쌍하고 동태적인 환경변화 속에서 환경을 주어진 여건으로 보고, 그것에 적응하는 것만으로 만족해서는 안 되고 오히려 환경을 개발하고 주도해서 그것을 기업에 유리하게 유도할 수 있어야 한다.

현대기업에 있어서, 기업환경이 중요시되는 이유는 ① 규모증대에 따른 기업의 사회적 책임의 강조, ② 경쟁심화에 따른 예측과 적응의 곤란성, ③ 전사적 시스템으로서의 중요성, ④ 기업활동에 대한 정부의 규제강화, ⑤ 환경오염 문제에 대한 사회적 인식의 증대, ⑥ 국제적인 환경보호와 ISO 환경표준화의 실시 등이 변화하고 있기 때문이다.

결론적으로, 기업환경은 위협이 되기도 하지만 기회를 제공하기 때문에 성공적인 기업들은 환경을 지속적으로 주시하고 적응, 개발하는 것이 중요하다는 것을 알고 있다.

2. 기업환경의 모델과 구성요인

생태시스템 속에서 기업은 환경과 지속적인 상호작용을 하면서 존속한다. 즉 기업과 환경 간에 형성되는 동태적인 상호작용의 패턴을 통해 기능적으로 연결되어 **에코시스템**(ecosystem)을 형성하게 되는데, 〈그림 8-1〉과 같다.

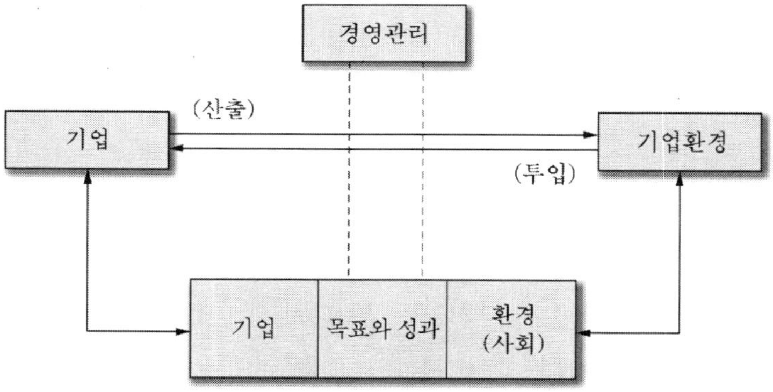

〈그림 8-1〉 기업 환경적응 모델(에코시스템의 모델)

즉 기업은 환경으로부터 투입요소를 받아 기업활동을 통해 제품과 서비스를 창조하는 산출과정을 거치게 된다. 그 과정에서 조직의 목표가 수립되고 어떤 성과를 창출케 된다. 그 목표와 성과는 환경을 올바르게 인식하여 환경과의 조화와 균형을 유지하는 과정에서 유지되고 수정되면서 표출되는데, 그에 따라 기업은 계속기업으로 존속하게 된다.

기업이 올바르게 인식해야 하는 환경요인은 **일반환경요인**(**거시적 환경**)과 **과업환경요인**(**미시적 환경**)으로 나눌 수 있다.

거시적 환경이란 기업활동에 대해 직접적인 상호작용이 이루어지지 않는 포괄적 성격의 광범위한 사회적인 잠재적 외적환경요인으로 미시환경요인에 영향을 미치는 것으로서 일관성이 강하고, 기업의 의사결정에 반드시 가정해야 할 기본적이지만 간접적인 영향요인이다. 반면에 기업과 아주 밀접하게 관련되어 기업의 능력과 활동에 대한 의사결정에 직접적이며 장기적으로 영향을 미치는 환경을 **미시적 환경**이라고 한다(〈그림 8-2〉 참조).

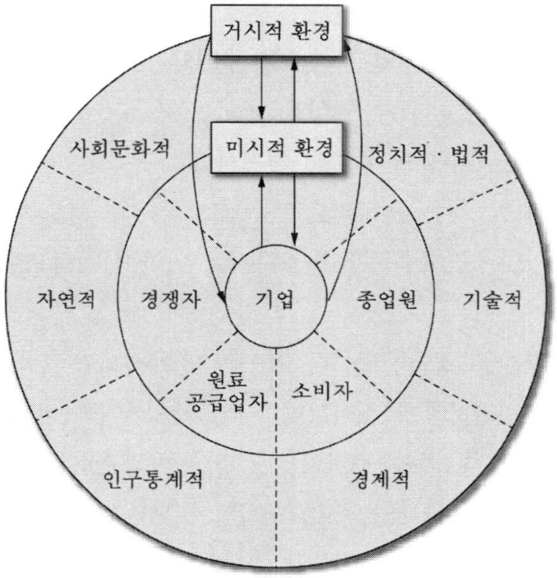

〈그림 8-2〉 기업환경의 구성

제 2 절 기업의 환경요인

1. 거시적 환경

업무환경에 간접적, 거시적으로 영향을 미치는 모든 외부환경을 포함하는 일반환경으로서의 거시적 환경은 경제적, 정치적 · 법적, 기술적, 인구통계적, 자연적 및 사회문화적 환경 등으로 분류된다.

1) 경제적 환경

경제적 환경이란 기업활동과 직접 관련을 가지는 경제시스템의 전체를 말하는데, 기업은 세계경제는 물론 그 나라의 경제적 환경변화에 영향을 받는다.

(1) 국민총생산액(GDP)과 소득의 변화

한 나라의 경제규모인 **국민총생산**은 국민소득의 규모와 구매력을 결정하며, 소비수준과 규모는 기업의 제품 및 서비스의 구매와 소비에 직접 관련된다.

국민소득의 결정에 가장 크게 영향을 미치는 것은 가처분소득으로서, 그것은 구매력의 원천이며, 소비수요의 수준을 결정한다.

그 다음으로 중요한 것은 **소득분포**인데, 고소득자와 저소득자의 차이가 심한 모래시계형 소득분포는 소비수준을 감소시키며 또한 사회적으로 큰 문제를 야기시킬 수 있다.

그 다음의 고려사항은 경기침체이다. 불경기가 계속되면 소비자는 긴축하게 되고, 더 조심스럽고도 진지하게 소비하며, 구입하는 제품과 서비스에 대해 더 많은 가치를 추구하게 된다. 따라서 기업은 정당한 가격으로 좋은 품질과 서비스를 결합한 제품을 제공하는 **가치창조 철학**을 기업의 모토로 삼아야 한다.

(2) 산업구조

한 나라의 경제성장에 의해서 산업구조가 변화되며, 기업은 특정한 업종에 속하는 산업을 구성한다. 산업구조는 경제가 성장함에 따라 1차산업에서 2차산업으로, 그리고 3차산업의 비중이 커지는 서비스화의 과정을 밟아 점차 고도화된다. 또한 최근에는 탈공업화사회로 진전하면서 지식집약형 산업의 비중이 높아지고 있다.

지식집약형 산업과 서비스 산업이 산업계를 주도하고 있으므로, 경영 의사결정 시 산업구조의 특성과 변화를 철저하게 진단하고 추세를 분석해야 한다. 특히 국가정책의 변화가 경제성장을 변화시키며, 경제성장의 변화가 기업의 성장전략에 영향을 미치고 있음을 인식해야 한다.

(3) 시장 내 가격동향(인플레이션과 디플레이션)

경영전략을 수립하고 의사결정을 할 때 중요한 요인은 시장에서의 가격변화이다. 따라서 경영자는 인플레이션과 디플레이션에 대해 숙지해야 한다.

인플레이션은 제품, 서비스 가격이 전반적으로 상승하는 것으로서, 소비자 가격지수로 측정된다. 인플레이션은 임금과 생산성 간의 관계에서 그 원인을 찾을 수 있다. 즉 생산성 향상 이상으로 임금인상이 있을 경우 인플레이션으로 이어진다. 임금인상이 소득증가로 이어지고 구매력이 커지며 소비욕구가 증가하는데 반해, 생산된 제품 수량이 일정하다면 가격상승을 부추기게 한다. 인플레이션의 또 다른 원인은 물가상승에 대한 기대심리이다. 즉 노동조합은 생계비가 증가할 것이라는 심리적 압박감으로 임금인상을 요구하고, 생산자는 미래에 노무비와 원자재비가 인상될 것이라고 예상하여 가격인상을 꾀하게 되어 인플레이션을 자극하게 된다.

디플레이션은 제품 및 서비스의 가격수준이 낮아지는 현상으로서, 유효수요 내지 과잉생산은 조업단축과 조업중단으로 실업증대를 가져오고, 이는 수요감퇴와 가격하락으로 이어져 경제규모를 위축시키는 결과를 초래한다. 1997년 한국은 내수시장 위축으로 조업단축, 실업증가, 사회 전반적인 소득수준 저하와 수요감소 및 구매력 저하 그리고 조업단축의 확산이라는 악순환을 경험하였다.

(4) 생산요소비용의 증가

기업은 자원민족주의 시대에서 부족한 원자재를 확보해야 하며, 노동력의 부족이나 노사관계의 복잡성에 대처하기 위해서 기계화, 자동화가 도입되고, 높은 지가와 금융비용으로 경영상의 압박을 받게 될 때, 이에 대한 종합대책을 강구해야 한다. 특히 한국의 지가 상승은 창업은 물론 기업확장에 대해 큰 장애물이 되며 또한 제품가격의 인상으로 이어져 제품생산을 위축시키게 한다.

(5) 환율 및 세계경제의 변화

환율은 수출입에 영향을 미치며 또한 국가경제는 세계경제와 분리할 수 없으므로, 세계경제의 변화는 기업활동에 크게 영향을 미친다.

또한 세계경제와 시장의 구조변화는 무역 및 투자활동에 대한 국제적인 규범의 변화를 요구하며, 따라서 국제경제 질서의 변화도 반드시 주목해야 할 환경적 요소이다. 특히 최근 세계 경제지역의 블록화, WTO체계, FTA의 체결 등 국제경제의 변화는 기업에게 새로운 경영환경을 조성하고 있다.

2) 인구통계적 환경

인구통계적 환경이란 인구 수, 인구밀도, 주거지, 연령, 성별, 인종, 직업 및 인구와 관련된 환경으로서, 사람이 시장을 구성한다는 의미에서 중요한 관심사 중의 하나이다.

(1) 세계인구의 폭발적인 증가

세계인구는 2000년 61억 명, 2025년에는 79억 명으로 폭발적으로 증가할 것으로 예측된다. 이러한 세계인구의 폭발적인 증가는 중대한 관심사가 되고 있다. 첫째, 통제하지 않는 인구증가와 소비는 충분치 못한 식량부족, 주요한 광산물의 고갈, 초만원, 공해, 생활의 질 저하 등을 초래한다. 둘째, 인구증가를 수용할 수 없는 국가에서 그 증가율이 더 높다는 것이다.

그러나 폭발적인 인구증가는 기업에게 의미있는 시사점을 제공한다. 즉 인구증가는 욕구의 증가를 의미하므로, 구매력이 있다면 인구증가는 시장기회가 증가된다는 것을 의미하기 때문이다.

(2) 연령구조의 변화

인구는 출생률의 장기적인 둔화로 평균연령을 떨어뜨리는 젊은층이 점차 감소하고 있으며, 또한 기대수명의 증가로 평균연령을 높게 하는 노인층이 점차 많아지고 있어 점차 고령화되고 있다. 즉 60세 이상의 인구가 5세 이하의 인구비율을 초과하여 **실버 센추리**(silver century) 현상이 나타나고 있다.

베이비붐(baby boomer) 세대에 뒤이은 베이비 부스터(baby buster) 세대의 등장은 어린애를 적게 낳아 핵가족 추세를 진행시키고 있다. X세대와 Y세대 및 N세대의 등장은 연령분포의 변화를 초래케 하며, 그것은 경영 의사결정에 크게 영향을 미친다.

특히 한국의 경우는 1차 베이비붐 세대(55~63년 생)가 5~10년 내에 은퇴세

대가 되며, 2차 베이비붐 세대(68~74년 생)도 바로 은퇴로 이어지게 된다. 또한 출산율은 1983년부터 인구 대체 수준(2.1명) 이하로 접어든 후 2007년에 1.26명 그리고 2008년 1.20명으로 그리고 2009년 1.08명으로 낮아져, 전체인구도 2018년부터는 감소세로 접어들 것으로 예상한다(〈그림 8-3〉 참조).

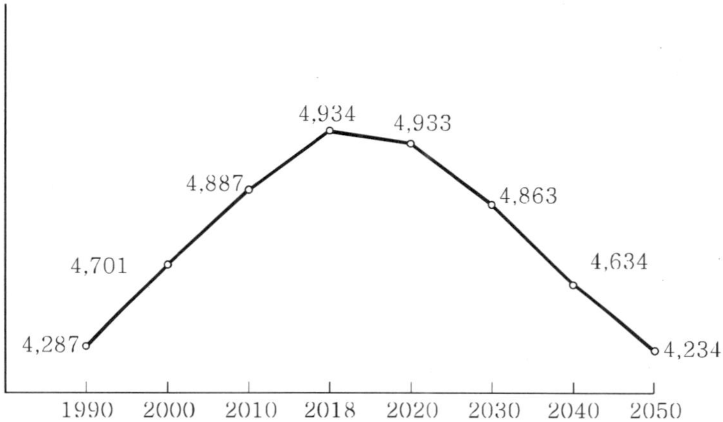

〈그림 8-3〉 한국 총인구 추이(단위: 만 명)

(3) 가정의 변화

X세대(베이비 부스터 세대)의 등장은 늦게 결혼하고, 자녀를 거의 갖지 않으며, 취업주부가 현저히 증가하며, 가구의 형태는 핵가족화와 더불어 가구당 소득이 크게 증가하고 있다.

한편, 과거의 전통적인 가정이 점차 비전통적인 가정으로 변화하고 있다. 독신, 동성 또는 이성과 동거하는 성인, 부모가 혼자인 가족, 아기가 없는 젊은 부부, 그리고 자식이 없는 부부 등으로 구성된 비전통적 가정의 증가는 소비생활의 변화를 초래하고 있다.

(4) 인구의 지리적 이동

인구의 이동은 소비자로 구성된 시장의 이동을 의미하며 또한 거주 위치에 따라 제품과 서비스의 선호성도 달라지므로, 인구의 도시집중과 농촌, 교외에의 분산은 기업의 경영전략을 변화시킨다.

인구의 이동은 시골에서 도심지역으로 이동하며, 다시 도심지역에서 교외지역으로 이루어진다. 또한 도심의 재개발로 교외에서 다시 도심으로 인구가 이동되는데, 이러한 이동은 마케팅 전략의 변화를 촉진시킨다.

또한 세계화에 따라 인종의 이동이 범세계적으로 이루어지므로, 다문화적 특성도 다양하게 나타나고 있다. 따라서 문화의 차이에 따른 경영전략 특히 마케팅과 촉진전략의 특성화가 필요함을 시사한다.

3) 자연적 환경

자연적 환경이란 기업경영활동에 의해서 영향을 받거나 또는 기업의 투입요소로 사용되는 자연자원의 변화를 말한다. 환경에 대한 관심은 20여년 동안 계속 증가되고 있는데, 특히 자연환경의 훼손, 즉 대기층의 온실효과, 오존층의 파괴, 물 부족은 중요한 세계적인 관심사이다.

(1) 특정 원자재의 절대부족

인구가 증가하는 반면에 자원에 한계가 있을 때 경제는 커다란 애로에 직면하게 된다. 특히 석유, 석탄 및 광물자원 등과 같은 재생불능 유한자원은 원가상승 등 심각한 문제를 제기하므로, 기업은 부족자원을 장기적으로 확보할 수 있는 자원전략을 구상해야 한다.

한국은 그 동안 자원위기에 당면하여 합리적으로 확보하지 못함으로써 제품의 원가상승과 국제경쟁력의 약화, 수출신장의 둔화, 국제수지의 악화 및 국내시장 기반의 불안정 등 경제적 애로에 시달려 왔다. 그것은 자원을 보유한 국가들이 **자원민족주의**(resource nationalism)를 강화하고 있으며, 또한 자원보유국들이 카르텔을 형성하거나, 다국적기업들이 자원을 독과점적으로 지배하는 등은 자원사정을 더욱 불리하게 한다. 따라서 국가와 기업은 자원확보와 활용에 대한 적절한 대책과 전략을 강구해야 한다.

(2) 에너지 비용의 상승

재생불능 유한자원 중 석유는 세계경제에 심각한 위험을 야기시키고 있다. 2007년 4월에 배럴당 83달러, 2008년 4월에 104달러 이상으로 치솟고 있어 대체에너지를 찾는데 박차를 가하게 하였다. 기업은 태양열, 원자력, 풍력, 수력 등의 에너지를 개발하기 위한 실용적인 수단을 탐색하고 있다.

따라서 기업은 석유를 중심으로 한 에너지 자원과 함께 생산의 핵심이 되는 모든 자원을 확보하고 또한 개발하는데 총력을 기울여야 한다.

(3) 공해방지 압력

대부분의 기업활동은 불가피하게 자연환경의 질을 손상시킨다. 해양에서의 위험수준에 이르는 수은 농도, 화학물질과 핵폐기물의 처리문제, 토양과 식품에 사용하는 DDT와 같은 기타 화학물질, 미생물에 의해서도 분해되지 않는 용기, 플라스틱 및 기타 포장재 등에 의한 환경파괴가 그것이다.

이에 따라 공해방지시설은 거대한 시장이 되고 있으며, 또한 제품을 생산하고 포장하는 대안적인 방법을 탐구하도록 유도하고 있다.

최근 자연환경에 대한 관심은 **녹색운동**(green movement)으로 확산되고 있다. 즉 기업으로 하여금 생태적인 면에 책임을 지는 기업활동을 하도록 하며 또한 환경에 피해를 주는 활동을 하지 못하도록 하는 소비자들이 점차 증가하고 있다.

(4) 환경보호 및 자연자원 관리에 대한 정부의 역할 변화

차이가 있지만, 모든 국가들이 깨끗한 환경을 조성하려는 관심과 노력을 기울이고 있으며, 또한 사회적 책임을 받아들이며 환경을 예방하기 위해 투자하도록 독려하고 있다.

또한 각국 정부는 환경보호와 자연자원을 관리하기 위해 각종 법규를 제정하고 법규를 집행할 부서를 설치하고 있다. 이에 기업은 각종 규제를 반대하기보다는 세계가 직면하고 있는 자원 및 에너지 문제에 대해 적절한 해결방안을 모색해야 한다.

4) 기술적 환경

기술적 환경이란 기업에 영향을 주는 산업기술의 수준 또는 상태를 말한다. 인간생활을 형성하는 요인으로서 기술은 항상 새로운 기술이 오래된 기술을 대체시키는 특성이 있어 창조적 파괴의 역할을 한다.

이러한 기술은 새로운 제품이나 서비스 수준을 결정하고 또한 새로운 시장을 개발, 창조하는 등 예기치 못한 장기적인 결과에 영향을 미치므로 기업은 기술적 환경에 대한 추세를 감지해야 한다.

(1) 기술변화 속도의 가속화

오늘날 우리가 사용하는 상당수 제품들은 40년 전에는 이용할 수 없는 것들이었다. 어느 누구도 기술적 변화의 속도를 늦출 수가 없으므로, 기술변화에 따라가지 못하는 기업은 시대에 뒤떨어지게 되며 또한 신제품과 새로운 시장 기회를 상실하게 된다.

인간 게놈 프로젝트는 바이오로지컬 시대로 향해 가는 것을 예고하고 있으며, 전자제품의 발달은 예상치 못한 새로운 제품과 시장을 창조하고 있다.

(2) 무한한 혁신기회

오늘날 과학자들은 제품과 생산공정을 혁신시킬 수 있는 새로운 기술개발을 위해 연구하고 있으며 또한 부담 없는 가격으로 실용화될 수 있도록 제품을 개발하고 있다.

또한 기업들은 **가상적 현실**(VR; virtual reality)을 이용하여 새로운 자동차 설계, 주방용 설비 배치, 집 외부의 설계 등 기타 잠재적인 제공물에 대한 소비자들의 반응을 수집하고 있다.

(3) 기술개발예산의 증가

신기술을 개발하기 위해서는 엄청난 연구개발(R&D)비가 소요된다. 이에 정부가 주관이 되어 투자하고 있다. 그러나 한국은 정부투자도 빈약할 뿐만 아니라 대부분의 기업들도 경쟁제품을 모방하거나, 미세한 특성, 스타일 개선 등에 자금을 투자하는데 만족하여 미약하게 투자하고 있다.

이러한 부담 때문에 오늘날의 연구는 독자적인 발명가보다는 연구팀에 의해서 연구가 수행되고 있으며, 특히 기초과학이나 기본적인 실험연구에 대해서는 기업들이 컨소시엄을 형성하여 공동연구를 하기도 한다.

(4) 기술적 변화에 대한 규제증가

제품이 복잡해짐에 따라 일반대중은 안전성에 대한 보증을 요구한다. 이에 정부기관은 잠재적으로 불안전한 제품을 조사하고, 판매를 금지할 수 있는 권한을 확대하기 위해 관련 규제조치(예; PL법)를 증가하고 있다. 예를 들어, 식품의약품안전청은 의약품, 식품, 자동차, 의복, 전기제품 및 건축분야에 대한 안전 및 건강규제를 강화하고 있다.

그러므로 기업은 기술적 환경의 변화와 신기술이 사용자를 해치거나 또는 사회적으로 반대여론을 조장시킬 가능성이 있는 기술혁신의 부정적인 측면에 주의해야 한다.

(5) 저조한 기술수준

기술수준은 제품품질 수준을 결정하며 또한 경쟁력의 주요 전략대상이 되며 그리고 한 나라의 경제발전과 성장에 중요한 요인이 되고 있다. 따라서 산업화가 추진됨에 따라 기술에 대한 수요가 더 커지고 있지만, 한국은 기술의 수요를 지나치게 외국에 의존하고 있다.

한국의 기술수준이 낮은 이유는 첫째, 핵심적이며 기초적인 기술을 해외에 의존함으로써 기술축적이 되지 않기 때문이며, 둘째, 기술개발을 위한 투자를 게을리하며, 고급 기술인력의 양성 부족, 기술개발에 대한 소극적인 정책, 기타 기술경시의 사회관이며, 셋째, 핵심기술보다는 외형적인 제품만으로 국산화하려는 안이한 사고방식 때문이다.

안이한 사고방식의 결과는 해외에서의 기술도입을 증가시키고, 그에 따라 로열티(royalty: 기술료)의 지급을 증가시켜 경제적 부담을 주며, 더 크게는 선진기술에 종속된다는 문제를 안겨 준다.

5) 정치적 · 법적 환경

정치적 환경은 조직체 및 개인에게 영향을 주고 또한 제한하는 법률, 정부기관 및 압력단체 등으로 구성되는 환경이다. 즉 정치적 · 법적 환경은 정부의 정책과 방침, 법률체제 및 기업활동에 대한 각 정치집단의 태도 등과 관련되므로,

여러 조직과 개인의 활동을 제한하고 영향을 주는 반면에, 기업에게 새로운 기회를 창출케 한다. 즉 정치적 · 법적 환경은 기업활동을 촉진시키고 또한 규제하기도 한다.

(1) 기업관련법규의 증가

세계 전역에 걸쳐 기업에 영향을 주는 기업관련 법규는 꾸준히 증가하고 있는데, 기업관련 법규의 목적은 불공정한 경쟁으로부터 기업을 보호하고, 불공정한 기업행위로부터 소비자를 보호하고, 또한 자의적인 기업행위로부터 사회의 이익을 보호하는 것이다.

그러나 기업관련 법규의 증가는 기업으로 하여금 제품이나 생산과정에서 야기되는 사회비용을 부담케 하며, 또한 창의력을 약화시키며, 경제성장을 지연시키는데 영향을 줄 수도 있다.

따라서 소비자보호 관련법규 그리고 사이버 공간과 관련된 법규의 제정과 변화 등과 같이 기업관련 법규가 계속 증가하고 있으므로, 기업도 법규의 진보추세와 그 집행기관에 대한 운영지식을 가져야 한다.

(2) 특별한 이해관계자 집단의 증가

지난 30여년간 특별한 이해단체가 숫적으로 증가하였으며, 그 세력은 막강해지고 있다. 이해단체는 정부관리에게 로비하고, 소비자의 권리, 여성의 권리, 소수시민의 권리 등에 관심을 갖도록 기업에게 압력을 주고 있다.

이에 많은 기업들은 이러한 집단들과 문제를 연구하고, 처리하기 위해 공공문제 처리부서를 설치하고 있는데, 최근 기업에게 있어 중요한 영향요인은 소비자단체의 힘이 증가하고 있다는 것이다. 즉 소비자 보호운동가와 소비자보호 관련기관에 의한 **소비자 보호운동**이 크게 부상하고 있다.

결론적으로 새로운 법규와 증가하는 압력단체들은 기업에게 더 많은 제약을 가하고 있다. 이에 기업은 기업관련 법규, 공중관계 그리고 공중문제 및 소비자문제 처리부서 등에 대한 계획을 분명히 인식해야 한다.

6) 사회문화적 환경

사회 저변에 깔려 있으면서 기업의 경영활동에 영향을 미치는 요인으로서 눈에 보이지 않는 요인은 문화적 요인이다. **사회문화적 환경**이란 사회를 구성하는 개인의 행위에 영향을 미치는 것으로, 문화, 가치관, 전통 내지 관습 등과 같은 사회제도 및 사회적 태도 등을 말한다.

사회문화적 환경은 시대적으로 일정불변하지 않고, 지역적, 국가적으로 차이가 있어 기업에 영향을 미치는 정도를 파악하기가 매우 어렵지만, 기업은 상이한 문화적 배경에 따라 문화지향적인 경영활동을 전개해야 한다.

(1) 기본원칙의 복합성

이것은 현시대를 지배하고 있는 기본원칙이 복합적이라는 것으로서, 민주주의, 개인주의 및 자유주의로 형성된 자본주의적 경제질서가 과거부터 사회를 지배해 온 각종 원칙들과 상호보완관계 그리고 갈등관계를 가지면서 유지되고 있다는 것이다.

이와 같이 복합적인 사회원리는 기업의 의사결정이 자본주의적 원리만이 아니라, 상황에 따라 비경제적인 사회적 요구를 받아들이고 있다는 것이다.

(2) 문화적 가치관의 지속성과 2차 문화적 가치관의 변화

인간이 현 사회에서 갖고 있는 **핵심적 가치관**과 신념은 지속적이다. 예를 들어, 일, 결혼, 자비, 정직 등의 신념은 일상생활에서 다른 특정한 태도나 행동을 형성케 하는데 영향을 미친다. 이러한 핵심적 가치관과 **신념**은 부모로부터 어린이에게 전승되며, 또한 학교, 교회, 기업 및 정부 등 사회의 주요기관에 의해서 강화된다.

이렇게 강화된 핵심적 가치관은 지속성이 있어 기업이 변화시킬 수 있는 기회가 거의 없으므로 기업의 경영활동은 핵심적 가치관을 수용하는 범위 내에서 영향을 받게 된다.

그러나 **2차적 신념**과 가치관은 변화하기 쉬우므로 기업은 **2차적 가치관**(예: 결혼을 늦게 함)을 변화시킬 수 있는 기회를 가질 수 있다. 따라서 기업은 새로운 기회와 위협을 간파하기 위해 문화적 변화를 예견해야 한다. 즉 기업은 자기 자신, 타인, 조직체, 사회, 자연 및 우주에 대한 사람들의 견해로 표현되는 문화적 가치관을 예견해야 한다.

(3) 지역적 다양성과 문화적 환경의 변화

사회문화적 환경은 한 국가 내에서도 지역별로 차이가 있을 뿐만 아니라, 국가 간에도 상당한 차이가 있다. 특히 국가들 간의 문화적 가치관의 차이는 다국적 기업으로 하여금 국가별로 상이한 경영기법을 채택하도록 강요하고 있다. 즉 갈등과 경쟁이 체질화된 국가(예: 미국)와 그 반대인 국가(예: 중국)에서 사람을 다루는 기술은 차이가 있어야 하며, 또한 법에 의해서 옳다고 여기는 문화와 도덕에 의해서 옳다고 여기는 문화는 똑같이 취급되어서는 안 된다.

특히 경제의 산업화와 세계화가 진전되면서 오늘날 문화적 특성은 다양하게 변화하고 있는데, 문화가 전반적으로 도시화하는 동시에 동서양 문화가 혼합되는 경향을 보이고 있다. 이러한 변화는 소비문화, 노동자의 근로의식, 근무태도 및 평생직장 개념 등에서 새로운 양상을 표출함으로써 기업경영에 중요한 변수로 작용하고 있다.

(4) 윤리 및 사회적으로 책임지는 행동

성문화된 법규가 앞으로 야기될 수 있는 기업의 악습과 폐해를 규정할 수 없으며, 집행하기가 어려운 경우가 자주 있다. 그러나 기업은 성문화된 법규와 법률의 차원을 넘어 사회적 규범과 전문가적 윤리의 규칙에 따라 운영하여야 한다.

윤리란 인간행동의 옳고 그름을 구별하는 선악의 표준이므로, 조직구성원이나 경쟁자의 도덕적 행위를 지배하는 규칙 또는 기준인 윤리의 규칙을 필요로 한다. 이에 기업은 정직하고 정의로우며 공명정대한 기업의 운영을 확보하기 위해 **윤리요강**(code of ethics)을 마련하고 있다.

이러한 윤리요강으로 기업은 모든 구성원에게 명문화된 법규 시스템의 차원을 넘어 올바른 행동을 하도록 조장하고 있다. 사회적으로 책임을 수행하는 기업은 능동적으로 소비자와 환경에 대한 장기적인 관심사를 보호하기 위한 방법을 추구하고 있다.

(5) 사회집단에의 적응 필요

기업은 사회적 조직체로서 다수의 내·외부의 사회집단 속에서 일정한 기능을 수행하기 때문에, 사회적 환경여건에 적응하기 위해서 사회집단과 적응할 수 있는 능력을 키워야 한다.

기업은 기업과 직·간접적으로 이해관계를 갖고 기업에 영향력을 행사하고 또한 기업으로부터 영향을 받는 이해관계자 집단과 접하고 있다. 따라서 기업은 사회집단의 욕구를 충족시키면서 기업과 이해관계자 집단이 상호이익을 함께 누릴 수 있는 선에서 이해를 조정해야 한다. 또한 기업은 사회의 변모에 의한 이해관계자 집단의 변화하는 가치관과 이념 그리고 기업에 대한 변화된 관심도와 요구사항에 부응할 수 있도록 경영활동을 전개해야 한다.

이러한 추세는 기업이 이해관계자들의 신뢰감을 얻는 방법을 찾아야 한다는 것을 제시한다. 즉 기업은 훌륭한 **기업시민**이라는 인상을 심어주기 위해 여러 활동을 해야 한다는 것이다. 이에 기업은 중요한 공중(대경집단: 이해관계자)들이 느끼는 기업에 대한 이미지를 측정하고 또한 긍정적인 이미지를 심어 주기 위해 공중관계(PR)활동을 전개함으로써 그 자신을 아주 가치 있는 **대의**(cause)와 연결시키고 있다.

2. 미시적 환경

소비자에게 제품과 서비스를 서브하는 능력인 기업의 과업수행에 직접적으로 영향을 미치는 요인인 소비자, 경쟁자, 원료공급업자, 종업원, 중간업자 환경 등을 고려해야 한다.

1) 소비자 환경

소비자는 기업으로부터 제품이나 서비스를 구입하므로 기업생존을 위한 기본적인 조건을 구성한다. 따라서 소비자의 소비형태의 변화는 경영성과에 직접 영향을 미친다. 이러한 소비자의 소비형태는 상기의 거시적 환경요인에 의해서 영향을 받는다.

(1) 고객지향적 사고의 필요

고객가치의 창조와 고객만족의 철학을 이행하기 위해서는 **고객지향적 철학**에 바탕을 둔 기업문화가 조성되어야 한다. 즉 기업이 성장·발전하기 위해서는 고객의 욕구를 먼저 파악하고, 그 욕구를 충족시켜 줄 수 있는 제품과 서비스를 생산하고 서브하여 만족시킴으로써 고객을 유지해야 한다. 이렇게 기업위주가 아니라 고객위주가 우선되어야 한다는 사고가 전구성원에게 보급되어야 한다.

(2) 소비자의 가치추구

소비자는 기업으로부터 제품과 서비스를 구입하고 그 대가를 지급하지만, 소비자는 단순히 제공물을 구입하는 것이 아니다. 기업에게 낮은 가격, 높은 품질 그리고 양호한 애프터 서비스를 요구하며, 또한 기업으로 하여금 상기의 것에 응하도록 하는 힘을 갖고 있다. 과거와는 달리 소비자는 가치를 추구하며 또한 신경제하에서 비교구매를 할 수 있는 협상력을 갖고 있음을 기업은 지각해야 한다.

(3) 소비자들의 힘의 증가

소비자가 특정기업의 제품을 구입하는 양이 많을수록 소비자의 힘은 기업에 비해 상대적으로 커지게 되며 우월한 위치를 점하게 된다.

또한 소비자 운동의 결과로 소비자의 단결력이 강화될수록 소비자의 권리가 제도화됨으로써 기업은 어려운 소비자 환경에 놓이게 된다.

그리고 산업내의 경쟁기업이 많아질수록 소비자의 힘은 더 강해지며 기업으로 하여금 소비자와 협상토록 하는 경향이 커짐으로써, 기업과 소비자간의 상대적 힘의 우위관계가 소비자 쪽으로 기울이게 된다.

2) 경쟁자 환경

어떤 산업에서도 기업은 경쟁사와 경쟁한다. 직접적인 경쟁대상이 되지 않더라도 대체재가 존재하기 때문에 절대적인 독점을 누리는 경우는 거의 없다. 그러므로 경쟁기업은 당기업의 경영전략과 실행에 크게 영향을 미치며, 따라서 경쟁환경은 기업성과에 결정적으로 작용한다.

그러나 경쟁기업의 존재를 파악하는 것이 분명한 경우도 있지만, 분명치 않은 경우가 많으므로 경쟁상대의 파악은 보다 광범위하고 다양하게 이루어져야 한다.

(1) 경쟁자 파악의 어려움

작금의 산업은 중복해서 표적고객을 서브하므로, 직접적으로 동일업종에 있는 기업만을 경쟁기업으로 간주하는 것은 경쟁시장에서 패망하는 원인이 될 수도 있다.

첫째, 세계화로 인해 기업의 경쟁상대는 국내뿐만 아니라 해외에도 존재하고 있으며, 국내시장에서의 국제적 경쟁도 인식해야 한다.

둘째, 타산업에 종사하는 기업이 기술적으로 유사한 과정에 의한 시너지 효과를 이용하여 업종을 전환하는 경우에 경쟁기업이 되기도 한다.

셋째, 전혀 경쟁으로 간주하지 않았던 기업이 새로운 경쟁자가 될 수도 있는데 예를 들어, 통신판매와 온라인 판매가 기존의 유통기업에 대해 경쟁자가 될 수 있다.

(2) 최상의 유일한 전략이 존재하지 않음

산업내에서 규모와 위치가 상이하므로 모든 기업에 동일하게 적용되는 유일한 전략은 없으므로 자사의 핵심역량을 발휘할 수 있는 차별화된 위치화 전략을 수립, 실행해야 한다. 즉 고객의 마음 속에 경쟁사 제품보다 차별화된 핵심역량을 발휘하여 위치화함으로써 경쟁적 우위를 획득할 수 있는 전략을 구사해야 한다.

3) 공급업자 환경

공급업자는 기업에 제품과 서비스를 생산하는데 필요한 인적, 물적 자원 및 자본 등을 공급하므로, 기업의 자원확보는 원가와 적시공급을 결정하며, 장기적으로 고객만족에 영향을 준다.

그러므로 적절한 공급업자를 선정하여 공급업자와 개별적인 관계를 조성할 수 있도록 신뢰감을 구축하고 더 나아가 **가치전달 시스템**에서의 동반자화를 구축하도록 해야 한다.

4) 종업원 환경

종업원은 기업의 투입요소이며 또한 독립적인 의사를 표명함으로써 경영활동의 방향에 영향을 미친다. 이러한 종업원은 노동조합의 회원이므로, 기업의 의사결정은 원만한 노사관계에 의해서 이루어져야 한다. 그러나 적대적인 관계에 의해 부정적인 결과를 초래키도 한다. 이에 따라 상호협조적인 분위기를 조성하기 위해서 기업은 종업원을 경영에 참가시키는 한편, 종업원 지주제도 등을 통해서 종업원이 기업의 장기적 발전에 관심을 갖도록 유도하는 정책을 구사해야 한다.

한편, 세계화에 따라 노조에 대한 제도와 기준은 국제적 수준에 맞추어야 하므로, 국제적 기준의 제도적 변화를 감지하고 그 기준을 준수해야 한다.

5) 중간업자 환경

중간업자는 기업의 제품을 최종구매자에게 촉진, 판매, 설득, 유통시키는 과정에서 기업을 도와주는 기업으로서, 재판매업자(도매상, 소매상, 판매상), 물적유통기업, 광고대행사, 금융기관 등이 포함된다.

중간업자도 기업의 전체적인 가치전달 시스템의 주요 구성요소이므로, 기업은 전체적인 시스템의 성과를 최적화하기 위해 공급업자 및 중간업자들과 효과적인 동반자 관계를 조성해야 한다.

제 3 절 공중관계

1. 공중관계의 의미

기업은 다수 이해관계자 집단이 기업에 대해서 호의, 호감 내지 신뢰를 갖도록 하여 기업과 그 이해관계자 집단에 건전하고도 생산적인 관계를 유지할 수 있어야 한다.

따라서 **공중관계**(PR: public relation)란 기업이 다양한 공중과의 건전한 관계를 형성하기 위해 호의적인 공중성을 획득하거나 우호적인 기업 이미지를 구축하거나 또는 비우호적인 소문, 이야기거리, 사건 등을 처리하거나 방지하는 활동을 말한다.

이에 기업은 정책과 활동내용에 대한 여러 가지 정보를 일반공중에게 알리고 더욱이 이해관계자 집단과의 관계를 원활하게 조정하여 상호이해와 신의에 의해 원만한 관계를 형성해야 한다.

2. 공중관계의 대상

공중관계는 기업과 대중집단과의 사이에 신의와 상호이해를 증진시키기 위해 기업이 전개하는 경영전략이다. 일반적으로 인식되는 PR의 대상으로는 고객, 공급업자, 주주, 종업원, 경쟁자, 일반대중, 채권자, 정부 및 매스컴 기관 등이 있는데, 사업의 영향과 내용에 따라 대내적 PR과 대외적 PR로 구분된다.

첫째, **대내적 PR**은 종업원에 대한 PR로서, 근로의욕을 향상시켜 주고 즐거운 직장생활을 할 수 있도록 분위기를 조성하기 위한 제반활동을 말하는데, 고용관계라고도 한다.

둘째, **대외적 PR**은 대주주 관계, 대소비자 관계, 대채권자 관계, 대정부 관계, 그리고 판매점, 매입처 및 동업자에 대한 PR, 지역사회에 대한 PR, 언론기관에 대한 PR, 노동조합에 대한 PR 등이 포함된다.

제 4 절 생태경영

1. 생태경영의 개념

모든 국가들이 경쟁적으로 산업화와 공업화를 촉진시키고 있다. 물론 산업화는 인간의 물질적 삶의 풍요로움을 가져다 주었다. 그러나 산업화는 자국의 자연자원을 탕진케 하고, 급기야는 자원을 보유하고 있는 다른 나라를 침범, 지배하게끔 하였다. 또한 산업화는 경제발전으로 이어지고, 경제발전은 자연파괴를 불러와 인류의 재앙을 가져오고 있다.

이에 인류는 미래를 대비해야 한다는 사실을 깨닫고 1983년 UN총회의 결의로 세계환경개발 위원회가 "우리들의 공동미래"라는 보고서에서 지구생태계 보호와 경제성장 간의 조화를 **지속가능한 발전**(ESSD : environmentally sound and sustainable development)이라는 개념이 1987년에 등장하게 되었다.

이러한 환경적 변화는 기업으로 하여금 생태경영적 접근방법이 필수적임을 깨닫게 하였다. 생태경영적 접근방법은 경영자가 의사결정을 하고 실천할 때 자연환경을 고려하는 경영, 즉 **녹색경영**(green management)을 하는 것이다.

도시바의 환경친화경영

하이테크 기업의 선두주자인 도시바(Toshiba Corporation)는 쓸모없는 폐기물들을 줄이고 재활용하기도 하면서 그들의 제품을 어떻게 처리하는지에 대한 상당한 관심을 통해 환경보호를 시행하고 있는 기업이다.

1988년 기업 수준에서 환경보호센터(The Environment Protection Center)를 설립했다. 그 이후로 그들의 노력이 주목을 받지 않았던 것은 아니었지만, 1997년 도시바는 ISO14001을 획득하고 환경친화적인 그들의 노력이 인정받기 시작하였다. 환경적인 가치는 종종 물이나 전력의 소모를 줄이게 만든다는 경제적 이익으로 정량화되기도 한다. 이러한 환경의 보호에 대한 노력은 사업의 파트너나 공급자뿐 아니라 종업원들에 대한 환경교육이 요구된다. 이제 환경친화 경영은 도시바의 슬로건 그 이상이 되었는데 이는 환경과 관련된 나쁜 충격을 줄이기 위한 체계적인 노력을 의미하는 것이다.

이에 따라 **생태경영**이란 조직경영에 생태적 관점을 부가하여 경영을 바라보는 새로운 접근방법으로서, 인간이 살아가고 있는 생태계, 즉 자연환경이 건전하게 보존되는 상황 속에서 경영의 범위를 결정하는 방식 즉 환경적으로 건전하고, 지속가능한 발전이라는 틀 속에서 경영을 수행하는 관점이다.

2. 녹색경영의 적용

녹색경영(green management)이란 경영자가 경영활동을 수행할 때 생태적 접근, 즉 자연환경을 고려하여 경영하는 것이다.

21세기 경영의 화두가 되고 있는 녹색경영은 경영자에게 경영을 제약하는 요인 또한 기업에 기회가 될 수 있으므로, 경영활동과 기능에 환경친화적 요소가 추가되어야 한다는 것이다.

오늘날 환경보호에 대한 대·외적인 압력이 증대하는 상황속에서 기업은 환경보호와 기업의 경제적 목표를 동시에 달성해야 하므로, 환경적으로 건전하고 지속가능한 발전이라는 개념이 중요하게 되었다. 그러나 환경보존과 경제발전이라는 욕구를 동시에 만족시키는 것은 영원한 딜레마가 되고 있지만, 오늘날의 기업환경은 기업에게 더 이상 선택의 여지를 주지 않으므로, 기업의 역할은 반드시 지속가능발전의 테두리 내에서 정의되어야 한다.

이러한 측면에서 향후 기업의 환경관은 더 이상 환경을 파괴시키지 않는 것에 끝나는 것이 아니라 새로운 자연으로 회생시킨다는 방향으로 전환되어야 한다. 이를 위해 기업은 이해관계자 집단과의 관계에서 환경친화적으로 행동해야 할 뿐만 아니라 기업내의 모든 활동과 기능에 환경친화적 요소를 가미한 녹색화, 즉 녹색경영의 확립이 요구된다.

1) 그린 생산관리

그린 생산관리의 요체는 환경보호와 보존에 최대한 기여하면서 동시에 기업의 생산활동의 효율화를 꾀하는 것이므로, 그린 생산관리는 제품 디자인 단계에서부터 재활용 내지 폐기처리될 때까지의 환경친화성을 확보하는 것이다.

이를 위해 기업은 **제품순환평가**를 제품생산과정에 도입하고 환경마크를 확보하는데 노력해야 한다. 이런 제품순환평가는 고객의 요구를 접수하는 것에서부터 제품생산, 폐기에 이르는 전과정을 인간의 생애에 비유한 것이다.

2) 그린 조직 · 인사관리

그린 조직, 인사관리는 환경경영에 참여하는 인력과 조직의 효율을 극대화하는 것을 목표로서, 최고경영층이 top-down 방식을 통해 먼저 기업내부의 환경친화적 문화를 조성해야 한다.

따라서 일반종업원은 실제 업무과정에서 환경친화적 문화를 경험하고 익숙해짐으로써 bottom-up 방식에 의해 실제 경영활동에서 그린 인사관리 시스템이 유기적으로 활용된다.

3) 그린 재무, 회계관리

그린 재무, 회계관리는 환경경영에 소요되는 자금 및 자원의 투자규모와 얻어지는 투자효과를 대비하여 환경경영 투자에 대한 의사결정을 보다 확신을 가지고 행하는 것이다.

환경을 고려한 재무, 회계시스템은 ① 천재지변, 화재 등 환경적 재해에 대한 기업의 피해를 최소화하기 위한 기업의 시설투자를 지원하는 그린 자산관리, ② 법적 규제수준 이상의 효과나 효율을 각 부문별로 파악하여 비용 내지 효과를 확인할 수 있는 그린 회계시스템으로 구분된다.

4) 그린 마케팅

그린 마케팅이란 객관적으로 인정되는 환경친화성을 가진 제품의 우수성을 활용하는 마케팅 활동으로서, 마케팅 믹스(4ps)전략으로 활용되어야 한다.

그린 마케팅 전략이란 4p를 이용하여 그린 소비자가 원하는 고품질 제품을 제조하고, 소비자들과 지속적인 커뮤니케이션 체제를 구축하는 전략이다.

3. 세계 환경규제의 강화와 한국기업의 환경인식

세계는 거대한 환경적 도전에 직면하면서 세계 주요 투자기관은 기업들에게 지속가능한 투자를 증가시킬 것을 요구하고 있어, 선진국 및 개도국은 물론 이러한 추세는 산업 전반에 걸쳐 확대되고 있다.

글로벌 기업들은 고객, 정부, 비정부단체와 함께 환경적 도전과제를 해결함으로써 기업성장을 적극 추진하고 있다. 예를 들어, GE사는 2006년 5월 에코매지네이션(Ecomagination) 시책을 발표하였다.

한편, EU(유럽연합)는 2007년 6월부터 **신화학물질관리제도**(REACH, 리치)를 발표하였는데, REACH는 유해물질의 사용을 금지하고 대체물질 개발을 의무화하는 고강도 규제로서, 지금까지의 국제환경 규제 중 가장 강력한 무역장벽이 될 것이다.

이러한 세계적인 환경규제의 강화는 선진국을 중심으로 제품환경 규제가 무역장벽으로 자리잡는 추세가 되고 있다는 것으로서, 환경보호로 내세운 REACH는 수출품의 범람을 막는다는 속셈도 있다.

이러한 세계적인 환경경영의 중요성이 인식되고 추진되고 있음에도 불구하고 한국의 대다수 기업들은 환경에 대한 심각성을 인식하지 못하고 있다. 물론 세계적인 추세에 맞추어 한국정부도 정책을 바꾸어 신재생에너지 개발 등 친환경 정책을 적극 나서고 있으며, REACH에 대한 교육과 정보제공을 강화하고 있다.

그러나 이와는 대조적으로 한국의 대다수 기업의 환경에 대한 인식은 사회, 정책의 변화에 따라가지 못하고 있다. 즉 환경 규제에 대한 대응, 고비용 활동, 일시적 유행 등 기업경영의 부차적인 활동으로 인식하고 있음으로써 환경을 새로운 사업 기회로 활용하는 지혜를 발휘하지 못하고 있다.

제 9 장

기업윤리와 사회적 책임

제 1 절 경영자의 가치관과 윤리

1. 행동과 개인의 가치관

조직에서 발생하는 구성원의 행동양식은 개인의 가치관 또는 윤리관에 기초하므로, 개인 경영자의 믿음, 가정, 가치, 도덕 등이 어우려져 경영자의 경영활동 및 행동에 영향을 준다.

경영관련 의사결정을 내릴 때 그리고 경영자의 행동결과는 경영자 개인의 가치관에 기초를 두고 있다. 여기에서 경영자의 가치관이란 경영활동을 하는데 있어서 어떤 것에 더 중요성을 두느냐 하는 관점과 믿음이므로, 그 가치관은 경영윤리, 기업윤리를 결정하는데 있어 가장 기본적인 요인이 된다.

2. 기업윤리

1) 윤리의 의미와 기업윤리

윤리(ethics)란 무엇이 옳고 그른지를 판단하기 위한 규범의 집합이라고 정의하기도 하며, 선과 악 그리고 도덕적 책임과 의무에 관련된 규율이라고 정의한다. 그리고 윤리는 도덕적 기준 즉 어떤 행위의 옳고 그름, 동기의 옳고 그름 그리고 그와 같은 행위의 목적과 관련하여 인간활동과 관련되는 일체의 가치를 다루려는 철학적 사고라고 이해할 수 있다.

결론적으로 윤리란 조직, 기업 또는 사회 속에서 개인의 도덕적 행위를 지배할 수 있는 규칙 또는 기준이라고 할 수 있다.

따라서 기업윤리는 그 범위가 모호하기는 하지만, 경영자의 의사결정을 위한 행동양식에 대해 도덕적 행위의 기준이라고 할 수 있다.

2) 비윤리적 경영활동과 공식적 윤리규범

이상적인 기업이 되기 위해서 기업은 정직성(integrity), 윤리성(ethics), 공정성(fairness), 그리고 신뢰성(trust)을 가져야 한다. 그러나 오늘날 기업윤리는 방향감각을 상실한 채 기업활동은 비윤리적이 되고 있는데, 아래에 제시된 부류 중의 하나에 해당된다.

- 자신의 소유물이 아닌 것을 취하는 행위
- 거짓임을 알고도 진실처럼 말하는 것
- 그릇된 인상을 주거나 주게끔 허용하는 행위
- 영향력 있는 인물을 매수하거나 이해관계의 충돌상황에 개입하는 행위
- 정보의 은폐와 누설
- 부당이익 취득
- 부적절한 개인적 행위
- 타인을 학대하는 행위

• 조직 차원의 학대를 허용하는 행위
• 규정 위반
• 윤리적 행위의 묵인

그러나 이제는 윤리가 경쟁력이 되는 시대가 됨으로써 기업은 윤리규범을 제정하고 명문화하여 조직구성원들로 하여금 윤리적인 행동을 하도록 윤리를 제도화하고 있다. 이러한 **윤리규범(윤리강령**: code of ethics)은 임직원들이 동료임직원, 고객, 납품업체(vendor)에 대해 보여야 할 책임과 행동의 관점에서 기업이 그들에게 기대하는 것과 관련되는 지식을 제공함으로써, 임직원들의 행동에 긍정적인 영향을 미치도록 한다.

3. 기업윤리요강의 실천

지혜와 용기, 절제와 정의 그리고 양심에 기초를 둔 윤리적 행동지침인 윤리규범(윤리요강)은 도덕적 해이가 만연되어 있는 오늘날에는 너무나 필요한 것이다.

이에 따라 기업은 〈그림 9-1〉과 같은 구체적인 활동을 통해 윤리적 경영을 실천해야 한다.

상기의 윤리적 행동을 통해 기업은 자신이 윤리적이고 올바른 기업시민이라는 점을 여러 루트를 통해 알리고(PR활동) 또한 윤리적 행위를 행하고 있다. 그러한 노력의 일환으로 조직 내부에서 조직구성원들에게 윤리적 행동을 유발, 촉진시키기 위해서는 몇 가지 관리적 방안이 필요하다.

첫째, 모든 모범적 윤리행위의 기준이 되는 표본 즉 기업 윤리강령을 만들고 선도해야 한다.

둘째, 윤리적 행위가 위에서부터 모범적으로 실행되는 것을 보여주어야 한다.

셋째, 윤리적 행위에 대한 여러 가지 행동양식이 경영활동에 침투되어 실제상황에서 표출할 수 있도록 조직 전반에 윤리적 시스템을 설계한다.

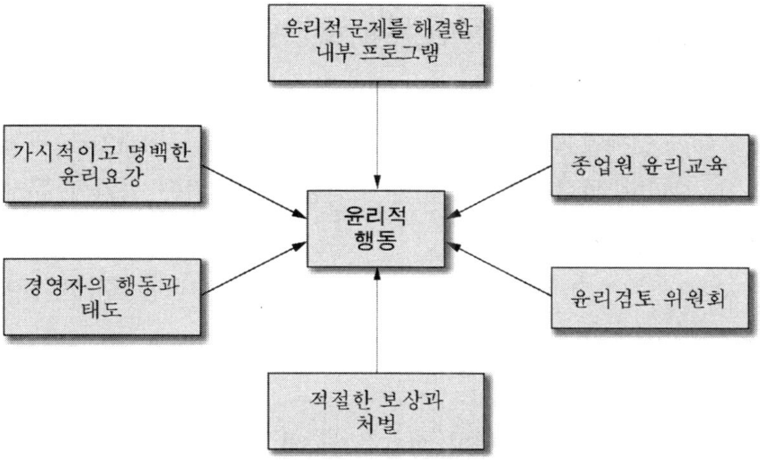

〈그림 9-1〉 가업윤리와 윤리적 행동

넷째, 조직 내 윤리적 행위를 독려하는 제도적 시스템을 구축하고, 그것이 조직분위기를 형성케 하고, 윤리적 조직분위기를 지속시켜 조직문화에 정착케 한다.

제 2 절 기업의 사회적 책임

1. 사회적 책임의 대두와 의미

1) 사회적 책임의 대두

기업의 환경요인은 복잡하고 또한 이 요인들이 다이내믹하게 변화하고 있기 때문에 현대경영은 이에 대처해야 할 환경적응 메커니즘을 갖추어야 한다. 이는 경영체가 투자자 개인의 독점물이 아니고 사회 즉 이해관계자 집단과 관계를 갖고 있다는 것이다. 또한 사회적 영향력이 커짐으로써 이해관계자 집단의 변화하는 특성에 기업이 적절히 대응하고 또한 사회의 일정한 기능을 담당하기 때문이다.

또한 기업의 규모가 커짐에 따라 기업이 사회에서 차지하는 비중이 점차 확대됨에 따라 기업이 사회의 구성원이라는 사실이 더욱 인식됨에 따라 기업은 자신이 사회에 대해 책임을 져야 함을 깨닫게 되었다. 즉 기업은 사회적 기능인 생산을 효율적으로 수행해야 할 사회성, 공공질서를 지켜 다른 집단에게 피해를 주지 않는 공공성, 그리고 이해관계자 모두의 이익을 증진시키는 공익성 등의 책임을 지도록 요구받고 있다.

따라서 사회는 기업에 대해 기대하고 있는 기업의 역할을 제대로 행할 것을 요구함으로써 기업의 사회적 책임이 중요성을 갖게 되는데, 그 이유는 다음과 같다.

첫째, 기업과 여러 이해자집단이 상호불가분의 의존관계를 갖고 있는데 반해 기업의 규모와 힘이 확장되어 기업은 사회에 대해 막대한 영향력을 행사하게 되었다.

둘째, 사회가 보존하기를 바라는 부와 가치가 다양해짐에 따라 기업은 좋은 공적 이미지를 유지하기 위해서 책임 있는 사회적 책임을 져야 한다.

셋째, 기업이 사회적 책임을 게을리하면 정부규제를 받게 된다.

넷째, 현대의 윤리개념이 기업에 대해 책임 있는 행동을 취할 것을 요구하고 있다.

2) 사회적 책임의 정의

사회적 책임에 대한 개념은 새로운 것이 아니다. 20세기 초반 그 개념이 제시되었지만, 현대적 논의는 기업이 자신의 의사결정에 관련된 사회적 의미를 고려해야 한다고 주장한 보웬(Howard R. Bowen)에 의해서 추진되었다. 그러나 그 정의에 대해서는 온전한 견해의 일치가 없이 다양하지만, 설문조사 결과에서 보면 기업의 사회적 책임이란 기업의 행동이 사회에 미치는 영향을 심각하게 고려하는 것이라고 정의한다.

사회적 책임의 정의에 대해 여러 학자들의 주장은 다양한데 결론적으로 볼 때, **사회적 책임**(social responsibility)은 기업이 이해관계자 집단의 기대에 대하여 반응하는 것으로서, 경영주체(경영자)가 그의 의사결정으로 인한 사회적 및 경제적 영향을 고려하여 사회 상호간의 유익을 주는 방법으로 자신의 활동과 정책을 사회적 환경에 연관시키는 기업의 의무이며 능력을 의미한다. 그러므로 사회적으로 책임 있는 기업은 의사결정을 할 때, 그 결정이 기업의 이익만을 생각하는 것이 아니라, 기업이 속한 사회 또는 국가 전체의 부와 이익을 고려해야 한다는 것이다.

이러한 의미에서 기업은 네 가지 책임으로 구성되는 사회적 책임 피라미드의 책임 속에서 그 성과를 달성해야 한다(〈그림 9-2〉 참조).

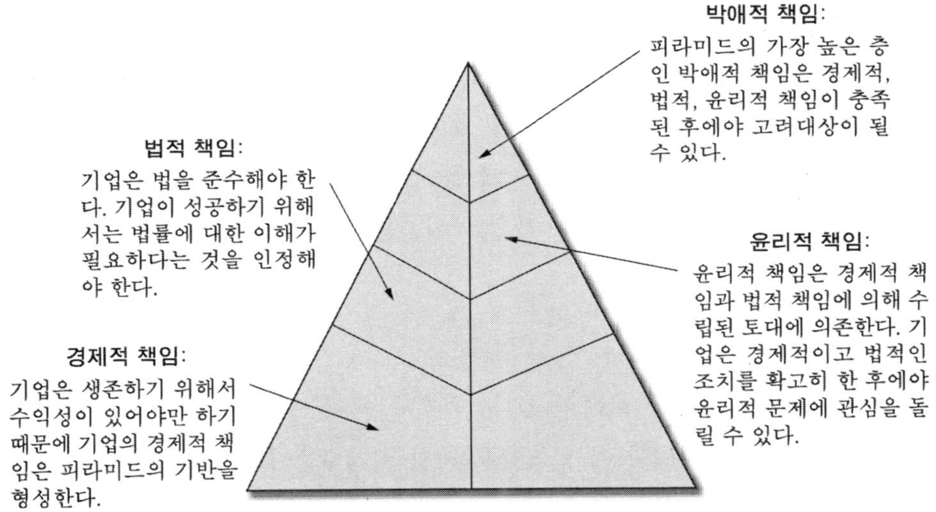

〈그림 9-2〉 기업의 사회적 책임 피라미드

사회적 책임과는 매우 유사한 의미를 갖고 있지만 새로운 개념인 **사회적 대응**(social responsiveness)이란 기업과 사회 상호간에 혜익을 주는 방법으로 자신의 활동과 정책을 사회적 환경에 연관시키는 기업의 능력을 의미하는데, 따라서 사회적 대응은 조직체의 행동과 반응 "방법"을 함축하고 있다.

2. 사회적 책임의 이론적 근거와 수용

오늘날 기업(경영자)의 사회적 책임에 대한 이론적 근거는 기업의 윤리문제로부터 비롯되지만, 세 가지로 설명될 수 있다.

1) 이론적 근거

(1) 시장의 불완전성

시장이 불완전할 경우, 즉 시장이 완전경쟁이 아니고 독점이나 과점상태에 있기 때문에 독과점기업들이 시장가격을 조작함으로써 시장의 자동조절기능이 불가능하게 되어 소비자에게 피해를 주게 된다. 독과점에 대해 기업에게 사회적 책임을 물어서 소비자를 보호하도록 하는 것이다.

(2) 외부불경제

기업은 경영활동으로 인해 사회에 대해 해를 끼치게 되는데, 이러한 현상을 **외부불경제**라고 한다. 즉 기업의 행위가 지역사회 등에 대해 공해유발, 환경파괴, 생활형 사회자본에 대한 투자를 꺼리게 함 등과 같이 다른 경제주체에 불이익을 준다. 따라서 기업이 외부불경제 현상을 유발한 경우 그에 대해 사회적 책임을 추궁하게 된다.

(3) 최저시민권의 보장

최저시민권이란 모든 사람에게 소시민으로서 최저 임금, 여가, 의료, 교육, 주택, 교통, 녹지 등 생활환경에 있어서 최저의 복지수준이 보장되어야 한다는 것이다.

현대 문화국가에 있어서 기업은 모든 사람에게 상기와 같은 권리를 확보할 책임이 있기 때문에 사회적 책임에 대한 이론적 근거가 제기된다.

2) 사회적 책임의 수용

기업에 대한 사회적 상황이 붕괴될 때, 이윤은 장기적으로 보장되지 않을 수도 있으므로, 현대기업은 사회적 책임의 중요성을 간과해서는 안 된다.

이것은 기업이 이윤을 추구하는 조직체로서 인식될 필요가 없다는 것이 아니라, 기업이 사회적 책임을 성실하게 이행할 때 기업의 이윤추구도 더 잘 될 수 있다는 것이다.

기업은 단순히 경제적 조직이 아니라, 하나의 사회시스템으로서 다른 사회시스템과의 원만한 상호작용 속에서 더 큰 사회적 가치를 실현할 수 있어야 한다. 즉 기업은 사회시스템으로서 경제적 재화와 서비스의 생산뿐만 아니라 사회에 대한 봉사기능도 함께 수행함으로써 다수인에게 이익을 줄 수 있어야 한다.

3. 다국적기업의 사회적 책임과 제네바 선언

1) 다국적기업의 사회적 책임

다국적기업이 세계시장으로 영역을 넓혀 간다는 것은 그 기업의 윤리규범과 사회적 책임에 대한 방침도 기업과 함께 진출해야 한다는 것이다. 즉 다국적기업은 여러 나라의 시민으로서 다양한 책임을 져야 하며, 현지국가의 관행과 관습을 존중하고, 당기업의 구성원과 현지 국민들 사이에 조화를 이루고, 경영자가 리더십을 발휘하며, 그리고 각각의 공동체를 이끌게 될 현지국가 출신의 핵심 경영자를 육성하는 등의 책임을 져야 한다.

다국적 기업은 장기적으로 해외투자를 하는 것처럼 주재국에 있는 모든 이해관계자들이 의사결정 과정에 관여토록 하며, 또한 현지기업에 윤리지침을 마련하고 지켜야 한다. 즉 기업은 현지국가의 법률과 국제법을 준수하고 존중해야 한다.

사회적 책임에 대해 국제표준이 추진됨에 따라, 일본은 정부와 민간기업이 공동으로 2004년 6월말에 기업의 사회적 책임기준을 제정하였다(〈표 9-1〉 참조). 또한 미국, 일본, 유럽의 전자관련 대기업들이 2007년 여름부터 부품, 원부자재 납품업체들에 대한 기업의 사회적 책임을 중시한 통일기준을 만들어 적용하고자 한다.

〈표 9-1〉 일본기업의 사회적 책임

구 분	내 용
법령, 사회적 책임 준수 유용한 제품, 서비스 제공 주주이익 보호 납세	적극적인 정보제공과 쌍방향 커뮤니케이션 사원의 능력 향상 지원과 가정보호 환경에의 배려 성실한 고객 대응과 사회활동 참여 수익확보

(2) 사회적 책임의 제네바 선언(국제표준)

유엔 글로벌 콤팩트 정상회의(UN Global Compact Leader's Summit)에서 기업의 사회적 역할 제고에 대해 7개 문항을 담은 제네바 선언을 2007년 7월 6일 채택하였다.

이 선언은 기업, 시민사회, 노동, 정부, 유엔간의 새로운 차원의 협력적 파트너십을 형성케 하고 있으며, 세계화를 보편적 원칙들에 근거할 경우 우리의 세계를 근본적으로 개선시킬 힘을 가지고 있다는 믿음이 이런 새로운 협력의 정신 저변에 자리잡고 있다고 강조하고 있다. 또한 기업은 항구적인 엄청난 힘이 될 수 있으며, 기업의 시민정신 및 유엔 글로벌 콤팩트의 원칙들에 기여함으로써 기업은 가능한 한 가장 넓은 범위에서 지속적으로 가치를 창출하고 전달할 수 있다는 것을 강조하고 있다.

또한 2009년 말께 기업의 사회적 책임에 대한 국제표준으로 ISO 26000을 추진하고 있어, 이제는 기업의 사회적 책임이 국제적 표준으로 채택될 것이다. 현재 한국기업 중 24개 기업이 글로벌 컴팩트에 가입되어 있다.

유엔 글로벌 컴팩트는 기업의 사회적 책임을 비즈니스와 접목시키도록 하기 위해 만든 국제협약으로서, 현재 3,000여개 기업을 비롯해 146개국의 4,000여개 각종 조직이 가입되어 있다. 그리고 글로벌 컴팩트는 인권과 노동, 환경, 반부패 등 4개 분야에 10개 원칙을 기업경영에 자발적으로 반영하도록 권유하고 있다.

4. 한국기업의 사회적 책임 실태

2006년 4월 유엔이 연기금 등 기관투자자들에게 환경, 사회, 기업지배구조 등 세 가지 요소를 중시하도록 강조하는 책임투자원칙을 제정하고 있다. 이러한 상황에서 한국기업도 이제는 기업의 사회적 책임경영을 선택이 아닌 필수로 받아들여야 한다. 그러나 지금까지 한국기업들은 사회적 책임에 대해 물리적인 사회봉사활동에 치우침으로써 사회적 책임에 대한 인식이 매우 결여되어 있는 것이 현실이다.

2007년 1월에 발표된 조사결과에 의하면, 업종별 기업의 사회적 책임 평가에서는 국민보건이나 환경과 연관성이 높은 담배, 정유, 화학 등이 부정적인 응답을 받았으며, 또한 서비스 업종인 은행, 금융이 사회적으로 무책임한 기업군으로 지목되었다.

조사결과에서 볼 때, 한국기업은 아직 상징적인 윤리강령 혹은 윤리규범 제정 형태가 압도적이라는 한계를 갖고 있다. 즉 한국기업의 사회적 책임활동은 공개하는 방식이 상징적이고 선언적인 차원에 머물러 있음을 의미한다(〈그림 9-3〉 및 〈표 9-2〉 참조).

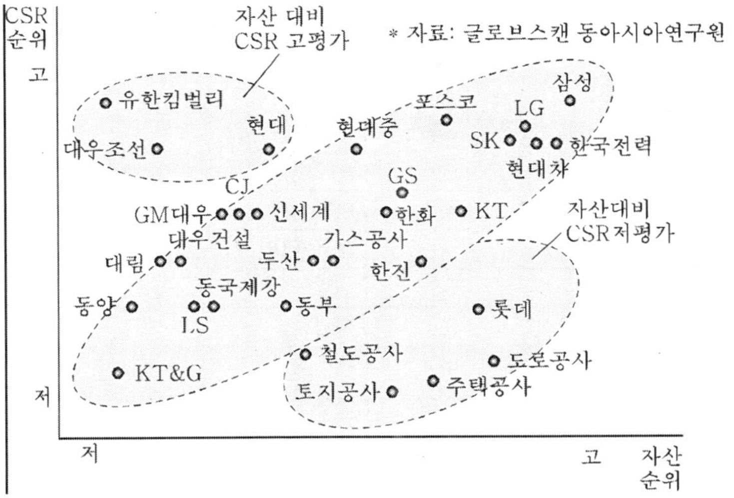

〈그림 9-3〉 자산순위 대비 CSR 순위

따라서 기업의 사회적 책임 경영마인드를 높이고, 관련제도와 체제 정비에 적극 나서야 국경 없는 무한경쟁이 가속화되는 속에서 성공적인 경영이 가능할 것이다.

이에 기업은 투명성을 제고하기 위한 제도와 하부구조를 더욱 개선해야 하며 인권 존중을 위한 고용평등과 작업환경 개선 등에 힘을 기울여야 한다. 또한 사회공헌 활동을 강화하고, 환경경영을 위해 규제 순응적인 소극적 자세에서 벗어나 적극적인 환경경영 의식을 갖추도록 해야 한다.

아울러 국가적 차원에서 기업의 사회적 책임 경영에 대한 가이드라인을 제시해야 하며, 선진국처럼 기업의 사회적 책임 경영에 대한 객관적이고 공정한 평가 시스템을 갖춰야 하는데, 이를 위해서는 한국형 기업의 사회적 책임 모형구축이 시급하다.

〈표 9-2〉 30대 기업 브랜드 이미지와 CSR 평가점수

구분	브랜드 점수	CSR 점수	구분	브랜드 점수	CSR 점수
삼성	6.9	6.4	금호아시아나	5.6	5.3
한국전력	5.5	5.4	가스공사	5.3	5.1
현대차	6.1	5.4	두산	5.4	5.1
LG	6.1	5.6	철도공사	5.1	4.8
SK	6.0	5.5	동부	5.2	5.0
도로공사	4.9	4.6	현대	5.9	5.4
롯데	5.5	5.0	신세계	5.7	5.2
KT	5.4	5.2	GM대우	5.5	5.2
포스코	6.2	5.9	CJ	5.7	5.2
주택공사	4.7	4.2	LS	5.1	5.0
한진	5.3	5.1	동국제강	5.2	5.0
GS	5.7	5.3	대림	5.3	5.1
한화	5.5	5.2	대림건설	5.3	5.1
토지공사	4.3	4.0	대우조선	5.5	5.4
현대중	5.7	5.4	동양	5.2	5.0

5. 기업의 사회적 책임과 이해관계자

1) 이해관계자 집단과 기본방향

기업의 사회적 책임은 누구에게 어떻게 책임을 지느냐가 중요하다. 물론 기업이 이익을 창출하여 주주에게 많은 배당을 주는 것도 중요하지만, 기업활동에 이해가 걸린 사람이나 조직에 대해 책임을 져야 한다.

이해관계자 집단(대경집단)이란 기업환경을 형성하는 환경요인으로서, 기업의 경영활동과 관련하여 직·간접적으로 이해관계를 갖고 책임을 져야 하는 사회조직 또는 집단이다. 이의 대표적인 것은 ① 소비자 ② 구성원 ③ 경쟁자, 공급업

자, 중간상 및 협력업체 ④ 사회 및 국가 등이 있다.

그리고 기업은 기업과 이해관계자 간에 서로 유익하고 바람직한 관계를 정립하기 위해 지향해야 하는 기본방향과 이념을 확립해야 한다. 이러한 이념을 확립하기 위해서는 〈그림 9-4〉와 같이 기업과 이해관계자 모두가 성장성, 공정성 및 신뢰성을 포함하는 기본가치를 창조하는 것이 필요하다.

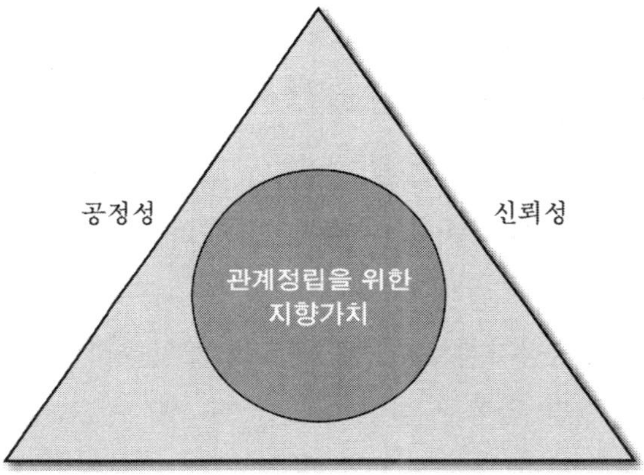

〈그림 9-4〉 기업과 이해관계자 관계정립을 위한 3대 지향가치

2) 기업의 사회적 책임 대상

기업의 사회적 책임에는 법률적 책임뿐만 아니라 경영적 책임 그리고 윤리적 책임까지 포함된다.

(1) 기업의 유지 · 발전에 대한 책임

오늘날 기업은 한 개인의 것이 아니고 사회가 필요로 하는 하나의 공동체로서 사회의 것이다. 사회적, 공익적 및 공공성을 갖는 기업이 계속기업으로서 유지, 존속될 수 없을 때 국민경제 전체에 대해 큰 손실을 자아내며 또한 경제성장에 장애가 된다.

그러므로 기업은 유지, 존속되어야 하며, 다른 기업과의 공정한 경쟁속에서 적정이윤을 확보하며 또한 공정한 배분을 통해 적극적으로 성장하여 국민경제의 성장과 발전에 있어 핵으로서의 기능을 충실히 수행할 수 있어야 한다. 이러한 책임을 **본원적 사회적 책임**이라고 한다.

(2) 이해관계자 집단의 이해조정 책임

이해관계는 이율배반적인 경우가 있으므로, 이해가 충돌된 경우에 경영 의사결정이나 집행과정에서 큰 문제가 야기될 수 있다. 따라서 이해관계자 집단의 모든 요구에 충실히 보답함으로써 이해관계자 집단의 이해를 조정하는 것이 중요한 사회적 책임과제가 된다.

(3) 종업원의 인간적 만족에 대한 책임

기업의 최대자산은 인적자원이므로, 기업은 훌륭한 경영인적자원을 확보하고, 또한 적절한 리더십을 통해 동기를 부여하고, 기업에 대한 협동적 노력을 발휘하도록 해야 한다.

즉 구성원들에게 경영참가제도나 복지제도를 도입 활용함으로써 기업과 일체감을 향상시키며, 인간적 만족을 실현시켜 줄 때 생산성은 높아진다. 즉 구성원에게 사회적, 심리적, 경제적 만족감을 향상시킴으로써 경영사회의 안정화와 산업평화를 추구할 수 있다.

(4) 고객에 대한 만족실현

기업이 가치가 있는 제품과 서비스를 생산·제공함으로써 고객을 만족시켜 줄 때, 생활의 질을 향상시킬 수 있는데 이것이 고객에 대한 사회적 책임이다. 그렇게 하기 위해서 기업은 창의성에 바탕을 둔 기술혁신을 통해 가치를 창조하고 가치지향적인 철학하에 제품과 서비스를 생산·공급하여 고객을 서브해야 한다.

(5) 정부에 대한 책임이행 충실

현대경영은 국가의 법규나 규제의 범위에서 전개해야 하는데, 정부를 의식한다는 것은 국민을 의식하는 것이기 때문이다. 기업은 거래관계에 대한 법규를 잘 준수하고 또한 정부가 행하는 일에 적극적으로 협력하여 기업시민으로서의 역할을 다해야 한다.

(6) 지역사회에 대한 책임

오늘날 기업은 지역사회에서 종업원을 고용하고, 그들의 복지향상을 통해 지역사회 발전에 기여하고, 지역사회에 재투자하며, 지역의 문화, 교육사업 등에 적극성을 보여야 하고 또한 지역사회에 공해 유발 등에 의한 손해를 끼쳐서는 안된다.

그 이외에도 교통장애의 방지, 도로손상의 방지, 공장의 미화, 경관파괴의 방지, 하천오염의 방지, 신규노동이입의 방지, 고령자 해고의 방지, 기업상해자 가족에 대한 배려 등 지역사회에 대한 책임을 성실히 이행해야 한다.

(7) 채권자, 원료공급업자 및 유통분배업자에 대한 책임

채권자에 대해서는 채무를 이행하고, 계약을 준수해야 한다. 가치공급연결쇠를 구성하며, 경쟁사와 대응하기 위해 동반자화를 구축하고 있는 원료공급업자 및 유통업자와의 협력관계를 조성하도록 하여 신뢰성을 구축해야 한다.

(8) 환경에 대한 책임

급격한 산업화로 각종 오염이 발생하여 생활환경이 날로 악화되고 있는데, 기업이 환경오염의 원인제공자이기 때문이다. 기업이 경제적 책임을 다하여 물질적 생활수준이 높아졌다고 하더라도 오염물질이 배출되어 생활환경이 악화되면 생활의 질이 떨어지게 된다. 그러므로 기업은 오염을 방지하며 생활환경을 보호하고 개선해야 할 의무를 저버려서는 안된다.

(9) 후계자 양성에 대한 책임

GE사의 코디너(J. Cordiner) 사장은 “능률적인 조직구조”라는 강연에서 자기 임무를 충실히 이행하고 있는 최고경영자는 임명된 후 3년 이내에 자기와 동등하거나 그 이상의 업적을 올릴 수 있는 후계자를 최소한 3명을 양성해야 한다고 주장하였는데, 이것은 후계자 양성에 대한 기업(경영자)의 사회적 책임을 강조한 것이다.

내실을 위한 유능한 경영자가 없이는 기업의 성장을 기대할 수 없으므로, 전문경영자를 개발·육성하기 위해서는 사전준비에 의한 경영자 교육이 철저해야 한다.

제 3 절 사회감사

1. 사회감사의 개념

사회감사(social audit)라는 용어는 1953년 보웬(M. R. Bowen)에 의해 쓰여져 1990년대부터 그 사용이 보편화되었다.

사회감사에 대해서는 분명하게 정의할 수가 없다. 기업의 사회적 프로그램을 구성하는 모든 활동의 성과를 포괄적이며 단계적으로 검토하여 보고하는 **사회감사**란 기업의 사회에 대한 책임이행의 공헌도를 평가하기 위해 실행하는 것으로, 조직이 실현한 사회적 성과, 즉 고용활동, 환경보호, 자선행위와 같은 사회적 사건과 관련되는 모든 기업활동의 업적 및 성과를 확인, 측정, 평가, 보고 및 조사하기 위한 시스템적 접근방법으로 생활의 경제적 질이 아닌 생활의 사회적 질을 측정하기 위한 것이라고 정의한다.

2. 사회감사의 범위

사회감사에 대한 정의와 같이 사회감사는 그 활동범위를 정하는 것이 명백하지 않다. 물론 여러 학자들이 사회감사의 범위에 대해 주장하고 있는데, 이들 주장을 종합한 범위는 〈표 9-3〉과 같다.

그러나 기업이 사회에 미치는 영향을 확인, 측정, 평가 및 보고하는 사회감사 과정도 그 실행과정에 여러 문제점이 내포되어 있다. 즉 사회감사를 행하는 경우, 감사대상이 되는 행위, 그 행위를 평가하는 방법, 그리고 사회적 성과를 평가하는 방법 등의 어려운 문제가 있다.

반면에, 사회감사는 경영자로 하여금 사회에 대한 기업의 활동조치의 영향을 인식하도록 하는 것이 목표이므로, 아래와 같은 목적에 기여할 수 있다.

첫째, 기업의 사회적 활동에 관해 이해관계자와 일반대중에게 정보를 제공할 수 있다.

둘째, 기업활동의 사회적 성과에 대한 책임의 기준을 제공한다.

셋째, 사회감사에 포함된 정보를 이용하여 정상적인 경영 의사결정의 기반을 확장할 수 있다.

〈표 9-3〉 사회감사의 주요 내용

	사회적 책임
환경	· 오염관리에 대한 기업의 실적 · 환경의 재생과 보호에 대한 기업의 실적 · 자연자원의 보존에 대한 기업의 실적 · 환경재생 노력에 대한 기업의 실적
에너지	· 생산 · 판매활동에서의 에너지보존 노력 정도 · 제품의 에너지효율을 증대시키기 위해 바친 노력의 정도 · 기타의 에너지 저장계획에 대한 노력과 그 정도
공정한 기업활동	· 여자와 소수집단의 고용과 승진에 대한 배려 정도 · 불이익을 받는 이들에 대한 고용확대와 승진노력 및 그 정도 · 소수인 소유회사의 보호를 위한 노력과 그 정도
인적자원	· 종업원 안전위생의 촉진을 위한 노력과 그 정도 · 종업원 교육 · 훈련을 위한 노력과 그 정도 · 불이익을 받는 종업원에 대한 구체적 교육실적 · 알코올리스트와 약물중독자의 상담을 위한 노력과 정도 · 경력상담을 위해 바친 노력과 정도 · 종업원 적성과 스트레스의 관리에 바친 노력과 정도
지역사회의 관여	· 공중위생프로그램에서 자금지원을 해 준 실적 · 교육과 예술활동에 대한 지원과 정책 · 지역사회 레크리에이션 프로그램에의 지원실적 · 지역사회 사업의 협조한 정도
제품	· 제품안전성의 제고를 위해 바친 노력 · 제품안전교육 계획에 대한 자금지원실적 · 공해제품의 제거를 위해 애쓴 흔적과 실적 · 제품의 영양가치 개선을 위한 노력 · 포장과 상표개선을 위해 노력한 흔적

3. 기업신조의 예

기업은 자신의 사회적, 윤리적 성과를 향상하기 위해 여러 다양한 기법을 사용한다. 그 방법 중에는 윤리헌장, 고발제도, 옴브스맨, 기업윤리위원회, 태스크포스 및 훈련 프로그램, 윤리감사 등이 있다. 그 중에서도 기업은 사회적 책임을 표현하고 또한 기업 스스로 사회적, 윤리적 책임을 수행하기 위해 **윤리헌장**을 제정한다.

한국은 1996년 2월 15일 전국경제인연합회에서 기업윤리헌장을 제정하였다(〈표 9-4〉 참조).

〈표 9-4〉 기업윤리헌장

우리 기업은 온 국민과 함께 지난날의 가난과 어려움을 딛고 땀과 창의로 오늘날의 자랑스러운 경제발전을 이룩하였다. 우리 기업은 세계가 하나의 시장으로 열리고 경제력이 나라의 흥망을 가름하게 될 세기적 변화의 문턱에서, 나라와 민족의 장래를 떠받쳐야 할 소중한 사명을 짊어지고 있다. 머지않아 다가올 통일에 대비하기 위해 우리 기업은 국부를 늘리고 국력을 키우는데 더욱 힘을 쏟아야 하며, 지속적인 성장과 발전을 통해 선진 복지국가를 만들어 우리 후손에게 평화롭고 풍요로운 삶의 터전을 물려주어야 한다. 우리 기업은 창의와 활력이 넘치는 기업가 정신을 발진하여 경영과 기술을 혁신하고, 투명한 기업경영을 통해 시대정신과 국민적 여망에 부응하는 바람직한 정경문화를 정착시켜, 건실하게 성장해 나가야 한다. 우리 기업은 자유시장경제체제를 창달하여 국민의 희망과 꿈을 실현시키고, 국민으로부터 신뢰받는 기업으로 만들어 나가야 한다. 세계와 호흡을 같이 하고 국민으로부터 사랑받는 기업문화를 가꾸어 나가는 것이야말로 우리 기업이 나가야 할 참다운 길이다. 이에 우리 기업은 새로운 마음가짐으로 다음과 같이 우리가 힘써 행할 바를 정하여 이를 실천해 나가고자 한다. 1. 우리 기업은 기업시민으로서 사회적 책무를 다한다. 2. 우리 기업은 창의와 혁신을 통해 정당한 이윤을 창출한다. 3. 우리 기업은 투명경영을 하는데 노력을 다한다. 4. 우리 기업은 정치권 및 정부와 건전하고 투명한 관계를 유지한다. 5. 우리 기업은 전문경영인의 육성을 위해 노력한다. 6. 우리 기업은 기업 상호간에 공정한 경쟁을 한다. 7. 우리 기업은 대·중소기업간 협력을 발전시켜 나간다. 8. 우리 기업은 소비자와 고객의 권익증진에 힘쓴다. 9. 우리 기업은 모든 기업구성원의 이익을 향상시킨다. 10. 우리 기업은 환경친화적 경영을 지향한다. 11. 우리 기업은 지역사회의 발전에 기여한다. 12. 해외진출 기업은 현지국의 선량한 기업시민으로서 현지국의 법률을 준수하고 현지국의 문화와 거래관행 존중한다. 13. 우리 기업은 이 헌장을 준수하고 실천이 가시화되도록 공동 협력하여 국민으로부터 신뢰받는 기업을 만드는데 노력한다.

이하에 Johnson & Johnson사의 사회적 책임을 잘 나타내는 기업신조가 〈표 9-5〉에 같이 제시되어 있다.

〈표 9-5〉 Johnson & Johnson사의 기업신조

우리가 첫 번째로 책임져야 할 대상은 의사, 간호사, 환자이고, 어머니, 아버지, 그리고 우리 제품과 서비스를 이용하는 모든 소비자이다. 그들의 욕구를 만족시켜 주기 위하여 우리는 항상 최고를 추구하여야 한다. 우리는 적정가격을 유지하기 위하여 끊임없이 비용을 절감시키기 위한 노력을 기울여야 한다. 소비자의 주문은 신속·정확하게 받아야 한다. 우리의 제품을 취급하는 기업도 적절한 이윤을 보장받아야 한다. 우리는 전세계에 산재하여 있는 남녀를 불문한 우리 기업의 종사자에게 책임을 가지고 있다. 모든 사람은 똑같은 개인으로 여겨져야 한다. 우리는 그들의 존엄성을 존중하고 우수함을 인식해야 한다. 종사자들은 안심하고 일에 종사할 수 있어야 한다. 봉급은 공정하고 적정하게 지급되어야 하고, 작업조건은 안전하고 깨끗하며, 정돈이 잘 되어 있어야 한다. 우리는 종사자들이 그들의 가족에 대한 책임을 다 할 수 있도록 도와주어야 한다. 종사자들이 제안이나 불만을 항시 이야기할 수 있는 분위기를 조성하여야 한다. 자격이 있는 종사자들은 차별 없이 기회가 제공되어야 한다. 항상 공정하고 윤리적인 최고의 경영을 추구해야 한다. 우리가 살고 있고, 일하고 있는 사회뿐만 아니라, 전세계에 대하여 책임을 진다. 우리는 선량한 시민으로서 자의적으로 유익한 자선사업을 추진하고 적정한 세금을 납부한다. 우리는 사회의 발전 및 국민건강증진에 기여한다. 우리는 자연과 천연자원을 보호하면서 우리가 현재 사용하고 있는 모든 시설을 항상 최상의 조건으로 유지한다. 우리는 마지막으로 주주에게 대하여 책임을 진다. 기업은 정상적인 이윤을 확보하여야 한다. 우리는 항상 새로운 아이디어를 개발, 실험해야 한다. 끊임없는 연구개발로 혁신적인 프로그램을 개발하며, 실패를 두려워하지 않는다. 새로운 장비 및 시설구입에 인색하지 않으며, 새로운 상품의 개발에 힘쓴다. 언제 올지 모를 불황에 항상 대비한다. 이러한 원칙에 의하여 영업활동을 할 때, 주주들도 적정한 보상을 받을 수 있다.

제10장

경영전략과 핵심역량

경쟁우위 확보전략(스피드경영, 효율경영, 네트워크경영)

2006년 몽골의 여름은 수도 울란바토르에서 칭기즈칸 축제가 한창이다. 몽골 전 부족이 참여한 가운데 열린 쿠릴타이(족장회의)에서 테무친이 칭기즈칸이라는 칭호를 부여받고 몽골제국 탄생을 선언한 지 꼭 800주년이 되는 까닭이다. 몽골정부는 국민의 자긍심을 높이는 한편 관광객 유치를 위해 온갖 지혜를 짜내고 있다.

세계적으로도 파괴적 압제자로만 치부돼 왔던 칭기즈칸을 건설자로 재조명하려는 움직임이 활발하다. 다른 민족을 침략하고 학살한 부정적인 측면도 있지만 인류 문명발달에 기여한 공로도 크다. 실제 동양과 서양의 문명교류가 본격적으로 일어나기 시작한 것은 바로 몽골에 의해서라고 한다. 몽골이 150년 동안이나 대제국을 건설하고 세계를 지배할 수 있었던 것은 기동력, 조직 그리고 정보체계가 다른 이웃 나라에 비해 압도적 경쟁우위를 확보하고 있었기 때문이다.

■ 기동력에 의한 속도전

어릴 때부터 초원에서 말과 함께 살아온 몽골기마병들의 이동속도는 타의 추종을 불허한다. 이들은 빠르게 움직이면서 게릴라식 치고 빠지기 전법을 능수능란하게 구사해 보병에 의존하는 다른 나라 군대를 손쉽게 제압했다. 정보화 시대의 경영에 있어서 속도의 우위를 확보하는 경영전략의 중요성은 이루 말할 수 없다.

■ 효율적인 조직의 운영

칭기즈칸은 십호제, 백호제, 천호제 등으로 조직을 십진법(十進法)식으로 질서정

연하게 재구성했고 신분과 민족을 가리지 않고 능력만 있으면 지휘관으로 중용했다. 그런 그의 군대는 일사불란하면서도 강력한 힘을 발휘했다. 칭기즈칸을 수많은 CEO들이 벤치마킹의 대상으로 삼고 있는 것도 효율적인 조직관리와 능력위주의 인재 등용의 철학을 가졌기 때문이다.

■ 네트워크화한 정보체계

그가 도입한 역참(驛站)제는 대제국의 틀을 유지시켜 준 기본 동력이다. 전쟁터에서의 주요 지점마다 설치된 역참은 광활한 제국을 하나로 묶어 주는 역할을 했다. 사람과 정보의 네트워크화를 이뤄내 지구촌을 하나로 묶은 인터넷에 비유되기도 한다.

칭기즈칸이 현대를 사는 우리들에게 무엇보다 관심을 끄는 것은 아무리 작은 조직이나 기업이라도 경쟁력의 우위만 확보하면 얼마든지 세계 최고로 우뚝 설 수 있다는 사실을 입증한 점일 것이다. 칭기즈칸 군대는 초창기 10만 명에 불과했고 백성 또한 100만 명에 그쳤다. 그럼에도 불구하고 칭기즈칸은 속도경영, 효율경영, 네트워크경영이란 대명제를 가지고 대제국을 거느리고 세계를 통치하였다.

제 1 절 경영 의사결정

1. 의사결정의 중요성

우리의 삶의 순간순간이 선택이라는 것은 일상에서 충분히 경험할 수 있다. 대학 선택, 배우자 선택, 직업 선택 등 중요한 것에서부터 식사메뉴의 선택, 교통수단 선택 등 사소한 것에 이르기까지 우리는 항상 선택의 순간에 노출되어 있다. 이러한 선택 모두가 의사결정이라고 할 수 있고, 이러한 의사결정은 개인적 차원을 넘어 조직에서도 매우 중요하며, 경영이 바로 의사결정이라고 주장하기까지 한다.

오늘날 경영환경은 급격하게 변화하고 있어 경영에 있어서 경영의 핵이 되는 의사결정은 경영성패를 좌우한다. 경쟁의 격화, 소비자 욕구의 변화, 기술혁신주기의 단축이라는 동태적인 환경변화 속에서 경영은 미래지향적이고 장기적이며 전략적인 의사결정을 통해 과학적으로 환경에 적응하고 또한 환경을 개발함으로써 이윤을 실현해야 한다.

이러한 상황은 현재의 의사결정이 미래에 영향을 미친다는 것을 의미한다. 즉 미래의 효과성과 성과가 지금 이 순간의 의사결정에 의해 영향을 받는다는 것으로서, 잘못된 의사결정은 곧 기업의 파멸을 자초할 수밖에 없다는 것이다.

2. 의사결정의 의미와 과정

1) 의사결정의 의미

미래에 대한 정보를 바탕으로 예측을 통해서 일정한 목표를 설정하고, 이를 효율적으로 달성하기 위해 둘 이상의 대안적인 수단(전략) 중에서 하나의 최적 해결방안을 선택, 결정하는 경영자의 기능을 경영계획이라고 한다면, 경영자의 이런 기능은 바로 의사결정이 된다.

따라서 **의사결정**(decision making)이란 일정한 경영목표를 달성하기 위한 몇 가지 대체안(alternatives)을 모색하고, 그 중에서 가장 효과적이고 실행가능한 최선의 대안을 선택하는 인간의 합리적인 행동이라고 정의할 수 있다. 이는 현시점에서 과거자료를 기초로 미래행동의 결과를 예측하는 행위로서 사실적 판단에 입각한 예견적 행동인 것이다.

이렇게 볼 때, 의사결정은 모든 관리기능에 적용되고, 그 관리기능에 영향을 미치므로, 〈그림 10-1〉과 같이 의사결정은 경영자의 직무 중 가장 중요한 것이다.

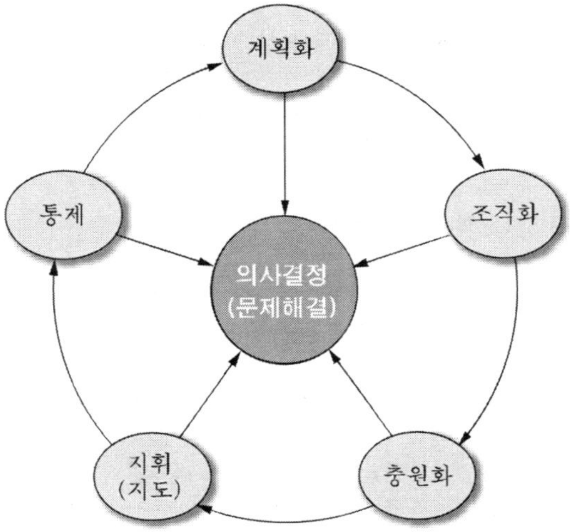

〈그림 10-1〉 의사결정과 관리기능

2) 의사결정의 특징

의사결정은 경영자가 중요한 경영문제를 해결해야 하는 가장 기초적이며 과학적인 요소이므로, 아래의 특징을 가져야 한다.

① **의사결정의 집단성**: 전문적 식견을 통합하여 집단적으로 합리적인 의사결정을 해야 한다.

② **기업환경요인의 적응성**: 대내외적인 환경요인을 고려한다.

③ **의사결정의 미래지향성**: 미래의 목적달성을 위한 수단을 결정한다.

④ **선택의 제한성**: 이용가능한 정보가 불충분하고, 결정을 내리는 시간이 한정되어 있다.

⑤ **합리성의 중시**: 상황과 제약조건하에서 객관적이고 합리적인 근거 위에서 결정된다.

3) 의사결정의 과정

일반적으로 의사결정은 5개 과정으로 〈그림 10-2〉와 같다.

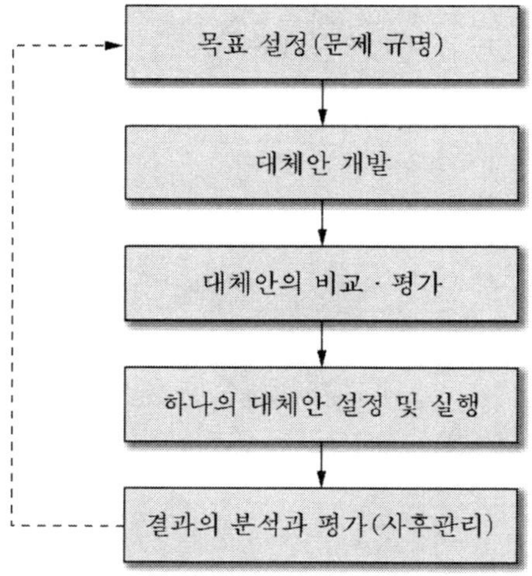

〈그림 10-2〉 의사결정을 통한 문제해결 과정

① **목표의 설정**(문제의 규명) : 일정 상황하에서 조직상의 중요하고도 관련되는 문제를 확인, 규명한다. 문제의 규명을 바탕으로 목표가 설정된다.

② **대체안 개발** : 의사결정의 기준을 확인 · 규명하고 또한 상기의 기준을 조직목표에 대한 중요성과 관련하여 평가하고 가중치(등급화)를 부여한다. 그리고 창의적으로 문제해결점을 위한 모든 대체안을 탐색, 개발한다.

③ **대체안의 비교, 평가** : 의사결정 기준에 따라 모든 대체안의 예상되는 결과를 평가한다.

④ **하나의 대체안 선정과 실행** : 최상의 결과(조직목표와 관련하여)를 창출하는 하나의 대체안을 선정한 후, 모든 구성원이 그 해결방법에 몰두하여 실천한다.

⑤ **결과의 분석과 평가** : 그 해결방법의 결과를 조직목표(문제)를 기준으로 객관적으로 평가한다.

4) 의사결정의 제약요인

경영활동에서 의사결정이 순조롭게 행해지지 않는 것이 현실이므로, 합리적인 의사결정에 영향을 미치는 여러 가지 제약요인이 있음을 고려해야 한다(〈그림 10-3〉 참조).

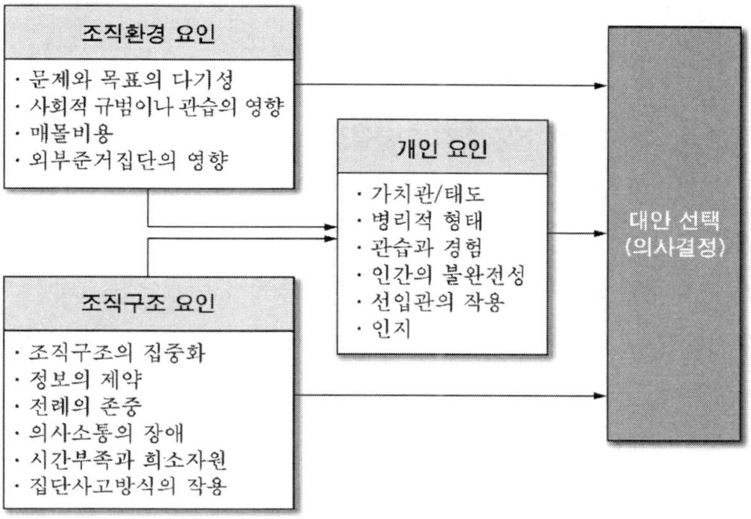

〈그림 10-3〉 의사결정의 합리성에 대한 제약요인

3. 경영 의사결정의 형태

1) 상황에 의한 의사결정 형태

의사결정은 여러 상황에서 행해지므로 상황에 따라 3가지로 분류할 수 있다.

첫째, **확실성하의 의사결정**이란 의사결정에 필요한 정보를 활용하여, 각 대체안의 발생결과를 확실하게 예측할 수 있어 각 대안의 결과를 비교하여 최적인 것을 선택한다.

둘째, **위험하에서의 의사결정**이란 의사결정자가 어떤 대체안 또는 결과에 대해 확실하게 예측할 수 없고, 단지 약간의 정보에 의해 일정한 확률을 가지고 판단하는 조건의 의사결정이다.

셋째, **불확실성하에서의 의사결정**이란 의사결정의 결과를 예측할 수 없어, 주관적 확률을 이용하는 의사결정이다. 이것은 의사결정자의 능력, 취향, 위험에 대한 태도 등에 따라 차이가 있다.

2) 경영계층 및 결정내용에 대한 의사결정 형태

우선 의사결정은 경영계층에 따라 유형이 구분될 수 있다.

첫째, 기본적 의사결정인 **비정형적 의사결정**은 처음 생긴 일이나 독특한 일 또는 주관이 많이 필요한 일과 관련되는 의사결정으로서 최고경영층이 내리는 것이다.

둘째, 일상적 의사결정인 **정형적 의사결정**은 반복적이며 일정한 방침과 절차가 정해져 있는 경우의 의사결정으로서, 중간 경영층에서 이루어진다.

또한 의사결정은 결정내용에 따라 구분되는데, 앤소프(H. I. Ansoff)는 세 가지로 분류하였다.

첫째, **전략적 의사결정**이란 사장이나 이사회 등 기업의 최고경영층에서 내리는 의사결정으로서, 기업목표의 변경, 성장계획, 다각화 계획, 신제품 개발계획 등이 포함된다.

둘째, **관리적 의사결정**이란 총괄경영층과 부문경영층의 의사결정으로서, 전략적 의사결정을 구체화하는 것으로 조직구조의 변경, 정보의 흐름, 유통경로, 입지결정, 자본, 자재, 설비의 조달에 관한 것도 포함된다.

셋째, **업무적 의사결정**이란 각 기능의 최고경영자가 하는 의사결정으로서, 전략적 및 관리적 의사결정을 구체화하고 동시에 자원전환과정에서 능률 또는 수익성을 최대화하는 것과 관련된 의사결정이다.

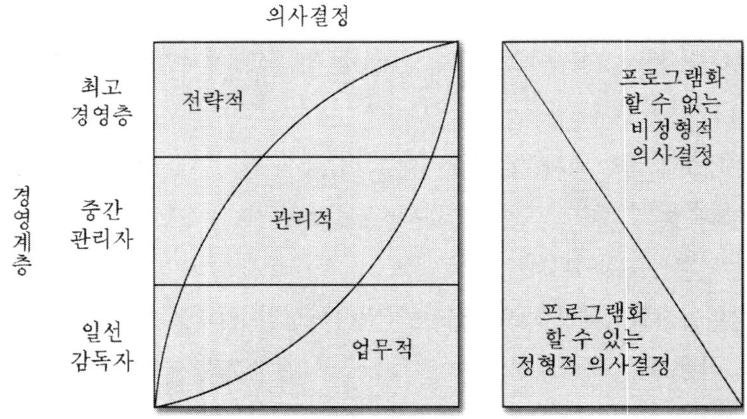

〈그림 10-4〉 경영계층과 의사결정

상기의 의사결정 기능은 경영자 전 계층의 공통기능이지만, 그 실제의 비중에 있어서는 각 계층간에 커다란 차이가 있는데, 각 계층별 의사결정은 〈그림 10-4〉와 같다.

4. 의사결정과 리스크(위험) 관리

1) 리스크와 의사결정

조직을 둘러싼 환경은 복잡하고도 다양하며 불확실하지만, 그 환경에 적응해야 한다. 적응하여 조직은 유지, 성장, 발전하기 위해서 경영자는 각종 위험(risk)을 분석하여 이를 극복하기 위한 방안을 수립해야 하는데, 이러한 과정은 경영자가 위험을 관리하는데 의사결정이 중요하다는 것을 의미한다.

오늘날의 환경변화는 불확실하여 예측가능성이 매우 한정되어 있으므로, 경영자는 경영목표의 달성을 저해하는 불확실성을 제거하기 위한 리스크 관리활동을 수행해야 한다. 불확실한 환경에서 리스크의 발생은 가능하므로 경영자는 여러 가지 위험상황을 감지하고, 이를 관리하여 발생가능성을 최소화함으로써 미래를 대비해야 한다.

2) 리스크의 발생 경우

리스크는 모든 인간활동에 존재하는데, 특히 기업의 경영관리활동과 관련된 리스크는 다음의 경우에 발생한다.

- 유리한 기회를 인식하거나 포착하지 못했을 때
- 목표를 달성하기 위한 프로젝트의 실패
- 고객의 불만족
- 부적절한 표시
- 물리적 안전의 피해
- 안전보장의 침해
- 부적절한 관리

- 설비 및 컴퓨터의 고장
- 법률 및 계약상의 책임 위반
- 사기행위
- 재무관리 및 보고의 결함

이상과 같이 경영에 있어서 리스크는 모든 활동에 내재되어 있으며 내용도 다양하다. 또는 기업 내부 및 외부의 자원에서 리스크가 발생할 수 있으므로, 적절한 리스크 관리활동에 의해 리스크 회피, 감소, 전가, 수용 등의 대응을 할 수 있다.

3) 리스크 관리

리스크 관리는 다양한 위험을 대상으로 하여 최소의 노력으로 리스크의 결과로 발생하는 손실을 최소화하는 것으로서, 경영상의 잠재적 이익기회와 손실을 효과적으로 관리하기 위한 문화, 과정, 구조를 관리하는 것을 의미한다.

그러므로 리스크 관리에는 무슨 일이 발생할 것인가를 사전에 규명하고 준비하는 활동으로서, 바람직하지 않은 사건에 대해 규명을 극대화하기 위한 조치 그리고 그 사건으로 인해 원하지 않는 다른 부정적인 영향을 받거나 비용이 소요되는 것을 제거하거나 줄일 수 있는 활동이 포함된다.

이런 관점에서 리스크 관리는 그 자체가 목적이 아니라 목적달성을 위한 수단이므로, 일상적인 업무 속에서 통합되어야 하며, 예기치 못한 사건에 대한 사후대책보다는 사전대책으로 관리되어야 한다. 또한 리스크 관리는 업무수행도를 향상시키기 위한 기회를 포착, 규명하기 위한 수단이며, 무언가 잘못될 수 있는 기회를 제거하거나 회피하는 수단이라고 할 수 있다.

그러나 리스크 관리에서 중요한 것은 리스크 관리수준과 그 수준에 따른 관리비용 그리고 그 관리에서 획득될 수 있는 이익, 즉 비용과 효과의 측면을 고려하여 균형 있는 감각을 가지고 수용가능한 리스크 수준에 맞는 리스크 관리에 대한 의사결정을 해야 한다.

제 2 절 전략적 계획과 경영전략

1. 전략적 계획의 중요성과 의미

1) 전략적 계획의 중요성

기업은 미래를 내다볼 수 있어야 하고, 그가 속한 산업의 변화하는 환경에 대응할 수 있는 장기적인 전략을 수립하기 위한 의사결정을 해야 한다. 즉 기업은 주어진 특별한 상황, 기회, 목표 및 자원하에서 가장 의미 있는 게임계획을 결정해야 한다.

과거와는 달리 엄청난 충격적인 변화로 인해 기업들은 과거의 접근방법을 더 이상 이용할 수가 없게 되었다. 이에 경영자는 환경분석, 조직의 강점과 약점의 평가, 조직의 핵심역량에 근거한 경쟁적 우위를 확보할 수 있는 기회를 확인, 규명하기 위한 시스템적인 접근방법을 수립하지 않을 수 없게 되었다. 즉 전략적으로 사고해야 한다는 사실을 인식하게 되었다.

2) 전략적 계획의 의미와 목적

기업이 세계시장에서 경쟁하기 위해서는 무엇보다는 경영자와 구성원들이 고객가치를 창조하고 고객을 만족시켜 고객을 유지하는 일에 협력해야 한다. 그리고 성공하기 위해서는 계속해서 변화하는 시장에 적응하고 또한 대응하는 방법을 알아야 한다. 즉 기업은 시장지향적 전략적 계획의 기법을 실천해야 한다.

전략적 계획(strategic planning)이란 조직의 목표, 기술 및 재원을 당기업의 변화하는 시장기회에 적합시켜 유지하고 성장하기 위한 관리과정이다. 이에 따라 전략적 계획의 목표는 두 가지로 설명할 수 있다.

첫째, 특별한 사업이나 제품계열 중에서 발생하고 있는 예측불능의 혼란에도 불구하고 기업을 건전하게 유지하기 위해 사업과 제품들이 목표로 정한 수익과 성장을 창출할 수 있도록 그 사업과 제품을 선정하고 또한 조직하도록 도와주는 것이다.

둘째, 경영자들이 보다 합리적인 의사결정을 할 수 있도록 기업의 구체적인 목표를 제시하고 또한 통합된 비전을 제공하는 것이다.

3) 전략적 계획의 세 가지 아이디어

전략적 계획은 세 가지 구성요소로 설명할 수 있다. 첫 번째 아이디어는 **투자포트폴리오**(portfolio)로서, 기업의 사업단위를 관리하는 것이다. 각 사업단위(business unit)는 상이한 이익잠재력을 가지고 있기 때문에 기업의 재원은 각 사업단위의 이익잠재력에 따라 할당되어야 한다.

두 번째 아이디어는 시장의 성장률과 당기업의 시장에서 차지하는 위치와 적합성을 기준으로 각 사업단위의 미래 이익잠재성을 평가하는 것이다.

전략적 계획의 바탕이 되는 세 번째 아이디어는 경영전략(strategy)이다. 즉 각 사업단위에 대해 기업은 장기목표를 달성하기 위한 운영계획을 수립해야 한다.

2. 경영전략

1) 전략의 필요성과 의미

기업의 여러 가지 환경변화는 예측불가능한 주기와 폭으로 이루어지고 있어 경영활동의 수행에 혼란을 가중시키고 있어 기업은 새로운 시각에서 경영활동을 전개하도록 강요당하고 있다. 또한 세계는 자유경쟁의 분위기에서 경제전쟁이라는 투쟁의 장을 만들고 있어 기업은 경쟁에서 이기기 위해 유한한 자원내에서 경쟁우위를 확보하기 위해서는 경영활동을 전략적으로 수행하지 않으면 안 되게 하고 있다.

이러한 상황에서 전략에 주는 마인드는 세 가지로 요약될 수 있다.

첫째, 서로 대결하는 공간 속의 경쟁에서 이겨야 한다.

둘째, 이기기 위한 노력은 최소한으로 줄여야 한다. 즉 최소의 자원투입으로 승리해야 한다.

셋째, 최소의 비용으로 목적을 달성하기 위해서는 핵심역량으로 경쟁우위를 확보하기 위한 여건과 위치를 객관적으로 인식하는 분석적 능력이 중요하다.

상기의 마인드를 토대로 전략을 정의할 수 있다. strategy라는 단어는 그리스어 strategos에서 나온 것으로서, 군대를 의미하는 stratos와 이끈다를 의미하는 -ag가 합쳐진 용어로, 군대를 승리하도록 이끄는 방법이 전략이다.

따라서 **전략**(strategy)이란 미리 설정된 조직의 목표를 달성하기 위해서 사용되는 자원(유한함)과 기업의 능력을 환경적 기회 및 위협에 맞추어 배분, 결합하여 미래의 사업활동을 효율적으로 수행하도록 방책을 강구하는 행동으로 정의할 수 있다.

2) 경영전략의 중요성과 의미

환경의 변화에 용이하게 기업의 모든 중요한 활동을 다차원적으로 대응해야 한다는 개념에서 볼 때, **경영전략**이란 경영환경에의 적응방식과 지침, 경영목표달성을 위한 기업과 환경과의 미래적인 상관방식과 기업 내 구성원들의 의사결정의 지침이 되는 제방책의 조합이라고 정의할 수 있는데, 다음과 같은 특성으로 요약된다.

첫째, 경영전략은 경영환경조건의 변화에 따라 영향을 받는다.

둘째, 경영전략은 조직의 목표달성을 위한 여러 방안의 집합을 다룬다.

셋째, 경영전략은 기업의 장래의 발전방향을 제시하여 준다.

넷째, 경영전략의 목표는 시장에서 경쟁력을 활용함으로써 달성할 수 있는 잠재적 경영성과를 구조화하는 것이다.

상기와 같은 경영전략은 여러 가지 이유로 인해 최근 관심이 집중되고 있다.

첫째, 기업환경에 대한 예측이 어려워져서, 제때에 파악하여 대처하기가 어렵기 때문이다.

둘째, 해외기업과의 경쟁, 새로운 업태와의 경쟁과 같이 경쟁상대가 다양해지므로, 새로운 경쟁방식이 필요하기 때문이다.

셋째, 선례가 없으며, 그 결정에 의한 성공이나 실패가 회사전체에 미치는 파급효과가 크기 때문이다.

넷째, 기업전략의 결정 후, 구체적으로 실행하기 위해 많은 하위결정을 내려야 하며, 통제하는 한계를 정해 주기 때문이다.

위에 제시한 정의와 관심집중의 이유의 근거에서 볼 때, 경영전략은 기업경영에 대해 세 가지 효과를 창출한다.

첫째, 경영전략은 변화하는 외부환경에 기업이 유연하게 대처할 수 있도록 하는 조직의 환경적응능력을 촉진시킨다.

둘째, 경영전략은 기업의 경영자원을 전사적인 관점에서 효율적으로 분배하게 한다.

셋째, 경영전략은 기업 내부의 다양한 경영활동들의 통합에 기여한다.

3) 전략경영의 존재이유와 정의

우리는 경영전략의 수립에서부터 실행에 이르기까지 문제를 다루는 전략적 경영 또는 전략경영에 대해서도 인식해야 한다. 그 이유는 전략경영은 기업이 환경변화에 신축성 있게 대처할 수 있도록 조직의 환경적응 능력을 촉진시키고, 기업이 보유하고 있는 경영자원을 효율적으로 배분하도록 하고, 기업의 다양한 경영활동을 통합할 수 있기 때문이다.

전략경영(strategic management)이란 환경변화에 적응가능한 조직의 목표를 수립하고, 그 목표를 달성하기 위해 필요한 모든 수단들, 즉 인력, 자금, 시설, 기술 등 연관 자원들을 효율적으로 동원하고 배분하는 통합적이고 종합적인 계획 즉 전략적 계획을 수립하는 것이라고 정의할 수 있다. 이를 달리 말하면 글로벌 경쟁이 벌어지고 있는 상황에서 경쟁기업과 비교하여 어떻게 경쟁우위를 획득할 수 있는가를 찾는 경영활동이라고 할 수 있다.

3. 성공적인 경영전략과 전략결정의 고려요소

1) 성공적인 경영전략과 목표설정

경영전략을 성공적으로 이끌기 위해서 기업은 ① 경쟁전략을 수립하고, ② 그것을 실행하기 위해서 필요한 사업을 재구축하며, ③ 그것을 기초로 전략목표를 설정해야 한다. ④ 전략실행과 평가를 위한 관리방법을 모색해야 한다.

그러나 경영전략은 경쟁전략의 차원에서 다음과 같은 목표가 실현되어야 한다.

첫째, **핵심역량(core competence) 강화**로서, 기업이 다른 경쟁기업에 비해 월등한 경쟁력, 즉 핵심역량을 가져야 한다. 기업은 경영전략 구축시 타기업이 추종할 수 없는 연구개발, 기술연마, 제조능률, 고객 서비스 전략을 강구해야 한다.

둘째, **시너지(synergy) 효과**로서, 기업은 원가, 시장력, 기술 및 관리기술 등을 통합적으로 관리하여 관리적 시너지 효과를 거두어야 한다. 즉 가치공급연결쇠를 구성하는 고객과 공급업자간의 네트워크를 개선하거나, 또는 기업간의 전략적 제휴를 강화함으로써 시너지 효과를 창출할 수 있다.

셋째, **가치창조(value creation)의 활성화**로서, 기업이 핵심역량을 기르고 시너지 효과를 창출할 수 있을 때 고객에 대한 가치도 창조할 수 있다. **가치**(value)란 고객의 입장에서 이득(혜택)이 희생(비용)을 초과하는 부분으로서, 고객에게 혜택(이점: benefit)을 주기 위해서 기업은 제품, 서비스, 유통경로, 요원 및 이미지 등 차별화 요소를 통해 고객가치를 창조한다.

2) 전략결정의 고려요소

경영전략에 필요한 전략을 수립하는데 고려해야 할 요소는 크게 네 가지로 구분할 수 있다.

〈그림 10-5〉와 같이, 첫째, 기업이 경쟁해야 할 상대가 누구인가를 파악하기 위해 외부환경을 고려하는 것이다. 또한 경영활동 수행에 직, 간접으로 영향을 주는 정치적, 경제적, 사회적, 기술적, 문화적 환경 등 외부환경을 파악하는 것이다.

둘째, 기업 자신의 능력은 어떠한가를 파악하기 위해 내부여건, 즉 재무구조, 생산시설 및 기술축적, 경영능력을 명확하게 이해해야 한다.

셋째, 기업의 방향을 제시하는 경영철학을 고려해야 한다. 전략수립은 최고경영자의 몫이므로, 최고경영자의 가치관, 비전 등인 경영철학이 전략결정에 영향을 미치기 때문이다.

넷째, 사회적 책임을 다하고 있는가를 고려하는 것으로서, 기업이 사회적 존재로서 장기적으로 수익성을 실현해야 하기 때문이다.

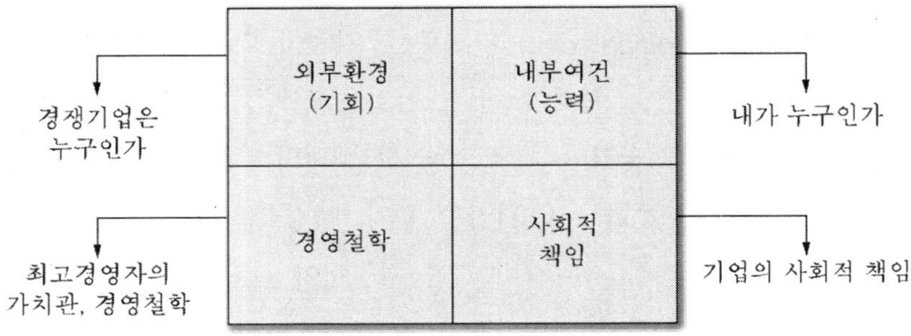

〈그림 10-5〉 전략결정의 4가지 고려요소

4. 사업영역과 경영전략의 수준

1) 사업영역의 의미

경영환경의 변화 속에서도 기업은 환경에 적응하고 개발함으로써 영속성의 목적을 달성하는 것이 존속의 합법성을 지키는 것이다.

그러나 기업이 영속성을 유지하기 위해서는 변화하는 환경 속에서 그의 사업영역을 확실하게 규명해야 한다. 즉 기업은 사업영역의 공간을 정해 놓고 영속성을 유지해야 한다.

기업이 살아남기 위한 공간적 활동범위인 **사업영역**은 세 가지 차원, 즉 서브해야 할 고객집단, 충족시켜야 할 고객욕구, 그리고 이러한 욕구를 충족시킬 기술의 관점에서 정의해야 한다. 따라서 고객, 고객의 욕구, 기술은 바로 사업, 시장, 제품의 3자 관계와 연관되므로, 각 사업은 그 자체의 전략이 요구된다.

2) 경영전략의 수준

현대기업은 그 규모가 커짐에 따라 다양한 전략이 요구되는 다양한 사업을 행하고 있어 기업본부, 사업부, 사업단위 및 제품을 기준으로 계층화된다. 따라서 경영전략은 기업전략, 사업부 전략, 기능별 전략으로 계층화된다(〈그림 10-6〉 참조).

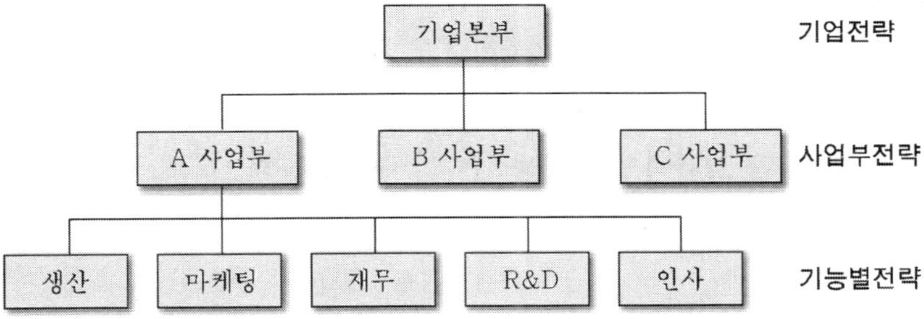

〈그림 10-6〉 기업전략의 수준

(1) 기업전략(corporate strategy: 전사전략)

기업전략이란 사업구조전략 또는 전사전략으로, 기업 전체적인 입장에서 기업의 여러 사업을 어떻게 구성해야 하는가, 즉 바람직한 사업구조를 어떻게 가져가야 하는가에 대한 전략이다.

따라서 기업전략은 하위시스템인 사업부 전략과 기능별 전략을 통합하는 것으로서, 그 핵심은 기업사명 및 활동영역의 정의와 자원전개의 결정이 포함되는데, 네 가지의 계획활동이 행해진다.

- 기업의 사명을 정의한다.
- 기업의 전략적 사업단위(SBU)를 수립한다.
- 각 SBU에 재원을 할당, 부과한다.
- 진출해야 할 새로운 사업분야를 확인한다.

(2) 사업부 전략(business strategy)

사업부 전략은 기업전략의 하위전략으로서, 그룹기업 내의 계열회사 또는 단일기업 내의 **전략적 사업단위**(SBU: strategic business unit)의 경영을 지배하는 전략이다. 즉 사업 차원에서 특정 산업이나 제품, 세분시장에서 어떻게 경쟁할 것인가에 초점을 둠으로써 경쟁전략이라고 하는데, 그 특성은 다음과 같다.

첫째, SBU의 경영자는 경쟁에서 이길 수 있는 방법, 주요 기능별 영역이 기업 전체의 효과에 어떻게 공헌할 수 있으며, 어떻게 재원을 배분할 것인가에 대해 관심을 갖는다.

둘째, 사업전략은 사업단위나 제품계열과 관련되므로, 광고, 연구개발, 제품변경, 신제품 개발, 설비, 제품계열 확장 등에 관심을 둔다.

셋째, 사업전략은 효과적으로 경쟁하는 방식을 결정하는데 초점을 맞춘다.

넷째, 사업전략은 경쟁적인 시장 속에서 위치를 잡는 위치화(positioning)전략이다.

(3) 기능별 전략(functional strategy)

기능별 전략은 기업전략 및 사업부 전략의 하위전략으로서, 재무, 생산, 마케팅, 회계, 인적자원, 연구개발 등 전문기능분야의 경영관리 방향을 결정하는 것이다.

따라서 기능별 전략은 기업전략과 사업부 전략을 전개하는 과정에서 내부자원의 배분과 기능분야의 경영활동을 조정, 통합함으로써 시너지를 극대화하여 배분된 자원의 생산성(효율성)을 극대화하는 것이 목적이다.

상기의 목적을 달성하기 위해 기능별 전략은 아래의 특성을 갖고 있다. 첫째, 사업전략을 구체적으로 수행하는 수단이다. 둘째, 기능별 전략들 간의 조화를 이루고, 기능별 행동을 개발하는 전략이다. 셋째, 사업단위 내의 주요 기능별 부서의 일과 연관이 있다. 넷째, 상이한 기능별 영역의 활동과 관련되며, 단기적인 전술과 관련된다.

5. 경영전략의 전개과정

조직에서 이루어지는 경영전략의 전개과정은 〈그림 10-7〉과 같이 이루어진다.

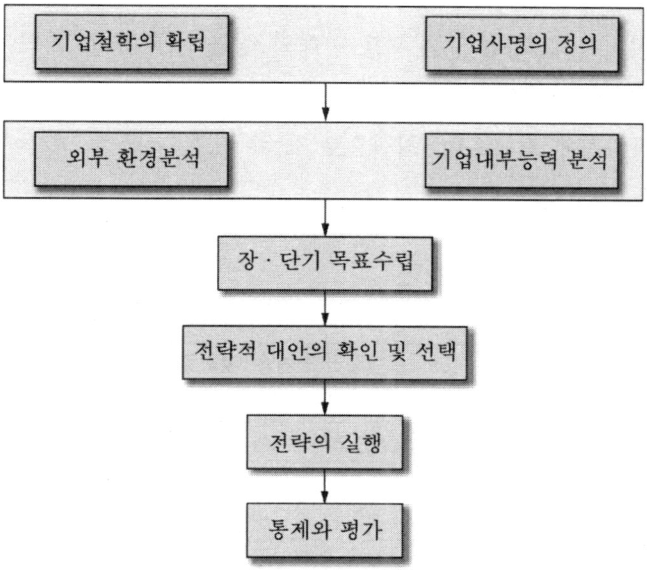

〈그림 10-7〉 일반적인 경영전략의 전개과정

1) 기업사명의 정의

전략수립의 출발은 기업의 기본적 임무(사명: mission)를 재확인하고, 최상의 목표가 성취되는 방향으로 노력을 지향하는 것이다. 이러한 **기업사명**이란 기업의 기본적 목적과 철학으로서 조직은 경영자, 종업원 그리고 고객으로 하여금 기업사명을 공유하도록 하기 위해 기업사명문을 작성한다(〈표 10-1〉 참조).

잘 만들어진 **기업사명문**은 첫째, 기업 구성원들에게 공유된 목표, 기회, 방향 등을 제공해 준다. 둘째, 지역적으로 흐트러진 구성원들이 조직에서 독립적으로 일을 할 수 있도록 지침하여 주며, 셋째, 조직의 목표를 올바르게 실천하도록 지침이 되며 보이지 않는 손으로서 작용한다. 넷째, 모든 계층의 구성원에게 의사결정의 지침을 제공할 수 있다.

그리고 좋은 기업사명문은 세 가지 특징을 구체화해야 한다. 첫째, 기업사명문은 어떤 독특한 목표에 집중되어야 한다. 둘째, 기업사명문은 당기업이 준수하고자 하는 주요한 방침과 가치관을 강조해야 한다. 셋째, 기업사명문은 기업이 활동할 중요한 경쟁영역을 규정해야 한다. 마지막으로 기업의 사명은 그 기업의 역사와 너무 동떨어진 목표를 재정의해서는 안 되며, 경영자 및 의사결정자의 사업 철학을 구체화시키고, 기업이 계획할 미래의 상을 함축하며, 기업이 만족시키려는 주요 소비자의 욕구와 기업의 주요 제품과 서비스 영역을 나타내며, 그리고 당기업의 시장환경에 적합하며, 최선으로 할 수 있는 독특한 역량에 바탕을 두어야 한다(기업사명문 참조).

〈표 10-1〉 초일류 기업들의 기업사명

기업	핵심목적
3M	미해결 문제의 혁신적 해결
카길(Cagill)	전세계 삶의 기준 개선
휴렛-팩커드(Hewlett-Packard)	인류의 진보와 복지를 위한 기술적 공헌
패시픽 시어터스(Pacific Theatres)	지역 사회의 번영과 발전을 위한 장소 제공
맥킨지(McKinsey & Company)	기업과 정부의 성공을 위한 도움 제공
머크(Merck)	인류 삶의 보존과 개선
나이키(Nike)	경쟁, 승리, 경쟁자를 물리치는 감정의 경험
소니(Sony)	공익을 증진하는 기술 발전과 적용의 즐거운 경험
월마트(Wal-Mart)	서민에게도 부자와 같은 제품 구입의 기회 제공
월트 디즈니(Walt Disney)	사람들을 행복하게 만듦

기업사명문

1. 아모코(Amoco)사

아모코사는 세계적인 정유 및 화학회사이다. 우리는 석유자원을 발견·개발하며, 또한 고객들을 위해 양질의 제품과 서비스를 제공한다. 우리는 월등한 재무적 수익, 균형된 장기적인 성장, 주주에게 배당을 하며, 공동체와 환경에 대한 우리의 약속사항을 이행하도록 우리의 기업을 책임감 있게 수행한다.

2. 모토롤라(Motorola)사

모토롤라사의 목적은 고객들에게 정당한 가격으로 월등한 품질의 제품과 서비스를 제공함으로써 공동체의 욕구를 충실하게 서브하는 것이다. 그렇게 하기 위해서는 전체 기업이 성장하는데 요구하는 적절한 이익을 획득해야 하며, 또한 우리의 구성원들과 주주들에게 그들의 합당한 개인적 목표를 성취할 수 있는 기회를 제공함으로써 이루어진다.

2) 환경분석: 기회와 위협

기업은 기회와 위협을 발견하기 위해 외부환경에 대한 정보를 수집, 분석, 평가해야 한다. 즉 외부환경을 분석함으로써 환경이 기업에게 주는 기회와 위협을 파악하게 된다.

기회(opportunity)란 전략적 목적을 달성할 수 있도록 돕는 잠재력을 지닌 외부환경의 조건 등 유리한 상황으로서, 기업의 이익을 창출할 수 있는 매력적인 분야이다. 이 기회는 매력성과 성공가능성에 따라 분류될 수 있다.

위협(threats)은 기업의 전략적 목적을 달성하지 못하게 하는 외부환경의 특성 또는 불리한 상황으로서, 기업의 판매나 이익을 침식하는 바람직하지 못한 추세나 발전에 의해서 제기되는 도전적 문제이다. 그 위협은 심각성과 발생가능성에 따라 분류된다.

3) 기업의 내부능력 분석: 강점과 약점

기업내부능력 분석은 내부경영과 자원의 분석으로서 기업의 환경변화 대응능력이 어떠한가, 경쟁자와 차별화되는 자원은 무엇인가를 알아보는 것이다. 따라서 기업의 능력, 즉 재무, 생산과 기술, 마케팅, 회계, 인적자원, 조직 등에서 기업이 갖는 강점(strength)과 약점(weakness)을 진단하고 경쟁적 위치를 평가하는 것이다.

기업의 내부경영과 강, 약점 분석에는 기업의 성과분석, 경영전략 평가 그리고 경영조직 및 내부자원의 진단, 경쟁적인 비교우위의 연구 등 여러 측면에 대한 분석이 포함된다.

바람직한 전략수립은 외부환경과 내부경영을 분석, 평가, 예측함으로써 기회와 위협에 기업의 강점과 약점을 연결시키는 활동에 의해서 이루어진다. 이러한 분석은 "SWOT" 또는 WOTS, TOWS라는 이름으로 외적인 환경기회와 내적인 경영능력의 장점을 연결하는 과정이 중시된다(〈그림 10-8〉 참조).

내부능력 \ 외부환경	기회	위험
강점	<성장> 기회활용을 위해 강점 사용 전략	<방어> 위협을 극복하기 위해 강점 사용 전략
약점	<인수> 기회활용을 위해 약점 보완 전략	<주의> 위협을 극복하기 위해 약점 보완 전략

〈그림 10-8〉 내부능력과 외부환경의 적합모델(SWOT)

4) 전략의 수립

SWOT분석이 이루어진 후 기업의 강점을 이용하여 기회를 살리고 위협을 최소화할 수 있는 전략을 수립하게 된다. 전략수립은 우선 장, 단기 목표를 세운 후 여러 가지 전략적 대안들 중에서 최적안을 선택하는 의사결정 과정으로 이루어진다.

전략 형성과정에 있어서 기업의 목표는 기업 내부여건의 분석과 관련하여 수립되는데, 기업목표는 첫째, 기업의 장점과 환경의 기회를 일치시키고, 둘째, 기업에 대한 위협을 최소화시키고, 셋째, 기업의 약점을 제거시켜야만 한다.

목표는 장기목표와 단기목표로 구성되며, 목표가 설정되면 전략은 기업전략, 사업부 전략 및 기능별 전략으로 구분되어 수립된다.

기업전략의 목적이 수립되면, 그 실행을 위해 사업부 전략과 같은 하위전략으로 구체화되어야 한다. 하위전략에는 표적시장과 시장에 대한 분석을 위해 제품-시장 범위를 조사한다든가, 제품 자체의 특성과 기능, 디자인과 품질, 가격을 포함하는 표적시장의 범위, 유통경로, 기타 광고 등 촉진에 관해서도 구체적으로 분석해야 한다.

그 밖에도 제품-시장 범위에 대한 전략적 분석을 통해서 경쟁우위를 확보할 수 있는 하위전략을 구상할 수 있다. 제품-시장 범위를 확대시키기 위해서는 시장침투 전략이나 신시장 개발전략, 기타 신제품 개발전략과 다각화 전략을 채택할 수 있다. 그 외에도 수직적, 수평적 통합전략을 통해서 제품-시장 범위를 확대하여 경쟁우위를 확보할 수 있다.

상기의 하위전략을 성공적으로 실행하기 위해서는 효율적인 자원전략을 마련해야 하는데, 자원전략이란 자금, 인력, 기술, 시설 등과 같은 자원을 확보하는 전략과 확보된 자원에 대한 배분을 하는 전략을 포함한다.

5) 전략의 실행과 통제

전략을 실행하기 위해서는 조직구조와 기능, 계획-통제 시스템, 정보시스템 및 기업문화에 대한 분석이 있어야 한다.

(1) 조직설계와 기능의 확인

경영전략과 경영조직은 상호 밀접한 관계가 있으므로, 경영전략을 성공적으로 실행하기 위해서는 경영전략 수행에 적합토록 조직구조를 설계하고 개발하며, 그에 수반되는 기능을 확실히 해야 한다.

(2) 계획-통제 시스템 마련

경영전략의 기능 및 조직설계를 효율적으로 실행하는데 필요한 계획 및 통제 시스템을 마련해야 한다. 즉 상위의 전략목표가 적시에 하위자에게 전달되어 하위자가 실행목표를 구체화할 수 있도록 해야 한다. 이에 따라 하위자는 자신의 과업목표를 상위목표와 관련시켜 확정하고, 이의 실행에 필요한 행동지침이나 활동계획을 수립, 실천할 수 있다.

계획수립 후 그 계획을 차질없이 집행할 수 있도록 통제시스템을 마련해야 한다. 통제과정을 통해 경영자는 전략이 조직의 목적을 잘 수행하고 있는가를 확인할 수 있으며 또한 시정조치를 취할 수 있다.

(3) 정보시스템 마련

경영전략을 수행하기 위해서나, 경영 내·외적인 환경요인에 대한 전략적 분석을 하기 위해서나, 또한 전략구상과 전략수행 및 그 평가와 통제를 위해 정보시스템이 마련되어야 한다. 그 이유는 상기의 모든 기능은 정보의 적절한 뒷받침이 있을 때 수행이 가능하기 때문이다.

(4) 기업문화의 개발

경영자의 의사결정과 행동 그리고 기업 구성원의 가치관과 태도는 조직문화에 의해 영향을 받으므로, 조직문화가 전략과 조화를 이룰 때 구성원의 가치관과 태도가 변화되고, 따라서 그 목표를 달성할 수 있다.

기업은 전략적 계획을 수립하는 단계에서 조직문화를 면밀하게 파악해야 한다. 조직문화에는 양적인 성장보다는 질적인 목표추구, 기술혁신을 격려하는 사내 분위기, 적극적인 마케팅 활동을 행하는 전통, 구성원의 협동정신 등이 포함되는데, 강한 조직문화를 가진 조직에서는 구성원 모두가 조직목표를 인지하고 지원하게 된다.

그리고 기업의 최고경영자나 창업자에 의해서도 기업문화가 영향을 받으므로, 전략을 수립할 때에는 경영자의 가치관 그리고 기업문화 등이 고려되어야 한다.

제 3 절 핵심역량의 구축

1. 핵심역량의 중요성과 의미

세계의 모든 국가들이 자본주의 경제체제하에서 시장쟁탈전의 소용돌이에 휘말리게 됨으로써, 기업들은 격심한 시장경쟁하에서 살아남고 또한 발전하기 위해 경쟁전략을 통한 경쟁우위(competitive advantage)를 확보해야 한다. 경쟁전략을 강구함에 있어 가장 중요한 것은 핵심역량(core competence)을 구축하고 또한 그것을 뒷받침할 수 있도록 사업을 구조조정하는 것이다.

생태계의 기본원리는 강자만이 살아남을 수 있고, 1등만이 생존경쟁에서 버틸 수 있으므로 핵심역량을 구축함으로써 초일류기업으로 자리를 굳힐 수 있다. 특히 구조조정을 통해 핵심역량이 있는 사업을 재구축해야 한다.

기업생존의 핵심으로 등장한 핵심역량이란 개념은 하멜(G. Hamel)이 처음 도입하였는데, **핵심역량**이란 기업으로 하여금 시장에서 선도자의 자리를 유지할 수 있도록 조직의 집합적 학습을 통해 지식, 경험 및 숙련 등을 묶음으로 통합하는 능력이라고 정의할 수 있다.

따라서 핵심역량은 기업 전체적으로나 사업단위 차원에서 경쟁우위를 차지하는데 부족함이 없는 능력을 골고루 갖추고 있다는 것을 의미한다. 즉 가격, 품질, 성능, 디자인, A/S, 기술, 상표이미지, 기타 모든 차원에서 기업이 경쟁우위를 획득할 수 있을 때 기업은 시장에서 선도기업의 위치를 차지하고 높은 이윤을 창출할 수 있다.

결론적으로, 시장지향적 경영전략 차원에서의 경쟁우위를 결정하는 **핵심역량**이란 경쟁기업에 비해서 훨씬 우월한 능력, 즉 경쟁우위를 창출할 수 있는 핵심적 능력을 갖춤으로써 특정기업이 보유하고 있는 경영자원을 타 경쟁사가 쉽게 모방할 수 없게 하는 기업 특유의 능력을 말한다.

예컨대, Toyota사의 JIT시스템, Shell사의 부문별, 사업단위별 조정과 동기부여, Wal-Mart사의 강력한 리더십들은 그 업계에서 선두자리로 만들었다. 그 밖에도 경영정보 분야(American Airlines사의 Sabre Network), 연구개발 분야(Merck, AT&T, Sony, Canon, Honda), 생산분야(Nucor의 제조공정개선, Benetton사의 신속반응 시스템), 제품 디자인 마케팅 분야(Apple사, P&G, Benz), 기타 판매·유통분야(Microsoft, FedEx) 등에서 많은 기업들이 핵심역량을 키웠다.

2. 핵심역량의 평가

기업이 보유하고 있는 핵심역량은 명백한 경우도 있지만, 애매한 경우도 있다. 따라서 핵심역량을 특정제품이나 개별 사업단위 등 부분적 접근방법에 의해 키울 수도 있지만, 기업의 전체적인 관점에서 사업활동 간의 연계방법을 총체적으로 통합하는 접근방법에 의해 키워나갈 수도 있다. 예를 들어, Honda사의 핵심역량인 오토바이 엔진은 오토바이라는 제품에 한정하지 않고 자동차, 설상차, 잔디깎기 기계 등 Honda사의 엔진이 적용될 수 있는 각종 제품에 적용되고 있다. 따라서 기업이 보유하고 있는 핵심역량에 대한 평가는 **가치연결쇠**(value chain)의 개념으로 가능할 수 있다.

포터(M. Porter)는 기업의 핵심역량이 본원적 활동과 지원 활동 등 두 가지 가치활동에 의해서 구성된다고 전제하고, 그에 대한 평가가 필요하다고 주장하였다.

본원적 활동에는 ① 자원을 투입하는 내부지향적 로지스틱스(구입, 저장, 운반), ② 지원을 통해 최종제품으로 전환하는 생산운영 활동(투입, 산출활동), ③ 최종제품을 선적하는 외부지향적 로지스틱스(수집, 저장, 물적유통), ④ 최종제품을 시장에 내놓는 마케팅과 판매(광고, 판매촉진) 그리고 ⑤ 그것을 서비스하는 서비스 활동(제품가치의 유지, 증진활동) 등이 포함된다. 그리고 **지원활동**에는 ① 투입요소를 획득하는 활동, ② 생산운영과 마케팅을 지원하기 위한 기술개발활동, ③ 인적자원관리 활동 및 모든 경영활동을 완만히 수행케 하는 기업 하부구조활동 등이 있다.

이들 모든 가치활동들이 상호보완적으로 잘 연계되어 상호작용할 수 있을 때, 기업의 핵심역량은 시너지 효과를 창출하게 됨으로써 시장에서 경쟁력을 발휘하게 된다. 이러한 핵심역량은 상호비교를 통해서나 또는 기간비교를 통해서 평가될 수도 있고, 소비자 태도나 거래선의 태도, 기타 반응분석을 통해서도 간파할 수 있다.

3. 핵심역량의 강화

기업은 현재 보유하고 있는 핵심역량을 키워나갈 뿐만 아니라, 새로운 핵심역량을 창출해야 하는데, 이를 위해서는 아래와 같은 핵심역량 강화방안을 강구해야 한다.

첫째, 기업은 환경변화에 적응할 뿐만 아니라 환경을 개선, 개발함으로써 환경을 기업의 경영전략에 끌어들이는 환경창조적인 기능을 강화하여 핵심역량을 축적할 수 있어야 한다.

둘째, 강화대상 핵심역량과 추가대상 핵심역량의 내용을 보다 구체적으로 명시하여 모든 구성원에게 핵심역량 구축에 보다 효율적으로 대처할 수 있도록 해야 한다.

셋째, 핵심역량과 경영전략 간의 상호밀접한 연계성이 유지될 수 있어야 한다.

넷째, 핵심역량을 구축하기 위해 기업은 다른 기업과 제휴가 필요한 경우 훌륭한 동반기업을 구해야 한다.

다섯째, 핵심역량은 최고경영자의 태도에 좌우되므로, 최고경영자로부터의 적극적인 후원을 받아야 한다.

4. 핵심역량 구축과 사업 구조조정

기업이 핵심역량을 구축하여 경쟁력을 강화하기 위해서는 우선 사업에 대한 구조조정을 해야 한다. 즉 기업이 변화하는 환경 속에서 생존하고 성장하기 위해서는 기존의 기업구조를 재편성하는 구조조정을 단행해야 한다. **구조조정**(restructuring)이란 전체의 사업구조를 놓고 주력사업과 퇴출사업을 합리적으로 정함으로써 사업의 기본 노선을 정하는 것이다.

사업 구조조정을 하기 위해서는 우선 산업구조 분석이 기초가 되어야 한다. 그 분석에 기초하여 시장에서 경쟁우위를 확보할 수 있는 기본전략을 구축한다든가 또는 변화하는 시장상황에 대처할 수 있는 적응전략을 모색할 수 있기 때문이다.

우선 **산업구조분석**은 산업내 경쟁자의 경쟁강도 또는 경쟁구도, 기타 경쟁요인에 대해 체계적으로 분석하는 것인데, 이 산업구조분석은 경영전략의 구상과 핵심역량 구축에 있어서 가장 중요한 요인이기 때문이다.

산업구조분석은 산업 내 기존 경쟁자들 간의 경쟁력을 네 가지 변수, 즉 새로운 기업의 진입가능성, 구매자의 교섭력, 공급업자의 교섭력, 대체제의 압력 등으로 가능하다. 이상의 산업구조분석을 통해서 기업은 개별 사업단위가 어떤 산업환경 속에서 사업을 하고 있는가에 대한 정보를 획득할 수 있다.

5. 경쟁우위 요소를 고려한 본원적 전략

기업이나 사업단위가 어떤 시장과 어떤 경쟁우위 확보에 목표를 두느냐를 결정하기 위해 본원적 경쟁전략을 살펴보아야 한다.

본원적 경쟁전략(generic competitive strategy)이란 산업내에서 효과적으로 경쟁할 수 있는 일반적 형태의 전략유형으로서, 마이클 포터는 본원적 경쟁전략으로 원가우위 전략, 차별화 전략, 집중화 전략을 제시하였다(〈그림 10-9〉 참조).

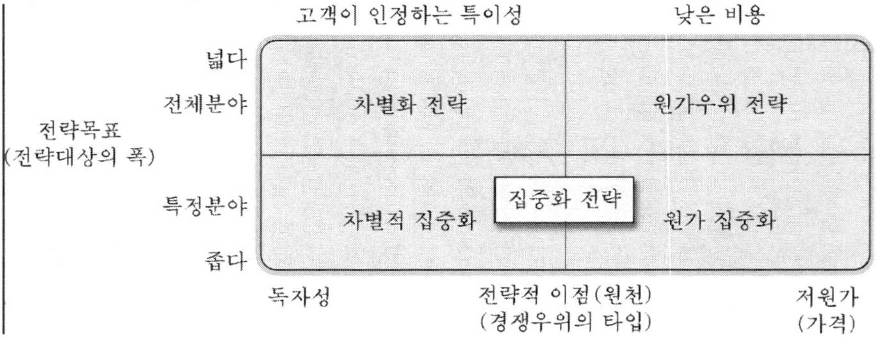

〈그림 10-9〉 본원적 경쟁전략

같은 산업에 속한 기업이라도 어떠한 전략을 수립하여 실행하느냐에 따라서 기업의 경영성과가 달라진다. 그러므로 기업은 산업내에서 경쟁우위를 확보할 수 있는 요소를 고려하여 자신이 취할 수 있는 분명한 경쟁전략을 수립해야 한다.

1) 차별화 전략

차별화 전략(differentiation strategy)은 제품이나 서비스를 경쟁사의 그것과 차별화하여 고객이 비싼 가격을 지불하더라도 구입하려고 하는 독특한 그 무엇이 제공되어 경쟁우위를 확보하는 전략이다.

경쟁기업의 제품보다 품질이나 디자인에서 월등하거나 또는 유명한 상표가 부착된 경우로서 독자성을 갖고 있어야 하는데, 대표적인 예는 Sony, Nike, BMW 등이 있다. 따라서 기업은 제품, 서비스, 유통 및 촉진 등 마케팅 믹스요소에 전사적인 노력을 경주함으로써 차별화의 이점을 활용해야 한다. 이 경우 중요한 것은 가격 경쟁력을 상실해서는 안 되며 또한 모방의 위험성에도 노출되지 않도록 해야 한다.

2) 원가우위 전략

원가우위 전략(cost-leadership strategy)이란 기업의 어떤 제품이 다른 경쟁기업의 제품에 비해서 품질에는 그다지 손색이 없지만 가격을 현저하게 낮추어 고객에게 제공하는 전략이다.

시장에서는 가격이 중요하므로 기업은 원가절감을 위한 전략을 강구함으로써 원가우위를 누릴 수 있는데, 이를 위해서는 ① 대규모 자본투자(첨단 생산시설)와 유리한 조건의 자원확보, 생산공정의 합리적 관리, 집중적인 노동력 관리, 효율적인 제품설계, 유통비용의 절감방안 강구(납품업체), 중간상 등과의 긴밀한 유대관계, ② 과학적 원가관리, 보고체계의 강화, 목표 대비 실적평가와 그에 따른 인센티브 시스템 도입 등이 필요하다.

그러나 제품의 판매는 가격요인에 의해서만 이루어지는 것이 아니므로, 경쟁사의 저렴한 신제품 출시에 대비하여 신축적으로 대응할 수 있도록 대처하고, 또한 기술변화에 의한 과거의 시설이나 노하우가 무용지물이 되지 않도록 기술변화나 품질개선 등 시장에 대한 전반적인 차원에서 시장을 주도해 가는 시장선도 전략으로 발전할 수 있도록 해야 한다.

Wal-Mart사

2000년 세계 유통업계의 최대 이슈는 미국 월마트의 유럽시장 진출이다. 월마트는 1999년 6월 영국 제3위 유통업체인 아사다(Asada)를 매입하여 유럽지역에서 두 번째 유통거점을 확보했다. 이보다 앞서 월마트는 독일의 한 유통업체를 인수하여 유럽시장 진출의 첫 거점을 마련했다. 월마트의 진출로 바야흐로 유럽은 가격전쟁에 접어들게 되었다.

월마트는 매출액 1천1백79억 달러의 세계 최대 유통업체로 미국, 한국, 중국 등 세계 10가국에 2만5천여개 쇼핑센터를 운영중이다. 전세계 월마트 쇼핑센터에 들른 고객만도 매주 9천만명에 달한다.

이 회사는 1962년 설립 후부터 경쟁기업이 신경쓰지 않던 중소도시를 집중 공략했다. K마트가 5만명 이하의 도시에는 진출하지 않았던 반면 월마트는 5천명 이하의 도시에도 쇼핑센터를 열었다. 그 결과 과당 경쟁으로 수익률이 낮았던 대도시를 피함으로써 알짜기업으로 클 수 있었다.

월마트는 EDLP(Every Day Low Price ; 매일 최저가)라는 슬로건을 내걸고 있다. 철저한 비용우위에 의한 박리다매 전략이다. 이를 위해 3대의 인공위성이 활용되고 있다. 지구촌에서 가장 저렴한 원료를 발굴, 제품가격을 최대한 낮추는 경영전략이다. 이는 리얼타임 정보시스템을 통해 본사와 점포, 협력업체, 물류센터 등을 연결하여 전세계 제품을 품목별로 집중적으로 관리하면서 가능하게 되었다. 이와 같이 월마트가 세계적인 유통업체로서 성공할 수 있었던 이유는 원가절감을 통한 비용우위를 확보했기 때문이다.

3) 집중화 전략

집중화 전략(focus strategy)은 특정한 표적세분시장이 되는 특정 지역이나 고객 또는 제품계열에 맞춤으로써 특정 대상시장에서 집중적인 마케팅 노력을 통해 시장을 공략하는 전략이다.

집중화 전략은 특정한 부문에 한정하여 접근하는 전략이므로, 특정한 대상의 요구를 보다 적극적으로 충족시킴으로써 차별화를 이룩하거나, 또는 이러한 대상에 대한 제품이나 서비스를 공급하는데 있어서 원가상의 우위를 달성할 수도 있게 된다.

즉 집중화 전략은 특정시장에만 집중하는 전략이므로, 특화된 영역안에서는 원가우위나 차별화 가운데 하나를 선택하게 되는데, 그 이유는 보통 규모가 작은 기업이 추구하기 때문이다. 따라서 전체시장에서 성공할 수 없는 경우, 상대적으로 원가우위나 차별적 우위가 기대되는 시장이나 고객에게 마케팅력을 집중시킴으로써 시장점유율을 높일 수 있다.

제 4 절 기업문화와 조직개발

1. 기업문화의 개념과 특성

1) 기업문화의 의미

문화란 사회를 구성하고 있는 모든 사람들이 소유하고 있는 가치관과 신념, 이념과 학습 그리고 기술과 지식을 말하는 거시적이고 종합적인 개념이다. 따라서 기업문화 또는 조직문화는 기업의 구성원들이 공유하고 있는 가치관, 신념, 이념과 학습, 규범과 전통, 관습 그리고 지식과 기술 등을 포함한 종합적인 개념으로서 조직구성원과 조직 전체에 영향을 주는 기본요소이다. 그러므로 기업문화에는 ① 구성원들이 공통적으로 생각하는 방법(사고방식), ② 느끼고 있는 감정의 방향(감수성), ③ 행동하는 양식(형태적 특성)의 체계가 대표된 것으로서, 구성원들이 조직체를 어떻게 지각하고 있는가를 설명, 묘사하는 것이다.

상기의 내용을 종합하면, **기업문화**(corporate culture, organizational culture)란 어떤 조직을 다른 조직과 구별하게 만드는 것으로 시간의 흐름에 따라 서서히 발달하고 또한 창업자의 비전을 포함한 조직의 축적된 역사에 바탕을 두어 형성된 구성원들의 공유된 가치관(가치의식)과 그것이 표출된 상징 특성이나 행동규범, 그리고 일부의 경영이념이라고 할 수 있다.

여기에서 구성원이 인식하는 것 그리고 공유된 가치관은 기업의 독특한 상징 특성과 행동규범 등의 형태로 표출된다.

첫째, 상징특성이란 의례, 양식, 회화, 신화, 전설, 영웅 그리고 특수한 언어와 같이 상징적 도구들에 의해 조직구성원들의 가치나 신념이 기업에서 특징적으로 표명되는 상태를 말한다.

둘째, 행동규범이란 조직구성원들에 대해서 확립된 행동의 표준 또는 규칙으로서, 구성원들 간에 받아들여질 수 있는 공유된 행동의 기준이다. 이렇게 행동규범이 형성되는 이유는 ① 개인으로서는 갖추기 어려운 복잡한 조직세계에 대한 이해의 준거를 제공하여 주며, ② 행동규범이 조직의 존속과 목표달성을 위한 통일된 행동을 가능하게 해 주기 때문이다.

2) 기업문화의 특성

기업은 주어진 환경 속에서 전략목적을 추구하는 과정에서 그에 적합한 조직행동을 형성하게 되는데, 이것이 기업문화를 형성한다. 이렇게 형성된 기업문화는 조직구조와 제도, 절차 그리고 조직구성원의 행동에 영향을 주면서 더 강화되고 지속되어 나간다.

이러한 기업의 문화적 특성은 다섯 가지 요소를 갖는다.

첫째, 유동적인 조직구조와 신속한 관리행동을 지향하며

둘째, 조직구조를 간소화시키며, 의사결정의 동질화를 도모케 하고,

셋째, 전통가치에 기초하며

넷째, 이상적인 인물을 선망하며

다섯째, 인간중심의 경영관을 전제로 동태적인 경영스타일을 지닌다.

상기의 특성을 갖는 기업문화를 평가하기 위해서는 10개의 평가기준, 즉 구성원의 일체성, 집단의 강조, 구성원 집중, 단위들의 통합성, 통제, 위험감수, 보상기준, 갈등 감수, 수단-목표 지향성, 개방시스템 집중 등을 사용한다.

2. 기업문화의 중요성과 기능

1) 기업문화의 중요성

경영전략을 수립하고 수행하는 사람들은 기업의 고유한 가치관과 행동규범, 행동양식에 영향을 받으므로, 환경조건과 경영전략 그리고 일관성 있는 조직구조와 행동을 형성하기 위해서는 관련되고 적합한 문화적 특성을 개발해야 한다. 기업문화는 구성원들의 인지되는 틀이므로, 기업문화가 어떤 수준이며, 어떤 내용의 것이냐에 따라서 그 기업의 상태가 달라지기 때문이다.

그러므로 현대경영은 구성원 모두에게 역할을 부여함에 있어서 조직의 행동지

침 또는 규범으로서의 기업문화적 특성을 제시함으로써 자주적이고 몰입적으로 구성원들이 조직에 공헌할 수 있도록 해야 하는데, 그 이유는 기업문화가 기업의 성공에 크게 영향을 주기 때문이다.

또한 기업문화에 대한 관심이 고조되는 두 번째 이유는 장기적으로 높은 성과를 거두는 기업이 어떤 문화적 특성을 가지고 있기 때문이다. 이와 더불어 기업문화가 강조되는 이유는 다음과 같다.

첫째, 현대기업은 자본주의의 생리와 체질, 시장경제체제의 요건에 익숙하게 적응할 수 있는 가치관과 신념을 추구해야 하기 때문이다.

둘째, 기업이 세계화됨에 따라 구성원 모두가 국제적 감각에서 경영을 담당할 수 있는 시각을 가져야 하기 때문이다.

셋째, 기업시민으로서의 소양을 갖춘 경영자를 양성해야 하기 때문이다.

넷째, 구성원들이 조직의 목표와 개인목표를 함께 추구할 수 있는 가치관을 가지며, 또한 조직목표를 위해 자주적, 적극적, 협조적 노력을 다할 수 있는 신념을 가져야 하기 때문이다.

다섯째, 기업조직과 구성원이 하나라는 공동체 의식을 갖게 하며, 주인의식이 생산성과 연결되어야 하기 때문이다.

여섯째, 관리적 의사결정에 능동적으로 대처할 수 있는 태도와 정신력을 구성원들이 갖추고 있어야 하기 때문이다.

2) 기업문화의 기능

경영 내·외적인 이유로 인해 조성되는 기업문화는 다음과 같은 기능을 수행한다.

첫째, 기업문화는 구성원에게 소속감을 주고 정체의식을 심어 준다.

둘째, 기업문화는 자기보다는 큰 어떤 것에 대한 몰입을 촉진시켜 준다.

셋째, 기업문화는 집단적 몰입을 가져와 가치관이나 반응, 행동의 통일을 가져오게 한다.

넷째, 기업문화는 행동을 지침하고 형성시키는 감지도구의 역할을 수행하여 조직체계의 안정성을 높인다.

다시 말해서, 기업문화는 구성원의 행동기준을 제시함으로써 구성원들을 결합시키는 사회적 접착제 역할을 하며, 사회로부터 호의적인 반응을 얻게 하며 또한 구성원의 행위나 태도에 강력하게 영향을 미침으로써 타기업과 구별케 하는 기능을 수행한다.

3) 기업문화의 구성요소

기업문화는 가치관과 신념, 규범과 관습 등 여러 가지 요소로 형성되는데, 피터스(Thomas T. Peters)는 7-S의 모형을 제시하여 기업문화의 중요 요소와 이 요소들 간의 상호관계를 개념화하였다.

〈그림 10-10〉과 같이, 기업문화의 구성은 ① 전략(strategy), ② 구조(structure), ③ 시스템(system) 등 세 가지의 하드웨어와, ④ 구성원(staff), ⑤ 기술(skill), ⑥ 행동특성(style), ⑦ 공유가치(shared value) 등 네 가지의 소프트웨어 등 7가지 구성요소이며, 이 구성요소는 서로 상호작용하여 환경적응적 행동을 취한다. 그리고 기업문화의 형성에 있어서 공유가치가 가장 중요한 역할을 한다.

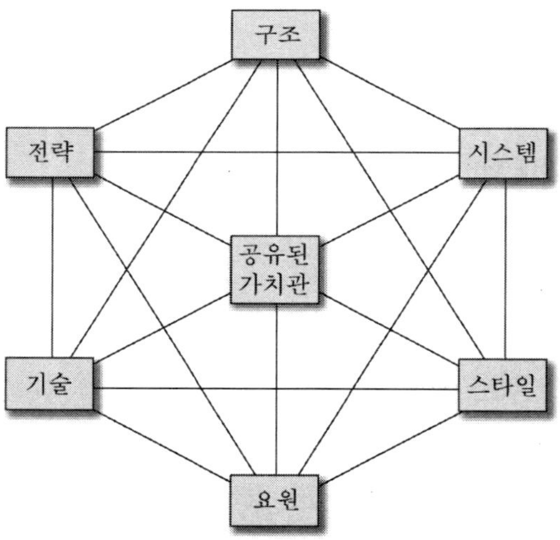

〈그림 10-10〉 맥키지의 7-S틀

4) 기업문화의 영향요인

경영전략과 기업문화는 상호간에 밀접한 관계를 맺고 있다. 또한 구성원의 의사결정과 행동에 영향을 주는 기업문화는 기업내외의 각종 영향요인을 합리적으로 흡수함으로써 독자적인 기업문화를 창조해야 한다.

기업문화는 몇 가지 요인에 의해서 변화되는데, 그 원천에는 외적 및 내적 변화요소가 있다.

첫째, 외적 변화요소로서, 기업은 정치, 경제, 사회의 외부환경의 변화로 기업의 문화적 틀에 대한 변화를 하며 따라서 경영전략도 변화하게 된다. 즉 재무적인 문제(IMF 외환위기), 주요 고객의 상실 및 경쟁사의 극적인 기술혁신 등과 같은 극적인 위기는 기업문화의 변화를 요구한다.

둘째, 내적 변화 요소로서, 새로운 경영층의 진출에 의한 지도력의 변화 또는 최고경영자의 변화된 경영철학이나 이념에 의한 기업목적, 경영관리 체제, 조직구조, 조직형태 등도 조직의 문화적 특징을 형성케 한다. 또한 구성원 상호간의 상호작용으로 도출되는 새로운 공유된 가치관이 하나의 정리된 틀로 나타나 독자적인 기업문화를 형성하게 된다.

3. 기업문화의 변화와 조직개발

1) 기업문화의 변화요구

기업문화는 아래의 상황이 전개되는 경우 그 변화가 요구된다.

첫째, 기업목표, 경영전략, 경영관리체제, 조직구조 등과 조화되지 못할 경우

둘째, 최고경영층, 중간관리층 그리고 일선종업원들이 공유하는 가치관 사이에 차이가 있는 경우

셋째, 동일 계층 및 부서내 구성원간에 공유가치가 희박해져 응집력이 낮은 경우

넷째, 현재의 기업문화로는 예상되는 미래 환경변화에 효과적으로 대응하기 곤란하다고 판단되는 경우

다섯째, 타기업의 인수, 합병 및 기업의 해외 진출시

여섯째, 기존의 행동양식과 요구되는 행동양식이 일치되지 않는 경우

일곱째, 조직이 성장함에 따라 단계별로 요구되는 기업문화가 필요한 경우이다.

이 경우에 기업문화는 교육훈련, 최고경영층의 모범적 행동, 새로운 스탭의 영입, 새로운 사업의 합병, 회사명을 바꿈, 최고경영자의 호언 등 여러 가지 방법에 의해서 개발, 강화될 수 있다. 이렇게 의도적으로 기업문화를 변화시키는 과정에서 그 기업의 시각적 이미지(VI: visual identity), 정신적 이미지(MI : mind identity), 행동이미지(BI: behavior identity) 및 기업의 총체적이고 자주적인 이미지(CI: corporate identity)가 정립되고 공고히 된다.

그러나 새로운 기업문화를 체계적으로 개발하려면, 변화된 기업문화에 부합되는 조직구조, 새로운 역할모형, 새로운 인센티브 시스템과 보상제도, 변화담당자의 변화개입 등 조직개발의 계획적 변화방법 등이 뒷받침되어야 한다.

2) 조직개발 전략의 의미

최고경영층은 기업문화를 변화시키기 위해 조직개발 전략을 강구해야 한다. **조직개발**(OD: organizational development)이란 행동과학의 지식을 이용하여 조직의 대응능력을 높이고 조직의 성과와 구성원의 만족도를 향상시키는 장기적이고 포괄적인 조직변화 전략이다.

따라서 조직개발의 초점은 조직의 인간적 측면 즉 인간의 유효성을 높이는 데 있다. 따라서 조직개발은 전사적 차원에서 계획적으로 실시하여 장기간의 시간적 여유를 두고 조직 전체의 근본적인 변화에 관심을 두어 구성원들의 사고와 행동양식을 바꿀 수 있도록 전개되어야 한다. 이 때 경영 전구성원 특히 최고경영자의 적극적인 관여와 지원이 필요하다.

3) 조직개발 기법

기업문화의 변화전략으로서 조직을 개발하기 위해서는 몇 가지 방법을 이용할 수 있다.

(1) 감수성 훈련

감수성 훈련(sensitivity training)은 출신배경, 연령, 직업 등이 서로 다른 사람

을 10~20명 정도로 소집단을 이루게 하고, 몇 주일간 같이 생활하면서 서로 토론도 하고, 서로에 대해 평가하게 해 주는 프로그램이다. 감수성 훈련을 통해 참가자들은 자신의 행동이 타인에게 어떤 영향을 주는지 파악하고, 자신에 대한 인식을 높이며, 구성원 간의 원활한 상호작용을 도모케 된다.

(2) 조사연구 피드백 기법

조사연구 피드백(assessment feedback) 기법은 설문이나 면접을 통해 조직 상태를 진단하고, 그 문제점과 장·단점을 조사하고, 그 결과를 조직구성원에게 피드백시켜 줌으로써 더 나은 조직으로 스스로 발전해 나가도록 하는 방법이다.

(3) 팀구축법

팀구축법(team training)은 10명 내외의 다양한 구성원들로 팀을 이루어 1박2일 정도 합숙하면서 자신들의 문제를 진단하고 개선할 점을 나열하여 이를 종합 분석하고, 구성원에게 피드백시키면서 토론의 기회를 주는 것이다.

(4) 근로생활의 질(QOWL)

QOWL(quality of work life)는 직장과 근로생활의 질을 높일 수 있도록 직무를 재구성하여 구성원들로 하여금 만족감을 느끼게 하며, 그 직무를 통하여 자신을 개발하게 하는 방법이다.

(5) 기타

그 이외에 조직개발 기법으로 OJT, Off-JT, 역할연기법, 사례연구방법 등 일반적인 교육훈련 프로그램을 이용하는 방법, 그리드(grid) 훈련기법, 브레인스토밍(brain storming), 목표에 의한 관리(MBO) 시스템 등이 있다.

4) 새로운 기업문화 개발과정

새로운 기업문화를 개발하기 위해서는 아래의 세 단계과정을 밟아야 한다.

(1) 새로운 기업문화의 모색

최고경영층과 변화담당자의 주도하에 현재의 기업문화를 진단하고, 기업 내외환경을 분석하며, 기업이 지향하는 장기목표와 이미지를 중심으로 이에 알맞은 기업문화를 모색하는 단계이다.

바람직한 기업문화는 기업에 따라서 상이하지만, 대부분의 기업은 조직구성원의 행동을 조성하기 위하여 개방성, 자율성, 창의성, 개발성 등을 기업문화 개발의 대상으로 하고 있다.

(2) 변화전략의 구상

윗 단계에서 결정된 새로운 비전과 기업문화에 따라 이를 기업 내에 정착시키기 위하여 개발전략이 구상되어야 한다. 기업문화의 변화개발은 기업문화의 변화에 대한 속도, 범위 및 시간 등에 따라서 그 방향과 구체적인 계획이 달라진다. 그리고 담당자의 개입정도도 변화전략에 따라 결정된다.

(3) 행동계획과 개입활동

기업문화의 구체적인 행동계획을 수립하는데 있어서 변화담당자는 바람직한 기업문화적 요소와 행동계획의 유형을 중심으로 기업문화의 개발활동을 체계화해야 한다.

그러나 기업문화의 체계적인 개발은 오랜 시간과 막대한 자원투입을 필요로 하므로, 조직문화의 개발은 매우 중요한 조직개발의 과제가 되고 있다.

오픈 이노베이션의 성공 요인

IT의 급속한 발전과 기술혁신에 대한 다양성이 부각하면서 기업의 기술개발시스템이 폐쇄된 혁신시스템에서 오픈 이노베이션으로 급격하게 변화하고 있다. 하지만 국내 기업은 글로벌 기업에 비해 오픈 이노베이션에 대한 대응이 미비한 실정이다. 오픈 이노베이션의 개념과 가치, 실행을 위한 내용을 자세히 살펴보면 다음과 같다.

오픈 이노베이션은 기업 내부의 폐쇄적인 기술혁신시스템에서 벗어나 적극적으로 내·외부의 다양한 원천을 이용하는 것을 말하며, 즉 가치가 있는 아이디어나 기술, 인력을 내·외부 및 경쟁사에 상관없이 획득해야 하고, 이를 제품개발에도 적극 활용하는 경영전략을 말한다. 과거의 단일 기업에서만 이루어지던 기술혁신에서 탈피하여 디지털 시대의 경영환경에 맞게 네트워크화된 기술혁신으로 그 양상이 다양화, 복잡화되고 있다. 기업은 이러한 기술혁신의 시대적 흐름의 변화를 타고 기술혁신의 핵심인력을 기업 내부에서 뿐만 아니라 외부에서도 충원하고 있다. 그러나 많은 기업들이 모두 기술개발과 제품생산은 기업 내부에서 해결하려고 하는 경향이 있다. 1회용 카메라인 폴라로이드의 경우 렌즈, 광학 처리, 디지털 신호, 소프트웨어, 저장기술 등 디지털 카메라와 관련된 모든 기술을 직접 개발하여 제품을 생산하게 되었다. 문제는 단순한 기술을 아웃소싱하여 생산한 경쟁업체에 비해 개발비용의 과다 지출로 판매가격을 높게 책정하여 가격경쟁력을 상실한 것은 좋은 예이다.

오픈 이노베이션은 다양한 형태의 네트워크로 나타나게 된다. 이러한 네트워크는 기업의 특성, 자원 등을 반영하기도 하지만 대부분 산업의 특성에 의해 결정되는 경향이 있다. 예를 들어, 생명과학, 화학처럼 하나의 발견(invention)을 통해 단번에 산업의 구도를 바꿀 수 있는 분야에서는 확장형 글로벌(Extended Global Network) 모델이 일반적이다. 반면에 제품의 수명주기가 짧고, 진부화가 빠르게 진행되면서 컨버전스가 대세로 자리잡은 IT분야에서는 제한적 제휴 모델(Limited Strategic Partnership)의 형태가 주로 나타난다.

■ 외부와의 다변화

원천기술이 뛰어난 역량을 가진 기업을 찾기 위해서는 다양한 네트워크가 필요하다. 그래야 좋은 아이디어와 기술을 접할 수 있는 기회가 많기 때문이다.

최근 모토로라는 TTPCom이라는 기업을 인수했다. 이 기업은 미들웨어 솔루션을 가지고 있을 뿐만 아니라 제3자 소유의 특허권을 중개하는 노하우를 가진 기업이라는 점이다. 따라서, 모토로라는 이 기업을 통해 대학, 국영연구소, 개인 등이 확보하고 있는 기술에 쉽게 접근할 수 있기 때문이다.

■ 평가는 빨리

기업이 외부 기술 획득을 위해 다양한 네트워크를 구성하여 외부 기술에 대한 빠른 평가를 내리는 것이 좋다. 외부 기술을 평가할 때에는 5C(Context, Customer, Competitor, Company, Costs)의 관점에서 평가하는 것이 바람직하다.

■ 문제 해결을 위한 전문가 필요

외부에서 지식을 습득하고 공동으로 상품을 개발하는 과정에서 필연적으로 갈등, 문제해결에 대한 서로 다른 의견이 분출될 수 있다. 이러한 문제를 해결하기 위해서는 특정 분야의 전문성 및 다양한 관점에서의 접근이 필요하다.

■ 오픈 마인드에서 출발

대부분의 기업은 제3자가 개발한 기술이나 연구성과에 대한 배타적인 성향, 즉 NIH(Not Invented Here) 현상을 보인다. 그러나 디지털 시대에는 이러한 현상이 기업의 경쟁력을 악화시키는 주요 요인으로 작용할 수 있어 오픈 마인드의 필요성이 더욱 중요하다.

이와 같이 디지털 경영환경하에서의 기술혁신에 대한 접근방법은 오픈 이노베이션이다. 오픈 이노베이션이 성공하기 위해서는 외부 기업과의 네트워크화와 기술 도입의 여부를 가능한 빨리 결정하는 시스템이 필요하다. 또한 무엇보다 중요한 것은 경영진이나 기술개발자는 물론 모든 구성원의 열린 마인드가 중요하다.

자료원: LG경제연구원, 주간경제 제896호, 2006년 8월 4일 재수정

제4부

경영과정론

제11장 경영계획
제12장 경영조직
제13장 충원화와 인적자원 관리
제14장 경영지도(지휘)
제15장 경영통제

제 11 장

경 영 계 획

우리가 잘 알고 있는 아기돼지 삼형제의 일화는 단지 재미있는 동화로 생각할 수도 있지만, 무슨 일을 하든지 미래의 상황을 예측하고 이에 대응한 계획을 세워서 실천해야 한다는 교훈을 일러주고 있다.

기업의 경영도 마찬가지다. 기업 생존의 중요한 핵심은 미래 경영환경의 예측과 그에 따른 대응계획의 수립이라고 할 수 있다. 선진기업의 강점 가운데 하나는 장차 발생할 수 있는 상황에 대한 현실적이고 정확한 대응계획을 수립해 놓고 있다는 것이다.

제 1 절 경영계획의 의미와 목적

1. 경영계획의 의미

우리들은 항상 무엇을 어떻게 해야 하느냐에 대해 결정을 내려야 하는데, 이것이 바로 계획이다. 즉 기업경영에 있어 **계획**(plan)이란 경영활동의 시작이며 전제가 되는데, 조직의 목표를 수립하고, 이러한 목표를 달성하기 위한 달성방법인

종합적 전략을 수립하는 과정이라고 할 수 있다.

따라서 **계획화** 또는 **계획수립**(planning)이란 무엇을, 언제, 어디서, 누가, 어떻게, 얼마만큼 할 것인가에 대해서 명백하게 설명하는 것이다. 이 때 무엇은 지금은 갖고 있지 않는 기업의 경영목표이며, 언제는 달성할 기간이나 시점을, 어디서는 계획이 이루어지는 부서나 장소를, 누구는 계획에 필요한 특정과업을 달성할 구체적인 사람을, 어떻게는 목표를 달성할 방법을, 그리고 얼마만큼은 목표달성에 필요한 자원의 지출을 의미한다.

계획수립은 현재의 상황과 우리가 원하는 미래의 상황간에 생기게 될 격차(gap)를 메워 주기 위한 교량의 역할을 담당하며 또한 계획수립은 하나의 지적인 과정인 동시에 또한 의식적인 행동의 결정과정이다.

종합적으로 볼 때, 기업이 계획을 수립하여 경영활동에 활용한다는 것은 병을 치료하는 사후적인 경영활동이 아니라 미리 병을 예방하는 사전적, 미래지향적 경영활동을 의미한다. 따라서 경영계획수립은 경영의 첫 번째 과정이며, 경영자의 기능으로서 조직이 추구하는 목표를 설정하고, 목표달성을 위한 전략을 수립하며 또한 활동을 통합하고 조정하기 위한 포괄적인 계획계층을 수립하는 과정이라고 정의할 수 있다. 이러한 정의에는 첫째, 미래지향성, 둘째, 의사결정의 하나, 셋째, 목표지향성의 의미가 들어 있다.

2. 경영계획의 목적

미래의 상황이 어떻게 될 것인가에 대해 외적 및 내적 환경을 예측하고, 이를 토대로 계획을 수립하여 실행하는 경영계획은 아래와 같은 목표를 달성하는데 기여할 수 있어야 한다.

첫째, 경영계획은 예측이라는 과정을 통해서 불확실성과 위험을 최대한 감소시킴으로써 그에 대처하기 위한 방향의 감을 제공하여 기업활동을 보다 확실성 있게 전환시킬 수 있도록 한다.

둘째, 경영계획은 경영자가 경영목표에 주의, 집중할 수 있도록 해 준다.

셋째, 경영계획은 기업목표와 정책방향에 따라 부문별 계획으로서 구체화됨으로써 높은 경영성과를 실현하는데 기여할 수 있게 한다.

넷째, 경영계획은 기업경영에 있어서 경제적인 운영(경제성의 원칙)의 확보를 가능하게 한다.

다섯째, 경영계획은 경영자에게 통제활동을 수립할 수 있게 하는 기초 즉 기준을 마련해 준다.

제 2 절 경영계획의 기본 성격과 중요성

1. 경영계획의 기본 성격

쿤츠(H. Koontz) 등은 계획수립의 기본적 특성을 원칙과 관련시켜 다음과 같이 네 가지를 제시하였다.

첫째, **목표에 대한 공헌성 원칙**: 경영계획의 목적은 기업목표를 적극적으로 달성하는데 공헌해야 한다는 것이다.

둘째, **계획의 우선성 원칙**: 계획수립(계획화)은 조직화, 충원화, 지도 및 통제라는 관리활동의 수행에 우선해야 한다는 것이다. 그 이유는 목표를 수립하고, 그 목표를 달성하기 위한 전략을 수립하기 때문이다.

셋째, **계획의 보편성 원칙**: 계획수립자의 권한이나 방침의 내용에 따라 계획의 특징과 범위는 다양하지만, 계획수립은 모든 계층의 경영자가 다 해야 하는 기능이다.

넷째, **계획의 능률성 원칙**: 계획은 최소의 비용을 투입하여 최대의 능률을 획득할 수 있도록 수립되어야 한다.

2. 경영계획의 중요성

현대경영의 외적 및 내적인 동태적 환경변화는 조직으로 하여금 다양한 도전

요인에 적응하지 않으면 안 되게 하고 있다. 이러한 여건 속에서도 경영활동을 계획적으로 수행하는 경우에 다음의 관리의 성과를 제고시킬 수 있으므로 경영계획은 중요하다.

① **업무수행의 집중성과 신축성을 기할 수 있다**: 계획적으로 업무수행을 할 경우에 최상의 업무수행방법을 강구할 수 있으며, 환경변화에 신축적으로 대응할 수 있는 방안을 사전에 강구할 수 있기 때문에 실패 없이 경영활동을 전개할 수 있다. 그러나 계획을 통해서 경영활동을 수행하기 위해서는 성과지향적 의식, 업무수행의 우선순위 준수, 자원을 효과적으로 활용, 문제발생에 대한 예측과 그 처방가능성 등의 요건을 충족시켜야 한다.

② **업무수행과정에서 개선된 조정을 기할 수 있다**: 조직 내 개개 업무를 계획적으로 추진하는 경우, 업무수행의 낭비제거가 가능하고 또한 총체적 업무성과를 증대시킬 수 있다.

③ **업무수행에 대한 통제를 개선할 수 있다**: 통제는 계획에 기초하여 이루어지므로, 관리적 통제는 업무성과를 측정하고 평가해서 계획과 차질이 있다고 판단될 때 시정조치를 강구함으로써 총체적으로 경영성과를 개선한다.

④ **업무수행에 필요한 시간관리를 잘 할 수 있다**: 업무수행에 대한 스케줄을 잘 짜서 계획적으로 수행하게 되면 총체적으로 시간의 낭비를 없애고 업무효율은 증대된다.

3. 경영계획의 수립절차

미래가 불확실하다고 해도 과학적인 경영계획을 통해서 보다 확실하게 목표를 달성할 수 있으므로, 계획을 수립하는 경우 과학적 방법에 기초한 계획순서를 마련해야 한다.

쿤츠 등은 경영계획의 수립절차를 〈그림 11-1〉과 같이 10단계를 제시하였다.

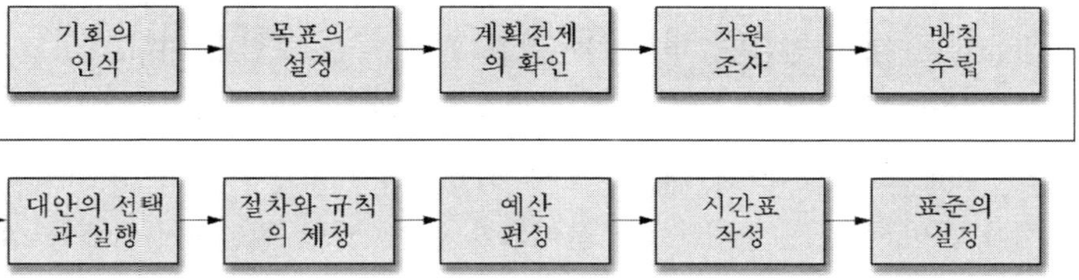

〈그림 11-1〉 경영계획 수립절차

상기의 10단계는 간단히 축소할 수 있는데, 기업이 합리적으로 경영계획을 수립하기 위해서는 네 단계를 거치게 된다(〈그림 11-2〉 참조). 첫 단계는 기업의 경영목표를 구체적으로 설정하는 것이다. 두 번째는 이를 토대로 경영계획을 수립하기 위한 몇 가지 대안을 개발하는 단계이다. 세 번째는 이러한 대안을 합리적인 의사결정방법에 따라 평가하는 단계이며, 네 번째는 여러 경영계획안의 평가를 토대로 가장 합리적인 계획안을 선택하는 단계이다.

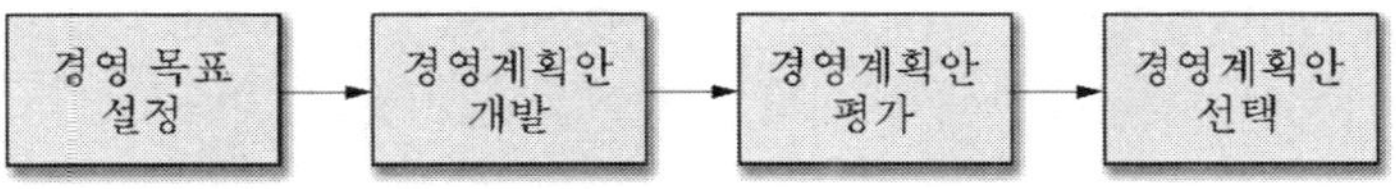

〈그림 11-2〉 계획활동의 4단계

1) 경영목표 설정

경영계획을 수립하는 첫 번째 단계에서는 문제나 기회의 인식에 기초하여 기업이 존재하는 궁극적인 이유, 즉 기업의 사명(mission)을 토대로 하여 경영목표(objectives)를 설정하는 것이다. 기업이 가진 사명에 어긋나는 경영목표를 설정한다면, 그 기업은 사회적 존재가치를 잃게 되기 때문이다. 즉 목표설정에는 이윤, 사회적 책임, 개인적 목표, 정부 및 산업계의 요구가 전부 고려되어야 한다.

사명에 기초하여 설정된 경영목표는 경영자가 어떤 경영활동을 할 때, 현재의 상태와 원하는 상태간에 차이(gap)가 생겼을 경우 이를 어떻게 해결할 것인가가 담겨져 있다. 따라서 경영목표는 궁극적으로 기업이 무엇을 할 것이며, 어디에 중점을 둘 것인가와 함께 무엇이 달성되어야 할 것인가를 포함한다.

따라서 **경영목표의 설정**이란 기업 전체에 대한 목표를 수립하고 이를 달성하기 위한 각 부문별 목표를 세우는 것을 말하는데, 보통 기업들은 수익성, 판매성장, 시장점유율 향상, 위험감수, 혁신성과 명성, 평판 등을 포함한 여러 목표를 추구한다. 이 여러 가지 목표는 첫째, 가장 중요한 것으로부터 중요하지 않은 것으로 목표를 계층적으로 정의해야 한다. 둘째, 가능하다면 모든 목표는 정량적으로 표시되어야 하며, 목표는 구체적이며 특이해야 한다. 셋째, 현실적인 목표를 설정해야 한다. 넷째, 기업의 기타 목표들과 일관성이 있어야 한다. 다섯째, 목표는 정해진 기간 내에 달성되어야 한다.

그리고 조직의 목표는 분담되어야 하고, 이를 위해서는 목표수립과정에서 구성원들 간에 의사소통이 잘 되어야 한다.

2) 경영계획안 개발

다음에 고려할 문제는 이들 목표를 달성하기 위한 여러 가지 경영계획안을 개발하는 것이다. 이는 급격하게 변화하는 상황에 어떻게 대처할 것인가 하는 여러 가지 상황별 대안을 개발하는 것을 의미한다. 즉 하나의 계획안만을 고려하는 것이 아니라 가능한 모든 상항에 대해서 계획안을 고려하게 된다.

경영계획안(alternatives)을 개발하는 일반적인 방법으로는 크게 세 가지가 있다.

첫째, 최고경영자의 경영의지에 의존하는 하향식 방법이다. 대부분의 한국기업에서는 최고경영자의 의지나 지시에 의한 하향식 방법에 주로 의존하고 있는데, 그 이유는 다양한 의견 개진이 이루어지는 기업문화가 형성되지 않고 있으며, 또한 밑으로부터의 대안제시로 뛰어난 경영성과를 올리더라도 그에 따른 인센티브가 크지 않았기 때문이다. 따라서 지시에 의한 하향식 방법에서 벗어나 상향식 방법이나 벤치마킹 방법 등도 활용하여 다양한 대안이 개발될 수 있어야 한다.

둘째, 하위계층으로부터 상위계층까지 의견을 모으는 브레인스토밍과 같은 상향식 방법이 있다. **브레인스토밍**(brainstormings) 방법이란 참여자들에게 현실과 연습에 구애받지 않고 자발적으로 여러 계획안을 제안하도록 하여 문제를 해결하는 것이다. 이 방법은 상위계층의 경영자뿐만 아니라 종업원이나 일선경영자 등 모든 계층이 참석하여 이루어지도록 해야 한다.

셋째, 경쟁우위에 있는 기업의 경영활동을 비교, 분석하는 벤치마킹 방법이다. **벤치마킹**(benchmarking) 방법이란 경쟁우위에 있는 기업의 경영활동을 비교분석하여 경쟁우위를 이끌어내는 방법이 무엇인가를 발견하여 이를 적절하게 모방, 개선할 수 있는 계획안을 개발하는 방법이다. 따라서 단순히 모방하는 것이 아니라 경쟁우위를 확보하고 있는 기업보다 더 나아질 수 있는 계획안을 개발해야 한다.

3) 경영계획안 평가

어떤 상황에 대한 계획안이 너무 많거나 또는 서로 구분하기 힘든 장단점을 동시에 갖고 있어 결정하기가 어렵다. 이와 같이 계획안을 평가하기 위해서는 기준이 마련되어야 한다. 그러나 평가하는 기준은 상황이나 여건에 따라 여러 가지가 제시될 수 있다. 일반적으로 계획안은 현실성, 충족도, 적합성이라는 세 가지 기준으로 평가한다.

첫째, 현실성(actualization)이 있는가를 분석하는 것이다. 좋은 계획안은 기업의 인적, 물적자원이나 자본 및 정보 등의 지원을 받을 수 있으며, 또한 법적인 제약이 없어야 한다. 즉 외형적으로 바람직한 계획안이라고 하더라도 현실성이 낮은 경우에는 제외되어야 한다.

둘째, 충족도(satisfactioners)를 가지고 있는가이다. 계획안의 충족도란 계획안이 의사결정의 상황을 만족시키는가의 정도를 말하는데, 예를 들어, 50%의 생산능력 증가계획시, 그것을 해결하기 위한 여러 계획안들 중에서 50%를 충족시키지 못하는 계획안은 제외된다는 것이다.

셋째, 실행결과의 적합성(reasonability)을 분석하는 것이다. 어떤 계획안이 현실성이 있고, 충족도가 높다고 평가되면, 그 계획안을 실행했을 때 결과가 어떻게 될 것인가를 분석해야 한다. 즉 어느 특정 계획안을 선택함으로써 조직의 다른 부문에는 어떤 영향이 있는가, 계획안을 실행하는 데는 비용이 얼마나 소요되는가 등을 분석해야 한다. 따라서 조직 전체에 너무 많은 비용 부담이나 악영향을 수반하게 되면 적합한 계획안이라고 할 수 없다.

경영계획안은 현실성, 충족도, 적합성의 세 가지 기준 이외에 기업의 개별적 특성에 따라 다른 기준이 추가되거나 기존의 기준이 변경될 수도 있다.

4) 경영계획안 선택

이것은 주어진 여건에서 가장 유리한 대안(alternatives)을 선택하는 것인데, 어떠한 대안을 선택하느냐에 따라 경영성과가 크게 달라질 수가 있기 때문이다.

올바른 대안을 선정할 수 있는 능력은 모든 경영자에게 중요한데, 그 이유는 현명한 결정을 내릴 수 있는 능력이 클수록 자신이 바라는 상태에 도달할 가능성이 커지기 때문이다.

그러나 경영자가 합리적인 의사결정을 내리기 위해서는 전문가의 견해와 자신의 경험이나 직관을 균형 있게 활용할 줄 아는 지혜가 필요하다.

계획안을 선택할 때에는 누가 담당할 것인가, 어떻게 실행해 나갈 것인가, 실행 도중에 문제가 발생하면 어떻게 할 것인가 등도 미리 고려하여 선택하여야 한다. 그리고 실행을 통한 결과까지도 면밀하게 검토해야 한다.

한편 경영계획안이 선택되면 이를 실행한 후에 실행결과의 효과를 평가하고 피드백하는 일도 반드시 따라주어야 한다. 이 때 결과의 부정적인 측면과 긍정적인 측면을 동시에 고려해야 하는데, 이것은 새로운 계획안을 수립하는데 중요한 지침이 되기 때문이다.

제 3 절 경영계획의 종류

1. 경영계획의 종류와 상황요소

경영계획의 종류는 ① 계획의 조직적 범위, ② 계획기간, ③ 구체화 정도에 따라 〈표 11-1〉과 같이 분류할 수 있는데, 이러한 계획들은 독립적이지 않다.

〈표 11-1〉 경영계획의 종류

	구분기준	종류
1	계획의 조직적 범위	① 전략적 계획 ② 실행계획
2	계획기간	① 단기계획 ② 장기 계획
3	구체화 정도	① 구체적 계획 ② 지침적 계획
4	사용빈도	① 단용계획 ② 지속성 계획
5	수립하는 절차방법	① inside-out 계획과 outside-in 계획 ② 하향식 계획과 상향식 계획 ③ 상황부응적 계획

1) 전략적 계획과 실행계획

전략적 계획(strategic plan)이란 조직의 장기적 전망과 필요에 의해서 수립되는 포괄적 계획으로서 주로 최고경영층에 의해서 수립된다. 계획내용도 전사적 입장에서 조직의 총체적 목표가 제시되어 포괄적으로 이루어질 수 있는 것이어야 하며, 소요자원이나 시간에 대한 계획은 종합적으로 감안되어야 한다.

따라서 외부환경에서 얻을 수 있는 최대한의 정보를 활용하여 불확실성의 정도가 높은 비계량적이고 질적인 판단을 하게 되는 거시적인 성격을 가지고 있다.

한편 **실행계획** 또는 **업무계획**(operational planning)이란 전략적 계획을 이행하기 위해 필요한 자원과 활동을 구체적으로 나타낼 세부 실행이다. 따라서 이것은 단기성을 지니는 경향이 있으며, 재무계획, 생산계획, 마케팅계획, 신규사업계획, 연구개발 계획, 인력계획 등이 포함된다.

따라서 업무계획은 주로 기능별 실행계획으로서 전략적 계획보다 혁신적이지 않으며 불확실성의 정도가 낮은 성격을 가지고 있어 중간 경영자가 주축이 되어 전략적 계획의 개별 수행방법을 설정하기 위한 목적을 가지고 수립된다.

2) Inside-out 계획과 Outside-in 계획

Inside-out **계획**은 이미 시행해 온 일을 보다 효과적으로 수행할 수 있도록 하기 위해서 내적 강점을 최대로 활용하는 계획으로서, 조직을 획기적으로 변혁하기보다는 현존 자원을 보다 효율적으로 활용토록 하는데 역점을 둔다.

반면에, Outside-in **계획**은 외부환경에서 얻을 수 있는 유리한 기회를 최대로 활용하거나 외부환경 때문에 야기될 수 있는 문제점을 회피하는 데에 역점을 두고 계획을 수립하는 것이다.

3) 기타 계획

기타 계획에는 아래와 같이 다양한 계획이 있다.

① **단기계획**(short range plan)은 1년 이내의 계획으로서 전술적 계획을 의미하고, **중기계획**(intermediate range plan)은 1~2년에 걸친 계획이다. **장기계획**(long range plan)은 3년 이상에 걸친 계획으로서 전략적 계획에 해당된다.

② **구체적 계획**은 분명하게 정의된 목표(20%의 매출향상)가 제시된 계획이며, 반면에 **지침적 계획**은 일반적 지침을 제시하는 계획으로서, 1년 동안에 5~10% 정도의 이익달성과 같이 신축성이 제시된 계획이다.

③ **일회성 계획**(project plan)은 사업(project)에 따른 계획으로서 계획주체나 기간에 구애되지 않는 계획이며, 특정한 경우에 특정상황에 대처하기 위해 수립된 1회용적인 단용계획(신제품 개발계획, 설비투자 계획, 증자계획 등)이다. 반면에 **지속성 계획**은 1회 이상 반복적이며 지속적으로 유효한 계획으로 방침, 절차, 규칙 등의 형태로 수립된다.

④ **하향식 계획**(top-down planning)은 최고경영자에 의해서 수립된 광범위한 목표수립으로부터 이루어지지만, **상향적 계획**(bottom-up planning)은 하위층에서 개발된 아이디어의 수용으로부터 이루어진다.

⑤ **상황부응적 계획**(contingency or situational planning)이란 시간의 경과에 따라 야기될 수 있는 환경변화가 예상될 때 그에 부응할 수 있는 대체안적 행동방안을 강구하기 위해서 수립되는 계획이다.

2. 효과적인 계획수립 방안

경영자가 훌륭한 계획을 수립하기 위해서는 다음과 같은 방안을 강구해야 한다.

① **예측을 한다**: **예측**(forecasting)이란 미래를 예상하는 것으로서, 미래에 어떤 일이 일어날 것인가에 대해서 미리 가정하는 과정, 즉 미래의 결과에 대해 예견하는 것이다. 예측하기 위해서는 시계열 분석, 경제적 모델화 또는 기타 통계조사를 사용한다.

② **시나리오를 짠다**: 시나리오(scenarios)를 짠다는 것은 미래에 야기될 수 있는 상황을 종합적으로 감안하여 장기적 안목에서 몇 가지의 대체안을 채택하고 그것을 비교, 분석함으로써 가장 효과적인 계획안을 수립하는 것이다.

③ **벤치마킹을 한다**: 벤치마킹을 한다는 것은 계획수립과정에서 통찰의 시야를 넓히기 위해 비교가능하고 모범이 되는 다른 계획안을 종합적으로 감안함으로써 창조적인 계획을 수립하는 방법이다.

④ **참여를 조장한다**: 계획에 있어 참여(participation and involvement)한다는 것은 창의성과 정보이용성을 증대시키며, 종업원들의 이해와 수용 및 관여를 증가시킨다.

⑤ **스탭계획진을 적극 활용한다**: 계획담당 스탭진은 계획준비시 라인 경영자를 돕고, 계획수립에 필요한 정보를 수집, 분석하여 계획내용을 타부서와 사람에게 알리고, 또한 현계획에 대한 변경의 필요성을 제안한다.

3. 장기경영계획

1) 장기경영계획의 의미와 효과

오늘날 소비자 욕구와 수요의 변화는 예측불가능하고 복잡한 반면에, 가속화된 기술혁신 주기와 시설투자에 대한 관심이 높아지고 있으며, 이에 따라 시장경쟁은 날로 격화되어 현대기업은 상기와 같은 시장의 불투명성에 보다 효율적으로 대처하기 위해 장기경영계획을 수립한다.

이러한 변화에 대처하기 위해 기업은 사업을 신설하거나 포기하여 그 효과가 경영성과에 반영될 수 있는 충분한 시간을 허용하는 계획 즉 장기경영계획이 필요하다.

장기경영계획(long-range planning)이란 1년 이상의 기간을 전망하는 미래의 전략적 계획으로서, 기업성장계획, 기업성장방식의 결정, 자본이익률 향상 등 세 가지 중요한 과제를 결정하는데 본질적인 목표를 두고 특별한 목표를 수행하기 위한 구체적인 행동과정을 비교적 장기간에 걸쳐 그 실행을 합리적으로 수립하는 계획을 의미한다.

이를 통해서 기업은 불확실한 미래에 대한 예측을 보다 확실하게 할 수 있다. 이에 따라 장기경영계획이 보다 장기적인 안목에서 합리적인 자원배분을 할 수 있도록 하고, 또한 장래의 경영 내·외적인 환경변화에 보다 잘 적응할 수 있도록 하며, 기업의 혁신기능을 조장함으로써 장래의 경영활동에서 야기될 수 있는 여러 위협을 최소화하고, 목표달성을 활성화할 수 있는 이점과 효과를 제공한다.

2) 장기경영계획의 내용

장기경영계획은 전략적 계획의 관점에서 수립되어야 하는데, 그 이유는 장기적인 안목과 식견에서 자원의 활용을 최적화하고 또한 경영기회를 장기적인 관점에서 효과적으로 포착하기 위해서 모든 계획이 전략화되어야 하기 때문이다.

(1) 장기경영계획수립을 위한 기본전제

장기경영계획을 수립하려면 다음 사항에 대한 정확한 예측을 해야 한다.

- 경제 전체에 대한 경기예측(한국경제와 세계경제에 대한 전망)
- 수요예측
- 판매가격과 원재료 및 에너지가격에 대한 전망
- 업계 전체에 대한 수요예측 이외의 모든 예측
- 경쟁기업의 설비투자나 신제품개발에 대한 계획의 예측
- 정부의 장기경제계획에 대한 예측
- 정부의 경제정책과 그 영향에 대한 예측
- 기술에 대한 예측
- 사회변동에 대한 예측
- 정치변동에 대한 예측

(2) 장기적 목표의 수립과 장기적 개별계획

장기경영계획은 6가지 사항에 대해 장기적 목표를 세우고 또한 장기경영계획의 범위 내에서 프로젝트를 중심으로 한 개별계획이 수립될 수 있어야 한다.

즉 장기적 목표에는 자본구성, 자산구성, 자본이익률, 매출액이익률, 자본회전율 및 시장점유율에 대한 목표가 포함된다. 또한 개별계획에는 해외투자, 특정시장개척, 신제품개발, 신기술 도입, 신공정 도입, 판매경영합리화, 합병과 인수 및 다른 기업과의 전략적 제휴 등에 대한 계획이 포함된다.

(3) 장기경영계획의 실행을 위한 부문계획

장기경영계획을 실행하기 위해서는 하위계획으로 구체화된 **부문계획**이 필요하다. 그 부문계획에는 설비투자, 장기 자금, 장기 노무・인사, 장기 마케팅・생산, 장기 원재료 구매 및 장기 조직에 대한 계획이 포함된다.

결론적으로 장기경영계획은 기업의 장기사업 방향결정, 주력제품개발, 목표시장 및 표적고객 등과 관련된 계획으로서, 사명, 경영목표 및 전략에 의해서 결정된다. 따라서, 장기경영계획을 수립하는데 최고경영층의 적극적인 지원, 총괄스탭의 설치, 기획위원회의 운영 등에 관한 조직 등을 고려해야 한다.

그리고 장기계획에는 반드시 **연동계획**(roll-over planning)이 요구된다. 그 이유는 장기경영계획은 급속하게 변화하는 경영환경에서 이루어지므로, 3년 또는 5년에 한 번씩 장기계획을 세울 것이 아니라, 매년마다 연동해서 장기계획을 수립하면 보다 현실타당성이 높은 계획이 될 수 있기 때문이다.

4. 경영계획의 실패 이유

유럽과 미국의 350개 기업에 대해서 의사결정과 계획수립에 대한 관행을 연구한 결과, 계획이 실패한 경우, 원인의 대부분은 아래 10가지 요인 중 어느 하나와 관계된다는 사실을 밝혔다.

- 회사의 계획이 전사적 관리시스템에 포함되지 못한다.

- 계획이 체계적이지 못하다. 즉 계획의 다양한 차원에 대한 이해가 결여되어 있다.
- 모든 계층의 경영자가 계획수립에 참여하지 않고 있다.
- 계획수립의 책임이 오직 계획부서에만 국한되어 있다.
- 경영자들이 계획만 세우면 그것이 저절로 달성된다는 그릇된 생각에 빠져 있다.
- 한꺼번에 너무 많은 것을 이루려 시도하고 있다.
- 경영자들이 계획을 수립하는 데는 성공하였지만, 그 계획을 실행하는 데에는 실패하였다.
- 재무계획과 경영계획을 혼동하였다.
- 불충분한 정보를 이용하고 있다.
- 계획의 어느 한 가지 국면만 지나치게 강조하고 있다.

5. 21세기 계획활동의 특성

급변하는 21세기 기업환경에서의 계획활동은 3가지 특성으로 요약할 수 있다.

1) 글로벌 환경변화에 대응한 유연한 계획수립

21세기에는 글로벌화, 정보화가 더욱더 전진되면서 기업 내부적으로는 기능간, 부서간, 계층간, 사업부간의 경계가 없어지고, 기업 외부적으로는 외부관련 집단이나 기관 사이에 존재하는 장벽이 없어지고 있다. 이처럼 경계가 없는 무경계(boundaryless) 환경이 펼쳐지고 있다. 따라서 21세기에는 적시적기에 전략을 구사하여 환경에 발빠르게 적응하는 기업이 성공할 수 있으므로, 민첩하고 유연한 기업경영이 생존의 길이다.

경영환경이 시시각각으로 변하기 때문에, 외부상황에 발빠르게 대처하기 위해서는 신속하고도 유연하게 계획을 수립하고 수정할 수 있어야 한다. 즉 글로벌 환경변화에 대응하여 적절한 계획을 수립하는 활동은 변화를 미리 예측케 함으로써 불확실성을 감소시켜 주며, 동시에 경영자들이 변화에 대응하여 취해야 할

조치들을 명확하게 해 준다. 또한 경영자들로 하여금 앞으로 기업이 어떻게 될 것이라는 전망을 가지게 하여 변화를 예측하게 하고 변화에 따른 여파를 고려하여 적절한 대응방안을 개발하도록 도와준다.

21세기 경영자는 체계적이고 유연한 계획활동을 통해 거시적인 외부환경뿐만 아니라 제품에 대한 수요나 매출과 같은 구체적인 사항까지 그 추이를 가늠할 수 있어야 한다. 이를 위해서 기업들은 시나리오별 계획을 수립해야 한다. 즉 기본적인 계획을 선택하되 일어날 수 있는 상황에 대한 몇 가지 시나리오를 설정하여 상황별 제품을 만들어 유연하게 대처할 수 있어야 한다.

2) 세계적 자원관리를 위한 장기계획 필요

21세기는 정보사회, 지식사회이므로, 정보와 지식은 경영에서 활용하는 중요한 자원이 되고 있다. 이러한 정보와 지식을 경영활동에 체계적으로 활용하기 위해서는 장기계획이 필요한데, 그 이유는 인적자원, 물적자원, 자본만으로 단기적인 계획을 수립하는 것보다는 이러한 자원들과 정보 및 지식을 함께 고려하면 경쟁에서 우위를 확보할 수 있기 때문이다. 즉 장기적인 안목에서 정보와 지식을 습득하고 이를 어떻게 효율적으로 활용할 것인가를 명확히 함으로써 불확실한 경영환경에 더 능동적으로 대처할 수 있다.

기업은 캄캄한 밤길을 안내하는 지팡이처럼, 정보와 지식이라는 자원을 효율적으로 활용한 체계적이고 장기적인 계획을 세운다면 경쟁에 따른 위험을 줄일 수 있다. 즉 계속기업으로서의 존재, 경영목표의 달성 등의 과제는 상기의 모든 자원을 활용한 장기계획의 수립의 시발점에서 해결된다.

이 때 장기계획은 단순히 예상되는 미래의 모습만을 제시하는 수준에서 마무리되어서는 안된다. 장기계획에서 나타나야 하는 미래상은 예상되는 미래가 아니라 기업이 모든 자원을 효과적으로 활용했을 때 달성할 수 있는 미래, 즉 경영자가 의도하는 의지가 내재된 미래상이어야 한다는 것이다.

또한 효과적인 자원관리를 위해서는 기업내의 모든 자원과 기능이 상호작용되어 작성된 장기계획이어야만 경쟁우위가 확보될 수 있다.

3) 최고경영자의 직접적 참여와 지원

장기경영계획이 기업의 안내자 역할을 충실히 하기 위해서, 장기적이고 전략적인 계획은 최고경영자, 중간경영자, 계획실무팀 등 전참여자들이 전략적 사고능력을 갖고 있어야 한다.

기업이 미래에 추진해야 할 방향을 설정할 때, 기업의 어느 한 부분만이 아니라 전체의 모습을 살펴보아야 하므로, 나무가 아닌 숲을 보는 거시적인 안목이 요구된다. 이렇게 미래지향적이고 거시적이며 상황을 판단할 수 있는 능력은 모든 경영자들에게 요구되지만, 특히 최고경영자에게 더욱 중요하게 요구된다. 즉 이것은 장기적이고 전략적인 계획을 수립할 때 가장 중요한 것은 기업의 최종적인 의사결정에 책임을 지는 최고경영자가 적극적으로 참여해야 한다는 것이다. 따라서 최고경영자는 장기계획을 수립할 때 한 단계 한 단계마다 관심을 갖고 주도해야만 성공적으로 이룰 수 있다.

또한 장기전략계획은 최고경영자의 참여와 관심 속에서 수립되는 것만이 아니라 완성된 장기전략계획을 적극적으로 실천에 옮기는 데까지 지속되어야 한다. 즉 장기전략계획을 기업내의 전구성원에게 공개하여 공감대를 형성하여 추진한다면 더욱 바람직한 것이다.

제 4 절 조직목표와 목표관리

1. 조직목표

1) 조직목표의 성격과 포함내용

개인이나 조직은 사회생활을 하는데 반드시 목표가 있어야 하는데, 목표가 없이 행동을 하게 되면, 시간과 자원을 낭비하게 되며, 일정시간이 지난 후에도 얻어지는 결과가 없기 때문이다. 따라서 조직은 조직의 생존과 발전을 위해 명시된 목표가 필요한데, 필요한 이유는 조직이 무엇인가를 성취하기를 원하기 때문이다.

조직목표는 조직이 이루려고 노력하는 미래의 바람직한 상태이므로, 이 목표를 이루기 위해 기업의 존재가치가 정당성을 갖게 되고 동시에, 미래의 모습을 이루려는 가운데 목표는 조직에서 방향성을 제시해 준다. 그러한 이유로 조직목표는 반드시 결과중심으로 설정되어야 하는데, 목표는 조직이 실현시켜야 할 미래의 모습이기 때문이며 또한 목표설정을 시발점으로 하여 계획수립-조직화-충원화-지도-통제라는 경영활동이 가능해지기 때문이다.

그러므로 조직목표에는 첫째, 이윤이 경영자를 위한 동기부여의 요인이 되며, 둘째, 바람직한 경제적 가치를 창조, 제공함으로써 고객에게 서브할 수 있을 때 기업의 존립동기가 정당화되며, 셋째, 오늘날 기업에 대한 사회적 책임의 문제가 기업의 윤리요강에 맞추도록 강력히 추궁되고 있다는 내용이 포함되어야 한다.

2) 조직목표의 역할

잘 세워진 조직목표는 조직의 성과를 높이는데 여러 가지 기능을 수행하는데, 목표가 조직에게 제공할 수 있는 역할은 5가지이다.

첫째, **조직의 의사결정 및 방향의 지침을 제공함**: 조직목표는 조직이 달성하고자 하는 미래의 상태를 밝힘으로써 구성원들이 적절하게 행동할 수 있도록 의사결정을 하게 하며 또한 경영목표를 지침으로 하여 경영자와 구성원 모두가 목표달성이라는 한 방향으로 매진하게 한다.

둘째, **조직능률 및 효과성 평가의 기준 제공**: 조직목표는 조직 내외에서 조직이 얼마나 좋은가를 평가하는 측정기준을 제공한다. 조직목표가 명백히 설정되고 또한 이해하여 수행될 때, 조직목표의 달성여부에 따라 조직이 효과적으로 운영되었는가를 알 수 있으며, 자원활용의 효율성도 평가될 수 있다.

셋째, **정당성의 근거 제공**: 조직목표는 사회에서 조직의 존재와 활동 및 의무를 정당화시켜 주는 기능을 한다. 즉 조직목표에 따라 그 조직이 하는 일, 추구하는 지향성 등을 알 수 있으며, 사회 속에서 자신의 존재이유를 밝힐 수 있다.

넷째, **계획기능 역할**: 조직목표는 조직구성원으로 하여금 일관성 있는 미래지향적 행동과 사고방식을 불러일으키는 작용을 한다.

다섯째, **업적평가의 지침 제공**: 조직구성원의 업적이 개인별로 평가되고 또한 생산성을 제고하기 위해서는 업적평가의 지침이 필요한데, 조직목표가 그 지침이 된다.

3) 조직목표와 개인목표의 통합

조직상의 목표는 조직 그 자체의 목표와 개인목표로 분류된다.

조직목표는 조직이 추구하는 공식적인 목표로서 조직의 생산성, 경제성 및 수익성의 극대화를 실현하는 것이다. 한편, **개인목표**는 높은 봉급, 개인적 성장과 발전, 동료와 사회로부터의 인정 등이 포함된다.

이상의 두 가지 목표는 상호 양립될 수 있어야 한다. 경영상의 많은 문제는 조직목표와 개인목표가 양립될 수 없을 때 발생하기 때문에 양 목표는 통합되어야 한다.

보다 유효한 조직관리를 위해서는 조직목표와 개인목표를 통합함으로써 목표가 양립하지 못하는 상황을 극복해야 한다. 이를 위해서는 현재의 급여 스케줄을 개선함, 상사로부터의 사려 깊은 직원관리 그리고 동료들과의 사회관계를 원만히 유지토록 할 때 실현이 가능하다.

그리고 현대경영은 경영시스템의 존립을 정당화하기 위해서 보다 다원화된 목표하에서 경영활동을 전개해야 한다. 그 조직목표로는 시장지위의 확보, 기술혁신의 활성화, 생산성의 제고, 물적·금융지원의 활용방안, 이익실현 가능성의 유지, 경영자의 업적과 개발가능성 확보, 종업원의 업적과 태도 및 공공적 책임의 이행 등이 있다.

4) 효과적인 조직목표의 특징과 수립

조직목표가 원하는 대로 잘 실현되기 위해서는 우선 잘 표현되어야 하는데, 효과적인 조직목표는 다섯 가지 특징을 가져야 한다.

- 목표는 조직에서 경영자와 종업원 사이에 공감되고 서로 잘 이해되어야 한다.

- 조직목표는 구체적이고 간결해야 한다.
- 조직목표는 시간대를 명시해야 한다.
- 조직 내부에서 수직적 · 수평적으로 일관되게 조직목표가 연계되어야 한다.
- 조직목표가 보상시스템과 직접 연결되어야 한다.

그러나 효과적인 조직목표는 무엇보다도 계획수립시에 목표의 원리가 준수되어야 한다. **목표의 원리**(principles of objectives)란 경영자들이 어떤 활동을 지시하기 전에 우선 조직목표를 명백히 결정하고 또한 그 내용을 구성원들이 이해할 수 있도록 기술해야 한다는 원칙이다.

경영자는 목표의 원리에 따라 조직목표를 수립하기 위해서는 아래의 3단계를 거쳐야 한다.

첫 단계, **추세분석**: 지난 5년간의 조직환경, 즉 경쟁사의 마케팅 혁신, 정부의 규제, 사회의 추세 등을 진단하고, 이들 환경특성이 향후 수 년 동안 조직의 성공에 어떤 영향을 미칠 것인가를 분석한다.

두번 째 단계, **전사적인 조직목표의 개발**: 경영자는 전사적 차원에서 조직의 현황과 목표를 재분석하고, 필요한 경우 적절한 대응책을 강구해야 한다.

세번 째 단계, **계층별 조직목표 수립**: 모든 조직목표는 전체 구성원들이 총괄적인 조직목표에 효과적으로 공헌하도록 개인별 목표로 구체화되어야 한다. 이것은 전체 조직목표가 하위목표화하는 것으로서, **목표의 계층**이라고 한다. 즉 조직목표는 경영층의 목표에서부터 기능별, 부문별(재무, 생산, 마케팅, 인적자원, 회계 등) 목표로 하향적 목표가 수립되고, 더 나아가 기능별 담당자별로 목표가 정해진다.

5) 조직목표 설정시 기본지침

보다 수준 높은 조직목표를 설정하기 위해서는 아래의 지침을 준수해야 한다.

- 경영자는 목표수립과정에서 구성원들의 의사를 반영해야 한다.
- 경영자는 목표를 명백하게 제시해야 한다.

- 경영자는 필요한 경우에 목표를 특정 행동과 연계시켜야 한다.
- 경영자는 기대되는 결과를 제시해야 한다.
- 경영자는 종업원들이 열심히 노력해야만 실현할 수 있는 정도의 목표를 수립해야 한다.
- 경영자는 목표의 기대되는 예상시기가 언제인가를 구성원에게 알려야 한다.
- 경영자는 명백하고 구체적인 목표를 수립하도록 노력해야 한다.

이렇게 수립된 조직목표의 실현은 **수단-목표의 연결고리**(means-ends chain)를 통해서 가능하다. 이것에는 첫째, 달성해야 할 전반적인 목표를 수립하고, 둘째, 그 목표를 달성하기 위해서 필요한 일련의 수단을 명시한다. 셋째, 이를 각각의 목표를 하위목표로 구체화하고, 이를 실천할 수 있는 상세한 수단을 강구해야 하는 것이 포함된다.

2. 목표관리

1) 목표관리의 포괄적 의미

목표를 세울 때부터 완수할 때까지 전과정에서 상사와 종업원이 함께 공유할 때 가장 높은 효과를 나타낼 수 있다. 이런 관점에서 볼 때, 목표관리는 목표설정, 수행과정, 평가까지 전과정을 경영자와 종업원이 함께 수행하는 목표에 대한 관리과정이다.

포괄적으로 **목표관리**는 장기적인 성과증대를 위해 미래지향적인 관리통제를 통해서 동태적인 기업의 목표달성 등을 조성하고 관리하는 기법으로서, 계획화, 조직화, 충원화, 지도화 및 통제와 조정 등의 주요 관리활동 과정이 시스템적으로 연결되어 운영되는 종합적 개념으로 관리의 효율화를 기하는 관리방식이다.

이러한 목표관리는 이익관리적 측면과 인력관리적 측면으로 설명할 수 있다.

2) 이익관리적 측면

이익관리적 측면은 목표이익을 중심으로 기업의 전반적인 경영전략을 구상할 때 채택하는 것이다. 즉 일정한 자본을 투자하였을 때, 기업이 회수해야 할 목표 이익을 사전에 정하고, 그것을 지향하여 모든 관리적 노력을 경주함으로써, 경영 성과를 올리도록 노력하게 한다.

목표이익에 기초한 목표관리기법을 도입할 때, 가장 널리 채택되는 기법으로는 손익분기점 분석이 있다.

손익분기점(BEP: break-even point)이란 기업에 대하여 이익도 손실도 주지 않는 매출액의 크기로서, 본전경영의 점을 알려 주는 분석기법이다. 즉 매출액(S)=고정비(F)+변동비(V)가 되는 점을 말한다. 따라서

$S=F+V$이므로

$S=F+S\cdot\frac{V}{S}$로 나타낼 수 있고

$S-S\cdot\frac{V}{S}=F$가 된다.

$S(1-\frac{V}{S})=F$가 되므로

$\therefore\ S=F\div(1-\frac{V}{S})$라는 손익분기점

공식을 얻는다.

예를 들어, 2009년도 상반기의 순매출액이 1,000만원이고, 동기간 중 총비용은 850만원(고정비: 350만원, 변동비: 500만원) 일 때, 손익분기점=350+(1-500/1,000) =700만원이 된다. 이 회사는 700만원 이상의 매출을 올리면 이익이 산출되고, 매출이 그 이하이면 손해가 된다. 따라서 이것은 경영의 의사결정에 있어서 중요한 의미를 부여하는 관리의 점이다.

이것을 도표로 나타내면 〈그림 15-2〉와 같으며(제15장 경영통제를 참조), 여기에서 목표이익(g) 200만원을 획득하고자 할 때, 기업이 달성해야 할 매출액 크기는 $BEP=(f+g)\div(1-\frac{V}{S})$로 구할 수 있다.

따라서

$$BEP = (350+200) \div (1-\frac{500}{8,000})$$
$$= 550 \div (\frac{500}{1,000}) = 550 \times 2 = 1,100\text{만원}$$

이 된다.

즉 목표이익 200만원을 획득하고자 한다면, 1,100만원의 매출액을 달성해야 한다. 이 목표(1,100만원)를 실현하기 위해서는 생산, 마케팅, 인적자원, 조직관리 등 모든 면에서 세부계획이 수립되어야 한다.

3) 인력관리적 측면

과거에는 모든 의사결정권이 상사들에게 독점적으로 부여되고, 종업원들에게는 상사의 목표설정에 따라 업무처리를 수동적으로 하게 하는 방법이 강구되었다. 이 관리방법의 경우 종업원들의 자발적인 참여의사와 성취의식은 말살되고, 그로 인해 생산성도 저조하게 된다.

그에 따라 목표설정시 종업원들을 참여시켜서 그들의 자주성과 창의성을 반영시킬 수 있는 목표관리가 도입되게 되었다. 따라서 목표관리는 과거의 상사 일방적인 목표설정에서 벗어나 종업원들의 자주성, 성취의욕 등을 충족시켜 주기 위한 상향적 목표설정의 관리방식이다. 즉 종업원들은 스스로 목표를 설정할 뿐만 아니라 설정된 목표에 대한 통제를 스스로 할 수 있도록 한다.

(1) 목표관리의 기여자와 기본개념

목표관리의 발전에 크게 기여한 사람은 드러커(P. F. Drucker)와 맥그리거(D. McGregor)이다. 드러커는 종업원들의 자발적인 의사결정을, 맥그리거는 업적평가의 한 기법으로서, 그 평가방법이 종업원의 의욕을 자극하고, 보다 크게 동기유발을 시킨다고 주장하였다.

오늘날 **목표관리**는 계획수립, 업적평가 뿐만 아니라 통제시스템 및 조직목표와 구성원 목표를 통합하려는 통합적 시스템보다 더 광범위한 접근방법으로 발전됨으로써 목표관리 조직을 관리하기 위한 하나의 시스템적 접근방법으로 인식하고 있다.

따라서 **목표관리**(MBO: management by objectives)란 상사와 종업원이 공동으로 참여하여 공통된 조직목표를 설정하고, 기대되는 결과에 따라 각 개인의 책임영역을 확정하며, 이를 기준으로 각 개인 및 부서의 목표달성에 대한 기여도를 측정, 평가하기 위한 과정으로 정의할 수 있다.

이러한 정의에서 볼 때, MBO가 갖는 특성은 첫째, 자율적인 목표설정, 목표설정과정에서의 종업원의 참여, 둘째, 조직계층간의 목표를 통합할 수 있다. 셋째, 업무수행 상황에 대한 종업원 스스로의 피드백이 가능함. 넷째, 목표관리의 도입으로 성공할 경우 그 성과를 연계하여 평가한 후 즉각적인 보상을 통해서 종업원의 관심을 끌어들일 수 있고 또한 그의 능력을 인정할 수 있다는 특징이 있다.

(2) 목표관리의 관리상 효과 및 구성요소

이러한 특징에 기초하여 목표관리는 조직 전체에 걸쳐 서로 조화되고 일관된 정확한 목표를 설정할 수 있게 함으로써 모든 조직구성원 그리고 전부문의 역할분담을 명확하게 하여 관리의 질을 향상시킬 수 있다. 아울러 목표관리는 종업원 참여와 합의에 의한 목표수행과정에서 목표달성에 대한 의욕을 향상시킬 수 있으며, 또한 개인차원에서는 자기 통제에 의한 자기개발, 능력개발, 교육훈련의 촉진 등의 효과를 얻으며, 각 조직구성원들을 자기과업에 관하여 일종의 관리자로 만들어 하향식 시스템을 상향식 시스템으로 변화시킬 수 있는 관리상의 효과를 얻을 수 있다.

상기의 효과를 얻기 위한 목표관리는 다음 네 가지의 구성요소를 확보해야 한다.

- **목표의 구체성**: 목표는 기대하는 업적의 달성을 간결하게 구체화하여야 하는데, 주로 측정가능하고 비교적 단기적인 목표이다.
- **종업원의 참여**: 조직구성원의 참여를 중요시하며, 참여를 통한 목표의 설정을 강조해야 한다.
- **계획기간의 명시**: 계획이 완료되고 달성되어야 하는 명확한 기간이 제시되어

야 한다.

- **실적에 의한 피드백**: 경영자와 종업원들이 장기적으로 업적의 결과를 평가하여 각자에게 신속하게 피드백되어야 한다.

(3) 목표관리의 과정

네 가지 구성요소가 확보된 목표관리는 〈그림 11-3〉과 같이 다섯 단계의 기본 과정으로 나누어진다.

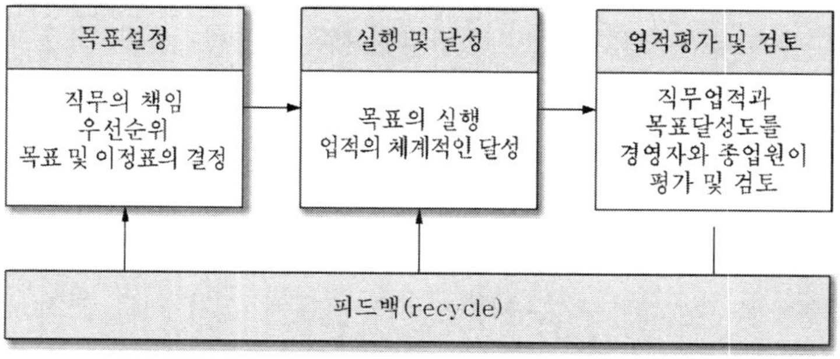

〈그림 11-3〉 MBO의 과정

첫째, **목표의 발견**: 조직의 생존, 성장, 개선을 위해 조직 스스로가 바라는 상태 및 결과를 신중하게 체계적으로 확인하는 과정으로 조직의 현황 및 장래의 희망을 검토한다.

둘째, **목표의 설정**: 실제로 성취하고자 하는 미래의 상태를 확립하는 것으로, 참여의 과정을 통해 개인 및 부서의 활동영역과 성취수준을 밝힌다.

셋째, **목표의 확인과 하위목표 수립**: 장래의 목표수행과 관련된 개인 및 조직 단위의 하위목표가 정해진 기간 내에 달성될 수 있는가를 확인시키며, 또한 필요 자원 등을 결정한다.

넷째, **목표의 실행**: 설정된 목표를 실행하는데 필요한 인적, 물적 자원에 대한 구체적인 실행전략을 수립하고, 행동에 옮긴다.

다섯째, **평가**: 목표가 계획대로 진행되었는가의 여부를 측정, 평가하고, 계획과의 차이가 있는 경우에는 그것을 시정하고 통제하기 위한 보고를 하는 단계이다. 즉 목표추구의 과정과 목표의 성취도를 측정, 평가, 피드백하는 단계로서 평가

후 성과를 기준으로 합당한 보상이 이루어져야 하는 단계이다.

(4) 목표관리 수행의 지침사항

목표관리가 성공적으로 수행되기 위해서는 과정을 준수해야 할 뿐만 아니라 아래 사항에 스스로 충실해야 한다.

- 기본적인 성취목표를 개인별, 기간별로 명시한다.
- 상사와 함께 재검토한 합의된 목표를 문서화한다.
- 상사와 종업원이 목표의 진척사항을 점검하기 위해 정기적으로 만나고 필요한 경우에는 목표를 수정한다.
- 일정기간(예: 6개월) 후 개인은 일의 진행상황과 목표 실행간의 차이를 명시한 성과보고서를 준비한다.
- 종업원은 미래지향적 시각에서 항상 목표관련 사항에 대해서 자기평가를 하고, 그 결과를 상사와 상담한다.
- 다음기에는 새로운 목표를 수립하도록 한다.

또한 목표관리가 기업의 관리시스템의 하나로 적용, 활성화되기 위해서는 다음의 지침방안이 설정되고 준수되어야 한다.

첫째, 최고경영자에 의해서 적절한 목표가 수립되고 또한 최고경영자의 참여와 재원이 있어야 한다.

둘째, 상사와 종업원이 합의하여 목표를 수립하고 또한 조직의 구조와 과정이 MBO를 실행할 수 있도록 분권화 및 자율적인 통제절차가 마련되어야 한다.

셋째, 전사적 노력에 의해서 이루어지도록 전사적 입장에서 여러 다른 활동들과 상호지지적인 통합, 즉 총체적인 관리시스템을 형성하여 추진되어야 한다.

넷째, 개인과 개인, 단위부서와 단위부서, 그리고 조직과 환경 사이의 의사소통이 이루어지고, 종업원의 업적평가가 공정하며, 평가에 기초한 즉각적인 보상이 이루어져야 한다.

다섯째, 무사안일주의에 빠진 종업원들의 태도를 적극적인 태도개발훈련, 즉 조직개발(OD)훈련을 통해 고치는 등 미래 상황을 예측하여 대처할 수 있도록 조직 내외의 여건이 안정되고 준비되어야 한다.

(5) 목표관리의 장점과 한계

MBO는 여러 조직에서 성공적으로 활용되고 있지만, MBO가 갖고 있는 장점(효과)과 제한점을 숙지함으로써 더욱 효과적으로 활용할 수 있다.

우선 목표관리가 효율적으로 운영될 경우, 다음과 같은 장점과 효과를 거둘 수 있다.

- 조직구성원 개개인에 기대되는 목표제시
- 경영자의 목표수립과 세부적인 업무계획 설계에 도움 제공
- 경영자와 구성원 간의 커뮤니케이션 개선으로 상호간의 이해증진
- 조직구성원에게 조직목표 및 역할을 인식케 하여 구성원의 업무활동을 목표지향적으로 이끔
- 성과에 대한 책임을 분명케 하며, 자기통제를 가능케 함
- 부하의 아이디어를 조직이 흡수함으로써, 인적자원 개발과 활용을 가능케 함
- 환경변화 속에서 이에 대응한 조직변화를 용이하게 함

그러나 목표관리 프로그램은 다음의 몇 가지 요인에 의해서 성공적으로 실행되지 않을 수도 있다.

- 최고경영자의 지원부족
- 목표관리에 대한 설명과 교육훈련의 부족으로 MBO제도에 대한 전반적인 이해가 쉽지 않다.
- 권위적인 관리자에 의한 상의하달식의 목표설정이 가능하여 목표설정이 어렵다.
- 신축성이 결여되기 쉬워, 목표가 제한되거나 과다한 목표가 설정되며, 단기목표에 집착되기 쉽다.
- 부서간 상충된 목표로 인한 마찰의 위험성이 있으며, 부서간에 지나친 경쟁을 초래할 가능성이 있다.

- 지나치게 숫자에 집착케 하고, 그에 따라 목표달성 여부에 대한 평가가 과도하게 강조된다.
- 회의와 의사결정의 과중한 문서화 등으로 조직구성원 전체의 참여가 어렵다.

제 12 장

경 영 조 직

엔돌핀조직과 아드레날린조직

우리나라 기업의 경우에 그 동안 주로 아드레날린조직을 활용해 왔다. 끊임없이 위기감을 조성하고 엄하게 꾸짖어서 분발을 촉구하는 것이 아드레날린조직이다.

그러나 최근에 살펴본 초일류기업들의 문화적 특성은 엔돌핀조직이라는 점이다. 칭찬, 격려, 권한부여, 인정, 포상 등 여러 가지 신바람나는 조직문화를 조성해서 창의성과 생산성을 높이는 것이 요즘 초일류기업들의 공통점이다.

엔돌핀조직의 하이라이트는 바로 '절정체험(peak experience)'이다. 인간은 감동과 감격의 순간 그리고 환희의 순간에 엔돌핀을 최대로 분비한다.

예를 들어 직장인들은 신상품을 개발했을 때, 대규모 공사를 완공했을 때, 큰 프로젝트의 계약을 성사시켰을 때 절정체험을 하게 된다. 하고 있는 업무를 통해 "이런 맛에 직장 생활을 한다." "이 기분은 아무도 모를 거다."라는 등의 만족감을 체험하는 사람이 많을수록 그 기업은 엔돌핀조직이다.

반면에 업무에는 이런 행복감을 얻지 못하고 음주나 도박을 통해 쾌감을 찾으려는 직장인이 많은 기업은 쇠퇴할 수밖에 없다. 출근해서는 몸조심이 최고이고 퇴근한 후에 취미나 잡기를 통해 인생의 낙을 찾으려 하는 사람들이 많은 기업은 기업문화부터 바꾸어야 한다.

'재미있는 직장', '신나는 일터', '보람있는 업무'라는 느낌을 갖도록 하고 무엇보다도 칭찬을 자주 해주는 것이 엔돌핀조직을 만드는 지름길이다.

최근 삼성전자에서 임직원 600명을 대상으로 한 설문조사를 통해 조직에서 듣기 좋은 말과 듣기 싫은 말을 10가지씩 선정해 공개했다. 여기서 듣기 좋은 말 1순위는 "수고했어, 역시 자네가 최고야"라는 칭찬이고, 이어 2위는 "이번 일은 자네 덕분에 잘 끝났어", 3위는 "괜찮아, 실수할 수도 있어"라는 격려가 차지했다.

반대로 듣기 싫은 말은 1위인 "그렇게 해서 월급 받겠어"에 이어 "시키면 시키는 대로 해"와 "내가 사원 때는 더한 일도 다 했어" 등의 꾸지람이 각각 2위와 3위를 차지했다.

이러한 설문조사 결과를 보면 너무도 당연한 것이지만 엔돌핀조직에서 특징적으로 나타나는 칭찬과 격려와 같은 특성 역시 듣기 좋은 말로 나타난 것이다. 반면에 위기감 조성이나 꾸지람과 같이 아드레날린조직에서 나타나는 특성이 듣기 싫은 말로 나타났다. 이것은 남녀노소를 막론한 인간본성인 것이다.

수직적 위계사회, 육체노동시대에서는 아드레날린조직으로도 기업의 성과를 올릴 수 있다. 그러나 수평적 사회, 지식노동시대에서는 엔돌핀조직이 있어야 기업이 발전할 수 있다.

물론 100% 칭찬만 하면서 기업을 경영할 수는 없을 것이다. 그러나 이제는 기업문화의 중심이 위기의식과 질책으로부터 비전만들기와 칭찬으로 바뀌어야 새로운 에너지를 얻을 수 있다.

우리나라 기업들이 아드레날린조직에서 엔돌핀조직으로 바뀔 때 우리의 국제경쟁력도 살아나고 직장인들의 삶의 질도 높아질 수 있을 것이다.

제 1 절 경영조직구조의 개념과 중요성

1. 경영조직구조의 의미와 조직

1) 조직구조의 중요성과 의미

계획화에 의해 경영목표가 구체화되면, 그 목표를 체계적으로 집행하여 효과적으로 달성하기 위해서는 그에 필요한 활동과 업무를 결정하고, 그것을 각 구성원에게 분담하도록 하는 조직구조를 갖추어야 한다.

특히 오늘날 기업의 규모가 대형화됨에 따라 그 관리기능도 복잡하게 되어 관리기능의 조직적인 수행이 불가피하게 되었다. 이에 따라 경영목표달성을 위한 제반 기능의 수행이 일정한 질서 속에서 보다 유효하게 실행토록 하기 위해 조직구조화 과정이 중요시되고 있으며, 그에 따라 직무를 수행하게 되면 직무수행의 유효성을 확보할 수 있다.

따라서 개인별 책임경영활동을 전개하기 위한 전제라 할 수 있는 조직화 즉 조직구조화는 경영관리 순환과정 중의 하나가 되고 있다. 조직구조를 만든다는 것은 개인이나 부서별로 책임을 부여하는 책임경영을 하도록 함으로써 경영성과를 제고시킬 목적으로 업무분장 체계에 따른 조직의 틀을 짜는 것을 말한다.

일반적으로 **조직구조**(organizational structure)는 조직을 구성하고 있는 사람, 업무, 부서들 간의 공식적 관계나 상호관련성을 구축하는 짜임새로 정의되는데, 조직구조는 조직설계 과정을 통해 나름대로의 모양과 특색을 갖추게 된다. 그리고 그 짜임새는 하나의 틀로서 구조적인 조직(organization)을 형성하게 된다.

2) 구조적인 틀인 조직

조직구조가 형성되어 하나의 공식조직 그 자체로서 구조적으로 조직이 형성되는데, **조직**이란 기업의 공동목적을 달성하기 위해 필요한 여러 가지 활동을 분화하고, 그 활동을 각 구성원에게 할당하여 각 구성원이 갖는 의무의 상호관계를 명확히 규정하여 서로 협조하에 수행하는 사람들의 집합체라고 정의할 수 있다. 이 정의에는 ① 사람들의 집합체, ② 분업, ③ 공동작업, ④ 공동목적의 네 가지 요소로 구성되어 있다.

따라서 구조적 형태인 조직은 ① 성취하고자 하는 공동의 목적을 가지며, ② 목적달성을 유효하게 실행하기 위해 조직을 구조화하는 과정인 조직화를 행하며, ③ 구조화 과정에 의해서 조직은 경영의 제기능을 분화하고 이에 권한을 분배해야 한다.

결론적으로, 기업에 있어서 경영조직에는 조직이라는 구조적인 측면과 조직구조를 형성하기 위한 조직화 과정이 내포된다.

2. 조직화와 조직구조의 구성요소

조직화(organizing)란 기업의 목표를 최상의 방법으로 실현할 수 있도록 어떠한 형태로 조직을 구성할 것인가를 결정하고, 인적자원과 물적자원, 자본, 정보, 지식 등 모든 경영자원을 단위별로 나누어 배분하고 조정되도록 하여 조직의 구조적 틀을 만드는 관리과정을 의미한다.

또한 실무부서 수준에서 업무세분화 과정의 성격을 갖고 있어 개인의 직무를 적절하게 설계하고 배분함으로써 구성원들이 의욕적으로 자기의 업무를 수행하여 주어진 목표를 달성하여 조직전체의 목표달성에 일익을 담당하도록 하는 것을 의미한다. 따라서 조직화는 어떤 업무가 이루어져야 하며, 누가 무엇을 수행할 것인가, 업무분류는 어떤 식으로 이루어지며, 업무보고는 누가 하고, 의사결정이 어디에서 이루어지는가에 대한 문제를 다루는 활동이라고 할 수 있다.

따라서 조직화는 일반적으로 ① 계획된 목표를 달성하는데 필요한 구체적인 활동을 확정하고, ② 그 활동을 개개인이 수행할 수 있도록 일정한 패턴이나 구조로 집단화시킨 다음 ③ 그들 활동을 특별한 직위나 사람들에게 배분함과 동시에 그러한 활동의 조정수단으로서 책임, 권한 관계를 확정하는 등 3개의 과정이 관련된다.

2) 조직구조의 요소와 형태

조직의 구조는 복잡성, 형식화(공식화), 집중화의 3개 요소에 따라 다양한 형태를 취하게 된다.

(1) 복잡성(complexity)

복잡성은 조직에서 과업의 분화가 이루어지는 정도로서, 더 많은 분업이 존재하면 더 많은 수직적 단계가 존재하며, 구성원의 조정과 활동이 더욱 복잡해진다.

(2) 형식화(공식화: formalization)

형식화란 조직 내의 직무가 표준화되어 있는 정도로서, 조직이 종업원들의 행동을 감독할 때 규칙이나 절차에 의존하는 정도이다. 즉 종업원들의 태도가 문서화된 규칙이나 절차에 의존하는 정도로서, 규칙이나 법규가 많을수록 조직의 구조는 더 형식화된다.

따라서 반복적이며 단순한 직무(생산)일수록 공식화의 정도가 높고, 고도로 전문화된 업무(마케팅, 연구개발)일수록 공식화의 정도가 낮다.

(3) 집중화(centralization)

집중화는 의사결정 권한이 조직 내의 한 곳에 집중되어 있는 정도이다. 집중화의 정도가 높으면 중요한 의사결정이 조직의 상층부에서만 이루어진다. 반대로 권한이나 의사결정권이 하층부로 위양되는 경우 분권화가 이루어지는데, 역동적인 조직일수록 분권화(decentralization) 정도가 높아지고 있다.

3. 조직화의 요소

조직의 제기능을 효과적으로 수행하고 더 나아가 기업목표를 달성하기 위해서는 조직화의 요소가 합리적으로 구성되어야 하는데, 조직화의 요소는 조직설계의 핵심내용이다.

1) 조직화의 요소

조직화의 요소는 5개로 구성된다.

① **부문화**: 기업의 목표달성에 필요한 제업무를 분화함으로써 직무수행의 기본 단위를 마련하는 것이다. 업무분장규정에 의해서 명시되는 부문화는 직무의 기능별 분화인 수직적 분화와 직무의 계층적 분화인 수평적 분화에 의해서 이루어진다. 오늘날에는 지역별, 제품별, 고객별로 부문화되기도 한다.

② **직무의 할당**: 부문화에 의한 단위직무는 각 개인 또는 직위에 기초하여 직무로서 할당된다. 직무는 책임소재에 따라 경영활동을 수행시키기 위한 기초작업인데, 적성배치는 직무할당의 기본원칙이다. 적성배치는 직무분석과 적성검사가 병행되어야 한다.

③ **권한의 할당**: **권한**(authority)은 할당된 직무를 스스로 수행하고 또 타인에

게 수행시키기 위해서 일정직위에 주어진 공식적인 권리이다. 각자의 주어진 직무에 맞는 권한이 각자에게 할당된다.

④ **책임의 확정**: **책임**(responsibility)이란 일정한 직무와 권한을 일정한 책임표준에 따라 수행할 임무를 상사에 대해서 지는 것을 말한다. 직무는 적절한 권한 위양과 함께 구성원에게 위양할 수 있지만 책임은 위양할 수 없으므로 조직은 작업표준을 구체적으로 정해야 한다.

⑤ **직위**: 직위(position)는 조직상의 위치로서, 수행해야 할 일정한 직무가 할당되고, 그 직무를 수행하는데 필요한 권한과 책임이 구체적으로 규정되어, 조직의 각 구성원에게 부여된 조직의 기본단위를 말한다.

2) 상호관계의 설정

조직이 합리적으로 편성되기 위해서는 각 직위 상호간에 발생하는 직무의 범위 및 권한, 책임에 대한 중복 및 모순관계를 방지해야 하며 또한 직위 상호간의 관계를 합리적으로 설정해야 한다.

특히, 조직이 안정을 유지하기 위해서는 부여받은 권한과 책임이 동등해야 하는데, 이를 권한과 책임의 등가원칙이라고 한다. 그러므로 경영자는 권한, 책임, 의무(accountability: 일의 결과에 대한 책임)가 서로 균형을 유지해야 한다.

그리고 조직화의 구성요소 중 가장 중심이 되는 것은 직무인데, 〈그림 12-1〉과 같이 직무는 책임과 권한의 출발점이며, 책임은 의무를 수반하므로, 직무에 대한 권한, 책임, 의무는 삼면등가의 관계를 나타낸다.

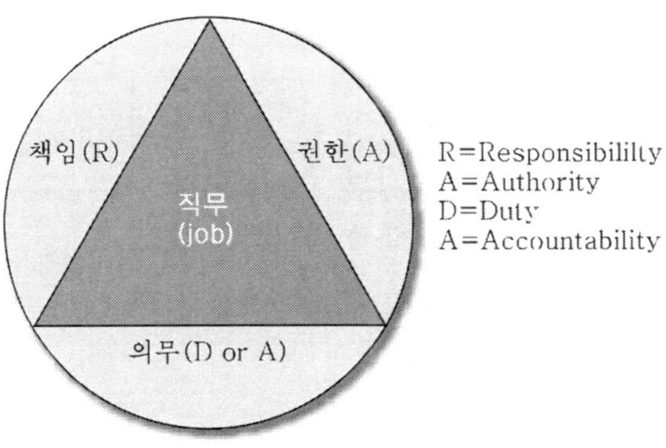

〈그림 12-1〉 직무의 삼면등가의 관계

제 2 절 조직화의 과정

1. 조직화의 중요성과 단계

1) 조직화의 중요성

경영자는 효과적인 조직화를 통해서 경영성과를 높여야 하는데, 조직화는 다음의 효과를 얻을 수 있기 때문에 중요하다.

- 업무의 흐름을 명확히 한다.
- 개인별 직무에 대한 지침을 제공한다.
- 각 직무수행에 필요한 행동체계를 마련하여 계획수립과 통제에 도움을 준다.
- 의사소통과 의사결정을 위한 경로를 수립한다.
- 직무의 중복과 과업에 대한 갈등을 제거해 준다.
- 각 구성원의 활동을 조직목표에 연결시킴으로써 직무수행 결과를 증대시킨다.

2) 조직화의 단계

경영자는 6단계의 과정을 거쳐 조직화를 수행한다(〈그림 12-2〉 참조).

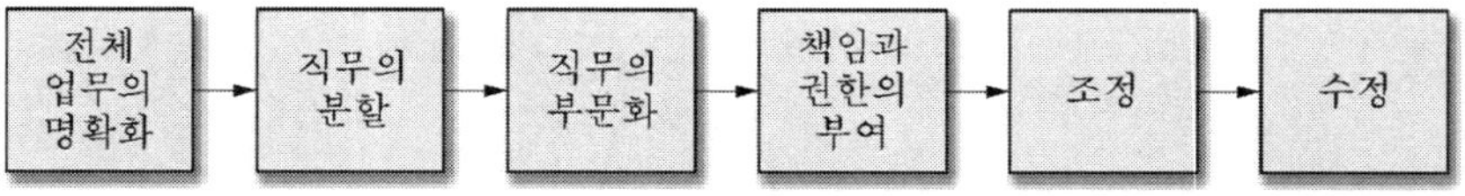

〈그림 12-2〉 조직화의 단계

제1단계 **전체업무의 명확화**: 기업의 목표를 달성하기 위해 수행해야 할 업무를 명확히 파악한다.

제2단계 **직무의 할당**: 조직 전체의 업무를 개인이나 집단에 의해 수행할 수 있도록 논리적으로 분할(분업화)한다.

제3단계 **직무의 부문화**(집단화): 구성원들이 맡은 업무와 성격에 따라 유사하거나 관계가 깊은 것을 집단화하는 것으로서, 부문화라고 한다.

제4단계 **책임과 권한의 부여**: 업무가 확정되고, 담당할 부서가 결정되면, 부서 또는 부서의 구성원에게 업무수행과 관련되는 책임과 권한을 부여한다.

제5단계 **조정**: 전문화에 의한 분업화된 여러 직무활동을 전체적인 입장에서 작업활동을 상호 연결하여 구성원의 일들이 통일되고 조화된 전체로 조정되기 위한 어떤 메커니즘을 설정한다.

제6단계 **수정**: 조직의 효율성을 감시하고, 유지하거나 증진시키기 위해 피드백 과정으로서, 정기적인 평가에 의해서 이루어진다.

2. 조직화의 원칙

조직의 구조화에 필요한 조직화의 원칙으로서 7가지가 있다.

1) 전문화의 원칙(principles of specialization)

분업의 원칙이라고도 하는데, 이는 조직형성의 기초가 되는 원칙으로서, 조직 구성원들이 자신의 독자적인 소질과 전문지식 및 기술에 따라서 가능한 한 하나의 전문화된 업무만을 담당하도록 하는 원칙이다.

이는 구성원들로 하여금 자기표현의 기회를 저해하고, 개인의 잠재력을 개발할 기회를 박탈하는 문제점이 있다.

2) 책임과 권한의 원칙

개인에게 확정된 직무가 할당될 때, 이것은 당사자에게 책임으로 인식된다. 이 경우에 책임이란 어떤 직위에 부과된 일(work)이기 때문에, 이를 직책이라고 한다.

그리고 이러한 책임의 수행에 대해서는 권한의 부여가 필요한데, 권한이란 자주적인 의사결정권을 의미한다. 즉 종업원에게 일정한 직무를 할당할 경우에 상사는 그 직무를 수행하는데 필요한 자주적 의사결정권을 위양함으로써 권한을 주어야 하고, 종업원은 권한행사의 결과에 대해 책임을 져야 한다.

상사는 결과에 대한 책임을 물을 수 있는데, 이를 **의무**(accountability)라고 하는데, 이는 직무 수행의 전반적 결과에 대한 책임을 종업원이 스스로 지도록 하는 것이다. 그리고 종업원에게 위양받은 권한은 책임의 양과 일치하여야 하는데, 이를 권한-책임 대응의 원칙 또는 직무-책임-권한의 삼면등가의 원칙이라고 한다.

3) 권한위양의 원칙

과거와 달리 조직환경이 복잡해지고 역동적이 됨에 따라 분권화된 결정방식이 중요하게 되어, 권한을 가지고 있는 상위자가 하위자에게 직무수행에 관한 일정한 권한을 위양하게 된다. 분권화에 의해 구성원은 자신에게 부과된 직무에 따른 권한 그리고 책임을 지게 된다.

그러나 위양된 직무와 권한을 넘어선 것에 대해서는 예외의 원칙에 의해 상사가 권한을 행사하게 되는데, 이를 예외의 원칙에 의한 관리라고 한다.

4) 감독한계의 원칙

이것은 한 사람의 상위자가 직접 지휘, 감독할 수 있는 종업원의 수에는 일정한 한계가 있다는 원칙으로서, 한 사람이 적정 수의 직원을 관리하도록 하는 것이다.

감독의 범위가 너무 광범한 경우에는 상하 간에 의사소통이 원활치 못하거나 종업원에 대한 통솔이 여의치 못하여 관리의 비능률을 초래한다. 반대로 감독의 범위가 너무 좁은 경우, 지나친 감독으로 하위자의 창의성과 자주성의 발휘가 방해되고, 관리비를 낭비하는 결과를 초래한다.

적정한 감독의 범위에 대해서는 일정한 기준이 없으나, 그것은 관리자의 개인적 능력차이 및 스타일, 하위자 업무의 유사성, 업무의 복잡성, 정보체계의 지식, 조직문화 등 조직의 여건에 따라 결정되지만, 일반적으로 상위관리자층에서는 4~5명, 하위감독층에서는 8~15명이 적당하다.

최근 조직은 구조조정을 통해 경영자의 수를 줄인 이후로 통제의 범위는 일반적으로 증가되고 있다. 따라서 감독의 한계가 어떻게 결정되느냐에 따라 조직은 평형조직(flat organization)이, 그리고 고층조직(tall organization)이 될 수도 있다.

5) 명령일원화의 원칙(principles of unity of command)

이는 종업원이 라인상의 1인 직근상사로부터만 명령을 받아야 한다는 원칙으로서, 중복된 명령-보고 관계에서 유발되는 갈등의 소지를 없애게 된다.

그러나 이 원칙만 고수할 때, 전문적인 지식과 기능의 분화에 따른 종업원의 통솔을 불가능하게 하여 조직의 업무수행을 방해하는 단점이 생긴다. 따라서 적절하게 활용할 수 있도록 라인과 스탭 조직의 도입이 필요하게 되었다.

6) 직능화의 원칙(principles of functionalization)

이는 업무의 능률을 기할 목적으로 분업의 원리를 적용하여 전문화를 실현할 경우 채택되는 원리이다. 전문화의 원칙에 따라 부문화할 경우 업무의 종류와 성질에 따라 업무가 분류되고, 그것에 기초하여 필요인력이 충원될 때 경영성과는 높아진다.

직능화는 직무의 할당과정에서 수행되어야 할 일에 따라서만 충원이 이루어지는 것으로 직능중심으로 조직을 형성하는 것이다.

7) 조정의 원칙(principles of coordination)

현대경영은 조직의 능률을 기하기 위하여 전문화의 원칙과 분업의 원칙에 따라 업무를 부문화한다.

그 경우, 개개 업무 상호간의 마찰은 불가피하고, 그 마찰은 직무운영상 많은 문제를 야기시키는데, 이를 해결하는 수단이 조정이다. **조정의 원칙**이란 조직의 각 구성원이 분담하는 업무는 기업 전체적인 관점에서 가장 효과적으로 수행될 수 있도록 상호통합되어야 한다는 원칙이다. 이로써 마찰을 최소화하고 협동적인 인간관계를 통해 효율성을 제고할 수 있다.

제 3 절 조직의 분화

1. 수직적 분화-경영관리기능

기업경영의 업무활동은 **수직적 분화**가 이루어지는데, 이에 따라 경영관리의 제 기능이 세분화된다. 이는 구매, 생산, 마케팅 등의 기능을 담당하는 라인기능 그리고 계획, 통제기능(재무, 인적자원, 회계 등)을 담당하는 스탭기능으로의 분화를 의미한다. **라인기능**은 기본적 기능이고, **스탭기능**은 라인기능을 돕는 보조기능을 의미한다.

경영기능을 두 가지로 구분하는 이유는 ① 전문화된 원조와 서비스를 스탭이 라인에게 제공하고, ② 적절한 견제와 균형 및 통제를 유지하며, ③ 책임성의 유지와 확보를 하기 위해서이다.

라인이 갖는 권한은 라인권한을 형성하는데, 이는 결정하고 명령을 하는 특징을 갖는 반면에, 스탭이 갖는 권한은 상황의 분석, 조사, 입안, 설명, 비교분석, 해석 등의 조언권한에 한한다.

라인과 스탭은 상호유기적으로 보완적 관계에 있지만, 본질적 기능을 인식하지 못할 때 상호갈등이 자연적 현상으로 발생하여 마찰을 일으키는 경우가 있다.

이러한 갈등은 라인과 스탭기능에 대한 명확한 인식에서 해결이 가능하지만, 구체적인 방안으로는 ① 상호 의존성의 이해와 강조 ② 정기적인 순환근무제 실시 ③ 이해력과 판단력의 증진에 의한 협력태도 배양 ④ 대우에 있어서 균형유지 등이 있다.

2. 수평적 분화-경영관리 계층

1) 경영층의 구성

경영직무를 수평적으로 분화하면 계층별 조직구조가 형성된다. 〈그림 12-3〉과 같이 계층별 조직구조는 크게 3가지의 관리계층, 즉 최고경영층, 중간경영층, 하부감독층으로 분류된다(제5장 참조).

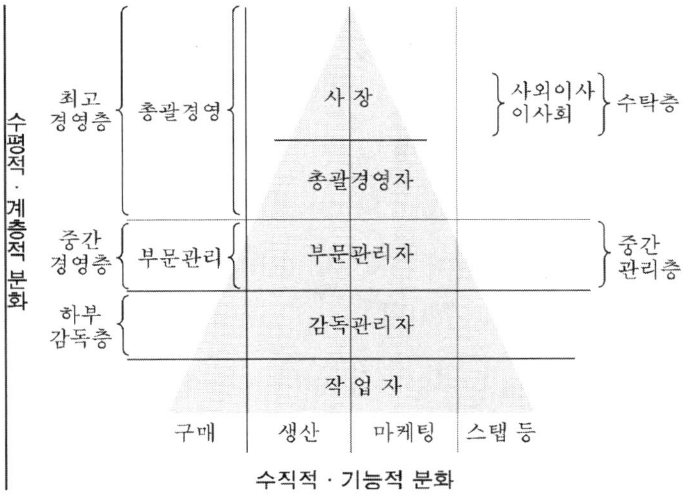

수직적 · 기능적 분화

〈그림 12-3〉 조직의 분화와 구조

최고경영층에는 수탁경영층, 총괄경영층이 포함되며, 중간경영층에는 부문관리층이, 그리고 하부감독층은 감독관리자가 포함된다. 그리고 관리층 중에서도 최고경영층이 보다 중요한데, 그 이유는 최고경영층에서 수립하는 모든 경영의 의사결정 그리고 그 집행을 위한 감독의 질이 경영의 성패를 결정하기 때문이다.

2) 최고경영층의 구성과 기능

최고경영층은 수탁경영층과 총괄경영층으로 구성된다.

첫째, **수탁경영층**(trusteeship management zone)은 이사회와 사외이사로 구성된다. 주주총회로부터 경영에 관한 일체의 권한을 위양받은 이사회와 사외이사 등 수탁경영자는 경영활동을 성실하게 수행할 집행적 의사결정을 수립한다.

둘째, **총괄경영층**(general management zone)은 전반적인 경영기능을 수행하는 계층으로 대표이사, 사장에 의해서 주도된다. 이 계층에는 이사회가 정한 기본방침 및 이사회가 위임한 권한의 범위 내에서 기업경영 전반에 대하여 계획하고 집행하기 위한 방침을 확정한다. 또한 상기의 것을 실시하는데 필요한 지휘, 조정 및 통제를 함으로써 경영활동의 종합적인 성과를 실현하는데 기여한다.

제 4 절 조직구조의 형태

1. 보편적 분류기준에 의한 유형

이것은 조직설계의 특성이 조직지향적인 성과중심의 설계인가 또는 인간지향적인 배려중심의 설계인가에 따라 분류된 것으로서, 전자는 전통적 또는 기계적 조직이고, 후자는 근대적 또는 유기적 조직이다.

1) 기계적 조직

기계적 조직은 고전적 조직모형에 기반을 둔 것으로서, 기능별로 업무활동이 전문화된 과업으로 세분화되고, 개인의 직무를 전문화시키며, 의사결정권이 중앙에 집중화되는 조직설계 방법이다.

과업, 권한, 책임 등이 전체조직에 걸쳐 명백하고 세밀하게 규정되어 있는 조직구조이기 때문에 환경변화에 기민하게 대응하지 못하는 조직적인 특성을 갖는다.

2) 유기적 조직

유기적 조직은 직무, 권한, 책임이 명백하고 상세하게 규정되어 있지 않으며, 명령통일의 원칙이 엄밀하게 적용되지도 않아 환경변화에 신축적으로 대응할 수 있는 조직이다.

팀워크, 개방적 커뮤니케이션 및 의사결정의 분권화가 강조되는 유연성 있는 조직의 특성을 나타낸다.

2. 구체적 분류기준에 의한 유형

1) 라인 조직

라인 조직은 명령일원화의 원칙을 중심으로 최고경영자에서부터 하위계층에 이르기까지 명령권한이 직선적으로 연결되어 일사불란한 지휘시스템이 가능한 조직이다. 이는 군대식 조직의 한 형태로서 오늘날에도 창업단계에 있는 극히 작은 규모의 기업이나 중소기업에 많이 이용된다.

조직의 운영에 있어서 전문화된 지식과 숙련에 기초한 의사결정이 이루어짐으로써 관리적 효과가 제고될 수 있도록 하는데, 상위자의 권한위양이나 명령 없이는 활동을 할 수 없으므로 한계가 있다.

2) 기능식 조직

이것은 업무의 내용이 유사하고 관련성이 있는 것들을 분류시키는 조직설계 방법으로서 기능별 전문화의 원칙에 따라 부문별로 전문적인 관리자를 두고 지휘, 감독하는 조직형태이다.

재무, 생산, 마케팅, 인적자원, 회계 등의 기준으로 설계된 조직으로서, 환경이 안정적이거나, 일상적인 기술, 조직의 내부 효율성을 중요시한다. 분업화와 조직 구성원의 전문화를 제고할 수 있으며, 지도자의 명령에 따라 조직이 일사불란하게 움직일 수 있는 장점이 있다.

이 조직형태는 경영환경 변화가 완만하며, 기업이 소규모하고, 경영활동의 내용이 단순할 경우에 적합하다.

3) 라인과 스탭 조직

라인과 스탭 조직은 조직이 필요로 하는 2가지 차원, 즉 ① 조직을 일사불란하게 움직일 수 있는 지휘시스템의 유지 ② 전문화의 원칙에 따른 의사결정과 집행을 가능케 하는 요건을 충족시킬 수 있도록 하기 위해 고안된 조직구조의 형태이다. 따라서 이 조직형태는 〈그림 12-4〉와 같이 오늘날 모든 조직에서 널리 활용되고 있는 대표적인 조직구조이다.

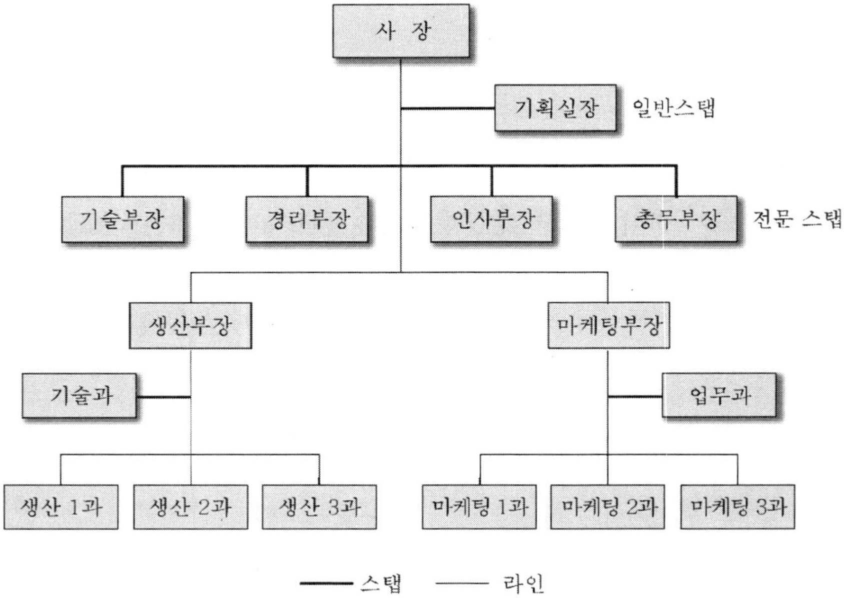

〈그림 12-4〉 라인과 스탭 조직구조

이 경우 라인활동을 수행하기 위해서는 독자적인 결정과 명령권이 부여된 반면에, 스탭활동을 수행함에 있어서는 다른 부서에 대한 조언과 조력의 권한만이 부여되어 있다.

이 조직의 특징은 전문적 지식이나 기술을 가진 사람들이 참모가 되어 보다 더 효과적인 경영활동을 하도록 협력하는 것으로서, 스탭들은 지식의 권위에 의해서 다른 부서 즉 라인이나 다른 스탭에게 일정한 조력을 전문적으로 제공한다. 스탭 전문가들은 라인의 최고경영자에게 전문적 지식과 기술을 제공한다. 또한 이들은 라인경영자들이 수행하는 계획과 조정활동의 일부를 담당한다.

그러나 스탭 전문가들은 조직이 바람직한 방향으로 나아가거나 기업목표를 달성할 수 있도록 조언을 하는 역할을 할 수는 있지만, 라인 부서에 직접적인 명령을 할 수 있는 권한을 가지지는 못한다.

역시 스탭은 전문화된 원조와 서비스를 제공하고, 적절한 견제와 균형을 유지하기 위해서 존재한다.

4) 위원회 조직

이는 각 부문에서 선출된 위원회 집단이 공동으로 심의하여 판단함으로써 보다 건전한 결론에 도달할 필요성이 있고, 여러 부문에 공통적으로 걸려 있는 문제를 보다 현실적으로 해결하며, 1인에게 지나치게 강한 권한이 부여되는 것을 막기 위해 의사결정 과정에 집단토의 방법을 도입하는 조직형태이다.

오늘날의 경영활동에 있어서 건전한 결론에 도달하기 위해서는 광범위한 정보와 그에 근거한 결정이 필요하므로, 참가자의 충분한 사전이해가 필요한 경우에 위원회를 구성하여 의사결정을 하는 것이 유익하다.

그러나 이 조직은 회의과정에서의 시간낭비 및 기동성의 결여 그리고 결정사항에 대한 책임부재라는 문제를 수반할 수 있으므로, 활용하는데 있어 운영의 묘가 필요하다.

5) 사업부제 조직

권한 위양이 철저히 이행되는 분권관리의 대표적인 형태로 나타난 것으로서, 연방적 분권제를 실천하는 관리조직이다.

사업부제 조직은 기업의 규모가 커지고 제품과 시장이 복잡하게 되면서 제품별, 시장별 또는 지역별로 사업부를 확정하고, 이 사업부를 중심으로 책임경영을 하도록 일체의 의사결정 권한을 사업부장에게 위임함으로써 관리적 효과를 거두기 위한 조직관리 방식이다. 이때 각 사업부는 하나의 이익센터로서 운영되며, 각 사업부의 장은 자기의 사업부를 하나의 독립된 사업체로 인식하여 경영하게 되므로, 각 사업부는 ① 이익중심점 ② 분권적 관리 ③ 책임제 관리 등의 특징을 갖는다.

이는 오늘날 세계적인 대기업들이 지역적으로 분산되어 있는 자회사들을 경영하기 위해 가장 보편적으로 채택하고 있는 조직형태이다. 그리고 일반기업들이 사업부 간의 경쟁을 유발시키고 사업부별 성과에 따라 보상하기 위해 채택하고 있다.

상기의 3가지 특징을 갖는 사업부제 조직은 라인-스탭 조직에 비해 사업단위별로 권한과 책임을 부여함으로써 시장의 요구에 비교적 빠르게 대처할 수 있다. 또한 사업의 성패에 대한 책임소재도 분명히 할 수 있다. 그러나 사업부마다 중복된 부서가 있어 자원의 낭비를 초래하거나, 각 사업부 간의 지나친 경쟁을 유발하여 기업 전체의 목표달성을 저해할 수도 있다.

〈그림 12-5〉와 같이 각 사업부는 라인 부문이 되며, 본사는 각 사업부를 전반적으로 관리하는데, 각 사업부의 구성원들은 자기의 사업부를 위해서 보다 더 많은 노력을 기울임으로써 자주적으로 독립채산제적인 경영을 한다.

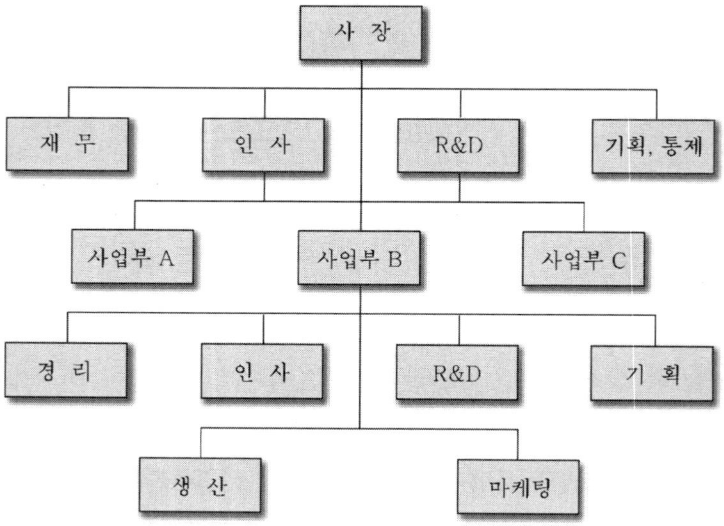

〈그림 12-5〉 사업부제 조직구조

사업부제 조직이 대기업 등에서 도입하게 된 주요 이유는 ① 기술혁신에 의한 제품다양화가 이루어지며 ② 시장집중이 필요하며 ③ 이익채산성을 중요시하며 ④ 경영자의 육성과 ⑤ 동기부여(모티베이션)의 개선을 확보해야 하기 때문이다.

6) 매트릭스 조직

매트릭스 조직(matrix organization)이란 구성원들이 원래 소속되어 있는 기능

부서에도 배치되고 동시에 그들이 현재 맡고 있는 제품과 서비스의 부문별로 나누어진 팀에 배치되어 있는 두 개의 단위조직에 속하여, 두 사람의 상급자를 두고 있는 형태이다(〈그림 12-6, 12-7〉 참조).

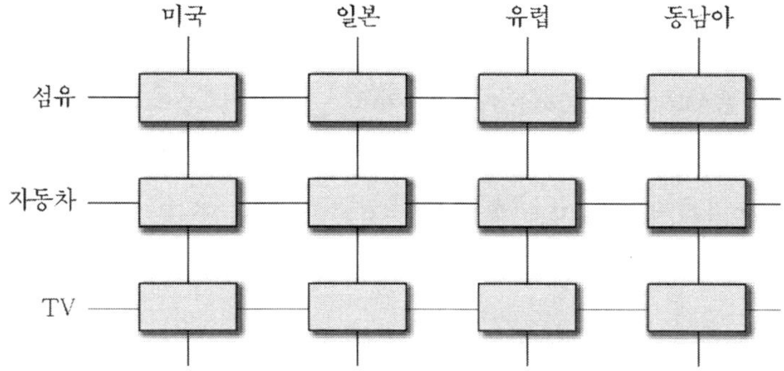

〈그림 12-6〉 매트릭스 조직구조(제품과 지역)

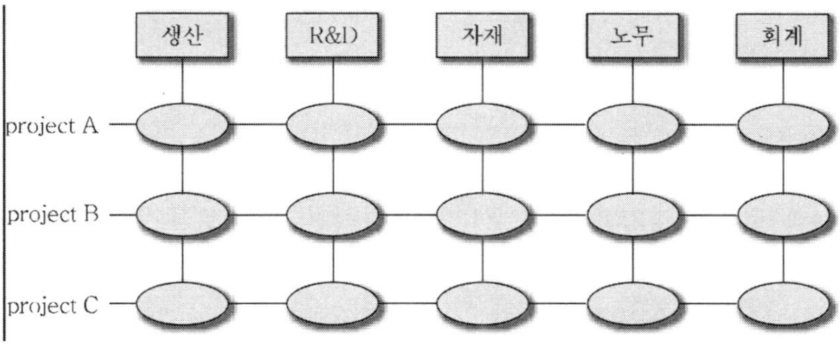

〈그림 12-7〉 매트릭스 조직구조(기능과 프로젝트)

행렬식 조직이라고도 하는 매트릭스 조직은 NASA에서 높은 성과를 올리기 위해 도입된 구조로서 수직적 및 수평적 권한의 결합을 특징으로 하며, 기업으로는 Dupont사가 개척기업이다.

이 매트릭스 조직은 사업부제 조직으로는 새로운 환경변화에 적극적으로 대처하기 어려운 경우 이를 해결하기 위해 시도된 것으로서 동태적이고 복잡한 환경에서 성장전략을 추구하는 기업에 적합한 것으로서, 다수 제품, 다수 시장을 추구하는 기업에 적합하다.

매트릭스 조직의 경우, 종업원들은 원래의 기능별 부문에서 파견된다. 그러나 어떤 프로젝트 업무가 진행되는 기간 동안에는 프로젝트 업무를 담당하는 조직의 경영자에게 속하게 된다. 이러한 조직방식하에서는 원래의 기능별 부문관리자는 종적인 권한을 행사하게 되고, 프로젝트팀의 경영자는 각 기능별 부문을 초월하여 횡적인 권한을 행사하게 된다.

매트릭스 조직하에서 종업원의 능력과 재원을 최대한 이용할 수 있을 뿐만 아니라, 인력을 다른 프로젝트에 이동시킬 수 있어 조직이 환경과 시장변화에 유연하게 대처할 수 있는 장점이 있다. 그러나 구성원이 종적으로 기능별 조직의 자기부서와 횡적으로 프로젝트에 동시에 소속되어 근무함으로써 두 명의 상사와 보고-지시 관계에 있기 때문에 상이한 지시를 받는 경우 혼란을 경험할 수도 있다.

따라서 매트릭스 조직에서는 프로젝트팀에서 어떤 업무를 맡길 것인가, 누가 성과를 평가할 것인가, 종업원의 시간배분 문제 등을 명확히 해야 하며, 또한 부서간 통합을 위해서 빈번한 상호접촉과 협조, 의사소통, 토론이 항상 있어야 한다.

7) 팀 조직

21세기의 글로벌 경영환경 속에서 단순한 라인-스탭 조직으로 기업을 경영하게 되면 그 환경변화에 대응하기가 어려워지게 된다. 이에 따라 기업은 의사결정구조를 보다 단순하게 단축시키고, 급속히 변화하는 기술혁신을 보다 빨리 수용할 수 있는 조직체계가 필요하게 되었다.

이에 부응하는 가장 보편적인 조직이 팀 조직인데, **팀 조직**(team organization)이란 상호 보완적인 기술이나 지식을 가진 소수의 구성원들이 자율권을 갖고 기업의 목표를 달성하도록 구성된 조직이다.

이 팀 조직은 업무추진에 있어서 불필요한 부서간의 장벽을 없앨 수 있으며, 신속한 의사결정체계를 갖추며 또한 매트릭스 조직의 이중적인 명령, 보고체계를 탈피할 수 있는 장점이 있다. 또한 구성원들의 의사가 최고경영자에게 그대로 전달될 수 있으며, 성과에 대한 평가가 쉽기 때문에 동기부여가 잘 된다는 장점도 있다.

그러나 팀 조직은 각 구성원들의 능력에 크게 의존하므로 유능한 구성원으로 팀을 구성하면 효과적이지만, 그렇지 못하면 다른 형태의 조직보다 성과가 못할 수 있는 단점이 있다. 그러므로 구성원의 능력을 일정수준으로 유지하도록 하기 위해서 교육훈련에 많은 시간과 비용이 소요된다는 부담이 있다.

이 팀 조직은 업무단위형 팀 조직과 프로젝트형 팀 조직으로 구분된다.

(1) 업무단위형 팀 조직

이것은 기업 전체의 업무를 일정한 기준으로 세분화하여 작은 단위를 하나의 팀으로 형성하는 것이다. 이러한 **업무단위형 팀 조직**은 사업부제 조직안에서 작은 단위로서 형성되어 지속적으로 운영되는 것이 일반적이다.

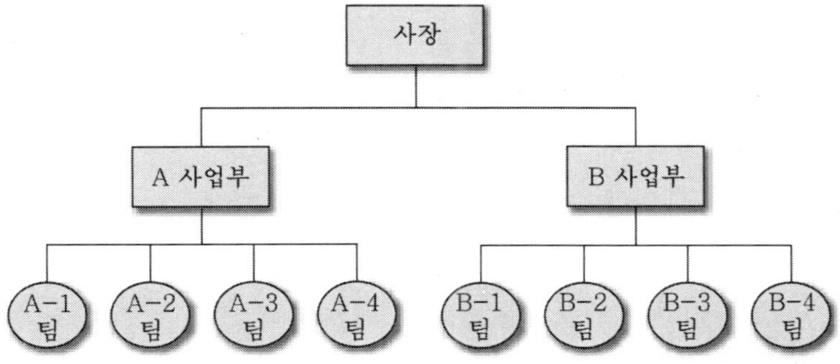

〈그림 12-8〉 업무단위형 팀 조직

예를 들어, 건설회사가 토목사업본부와 건축사업본부로 나눈 경우, 건물수주계약시 토목사업본부내의 A-1팀이 토목공사를, 건축사업본부의 B-1팀이 건축공사를 하여 건물을 완공한다. 다른 건물수주계약에는 A-2팀이 토목공사를, B-2팀이 건축공사를 하는 것이다(〈그림 12-8〉 참조).

(2) 프로젝트형 팀 조직

이 조직은 **태스크포스(task force) 조직**이라고도 하는데, 어떤 구체적인 문제를 다루기 위해 만들어지고, 일단 문제가 해결되거나 임무가 완성되면 해체되는 조직이다. 이는 어떤 특수한 업무를 단기간 내에 수행하는 경우 그 때마다 기능별 조직에서 파견받아 형성된다. 따라서 이 조직은 일시적인 특별업무를 수행하기 위해 조직 전체를 대대적으로 재개편하지 않아도 된다(〈그림 12-9〉 참조).

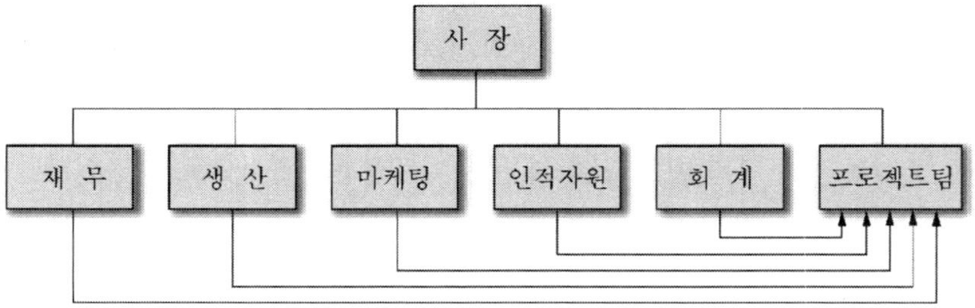

〈그림 12-9〉 프로젝트형 팀 조직

이 조직은 과제에 따라 형성되는 기동적인 조직의 특성을 갖기 때문에, 효과적으로 실현하기 위해서는 확고한 책임자 중심의 제품과 추진이 절대로 필요하다.

3. 최근 조직의 구조적 변화방향

현재 및 향후의 환경변화는 조직의 재구축을 요구한다. 조직의 구조적 측면과 관련하여 8가지의 변화가 나타나고 있다.

1) 관리계층의 단계 축소

전통적인 조직은 분업화에 따라 조직계층이 세밀하게 다단계가 되고, 모든 보상이 승진과 연계된 인사시스템으로 인해 조직계층이 늘어나게 되었다.

상기의 복잡한 관리계층 구조는 의사결정을 지연시키고, 계층 간 정보의 흐름을 단절시키고 왜곡시키는 요인으로 작용하였다. 그러나 정보기술의 발달은 상위자와 하위자 간에 중간관리자의 역할과 기능이 없이도 정보의 흐름을 가능케 하며, 의사결정이 그 일을 잘 알고 있는 현장이나 담당자에게 위양되어야 한다는 패러다임 등의 변화로 인해 관리계층의 축소가 이루어지고 있다.

2) 자율적 합의 중시

과업의 표준화 정도를 나타내는 공식화가 과도해지면서 형식주의와 문서 만능주의가 만연되고 사고의 경직성이 초래된다. 또한 과업에 대한 예측이 어렵고,

수행방법이 계속적으로 변화되어야 하는 상황에서는 과업의 표준화, 공식화하는 것이 아무런 의미가 없고, 업무처리의 유연성과 신속성을 저해하는 요인으로 작용하게 된다.

따라서 예측하기 어렵고, 불확실한 상황이 전개되는 경영환경하에서는 공식적인 절차보다는 상황에 따라 담당자간의 자율적인 합의에 따라 탄력적으로 조정하는 것이 자연스러워지고 있다.

3) 수평적 관계지향

전통적인 복잡한 관리계층은 수직적 관계로 상사에게 조직운영의 주도권이 주어지고, 수직 라인에서 자신이 속한 부문의 이익이 전체의 이익보다 더 우선시 되었다.

그러나, 최근의 조직에서는 상사와 직원간의 관계보다는 동료간의 관계가 강조되고, 의사결정 라인도 대폭적으로 단축됨으로써 수평적 관계가 중요시되었다.

4) 권한의 위양 중시

전통적인 조직에서는 상사의 지시에 따라 업무를 수행하므로, 담당자는 수동적으로 과업을 수행하였다. 그러나 최근의 환경은 복잡하고 급변하므로, 한두 사람이 모든 문제를 파악하여 합리적인 판단을 내리는 것이 힘든 상황이다. 따라서 그 사항을 가장 잘 알고 있으며 직접 처리하는 관장부서로 권한이 위양되고 있다.

5) 네트워크화

조직이 핵심기능만을 보유하고, 지원기능이나 부가적인 기능은 그 일을 더 잘 하거나 유리한 조건으로 생산할 수 있는 조직에 의뢰함으로써 경영효율을 극대화할 수 있다. 이를 위해서는 외부조직과의 긴밀한 네트워크 관계(outsourcing)가 요구된다.

6) 팀제

전통적인 피라미드 조직은 관료성, 경직성 등으로 인해 급변하는 경영환경에 신속하고 유연하게 대응하기가 어렵다. 급변하는 환경변화에 대응하여 계층이 좁고 수평적 관계 속에서 자율적 합의가 중시되고 권한위양이 일어나는 네트워크가 진행되는 상황에서는 팀제 조직이 효율적이다.

7) 프로세스(과정)단위 조직화

기능 부서간의 벽을 허물고, 신속하게 고객요구에 대응하기 위해서 조직구조가 프로세스(과정) 중심으로 설계되어야 한다. 고객의 요구를 가장 이상적으로 실현시킬 수 있는 프로세스 단위로 조직을 설계함으로써 간단하고 유연해지는데, 이 과정을 리엔지니어링이라고 한다.

8) 지원중심의 스탭기능

전통적인 조직에서 스탭기능은 실행(라인)부문과 계획, 조정, 통제, 점검하는 부문으로 분리시킴으로써 상호견제와 엄격한 통제를 통한 낭비 제거, 전문화에 따른 기능 효율화를 도모하였다. 그러나 사업부제와 스탭 부서간의 심한 갈등과 이해상충은 심각한 문제를 야기하며 신속한 의사결정과 유연한 업무처리를 저해하는 요인으로 작용하였다.

최근에는 과거 스탭 부서에서 수행했던 확인, 점검, 통제기능이 현장 라인부서에 위양되어, 스탭의 역할은 고객이 요구하는 가치를 창조하는데 필요한 기술적 정보와 자원을 지원하는 역할로 그 기능이 바뀌고 있다.

4. 21세기 조직화 활동의 변화

1) 공식적, 비공식적 조직의 적절한 변화

글로벌 경쟁시대에서 기업은 좋은 품질과 서비스를 경쟁사보다 빠르고 저렴하게 제공하는 것이 중요한 문제가 되고 있다. 이에 따라 기업의 조직은 다양한 상황에 유연하게 대처할 수 있는 조직구조로 발전되어야 한다.

상황변화에 유연하게 대처하기 위해서는 공식적인 조직보다는 비공식적인 조직이 더 효과적인 경우도 있다. 따라서 공식적이고 비공식적인 조직을 적절하게 조화시킬 수 있어야 한다.

즉 비공식적 조직은 일상적이지 않고 불확실한 감정을 제공할 수 있는 반면에 유용한 정보를 제공해 주면서 상호 원활한 의사소통의 길을 열어주며, 또한 구성원들간의 사회적 욕구를 충족시켜 줄 수도 있다.

이에 따라 공식조직을 통해 직무를 수행할 수 있도록 하되, 비공식적 조직을 통해서도 원활한 의사소통이 이루어질 수 있도록 해야 한다.

2) 신속한 의사결정을 위한 수평조직의 모색

비대화하고 관료화되는 기업은 비대한 몸집을 줄여 급격하게 변화하는 경영환경에 대처할 수 있는 수평조직을 모색해야 한다. 그러나 한국의 대다수 기업들은 중간관리층이 많은 항아리형으로서 의사소통이 원활하지 못하고 의사소통이 지연되어 환경변화에 신속하게 대응하지 못하고 있다.

중간경영층이 거의 없는 **수평조직**(flat organization)은 현장의 목소리가 왜곡없이 경영층에 전달되고 결재관계를 축소하여 신속한 의사결정이 가능하도록 하여 업무수행이 효율화되어 실무를 담당하는 계층을 확대할 수 있다. 또한 적절한 업무수행 방안을 현장에서 일하는 실무자들이 스스로 토론하여 찾아내어 조직 상하간의 관계를 완화시킬 수도 있다.

즉 수평조직은 오케스트라와 같은 형태의 조직이기는 하지만 수평조직에서는 무조건 중간계층을 없애는 것이 아니라 효율적인 의사소통이 되고 공감대가 형성될 수 있는 토대가 미리 마련되어야 한다는 것을 전제로 하고 있다. 또한 효율적인 의사소통 체계를 갖추기 위해 최고경영층과 일선경영층 사이에 주기적 회의제를 구성하는 것도 한 가지 방법이다.

3) 네트워크형 조직구조 설계

21세기의 환경변화에 적극적으로 대응하며 자율적인 변화를 수행하기 위해서는 조직이 유연해야 한다. 이에 따라 규모가 비대해진 기업들은 불황을 이겨내기 위해 기업내의 유사부문을 통폐합하고 간접부문을 과감하게 축소하여 불필요한 업무를 제거해야 한다.

그러나 조직구조가 날씬하다고 해서 기업이 다양한 역량을 모두 보유할 수는 없다. 따라서 가장 중요한 핵심역량 부문에 경영자원을 집중하고 비핵심 부문에 대해서는 아웃소싱, 전략적 제휴와 분사 등을 효과적으로 추진할 수 있는 네트워크형 조직구조가 요구된다.

네트워크형 조직은 상호협조를 통해 시너지 효과를 얻기 위한 수평적 개념의 조직이다. 이러한 네트워크형 조직은 경계가 약하기 때문에 환경변화에 유연하게 적응할 수 있는 개방형 시스템의 성격을 갖게 된다. 예를 들어, Nike사는 핵심부문인 제품기획과 디자인만을 본사가 담당하고, 제조는 임금이 낮은 국가에 맡기며, 광고는 광고대행사에, 시장조사는 전문기업에게 아웃소싱하고 있다.

제13장

충원화와 인적자원 관리

제 1 절 충원의 의미와 기능

1. 충원화의 의미와 기능

조직화에 의해 조직구조와 직무가 형성되면, 높은 생산성을 달성하기 위해 이를 담당할 경영요원을 채용하여 배치해야 한다. 경영성패는 유능한 인재의 확보능력에 좌우되기 때문에, 경영자원 즉 인적자원을 획득, 유지해 가는 충원기능은 현대경영에서 대단히 중요하다.

충원화(staffing)란 직무와 그 직무에 적합한 사람을 적절히 연결시키는 과정으로서, 자질을 갖추고 있는 열정적인 사람을 설계된 직무에 연결하는 경영자의 관리기능이다.

따라서 충원은 종업원을 모집, 선발 및 배치의 과정을 통해서 필요인력을 채용하는 것이다. 그러나 합리적인 충원이 되기 위해서는 무엇보다 직무분석이 우선되어야 한다. 그리고 훌륭한 인재를 확보하기 위해서는 심리검사나 종업원 적성검사가 실시되어야 한다. 그러나 충원에서 가장 중요한 것은 정실인사에 의해서 충원이 되지 않도록 하는 것이다.

2. 충원과정의 단계

충원과정의 기본목표는 경영성과를 용이하게 달성하도록 사람과 직무를 연결하는 것이다. 이러한 충원과정은 인적자원에 대한 계획수립, 그에 따른 모집, 선발, 오리엔테이션, 훈련과 개발, 인원교체에 대한 계획수립 및 그 실행으로 구성된다.

이 여섯 단계는 결국 생산성 향상을 위해 필요한 인적자원의 확보와 유지에 대한 경영자의 역할을 강조하는 것으로서, 인적자원관리 과정과 동일하다.

제 2 절 인적자원관리와 직무 및 종업원의 특성분석

1. 인적자원관리

1) 인적자원관리의 의미

조직은 계획된 목표를 성취하여 기업의 운명을 결정하는 요소인 인적자원을 생산적으로 활용하기 위해 과학적이며 시스템적으로 관리해야 한다.

인적자원관리란 장기적인 관점에서 꾸준하게 능력을 발휘하여 조직의 전략적 목적을 성취할 수 있도록 구성원의 충원을 계획하고 그 계획에 따라 구성원을 개발하며, 그 집행결과를 평가, 검토, 통제함으로써 만족스러운 노사관계를 유지하며 또한 기업의 사회적 책임 즉 윤리경영을 행할 수 있도록 하는 것이다.

2) 인적자원관리의 과정

인적자원을 보다 효과적으로 관리하기 위해서는 〈그림 13-1〉과 같이 8개의 활동단계를 밟아 추진되어야 한다.

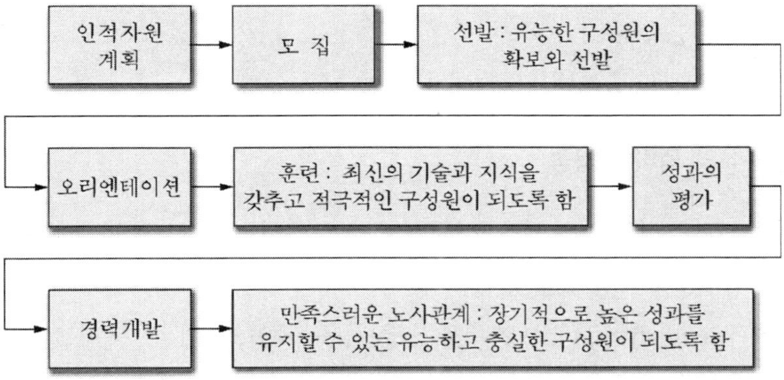

〈그림 13-1〉 인적자원 관리과정

처음의 4개 단계는 인적자원계획, 모집을 통한 요원의 보충, 감원에 의한 요원의 감축, 능력있고 기술력이 있는 요원을 확인하여 선발하는 것이 포함된다. 그 다음 단계는 선발된 요원을 조직에 적응하도록 하는 것이 필요하다. 즉 직무기술과 지식을 시대적 요구사항에 맞도록 해야 하며, 적절한 경력개발을 할 수 있는 활동조치를 개발하며, 효과적이며 효율적인 보상시스템이 마련되어야 한다. 즉 훈련, 성과평가, 훈련과 경력개발 및 보수와 복리후생의 단계를 거침으로써 인적자원을 기업의 목적을 달성하는 핵심요소가 되도록 관리한다.

특히 8개 단계과정 중 첫 단계인 인적자원계획은 인적자원관리의 핵심이 되는 가장 중요한 단계임에 유의해야 한다.

3) 인적자원계획

인적자원계획이란 인적자원에 관한 현재 및 미래의 수요를 분석, 예측하고 그 수요를 충족시키기 위해 종업원을 확보하거나 교체하는 과정이다.

따라서 인적자원계획은 기업이 보유하고 있고 또 보유해야 할 인적자원을 지식(knowledge), 기술(skill), 능력(ability) 즉 KSA를 중심으로 최적의 인적자원 규모를 결정하고 적시에 최적의 위치에 배치하는데 중점을 두고 수립한다. 즉 인적자원계획의 중요성은 충원의 필요성을 확인하고, 인적자원의 이용가능성을 예측하는 것이라고 할 수 있다.

2. 직무의 특성분석

1) 직무분석의 의미와 목적

인간의 능력과 직무의 요건을 일치시키기 위해서는 우선 직무의 내용과 특성을 밝히는 직무분석이 필요하다.

직무분석(job analysis)이란 직무를 구성하는 과업의 내용, 특성 및 직무요건 그리고 그 직무를 수행하기 위해 종업원에게 어떤 행동이 요구되는가를 찾는 과정이다. 즉 작업자가 하는 일의 종류, 그 직무를 수행하는데 요구되는 특성, 과업 수행 방법, 시기 및 이유, 작업환경과 작업방법, 책임요건, 인격적·자질적 자격요건 등을 결정하기 위해 직무에 관한 정보, 즉 직무분석에 필요한 내용을 체계적으로 수집하는 과정이다.

직무의 특성을 밝혀내기 위한 방법에는 직무와 종업원에 대한 관찰, 감독자와 종업원과의 면접, 종업원에 대한 질문조사, 종업원의 직무일지, 종전의 직무기술서 검토, 비디오테이프나 필름을 통해서 직무활동을 기록함, 직무분석가가 직무를 실제로 담당함, 작업자의 성능검사 및 시간연구와 동작연구, 직무에 대한 연구결과에서 얻은 정보를 모형화하는 등이 있다.

2) 직무기술서와 직무명세서의 작성

직무기술서(job descriptions)란 직무분석을 통해 수집된 정보를 알기 쉽게 요약한 문서로서, 직무의 의무, 책임, 작업환경 등을 규정한 것이다. 구성내용은 직무정보, 직무개요, 직무의무와 책임으로 구분되어 기록된다.

직무명세서(job specification)란 직무를 성공적으로 수행하는데 필요한 인력의 업무지식, 업무기술, 업무능력 즉 KSA에 대한 상세한 조건들을 세분화하여 상세히 기록한 문서이다. 이 문서는 인적자원 관리의 특정 목적에 활용할 수 있도록 전문화된 직무의 분석표로서 교육경험, 육체적 특성과 건강, 지적 능력 및 특수한 지식, 과거 경험 등의 내용이 포함된다.

3) 직무평가

직무평가는 직무기술서나 직무명세서를 기초로 직무를 평가함으로써 여러 상이한 직무가 조직에서 갖게 되는 상대적 가치를 결정하는 것이다. 따라서 직무평가의 기본적인 목적은 직계급제도의 활용, 종업원의 적정배치 및 교육훈련의 자료를 획득하는 것이다.

직무를 평가하는 방법에는 정성적 방법으로서 서열법과 분류법이 있고, 정량적 방법으로 점수법과 요소비교법이 있다.

3. 종업원의 특성분석

직무의 특성에 따라 종업원을 적재적소에 배치하기 위해서 종업원이 가진 인격특성을 밝혀야 하는데, 여러 검사에 의해 가능하다.

1) 심리검사

심리검사는 개인의 행동을 분석하기 위해서는 분석요인을 선정하고, 그 요인을 중심으로 인간행동의 표준화된 표본을 측정하는 것인데, 심리검사에는 단순한 표준지필검사 이상의 검사가 실행된다.

심리검사를 하는 경우, 신뢰성과 타당성의 전제를 꼭 지켜야 하는데, 심리검사를 하기 위해서는 지능검사, 지각의 정확도 검사, 개성과 흥미검사, 시각검사, 음악검사, 예능검사, 언어검사 등이 필요하다.

2) 직무적성검사

종업원의 직무적성을 찾기 위해서는 직무특성에 대한 검사가 필요한데, 그 검사내용에는 속도검사, 힘검사, 지필검사, 업적검사, 적성검사 등이 있다. 그 중에서 **속도검사**는 사람이 성취해 낼 수 있는 일의 능률을 알아보려는 것으로 종업원이 수행한 단위시간당 작업의 양으로 표시된다. 그리고 **적성검사**는 특정활동에 대한 개인의 잠재력을 평가하기 위해서 이용되는 것으로 작업적성검사가 주요

예가 된다.

상기의 심리검사와 작업적성검사에 의해서 종업원의 인적, 직업적 특성이 밝혀지면, 이에 기초하여 적성배치가 되도록 종업원의 충원과 배치가 실행된다.

제 3 절 채용관리

1. 모집

1) 모집의 의미와 모집기준 설정

모집(recruitment)이란 자격을 갖춘 직무예비자집단을 조직에 유인하기 위한 일련의 활동이다. 그리고 모집의 목적은 과업에 대한 대규모 집단의 지원자를 확보함으로써 경영자가 조직이 필요로 하는 유능한 종업원을 선발할 수 있도록 하는 것이다.

모집기준의 합리적 설정이 무엇보다 중요한데, 직무분석과 직무평가에 의한 직무기술서와 직무명세서에 의해 모집기준이 설정되어야 한다. 직무명세서에 의해 모집기준을 결정할 때, 첫째, 직무의 적성기준, 둘째, 각 직무에 따른 정원의 수를 확정해야 한다. 그리고 적성기준으로는 지능, 성격, 신체, 교육수준, 직업전문지식, 기능요건 등이 종합적으로 검토되어야 한다.

그러나 이상적인 모집이 되기 위해서는 지원자들에게 모집과 관련된 정보를 왜곡되지 않게 정확하게 제공해야 하며, 또한 채용과 관련된 각종 법규를 준수하여 인종, 종교, 성별, 국적 등의 고용문제가 사회문제의 대상이 되지 않도록 주의해야 한다.

2) 모집방법

모집방법에는 내부모집과 외부모집이 있다.

(1) 내부모집(사내모집)

내부모집이란 자격을 갖춘 기업내부의 종업원 중에서 승진이나 이동배치 등을 통해 인력을 충원하는 방법이다.

내부모집을 이용하는 이유는 첫째, 절차가 간편하고, 비용이 절감되기 때문이며, 둘째, 종업원들의 사기에 좋은 영향을 미치는 장점이 있기 때문이다. 그러나 사내모집은 참신하고도 건전한 세계관을 가진 사람을 유치하지 못함으로써 구성원들을 사고의 정체나 무사안일주의에 빠지도록 하는 단점도 있다.

(2) 외부모집(사외모집)

외부모집은 외부 노동시장을 통해 필요한 인력을 모집하는 방법으로서, 주로 신입사원 모집에 이용되나, 최근에는 경력사원이나 최고경영자도 이를 통해 충원한다.

외부모집방법은 광고, 고용알선기관, 종업원 추천, 자발적 지원, 교육기관 의뢰, 리쿠르트, 인턴십 등이 있다. 최근 인터넷을 통해 모집하는 e-recruiting과 인턴십이 활용되고 있다.

외부모집을 채택하는 이유는 새로운 경험과 세계관을 가진 유능한 능력의 소유자를 고용하여 조직 분위기를 쇄신하고, 경영의식을 고취할 수 있기 때문이다. 그러나 종업원의 승진기회를 박탈할 수 있어 조직 분위기를 크게 손상시킬 수도 있다.

2. 선발

1) 선발의 의미와 과정 및 원칙

선발은 지원자 집단에서 직무명세서에 제시된 해당 직무나 직위에 가장 적합한 사람을 선정하는 과정이다. 그리고 선발과정은 ① 공식적인 이력서 심사 ② 지원자 테스트 ③ 지원자 면접 ④ 추천서 및 이력서 조회 ⑤ 신체검사 ⑥ 자료의 종합분석과 선발의 결정 등 여섯 단계로 이루어진다.

이러한 과정에서 **선발의 원칙**이 준수되어야 한다.

첫째, **신뢰성**은 측정결과의 일관성으로서, 동일한 조건과 환경에서 측정된 결과가 서로 일치되어야 한다.

둘째, **타당성**은 측정결과의 정확성으로서, 선발을 위해 사용된 내용 또는 도구가 선발하는데 얼마나 정확하게 측정할 수 있는가이다.

셋째, **유용성**은 충원인력에 따라 조직이 획득할 수 있는 인력충원의 경제성을 평가하는 것이다.

넷째, **합법성**이란 외부 노동시장에서 인력충원 시 각종 법률적 제약을 충분히 고려하는 것이다.

2) 합리적 선발방법

종업원을 선발하기 위해서는 3가지 방법이 있다.

첫째, **경험적 방법**은 주로 이력서, 면접시험, 신체검사를 하거나, 필요시 간단한 기능시험 또는 학력검사를 하는 것이다.

둘째, **과학적 방법**은 종업원의 능력을 보다 자세히 관찰하기 위해서 이력서, 평가시험과 기능시험 그리고 적성검사를 하는 테스트 방법으로서, 이에는 임상진단, 태도, 사고, 흥미검사도 행해진다.

셋째, **절충적 방법**은 경험적 방법과 과학적 방법을 절충한 것으로서, 기본적인 심리검사 또는 적성검사를 거쳐 채용되는 방법이다. Gillette사에 의하면, 테스트를 거쳐 채용된 결과, 이직률이 42% 정도 줄어들었으며, 입사 후 업적과 입사테스트 점수 간에 상관관계가 높게 나타났다.

3. 오리엔테이션

1) 오리엔테이션의 필요성과 의미

조직은 특정한 목적 또한 규칙과 방침, 조직구조와 절차 그리고 조직문화를 가지고 있다. 따라서 조직은 지향하는 조직목적에 부합하도록 끊임없이 종업원을 교육시키는 사회화라는 변화과정을 실시한다.

조직의 사회화는 개인과 직무, 개인과 조직 간에 가장 좋은 조화를 달성하는 것으로서, 구성원의 사회화는 입사시의 오리엔테이션에서 시작하고, 상사와 종업원과의 관계는 훈련과 개발활동을 통해서 계속된다.

오리엔테이션이란 신입사원에게 조직의 전반적인 정책, 방침, 규칙, 목적 그리고 서비스, 직무에 대한 개인적인 이해 증진 및 동료들과 친숙해지기 위해 고안된 활동이다.

2) 오리엔테이션의 목적과 이점 및 유형

오리엔테이션의 목적은 새로운 종업원이 새로운 직무를 시작하여 느끼는 초기의 두려움을 없애며, 새로운 종업원들에게 그의 직무, 작업단위 및 조직 전체에 익숙하도록 하며 또한 외부자 및 내부자와의 친분관계를 원활하게 하도록 하기 위한 것이다.

따라서 잘 짜여지고 진행되는 오리엔테이션은 여러 이점이 있는데, 첫째, 수습시간과 비용을 줄여준다. 둘째, 불안감을 줄여준다. 셋째, 이직률을 줄여 주며, 넷째, 높은 성과를 거둔다.

상기의 오리엔테이션 목적을 달성하기 위해서는 직무 오리엔테이션, 작업단위 오리엔테이션 및 조직 오리엔테이션이 시행된다.

4. 배치

인력배치는 사람의 배치가 적재적소, 인재형성에 미치는 영향 그리고 비공식 집단의 형성 등의 세 가지 차원에서 중요하다.

1) 적재적소의 배치

사람을 적재적소에 배치하는 것은 일의 효율이나 의사결정의 효율성에 밀접하게 관련된다. 즉 일에 알맞는 사람, 일에 적합한 능력이나 적성을 가진 사람을 적재적소에 배치하는 일은 매우 중요하다.

그러나 현실적으로 사람에 대한 적재적소의 배치문제는 일의 최적결합을 결정하는 문제이므로, 이 문제를 해결함으로써 기업은 최상의 결과를 획득할 수 있다.

2) 인재형성에 미치는 영향

사람을 일에 배치하는 것은 사람이 지식이나 숙련을 획득하는 패턴을 결정하므로 사람의 배치는 사람의 능력형성과 관계가 된다.

그러나 주의해야 할 것은 현재의 일의 효율을 고려한 적재적소의 판단과 장래의 일의 가능성을 고려한 배치의 결정은 근본적으로 다를 수 있으므로, 현재의 성과를 위한 단기적인 사고보다는 장래의 성과를 위한 장기적인 인력배치를 고려해야 한다.

3) 비공식집단의 형성

배치가 기업 내부의 비공식집단을 형성하는 데 영향을 미칠 수 있다. 즉 직장에 배치되면 일에 대한 지식뿐만 아니라 사람에 대한 지식이나 사람들과의 감정적인 유대도 형성된다. 이런 감정에 의한 집단이 비공식집단인데, 이렇게 형성된 사람들의 유대를 인적 네트워크라고 한다.

비공식집단의 경우, 업무수행에 대한 태도는 공식적인 명령 이상으로 강하게 영향을 미칠 수가 있다. 즉 바람직한 감정이 비공식집단 내에 공유될 때 일에 대한 감정적인 효과를 가질 수 있지만, 바람직하지 않은 감정은 그 반대의 영향도 줄 수 있다.

그리고 인적 네트워크는 직장을 옮긴 후에도 그대로 남아서 의사소통이나 영향력의 수단으로 계속 작용할 수도 있으며, 또한 인적 네트워크가 기업의 긍정적인 전달경로보다도 더 강하게 작용할 수 있으므로, 비공식집단의 형성에 대해 세심한 주의가 요구된다.

제4절 교육훈련과 개발

1. 교육훈련의 의미, 목적 및 필요성

교육훈련이란 급격하게 변화하는 경영환경에 적응하기 위해 인적자원의 잠재능력을 개발함으로써, 종업원들이 직무와 관련된 능력과 기술을 습득하고 지속적으로 향상시키고 개발하여 기능적으로 숙련되고 정신적으로 무장된 근로특성하에서 생산성 제고에 기여할 수 있도록 하는 인적자원관리의 한 기능이다.

이러한 교육훈련의 목적은 유능한 경영 인적자원을 확보하고, 그들이 가진 잠재능력을 경영목표 실현에 최대로 활용할 수 있으며 또한 개인적 성장을 실현시켜 주는 것이다.

또한 교육훈련은 세 가지 상황, 첫째, 종업원이 처음 조직에 들어왔을 때, 둘째, 종업원이 새로운 직위나 직무를 부여받았을 때, 셋째, 성과평가의 결과, 어느 종업원의 기능이 결여되었다고 판단되었을 때 필요하다.

2. 교육훈련 방법

구성원의 잠재능력을 위한 교육훈련 방법에는 그 대상이나 목적에 따라 여러 가지가 있다.

1) OJT(경험학습, 현장교육: on-the-job training)

OJT는 직무현장에서 종업원이 동료나 상사들이 수행하는 업무의 내용, 업무절차, 그리고 업무결과 등을 직접적인 관찰과 실습을 통해 학습하는 일종의 경험학습을 통한 훈련이다.

OJT가 인재육성의 기본으로 인식되는 이유는 첫째, 현장의 경험학습으로 학습

성과의 현실적인 피드백이 빠르고 압력도 높다. 둘째, OJT가 업무지식이나 판단능력 등 이외에 조직의 관행이나 조직문화와 같은 눈에 보이지 않는 것들을 체득해 가는 과정이 되기 때문이다.

그리고 OJT가 효과적이 되기 위해서는 ① 경험의 장을 조성해야 하며 ② 깊이 있는 경험을 확보할 수 있는 구조를 정립해야 하며 ③ 나아가야 할 목표를 제시해야 한다.

2) off-JT(off-the Job Training)

off-JT는 피훈련자의 작업현장을 벗어나 실시하는 훈련방법으로 실제 직무를 수행하기 전에 알아야 할 최소한의 지식, 기술, 역량(KSA)을 배양하는데 초점을 둔다.

그 방법에는 강의실 교육, 화상교육, 실습장 훈련, 시뮬레이션과 가상현실 훈련, 컴퓨터 기반 훈련 등이 있다. 이 방법들 중 강의실 교육이 가장 많이 이용되지만, 점차 인터넷을 기반으로 하는 교육훈련이 증가하고 있다.

3) 도제훈련

이것은 작업장이나 일정한 교육장소에서 상사와 피훈련자 간에서 일 대 일로 훈련하는 방법이다. 이것은 자신의 직속상사로부터 직접 개인훈련을 받는 경향이 많은데, 종합병원에서 인턴들이 학습하는 것이 이에 속한다.

4) 실습장 훈련

이것은 피훈련자를 일정한 시간과 장소에서 실제 직무환경에서 사용되는 직무수행 방법을 통해 교육훈련시키는 것이다. OJT의 경우 고객에게 불편을 줄 수 있는 상황의 경우에 모의상황을 만들어 훈련하는 방법이다. 예를 들어, 호텔이나 항공사의 경우 일정기간 예절교육업체를 통해 교육을 받는 경우이다.

실습장 훈련은 실제 직무와 같은 경험을 교육과정 중에 실시하므로, 교육과정이 끝나면 곧바로 현장에 투입할 수 있는 장점이 있으나, 거의 특별한 직무기술을 훈련하므로 훈련비용이 높다는 단점이 있다.

5) 경영자 개발

경영자 개발은 현직 경영자나 앞으로 경영자가 될 사람들에게 필요한 지식, 기술, 역량(KSA)을 배양시키고 혁신시키며 창의적인 기업가 정신을 연마시키기 위한 체계적인 개발과정이다.

경영자 개발과정으로는 평가센터법, 직무순환과 수평이동, 중견이사회, 행동학습훈련, 비즈니스 게임, 경영사례분석, 행위모델링인 바스켓 훈련, 최고경영자 프로그램 등이 있다.

3. 경력개발

경력개발은 개인의 욕구를 적절히 충족시킬 기회를 제공하여 그들이 스스로 경영활동에 적극 참가하여 기업의 발전과 개인의 발전을 동시에 달성할 수 있도록 하는 것으로서, 개인의 욕구와 기업의 욕구가 일치될 수 있도록 각 개인의 직업훈련을 장기적으로 개발하는 훈련이다.

경력개발은 개인의 욕구를 충족시키는 것에서 출발하지만, 이를 기업목표 달성으로 연계시켜야 한다. 따라서 조직은 경력개발 프로그램을 통해 개인의 경력계획과 조직의 경력개발의 실천과정을 상호 일치함으로써 경력발전을 극대화할 수 있다.

경력개발을 위한 프로그램은 체계적인 경력관리를 통해 조직의 전략과 종업원 경력 욕구의 방향성을 일치시켜 효과적인 종업원 경력발전을 통해 조직목표 달성을 용이하게 하는 시스템이다. 이를 위해서 기업은 외부의 교육기관과 연계하여 프로그램을 운영하거나 내부에 사내교육원 등을 개설하여 경력을 개발하고 있다.

제 5 절 인사고과

1. 인사고과의 의미와 성과평가

인사고과(merit rating)란 ① 종업원의 승진 및 배치전환, ② 교육훈련 ③ 임률의 결정 ④ 인사이동 등을 위한 자료를 얻기 위해 그들이 가진 능력과 업적 및 근무태도를 평가하는 것이다.

인사고과와 유사한 것으로서, **성과평가**(performance approisal)는 종업원 또는 집단이 수행한 업무 수행결과를 객관적으로 평가하여 차후 지식, 기술, 역량(KSA)을 보완, 개선을 도모하는 인적자원활동이다. 즉 종업원에 대한 기대치와 비교해서 그들의 업적을 측정, 평가하고 이를 다시 구성원에게 피드백시킴으로써 종업원이나 집단이 수행한 결과가 조직에 어떻게 기여하였는가를 인지시키는 과정을 의미한다. 성과평가의 목적은 ① 종업원의 성과향상을 위한 방향을 제시하여 조직전략을 효율적으로 달성하기 위한 전략적 목적 ② 임금, 승진, 해고, 직무배치 등의 관리적 목적 ③ 종업원 스스로가 필요한 직무능력이 무엇인가를 파악할 수 있는 개발의 목적 등이 있다.

2. 인사고과 방법과 한계

인사고과의 방법에는 서열법, 대조리스트법 및 평가척도법 등이 있는데, 이 방법들 중 어느 것을 택할 것인가는 기업의 자유이며, 인사고과의 필요성과 목적에 의해 선택할 수 있다. 그러나 근래에는 상사가 부하직원을 평가하는 방법에서 탈피하여, 직원이 상사를 거꾸로 평가하는 방법이 널리 도입되고 있으며, 때로는 **동료평가방법** 및 **360도(다면평가) 평가방법**이 도입되고 있다.

물론 인사고과는 객관적이며 공정하게 이루어져야 하지만, 완전하지 못하여 다음의 세 가지 한계가 있다.

① **후광효과**(halo effect): 이것은 인사고과 과정에서 빈번히 일어날 수 있는 인물평정상의 오류이다. 상사가 부하를 평가할 때 어느 한 단면만을 보고 그의 인격 전체를 평가하는 데에서 유래하는 평가상의 오류이다.

② **중심화 경향**(tendency of centralization): 이것은 인사고과 과정에서 정확하고 객관성 있는 평가가 곤란할 때 생기는 평가상의 과오이다. 즉 평가가 두드러지지 않고 애매성이 있을 때, 자연히 중간 정도의 선에서 사람을 평가하기가 쉽다는 것이다.

③ **관대화 경향**(tendency of leniency): 이것은 종업원의 평가시 관대한 입장에서 평가하는 것으로 인지상정의 감정에서 종업원을 평가할 때 이성과 합리성에 기초한 평가가 되지 못함으로써 관리상 문제를 야기시킨다.

3. 인사환경의 변화에 따른 인사고과 제도의 혁신

인적자원환경의 변화는 외부환경, 내부환경, 의식 및 가치관에서 나타나고 있다.

첫째, 외부환경의 변화에는 전반적 경제성장의 둔화, 기술혁신의 가속화, 시장개방 및 세계화 추진, 정보·기술·지식의 산업화, 기업간 경쟁의 심화, 기업의 외적 성장 등이 포함된다.

둘째, 내부환경 변화에는 구성원의 고령화, 고학력화, 여성화, 중간관리층의 비대화/조직확대의 한계, 새로운 직종·직무의 등장 등이 있다.

셋째, 가치관의 변화에는 신세대의 등장, 개성의 중시와 개인주의 성향심화, 생활의 질과 여유 중시 등이 있다.

상기의 인적자원환경의 변화는 인사고과제도가 혁신적으로 변화될 것을 요구하고 있는데 아래와 같다.

연공주의	⇒	능력 · 업적주의
선별 · 사정주의	⇒	개발 · 육성주의
결과중시주의	⇒	과정중시주의
상대평가주의	⇒	절대평가주의
비공개주의	⇒	공개주의

제 6 절 임금관리

1. 임금관리의 중요성과 목표

산업사회에서 기본적 거래는 인간의 육체적·정신적 노력과 돈과의 교환이다. 돈은 생존을 위해서 뿐만 아니라 생존경쟁 이상의 생활을 영위하는데 필요한 재화와 서비스를 얻게 하는 수단이다. 그리고 돈은 위대한 상징적 가치를 갖기 때문에 돈을 벌게 될 때 인간은 헤아릴 수 없는 심적 만족을 느끼게 된다.

인간은 다양한 이유와 동기에 의해서 근로를 하므로 금전적 동기는 이들 동기들 중 하나에 불과하다. 그러나 금전적 보상의 유인이 없는 경우 노동유치는 불가능하게 된다. 따라서 기업에서 제공하는 임금은 노력과 돈의 교환을 관리하는 주요 지표가 된다.

임금과 봉급을 관리하는데, 두 가지 요인 즉 전반적 임금수준 또는 외적 임금수준 그리고 수직적 임금구조 또는 내적 임금구조가 고려되어야 한다. 어떤 임금구조이든 종업원들이 조직에 제공한 기여도를 충분히 반영할 수 있는 것이 되어야 한다.

임금관리를 효율적으로 수행할 때 다음과 같은 경영상의 목표가 실현된다.

첫째, 적당한 수의 자질있는 종업원을 확보할 수 있다.

둘째, 일단 채용된 종업원을 기업에 계속 머물러 있게 할 수 있다.

셋째, 제비용을 합리적인 수준으로 유지할 수 있다.

넷째, 종업원을 보다 열심히 일하도록 하여 승진으로 유도할 수 있다.

다섯째, 종업원들로 하여금 보다 큰 노력을 기울이도록 독려할 수 있다.

여섯째, 종업원의 노력을 경영자가 바라는 방향대로 이끌 수 있다.

일곱째, 조직 내에서의 평형을 유지할 수 있다.

2. 임금수준과 임금구조

1) 임금(임률)의 결정요인

상이한 종업원에 대해서 상이한 임금 수준이 결정되는데, 이에 영향을 미치는 요인은 〈그림 13-2〉와 같다.

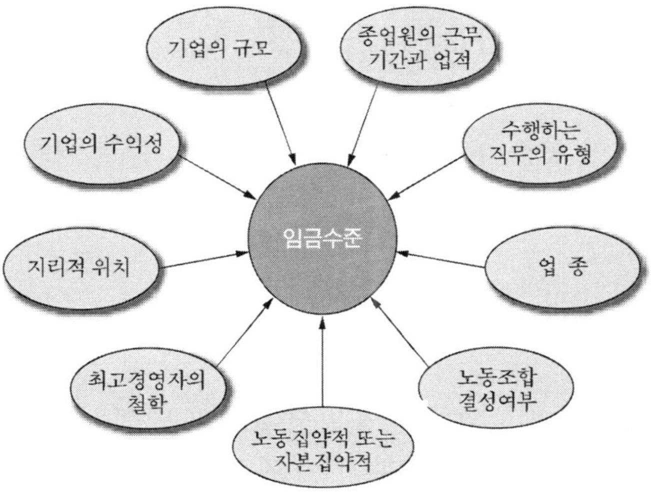

자료원: R. I. Henderson, *Compensation Management*, 6th ed., Prentice Hall, 1994, pp. 3~24; and Alan Murray, "Mon, Apple Pie, and Small Business, " *Wall Street Journal*, 8/15/94, p. Al

〈그림 13-2〉 임금수준에 영향을 미치는 요인

2) 전반적 임금수준(외적 임금수준)

전반적 임금수준이란 조직이 직무에 대해서 지급하는 실제 임금액의 평균치로서, 절대적 임금수준이라고 한다. 이것은 다른 기업과의 대외적인 비교로서 평가된다.

조직의 전반적 임금수준을 결정하는데 있어 가장 중요한 요인은 시장임률이다. 그리고 또 다른 요인은 기업의 지급능력이며, 그 이외에도 기업이 지급하려는 의지를 갖고 있느냐 하는 태도 여하 그리고 단체교섭의 과정을 통해서도 결정된다.

3) 수직적 임금구조(내적 임금구조)

이것은 조직 내에서 직무의 책임이나 의무에 비례해서 임금을 책정하는 임금구조로서, 임금의 내부구조 또는 **상대적 임금구조**라고도 한다.

이 임금구조는 두 가지 목적을 실현하는데 특징이 있다. 첫 번째 목적은 어느 특정 직무에 대한 보상과 조직에 대한 기여도 간의 관계를 수립하는 것이고, 둘째 목적은 조직 내에서 급여에 대한 공평성을 유지하도록 하는 것이다.

종업원은 자신의 직무나 책임을 타인의 것과 비교하고, 공정한 임금인가 아니면 형평을 잃은 임금인가를 확인한다. 그러므로 이러한 임금구조를 수립하기 위해서는 조직내에서 일정 직무가 갖는 직무의 상대적 가치를 평가(직무평가)해야 한다.

3. 임금유형

임금구조와 관련하여 조직에서 사용할 수 있는 임금유형은 아래와 같다.

① **연공급**: 임금을 근속년수에 비례하여 지급하는 것으로, 학벌, 연령, 근무연한 등이 중요한 요인이다.

② **직무급**: 직무의 중요성과 난이도, 위험조건 등을 감안하여 직무의 상대적 가치를 평가하여 임금을 지급하는 형태이다.

③ **직능급**: 직무의 특성에 직무수행능력까지 고려하여 임금수준을 결정하는 것이다. 자신이 습득한 업무기술과 지식, 자격증 등 각 개인마다의 능력차를 고려하여 임금을 지급하는 것이다.

④ **성과급**: 종업원이 달성한 업무성과를 기초로 임금을 결정하는 방식으로 개인성과급, 집단성과급, 조직성과급으로 구분된다.

4. 임금과 관련되는 이슈

1) 연봉제

연봉제는 연간 봉급을 줄여서 부르는 말로서, 기본적으로 종업원이 일 년간 받을 수 있는 총임금제도이다. 즉 종업원이 과거 업무성과와 잠재적인 능력에 기초하여 한 해 동안 받을 수 있는 총임금이다.

이것은 개인별 능력, 업무실적 등 공헌도 등에 대한 종합적 평가에 의해 연간 임금액이 결정되는 실적 중시형 임금제도이며, 기본급, 상여금, 수당 등이 구분되지 않고 종합적으로 지급된다.

2) 임금 피크제

임금 피크제는 일정한 나이에 도달하면 임금이 줄어들게 하는 제도로서, 정년 전 일정시점에 임금수준을 최고조로 하고 정년이 다가오면서 임금이 적어지는 체계이다.

임금 피크제는 일정 연령 이후 업무능력이 떨어지는 장기근속 직원에게 일을 줄여서라도 고용을 유지하는 능력급제의 일종으로 일본, 미국, 유럽의 일부 국가에서 선택적으로 적용되고 있으며, 현재 한국에서도 등장하고 있다.

제 7 절 복리후생

1. 복리후생의 의미와 유형

복리후생(fringe benefit)이란 조직이 종업원이나 그 가족들에게 제공하는 집단

멤버십 형태의 간접적인 보상의 집합으로 임금과 같은 직접적이고 금전적인 보상이 아니라 종업원과 그 가족에게까지 혜택이 가는 간접적인 보상방법이다. 이러한 복리후생은 초기 가부장적 온정주의에서 시작되어 사회보장으로 확산되면서 법적인 합법성과 조직의 은혜적인 자발적 행동을 동시에 포함하는 특징을 갖고 있다.

이 복리후생은 법적인 구속력에 따라 법적 복리후생과 자발적인 복리후생으로 구별할 수 있다(〈그림 13-3〉 참조).

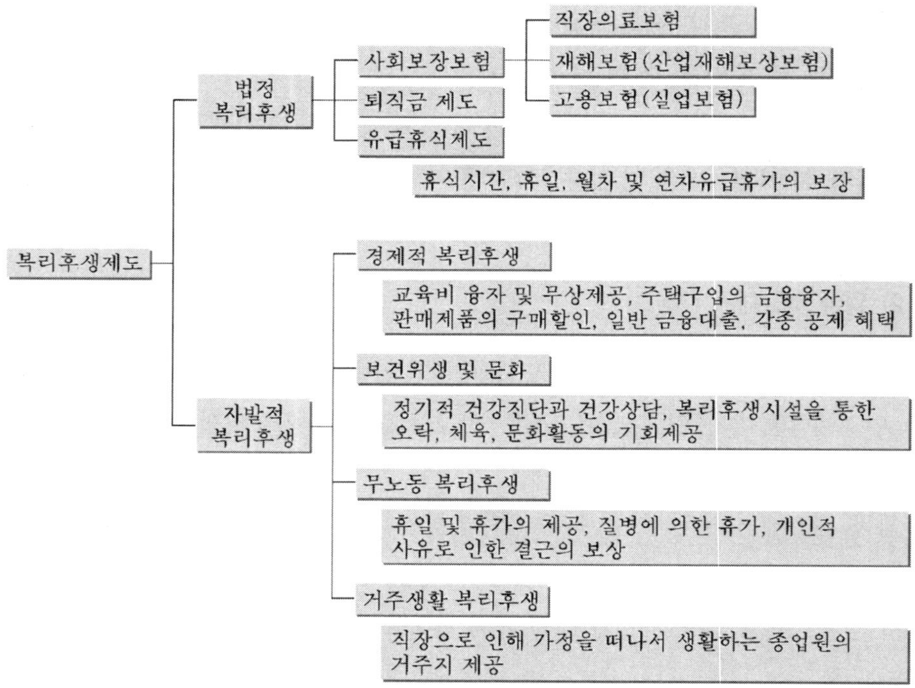

〈그림 13-3〉 복리후생의 유형

① **법적 복리후생**: 사회보장 차원에서 근로기준법에 명시되어 있는 것으로서, 근본목적은 종업원의 사회문화적 생활수준의 보장과 질적 향상을 추구하는데 있다.

② **자발적 복리후생**: 법적인 구속력이 없이 조직에서 종업원의 근로의식 고취를 위해 간접적인 급여형태로 제공하는 것이다. 개인이 조직을 선택할 때 자발적 복리후생이 주요인이 된다.

상기의 복리후생은 보상수준과 조직목표와의 부합여부, 조직 특성과 실행비용 등을 고려하여 유연하게 실시해야 하며, 다양한 복리후생 전략을 혼합하여 사용하는 것이 실행의 효과를 극대화한다는 것을 유념해야 한다.

2. 복리후생 전략

종업원과 조직의 일체감을 높여 조직의 효율성을 높이고자 하는 최근의 복리후생 전략은 다음과 같다.

① **카페테리아식 복리후생**: 자신이 원하는 것을 선택할 수 있는 것으로서, 종업원들의 복리후생 욕구를 최대한 충족시킬 수 있도록 다양한 선택 옵션을 제공하고 종업원이 선택할 수 있게 하는 것이다.

② **건강 복리후생**: 종업원의 신체 및 정신건강문제를 종합적으로 해결해 주는 복리후생제도이다. 이에는 종업원의 개인적인 사생활 문제가 무엇인가를 규명하고 처리하는 종업원 후원 프로그램이 있는데, 대표적으로 스트레스 관리 등이 있다.

③ **홀리스틱**(holistic: 복합적) **복리후생**: 이것은 종업원을 전인적 인간, 즉 육체적, 심리적, 정신적 측면에서 균형잡힌 사람이 되도록 지원하는 복리후생이다. 이것의 큰 특징은 조직, 개인, 가정의 삼위일체를 통해 삶의 질 향상을 강조하는 것이며, 또한 조직을 하나의 사회공동체로 간주하고 종업원과 가족이 함께 공동체의 일원이 되도록 관리하는 복리후생 방법이다.

④ **라이프사이클 복리후생**: 이것은 종업원의 연령에 따라 변화하는 생활패턴과 의식변화를 고려하여 복리후생 프로그램을 달리 제공하는 것이다.

제 8 절 노사관계 관리

1. 노사관계의 의미

노사관계란 기업에 있어서 노동자와 사용자 간의 관계이다. 과거에는 노동자와 자본가와의 관계는 노자관계이었지만, 오늘날에는 소유와 경영의 분리로 전문 경영자가 출현함으로써 노사관계로 그 개념이 바뀌었다.

그리고 노동자는 일반적으로 노동조합(labor union)을 말하는데, 이는 노동자들이 노동조합에 가입하여 경영자와 대등한 입장에 서게 된다. 사용자는 경영자 즉 일반적으로 최고경영층에 속한 경영자를 말한다.

2. 노동조합의 의미와 가입방법

노동조합이란 노동자가 자주적으로 근로생활의 조건을 유지, 개선하기 위해 조직하는 단체를 말한다. 노동조합은 노동조합법에 의해서 결성, 운영되는데, 한국에서는 1953년 5월에 공표되었으며, 이에서는 노동자의 3권, 즉 단결권, 단체교섭권, 기타 단체행동권 등이 보장되고 있다.

노동조합이 존재하는 기업에서 인적자원관리는 근로계약에 명시된 절차와 방침에 따라 구성된다. 즉 채용장소, 선발방법, 훈련주체, 보상방법 등이 경영자의 일방적인 의사결정이 아니라 근로계약 협상을 통해 이루어진다.

노동조합에는 직업별, 산업별, 일반, 기업별 노동조합 등 네 가지 형태로 구분된다.

그리고 노동조합에의 가입방법에는 아래의 3가지가 있다.

① **클로즈드숍제**(closed shop system) : 이것은 기업의 노동자 모두가 노조에 가입될 것이 강조되는 경우로서, 회사와 노동조합은 단체협약을 체결하고 노동자

의 채용과 그 해고를 노동조합의 통제에 맡기기로 결정한다. 그러므로 회사는 노동조합 이외에서는 종업원을 채용할 수 없다.

② **오픈숍제**(open shop system): 이는 회사가 노동자를 채용할 때 노동조합의 가입자뿐만 아니라 비가입자도 임의로 채용할 수 있는 제도이다. 이 제도하에서는 노동조합을 약화시킬 가능성이 큰데, 현재 한국에서는 오픈숍제를 사용하고 있다.

③ **유니온숍제**(union shop system): 이것은 클로즈드숍제와 오픈숍제의 중간 형태로서, 회사가 노동자를 가입원뿐만 아니라 비가입원도 노동자로서 자유로이 고용할 수 있으나, 일단 고용된 노동자는 일정기간 내에 조합에 가입해야 하는 제도이다. 일정기간 내란 고용 후 30일이며, 이는 Taft-Hatley Act에서 정한 것이다.

3. 단체교섭

단체교섭(collective bargaining)은 경영자와 노동조합간의 만족스러운 근로계약을 협의하는 과정이다. **근로계약**은 임금, 작업시간, 승진, 휴직, 훈련, 휴가, 휴식시간, 고정처리 절차 등과 같은 고용조건에 대한 동의가 포함된다. 단체교섭이 제대로 체결되지 않을 경우, 노사관계는 분쟁상태가 되고, 양측은 자신의 입장에 유리하도록 실력을 행사하는 쟁의행위를 하게 된다.

쟁의행위는 사용자 행위와 종업원 행위로 구분할 수 있다. 종업원 쟁의행위는 파업이나 폐업, 작업방해, 준법투쟁, 보이코트, 피케팅, 직장점거 등이 있다. 사용자 행위로는 직장폐쇄와 보이코트가 있다. 이러한 쟁의행위의 합법성은 법적인 통제범위 안에서만 가능하다.

4. 고충처리 제도

노사간의 단체교섭의 결과는 사후적으로 처리하는 의사소통과정으로 고충처리 제도가 있다. 이는 단체교섭을 통해 결정된 단체협약의 해석과 적용에 대한 종업원들의 불평과 불만족을 최소화하고 단체교섭의 부조화를 해결하는 것을 목적으로 한다.

고충처리 제도는 단체교섭에 따른 종업원과 기업과의 불만족을 해결하기 위한 것이기 때문에 쌍방의 토의와 협의의 의사소통이 매우 중요하다. 특히 고충처리 과정은 종업원들이 기업으로부터 공정성을 지각할 수 있는 기회를 가지게 되므로 단체협약의 불이행에 따른 부정적인 영향을 예방하는 역할을 한다.

제9절 21세기 인적자원 활동

1. 인터넷 인적자원 정보시스템의 구축과 활용

오늘날의 기업은 날로 강화되는 국내외의 각종 규제들과 대규모한 다국적기업, 계속 창업되는 새로운 종류의 기업과도 경쟁해야 하는 상황에 직면해 있다. 이러한 상황에서 경쟁우위를 달성하고 유지할 수 있는 능력은 종업원들에게 달려 있다. 따라서 우수한 인적자원을 확보하고 이를 효과적으로 활용하는 것이 무엇보다 중요하다.

기업이 인적자원을 모집, 선발하여 육성하고 배치하는 순환과정을 체계적으로 수행하기 위해서는 **인터넷 인적자원 정보시스템**(human resource information system: NRIS)을 갖추어야 한다. 이것은 기업이 필요로 하는 인적자원과 관련된 자료들을 인터넷을 활용하여 수집, 저장, 유지, 분석해 주는 체계적인 과정이다. 즉 경영자가 인적자원의 관리활동을 위한 의사결정을 할 때 인터넷을 활용하여 지원해 주는 시스템이다.

인터넷 인적자원 정보시스템을 효율적으로 활용하여 기업은 노동력의 공급과 수요예측을 위한 정보를 가질 수 있어야 하며, 교육훈련 프로그램 비용과 피훈련자의 작업성과에 대한 정보를 가지고 인적자원 개발을 지원할 수 있어야 한다. 또한 임금 예측치와 임금예산에 관한 정보를 가지고 임금협상이나 보상을 결정할 수 있어야 하며, 이직관리 등도 충분한 정보를 가지고 의사결정을 내릴 수 있어야 한다.

따라서 기업은 이 정보를 통합하여 합리적인 의사결정을 내릴 수 있도록 인터넷 인적자원 정보시스템을 구축하고 활용함으로써 경쟁력을 확보할 수 있다. 이는 비용을 크게 절감할 수 있을 뿐만 아니라 종업원과 경영자 사이에 양방향으로 정보가 교환되면서 적재적소에 인력을 배치할 수 있는 장점을 가지게 된다.

2. 높은 신뢰의 노사문화 정립

IMF 관리체제 이후 빅딜이나 구조조정 등으로 종업원들이 정리해고의 대상이 되면서 고용이 불안정해지고 그로 인해 필연적으로 노사간에 많은 불협화음이 야기되고 있다.

이 과정에서 중요한 것은 노사 양측이 충분한 대화를 통해 합의를 도출하는 것이다. 그러나 이렇게 하기 위해서는 노사 양측이 서로에 대한 높은 신뢰를 구축하고 있어야 한다.

노사 양측이 서로 높은 신뢰를 구축하기 위해서는 먼저 노사간에 합리적인 규칙을 설정하고 상호 준수하려는 노력을 통해 노사갈등을 합리적으로 조정해 나가야 할 것이다. 이를 토대로 종업원의 참여와 협력을 유도하고 동시에 종업원의 권한과 책임을 증대시키는 노사관계를 이행해 나간다면 노사 양측은 상호간에 굳건한 신뢰를 구축할 수 있게 된다.

3. 철저한 능력 위주의 보상체계 확립

21세기 글로벌 경영체계에 접어들면서 많은 기업들이 종업원의 보상체계를 대폭 바꾸고 있다. 즉 연공 위주에서 성과에 기초를 둔 연봉제를 도입하고 있다. 그것은 바로 능력에 따라 임금을 지급하도록 하는 연간 단위의 계약제인데, 아직도 많은 기업들이 능력 위주의 보상체계를 제대로 실시하지 못하고 있다.

정보사회, 지식사회로의 이전에 따라 연공에 의해서는 더 이상 성과가 나타나지 않고 있다. 오히려 개인의 창의력이나 지식, 정보능력 등에 의한 성과의 차이가 더 뚜렷해지고 있다. 따라서 과거의 보상체계로는 한계가 있으므로 경영활동의 효율성을 증대시키고 경쟁력을 강화할 수 있는 철저한 능력 위주의 보상체계가 확립되어야 한다.

이를 위해서는 성과를 합리적으로 평가하기 위한 측정수단이 개발되어야 한다. 이러한 측정수단을 개발할 때 종업원들이 참여하여 스스로가 수긍할 수 있도록 한다면 보상체계는 기업목표 달성에 몰입할 수 있도록 유도하는 중요한 기능을 하게 된다.

제14장

경영지도(지휘)

잭 웰치(Jack Welch)의 리더십

미국 기업 역사상 최고의 리더십을 가진 CEO로 평가되는 GE(General Electrics)의 잭 웰치(Jack Welch). 그는 1981년, 45세의 젊은 나이로 GE의 회장에 취임한 이래 10년의 재임기간 동안 GE의 주가를 무려 40배나 상승시킴으로써 GE를 세계 초일류 기업으로 변화시켰다. 아시아 100대기업 CEO들은 가장 존경하는 기업인으로 잭 웰치를 꼽으며, 수많은 기업들이 그의 경영방식과 리더십을 기업경영의 교과서로 삼으며 벤치마킹하고 있다.

"나는 어떻게 좋은 텔레비전 프로그램을 만드는지 모른다. 그리고 엔진을 만드는데 대해서도 아는 바가 없다. 그러나 나는 NBC의 사장이 어떤 사람인지는 안다. 가장 좋은 사람을 선택하고 자금을 지원해 주는 것이 나의 업무이다. 그것이 게임의 법칙이다." Jack Welch

다른 어떤 일보다도 인재 관리를 위해 최선의 노력을 기울였던 잭 웰치는 20만 명이 넘는 사원을 한 방향으로 달리게 하는 정열과 에너지, 그리고 집중력을 가지고 있었다. 사원들에게 목표를 확실하게 알려 주기 위한 키워드를 만들어 내는 재능이나 의욕을 심어 주는 조종술은 타고난 것이었다. GE는 모든 간부들의 이름을 기억해 닉네임으로 불렀고, 그들의 장점과 단점을 꿰뚫고 있었다. 임직원들에게 친필 메모를 쓰고 팩스로 보냄으로써 직급의 벽을 넘어 직원 당사자와 직접 커뮤니케이션을 하기도 하였다. 그는 또한 거대한 규모의 회사에 작은 회사의 정신을 불어넣기 위해 애썼는데, 이른바 '구멍가게 정신'을 통해 형식성을 타파하고 자신감과 열정을 북돋아 생기 있고 유연한 조직을 만들기 위해 노력했다.

그 결과 GE는 열심히 일하고 열정적인 동시에 높은 가치를 좇는 성실한 사람들로 가득찬, 진정한 능력중심주의 회사이자 모든 사람들이 매일아침 눈을 뜨면 위대한 아이디어를 찾기 위해 혼신의 노력을 다하는 변화를 사랑하는 회사로 거듭났다.

그는 또한 각 사업부를 대상으로 '고쳐라, 매각하라, 아니면 폐쇄하라'라는 전략을 통해 10만 명 이상의 직원을 해고하면서 '중성자탄 잭'이라는 별명을 얻을 정도로 조직혁신을 위해 모든 노력을 기울였다. 1, 2위의 시장경쟁력을 갖추지 못한 사업은 과감히 처분하여 다운사이징(Downsizing)함과 동시에 글로벌화하고, 기술분야 및 서비스산업 부분으로 사업 포트폴리오를 구축하여 사업조직 구조를 재편(Restructuring)하였다. 또 사업별 CEO는 중간과정 없이 잭 웰치에게 직접 보고하도록 하여 관리계층을 단순화(Delayering)시키는 작업을 여러 비난에도 불구하고 강행하는 행동력을 보였다. 또한 6시그마, e-비즈니스 등의 전략으로 GE를 혁신하여 세계 최고의 기업으로 우뚝 서게 만들었다. 그가 리더십을 발휘하여 실행한 주목할만한 경영실례는 다음과 같다.

■ 1~2등만 키운다

그는 회장에 취임하자마자 피터 드리커의 경영철학을 접목시켜 '최고 경쟁력을 갖춘 사업만 키운다'는 폭탄선언을 했다. GE의 비전을 '1등이나 2등', '고쳐라, 매각하라, 아니면 폐쇄하라'로 정하고 경쟁력 없는 71개 사업부를 과감히 정리했다. 초우량 사업이라도 다변화와 통합성, 시너지 효과에 부합되지 않는 사업은 버렸다. 이 과정에서 그는 5년간 11만 2천 명을 감원해 '중성자탄 잭'이라는 별명까지 얻었다. 그러나 우수한 인재에 대해서는 그들의 능력을 개발하기 위해 투자를 아끼지 않았다.

■ 인재와 능력이 최우선

그가 경영에서 가장 중시한 것은 능력 있는 사람을 핵심역량으로 만드는 것이었다. 최고의 인재를 가장 적절한 위치에 배치하고 그를 지원하는 것이 경영자의 임무라는 게 잭 웰치의 지론이다. '모든 성공은 최고의 인재를 키우는 것에서 시작된다. 인간의 가능성은 무한하다. 우리가 해야 할 일은 오직 그 깊은 우물에 호스를 대는 것 뿐이다.'

■ 벽 없는 조직

그는 우수한 아이디어가 회사 전체에 빨리 확산되고 모든 사람에게 핏줄처럼 흘러야 한다고 믿었다. 매일 더 나은 방법을 찾는 것과 최고의 노하우를 공유하는 것, 이것이 GE의 기업문화를 키운 핵심 요소였다.

■ 세계화

'진정한 글로벌 기업'은 잭 웰치가 CEO로 등극하기 전부터 깊이 관심을 가졌던 주제였다. 시장에 국한된 좁은 의미의 세계화 개념에서 벗어나 제품과 조달에서 지적 차원의 확충까지 그 범위를 확대함으로써 최고의 제품과 최고의 인재를 얻을 수 있다는 것이다. 그는 '미스터 글로벌'로 불린 국제담당 수석부사장 파올로를 중심으로 영국 GEO와 헝가리 퉁스람, 인도 위프로 등 세계 곳곳의 기업들을 합병했다. 또 직원들을 해외로 파견하는 것보다 현지 인재들을 채용하는 쪽으로 전략을 바꿨다.

■ 신(新)서비스 사업

잭 웰치는 모두가 등한시했던 시장에 새로운 시각으로 접근해 큰 성과를 올리기도 했다. 적극적이고 집중적인 고객만족, 미래에 판매될 제품뿐만 아니라 이미 팔았던 제품의 관리와 유지보수 및 업그레이드에까지 관심을 쏟아 수많은 틈새수익을 올릴 수 있었다.

■ 6시그마

잭 웰치가 열정적으로 추진한 품질혁신운동으로 GE의 모든 사업부에서 불량품을 백만개 당 3.4개 수준으로 줄이는 것이다. 그 결과 첫 해에만 1억 5천만 달러의 비용을 절감할 수 있었다.

■ e-비즈니스 도입

90년대 말 닷컴 바람이 불었을 때 사람들은 크고 오래된 기업을 버리기 시작했다. 하지만 잭 웰치는 '기반을 충분히 닦아놓은 회사가 e-비즈니스를 도입할 때 더 큰 승산이 있다'고 판단했다. 회의론자들이 '레몬에 아직 짜낼 주스가 남았는지'를 물어 봤지만 디지털 시스템을 가미한 GE의 네트워크는 새롭고 완전한 '레몬', 그리고 '포도'와 '수박'까지 제공해 줬다.

잭 웰치는 '4E+P리더십 모델'을 강조하였는데, 4E는 Energy(강력한 에너지),

Edge(까다로운 의사결정과정에서 '예'와 '아니오'를 분명하게 말할 수 있는 소신), Execution(자신의 약속을 지속적으로 수행할 수 있는 실행력), Energize(목표를 달성하기 위해 다른 사람들에게 활력을 불어넣을 수 있는 격려)를 P는 Passion(열정)을 말한다.

제 1 절 지도(지휘)의 의미와 원칙

1. 지도(지휘)의 의미

지도(leading 또는 **지휘**: directing)란 종업원들이 맡은 임무(작업)를 유효하고 능률적이며 적극적으로 몰입하여 수행함으로써 조직목표에 기여하도록 그들에게 동기를 부여하고 지도·감독하는 기능이라고 할 수 있다. 이 기능들 중에서도 가장 중요한 것은 모티베이션(동기부여), 커뮤니케이션(의사소통), 그리고 리더십(지도력)이다.

충원된 조직구성원들이 원해서 조직에 머물고, 원해서 조직목표의 실현에 스스로 기여할 수 있도록 그들을 동기부여해야 하는데, 이는 효율적인 지도과정을 통해서 실현될 수 있다.

2. 지도의 원칙

경영자가 인간을 효과적으로 지도하기 위해서는 구성원의 본질을 파악해야 하는데, 그 이유는 인간을 어떻게 이해하느냐에 따라 지도하는 전략이 좌우되기 때문이다. 따라서 경영자는 관리활동을 하는데 있어 구성원의 역할, 개성 및 성격 등 인적요소에 대한 특성을 이해해야 한다.

경영자가 이해해야 할 인적요소의 속성에는 첫째, 사회적 시스템의 일원으로서의 역할의 다양성, 둘째, 각 인간의 상이한 복잡성과 개성, 셋째, 개인의 존엄성과 중요성, 넷째, 환경요소에 대처하는 인간으로 보는 사고 등이 있다.

또한 경영자는 조직구성원을 지도하는데 다음의 원칙을 지켜야 한다.

첫째, **목적조화의 원칙**: 조직구성원의 개인적 욕구와 조직목표가 조화되도록 지도활동이 이루어져야 한다.

둘째, **명령통일성의 원칙**: 직원은 직속 상위자의 명령과 지도를 받고, 그에 대해서만 책임을 짐으로써 원활한 지도와 책임감이 강화된다.

셋째, **직접감독의 원칙**: 효율적으로 지도하기 위해 경영자는 개별적으로 접촉하고, 직접 감독해야 업무를 효율적으로 수행하는데 필요한 정보, 훈련, 의사소통을 할 수 있다.

넷째, **감독기술의 원칙**: 업무와 조직환경의 변화에 따라 지도, 감독기술을 변화시켜 나가야 한다.

제 2 절 동기부여(모티베이션)

1. 종업원의 동기유발과 동기부여의 의미

1) 동기유발

인간은 일정한 동기에 의해서 행동을 하게 된다. 즉 인간의 행동은 목표를 달성하려는 욕구에 의해서 유발되므로, **동기**란 욕구에 의해서 그리고 강해질 때 일어난다. 그러므로 인간의 행동은 욕구를 충족시켜 주는 수단으로서의 역할을 한다. 따라서 인간의 행동을 유발시키기 위해서는 욕구를 충족시킬 실마리를 제공해야 하는데, 그것이 **자극**(stimulus)이다.

자극을 주게 되면 인간은 반응(response)으로 행동을 하게 된다. 따라서 종업원의 바람직한 행동을 유도하여 경영성과를 제고시키려면 상위자는 종업원의 욕구 그리고 동기를 파악해야 한다. 그리고 욕구를 충족시킬 수 있는 강화요인(자극)을 제공함으로써 동기를 유발하여야 하며, 그럼으로써 행동을 하도록 해야 한다. 여기에서 적절한 **강화요인**을 제공한다는 것은 바로 종업원에 대한 동기부여이다.

상기의 내용을 식으로 표현하면, 종업원의 업무수행 성과는 자발적 욕구, 즉 동기부여에 의해 기인되므로, 성과$=f$(능력×동기부여)가 된다.

여기에서 종업원의 능력은 지식과 기능으로 이루어지며, 교육훈련 및 경험을 통해서 습득될 수 있다. 그리고 동기부여는 종업원의 욕구, 직무의 물리적 조건 및 사회적 조건 등의 상호작용에서 기인된다.

구성원의 동기부여가 생산성에 영향을 주므로, 경영자에게 문제가 되는 것은 종업원의 능력보다는 능력을 발휘하기 위한 자발적 의욕을 촉진시키는 동기부여를 유도하고 이를 생산으로 연결하는 것이다. 즉 경영자는 조직목표를 성취할 수 있도록 동기를 부여하는 직무를 수행해야 한다.

2) 동기부여의 의미

동기부여(motivation)란 구성원들이 조직목표를 내재적으로 받아들여 그것을 달성하기 위해 열심히 노력하게끔 행동을 유발, 규제 그리고 유도시켜 나가는 심리적 과정이다. 즉 행동목적과 방향을 제시하는 심리적 과정으로서 인간의 목표지향적 행동을 불러일으키고 유지하는 영향력이다.

이러한 동기부여의 중요성을 이해함으로써 경영자는 다음의 이점을 획득할 수 있다.

- 구성원들로 하여금 행동을 하도록 유도하는 요인을 간파함
- 꼭 해야 할 행동을 하도록 영향을 미치는 요인을 확인 · 규명함
- 시간이 지남에 따라 구성원들이 꾸준하게 어떤 행동을 해야 하는 이유를 이해시킬 수 있다.

3) 동기부여의 과정과 요인

동기부여는 목표달성을 위한 욕구를 유발시켜 인간행동을 유인하는 과정이므로 욕구와 목표라는 변수를 중심으로 순환과정을 이룬다. 즉 개인의 욕구가 결핍

되면, 그것을 충족시킬 수 있는 방안을 모색하게 된다. 그 결과 하나의 적절한 행동방안이 선택되어 목표지향적인 행동을 하게 된다. 다음 일정한 시간이 지나 성과를 평가하고 그것을 바탕으로 보상이나 처벌이 주어진다. 이것은 다시 욕구 결핍으로 재평가되게 되어 순환과정을 반복하게 된다.

여기에서 문제가 되는 것은 종업원의 생산적이고 협동적인 행동을 유발하기 위한 동기부여의 요인인데, 경영자는 경제적 요인, 관심을 끌어주는 인간적 요인(사회관계의 유지), 흥미 있는 작업, 지속적인 근로 분위기의 조성, 명예, 위신, 개인적인 권력을 행사하는 기회, 성취와 인정, 소망스러운 작업조건 등을 제공해야 한다.

2. 동기부여 이론

동기부여 이론은 내용적 접근(내용이론)과 과정적 접근(과정이론)이 있다. 내용적 접근은 의도적인 행동의 이유 측면에 관한 것으로서, 그 요인이 무엇인가에 대해 탐구하는 이론으로 매슬로우의 욕구계층 이론, 허즈버그의 양요인 이론, 맥클란트의 동기이론 등이 있다. 한편, 과정적 접근은 방법 측면에 관한 것으로서, 인간의 심리 속에서 행동으로 이어지는 과정이 어떻게 구성되어 있는가를 탐구하여 설명하는 이론으로 브롬의 기대이론과 애덤스의 공정성 이론 등이 있다.

1) 매슬로우의 욕구계층 이론

매슬로우(Abraham Maslow)는 인간의 본성에 대해 세 가지 가정하에서 동기부여 이론을 설명하였다.

- 인간은 결코 만족할 수 없는 욕구를 가지고 있다.
- 인간의 행동은 주어진 어느 시점에서 만족하지 못한 욕구를 충족시키는 것으로 지향한다.
- 인간의 욕구는 5단계로 이루어진다. 하위단계로부터 시작해서 기본적인 욕구가 채워지면 순차적으로 상위단계의 욕구를 채우려 한다(〈그림 14-1〉 참조).

	직무 외의 성취	욕구계층	직무관계 성취
고차원 욕구	교육, 종교, 기호, 개인적 성장	자아실현욕구 : 자기발전을 위해 자신의 잠재능력을 극대화하려는 욕구	훈련의 기회, 승진, 성장 및 창의성
	가족, 친구 및 공동체의 인정	자존욕구 : 타인으로부터 평가와 인정을 받고자 하는 욕구	인식, 높은 지위, 증가하는 책임
	가족, 친구 및 공동체 집단	사회적 욕구 : 집단에 소속하고자 하는 욕구	작업집단, 동료, 고객, 감독자
	전쟁, 공해, 폭력 등으로부터의 자유	안전욕구 : 불안정과 불확실로부터 보호받고 싶어하는 욕구	안전한 작업 복지후생, 직업 안정성
저차원 욕구	음식, 음료 성생활	생리적 욕구 : 의식주와 같은 삶 그 자체를 유지하기 위한 욕구	온방, 공기 기초적인 봉급

〈그림 14-1〉 매슬로우의 계층적 욕구

경영자는 현재 만족시키고자 하는 욕구를 파악하여 이를 충족시킴으로써 성공적으로 동기유발을 시킬 수 있다. 그러나 종업원이 개별적으로 충족시키려는 욕구를 정확히 파악하기 위해서는 개인, 연령, 직업, 직업에 대한 욕구의 종류에 대한 깊은 이해가 필요하다.

2) 허즈버그의 양요인 이론

양요인 이론은 직무에 대한 만족감을 느끼게 하여 동기부여를 높이는 요인(동기요인 또는 만족요인)과 직무에 불만족감을 느끼게 하여 동기부여를 낮추는 요인(위생요인 또는 불만족 요인)이 동일하지 않다는 것이다.

직무만족을 통해 동기유발 정도를 높이는 요인을 **동기유발 요인**이라고 하며, 이에는 성취감, 타인으로부터의 인정, 책임감, 진취성, 승인 등 작업의 내용과 관련된 것을 말한다. 한편 직무불만족으로 인해 동기유발 정도를 낮추는 요인을 **위생요인**이라고 하며, 이에는 급여, 작업조건, 고용안정, 회사정책이나 경영방식 등 작업환경과 관련된 것을 말한다(〈그림 14-2〉 참조).

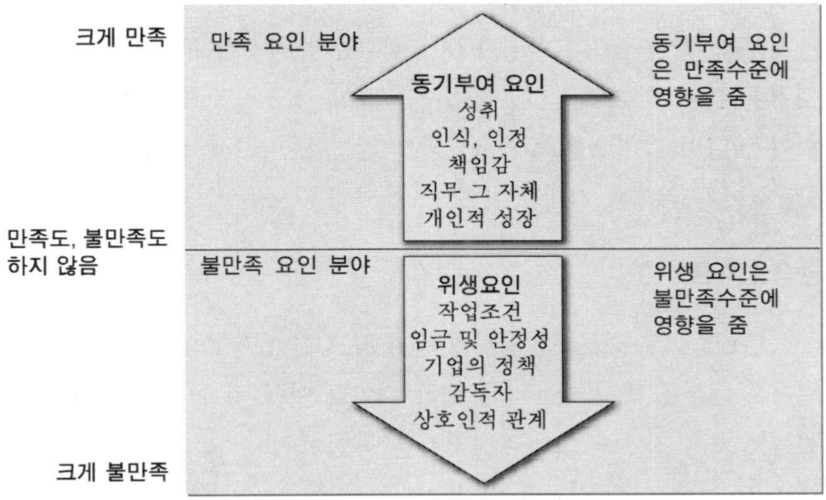

〈그림 14-2〉 허즈버그의 양요인 이론

위생요인은 작업환경이 사람들의 불만족을 해소시키는데 영향을 미칠 수 있지만, 직무만족을 가져다주지 않으므로, 동기부여 요인에 의해서 동기유발이 되도록 유도하여야 한다.

그러므로 경영자는 종업원이 직무를 통해 성취감을 느끼고 인정을 받을 수 있는 직무만족요인(동기부여 요인)을 증가하여 동기를 유발시켜 성과를 높일 수 있도록 하며 또한 직무에 대한 불만족 요인을 제거하는 경영을 해야 한다. 즉 위생요인보다는 동기부여 요인에 구성원이 보다 더 관심을 가질 수 있도록 함으로써 바람직한 직무를 통해 자기실현을 할 수 있도록 동기가 부여되어야 한다.

3) 기대이론

브룸(Victor H. Vroom)에 의한 **기대이론**이란 개인이 특정한 방식으로 행동할 가능성은 그 행위가 특정한 결과를 얻어낼 것이라는 개인의 반응의 강도 그리고 개인이 그 결과에 가치를 부여하느냐의 여부에 달려 있다는 것이다.

기대이론에 의하면, 동기부여는 기대, 보상의 가치, 그리고 수단성의 3요소에 의해 영향을 받으므로, 동기부여의 강도=기대×보상의 가치×수단성으로 공식화 할 수 있다. 즉 인간은 일정한 과업에 임할 때 기대하는 보상을 받을 가능성을 점검하게 되며, 각 점검단계의 정도가 높을수록 개인의 동기부여의 강도가 높아진다는 것이다. 예를 들어, 어떤 개인이 승진을 원하지만(보상의 가치), 그 행동의 결과가 승진에 반영되지 않는다거나(수단성) 또는 그 행동의 결과를 산출해낼 능력이 없다면(기대), 동기가 유발되지 않는다. 따라서 경영자는 종업원의 동기부여를 높이기 위해서 기대감, 수단성, 유의성을 모두 극대화시켜야 한다.

4) 공정성 이론

애덤스(J. Stacy Adams)의 공정성 이론은 자신이 동료와 비교해 볼 때 얼마나 공정하게 대우를 받고 있느냐에 대한 개인의 인식(평가)에 기초를 두고 있다. 즉 **공정성 이론**은 직무에 대한 동기유발은 개인이 받는 보상이 얼마나 공정하게 배분되고 있는가에 대한 평가에 달려 있다는 것이다. 즉 종업원은 자신이 투입하는 것(투입)과 직무상황으로부터 획득하는 것(산출)을 인지하고, 자신의 투입, 산출비율을 타인의 것과 비교한다.

여기에서 공정성은 공정함을 의미하며, 개인은 자신이 기울인 노력의 대가에 대한 절대적인 보상뿐만 아니라, 타인의 보상과 비교했을 때 자신의 노력 대비 보상이 어느 정도인가에 대해서도 관심을 갖는데, 그것은 타인의 그것과 비교한다. 불공평하다고 느끼는 종업원은 자신이나 타인의 투입과 산출을 왜곡시키거나 변경시키려고 하며, 타인으로 하여금 투입이나 산출결과를 변경시키도록 행동한다. 또한 상이한 비교대상을 물색하든지 일을 그만두는 행동을 선택하기도 한다.

따라서 경영자는 구성원의 만족도를 향상시키기 위해 구성원이 보상이 평등하고 공정한 대우를 받고 있다는 것을 인식시키고 불공정함에 대한 우려를 줄이는 노력을 해야 한다.

3. 동기부여를 위한 직무설계 및 기타 대안

직무란 구성원이 책임지고 수행해야 하는 작업단위로서 구성원의 욕구를 충족케 하는 보상을 제공한다. 따라서 경영자는 직무가 어떻게 동기부여를 제공하는가를 직무설계라는 방법으로 강구할 수 있다.

직무설계란 생산성과 만족을 향상하기 위해 직무의 구조에 동기부여 이론을 응용·적용하는 것으로서, 접근방법에는 여러 가지가 있다.

1) 직무단순화

직무단순화(job simplification)란 한 구성원이 수행해야 할 과업의 수를 축소함으로써 과업의 효율성을 추구하는 것으로서, 수행하는 과업은 간단하고, 반복적이고 표준화되도록 설계되어야 한다.

단순화에 의해 낮은 수준의 기술여건을 가진 작업자도 작업을 수행할 수 있으며, 기업은 높은 수준의 효율성을 성취할 수 있다. 그러나 구성원들이 일상적이며 지루한 작업을 싫어하고, 파업, 결근 및 노조 결성 등과 같은 부정적인 방법으로 대응하기 때문에 그 효율성이 상실되고 있다.

2) 직무순환

교차훈련(cross-training)이라고도 하는 **직무순환**(job rotation)은 구성원들이 이쪽 직무에서 저쪽 직무로 옮겨 배치되는 것으로서, 시스템적으로 이동하는 것이다. 한 직무의 복잡함을 증가시키지 않고 그가 수행하는 상이한 과업의 수가 증가하게 된다.

직무순환은 기술적 효율성을 이용함으로써 구성원에 대해 다양성을 제공하고, 고무할 수 있으며, 결근자의 공백 등을 메우려 이동함으로써 일정관리나 생산과정에서 유연성을 높일 수 있고, 또한 말단관리자를 훈련시키는 가치가 있는 도구이다. 또한 구성원이 특정 직무에 흥미를 잃었거나 도전의식을 느끼지 못하기 때문에 실행될 수도 있다. 그러나 구성원들이 새로운 과업에 대해 작업속도를 나도록 하는 동안 훈련비용이 증가되고 생산성이 감소하는 등의 단점이 있다.

3) 직무확대

직무확대(job enlargement)란 한 사람이 수행하는 과업의 수와 다양성을 증대시켜서 직무를 수평적으로 확대하는 것으로서, 새롭고 광범위한 직무를 결합하는 것이다.

이에 따라 구성원은 직무 다양성을 가지게 되며 또한 도전적인 문제를 처리하게 되어 직무만족도를 높일 수 있다. 그러나 이것은 구성원의 책임이나 보상수준의 변화가 없이 더 많은 일을 더 열심히 해야 한다는 부담을 주며, 분개하게 만들 수 있으며, 불만족으로 이어질 수도 있다.

4) 직무충실

직무충실(job enrichment)이란 직무의 수직적 확장으로서, 구성원에게 더 많은 자율성과 책임, 의사결정 권한 제공, 인정, 성장, 학습과 성취에 대한 기회 등을 제공하여 직무수행을 심화시킴으로써 높은 수준의 동기부여 요인을 그 직무와 연계시키는 것이다.

구성원은 다양한 재능과 능력을 발휘할 수 있으며, 요구되는 과업의 계획과 실행, 평가에 대해 더 많은 통제력을 행사할 수 있다. 이것은 일반적으로 직무 만족도를 증가시키며, 결근이나 이직률을 떨어뜨린다.

5) 근무 스케줄링 대안

전통적인 근무 스케줄의 대안으로는 몇 가지가 있다.

① **압축근무제**(compressed work week): 여가시간을 최대화하고, 주말은 사흘 동안 즐기며, 아침과 저녁의 러시아워에 출퇴근을 피하고 싶어하는 구성원에 대한 대안이다. 주당 40시간을 일하는 경우, 5일 8시간이 아니라, 4일 10시간 근무하는 것으로서, 업무의욕과 생산성 증대, 그리고 결근과 이직률이 감소하는 효과가 있다.

② **근무시간 자유선택제도**(flextime): 구성원이 원하는 근무시간을 정하게끔 허용하는 것으로서, 주당 일정한 시간을 일하지만, 출근시간과 근무시간에 대한 재충전도 갖는다.

③ **직무 공유**(job sharing): 2명의 구성원이 과업과 책임, 주당 40시간의 근무시간을 가진 직무를 나누어 갖도록 허용하는 대안이다. 이것은 구성원에게 직무유연성을 제공하는데, 특히 불황시 항공사에서 비용절감을 위해 직무공유를 선택한다.

④ **재택근무**(telecommuting): 이것은 사무실, 본사 동료들과 연결된 컴퓨터를 통해 구성원이 집에서 근무할 수 있도록 허용하는 대안이다. 여러 대안 중 가장 성장속도가 빠른 대안이다.

6) 기타 방법

기업은 구성원의 동기부여를 진작시키기 위해 폭넓은 인센티브를 고안하고 있다.

① **인정**(recognition): 개인이나 집단이 작업장에서 기울인 뛰어난 노력을 공식적으로 인정하는 것으로 구성원의 동기를 높이는 방법이다. 인정은 긍정적인 피드백과 심리적 강화요인으로 작용하면서, 구성원들로 하여금 자신이 잘 해낸 일이 무엇인가와 그의 기여가 조직에 의해 높이 평가되었음을 알게 해 준다. 인정은 상패나 금전적 보상, 포상휴가, 축하 e-메일 또는 격려사 등으로 가능하다.

② **임파워먼트**(empowerment): 종업원 참여 또는 참여경영이라는 것으로, 의사결정 권한을 조직 내 모든 수준의 구성원에게 위임하는 것이다. 즉 구성원은 계획과 집행, 의사결정의 결과에 대한 평가에 더 많은 책임을 부여받음으로써, 구성원은 자신의 기술과 능력을 더 발휘하여 조직의 성공에 더 많이 기여할 수 있다.

③ **금전적 인센티브**: 동기부여를 하기 위해 기업은 성과급 프로그램, 이윤배분(수익성에 기초), 이득분배제도(스톡옵션) 그리고 생산성을 높이도록 구성원을 장려할 보너스와 같은 다양한 변동급여 프로그램을 활용하고 있다.

제 3 절 커뮤니케이션(의사소통)

1. 의사소통의 의미와 원칙

조직을 보다 효율적, 효과적으로 운영하기 위해 개인간 또는 집단간에 서로가 가지고 있는 의견이나 정보 등을 주고받음으로써 기업의 목표달성을 위한 활동들이 원만하게 조정, 통합할 수 있다.

의사소통(커뮤니케이션: communication)이란 공동의 목적을 달성하기 위하여 일련의 활동체계를 형성하고 유지하기 위해서 집단구성원 상호간에 정보를 교환함으로써 관리적 기능을 상호연관시켜 나가는 과정이라고 할 수 있다. 즉 의사소통은 구성원 개인, 집단, 조직 그리고 환경간의 정보교환을 가능케 하는 연결의 역할을 한다.

경영자는 효과적인 리더십을 발휘하기 위해서 조직내 여러 활동을 조정하고 정보를 공유하기 위해 의사소통을 활성화해야 한다. 더욱이 조직이 팀 중심제로 다변화됨에 따라 팀간의 또는 팀장과 팀원간의 갈등문제 해결과 합리적인 의사결정을 위해 경영현장에서 의사소통의 유효성이 강조되고 있으며 더욱 중요성이 커지고 있다.

즉 기업경영에 있어서 의사소통이 특히 중요시되는 이유는 관리의 복잡화, 노사관계의 개선 그리고 종업원의 사기앙양의 필요성이 증대하기 때문이다.

그러나 조직의 신경시스템인 커뮤니케이션이 보다 그 기능을 잘 발휘하기 위해서는 기본원칙을 준수해야 한다.

- 커뮤니케이션 경로가 분명하게 마련되어야 한다.
- 조직상의 각 지위는 커뮤니케이션의 일정 선상에 위치해야 한다.
- 커뮤니케이션 라인은 직선적이며 또한 짧아야 한다.
- 커뮤니케이션은 훌륭한 시스템 운영자와 책임자가 있어야 한다.

2. 의사소통의 구성요소

의사결정의 촉매제 역할을 하는 의사소통 과정은 기본적으로 다섯 가지 요소로 구성되어 있다. 송신자의 생각, 아이디어, 정보 등이 기호화(암호화)되어 매체(전달수단)를 통해 수신자에게 전달되고 그 메시지가 수신자에 의해 해독되어 의미가 부여되고 피드백되는 과정을 거치는데, 그 구성요소의 과정은 〈그림

14-3>과 같다.

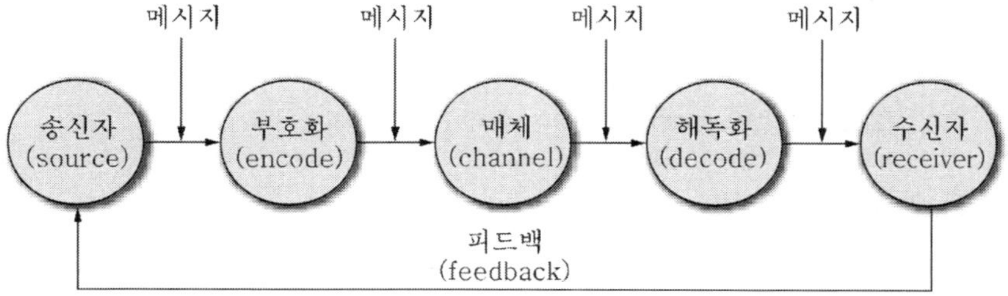

〈그림 14-3〉 의사소통 과정의 구성요소

3. 의사소통의 유형

1) 대인적 의사소통

의사소통을 통한 정보교환은 경영자들이 계획수립, 조직화, 충원화, 지도, 통제로 이루어진 경영활동을 효과적으로 수행하는데 있어 결정적인 영향을 미친다. 이 경우, 경영자와 구성원들이 사용하는 의사소통으로서의 **대인적 의사소통**(inter-personal communication)이란 소수의 조직구성원들 사이에서 이루어지는 정보교환 및 의사전달이다.

대인간의 의사소통은 ① 말(구두적: 전화, 직접 대화, 집단토의 등)이나 문자(글: 편지, 메모, 보고서, 우편물, 회보, 안내서 등)를 사용하는 언어적 수단과 ② 눈짓, 표정, 몸짓 등의 신체적 표현 그리고 사무실 배치 등의 비언어적 의사소통 등으로 구분된다.

2) 조직 의사소통

오늘날 경영에서 조직 의사소통은 경영환경의 급격한 변화, 경영규모의 확대와 복잡화, 노동조합의 발달 및 인간관계 연구의 진보 등으로 인해 조직의 능률성을 유지하기 위해서 중요하다.

조직 의사소통(organizational communication)은 조직의 내적 기능에 필수적인 요소이며 환경 내의 정보교환에 있어 중요한 것으로, 공식적으로 결성된 조직구조를 통해서 이루어지는 의사소통이다. 이 조직 의사소통은 의사전달자와 수신자 사이에 여러 개의 연결선을 갖는 의사소통 네트워크를 형성한다.

의사소통 네트워크는 커뮤니케이션의 내용이나 흐름 및 조직의 구조나 문화 등에 의해 영향을 받는데, 크게 두 개로 나누어진다.

(1) 집단 의사소통 네트워크

집단 의사소통 네트워크는 집단 구성원들 간에 이루어지는 정보교환의 흐름으로서, 다소 자발적으로 발생하며, 조직 내에서 개인의 일상적인 의사소통 행위로부터 발생한다.

집단 의사소통 네트워크는 집중화의 정도가 높은 형태와 낮은 형태로 나누어 볼 수 있는데, 그 형태는 〈그림 14-4〉와 같다. 이러한 유형의 구분은 어떤 획일성을 가지고 있는 것이 아니고 목적업무, 주위환경, 개인 특성, 집단의 특성 등에 의해 결정되며, 따라서 그 유효성은 의사소통의 속도, 정확성, 만족도, 통제 정도 등에 따라 상이하다.

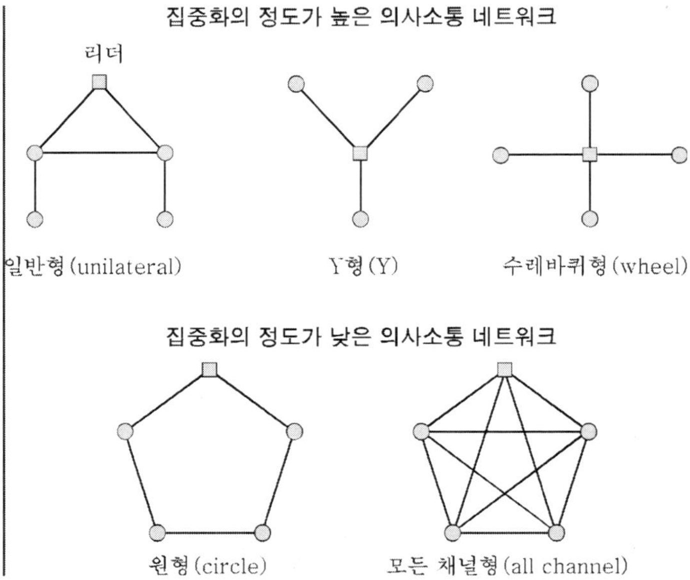

〈그림 14-4〉 집단 의사소통 네트워크 형태

(2) 조직 의사소통 네트워크

조직 전체의 의사소통은 많은 사람이 참여하고, 조직의 명령체계나 역할체계 등에 의해서 집단 의사소통보다 복잡하다.

조직 의사소통은 조직구성원들을 연결시켜 줄 뿐만 아니라 외부환경과의 상호작용을 가능케 하는 수단이 되는데, 공식적 의사소통과 비공식적 의사소통으로 구분된다.

첫째, **공식적 의사소통**은 조직이 공식적으로 정한 경로와 방법, 절차에 따라 정보가 전달되는 것으로서, 체계적으로 이루어질 수 있도록 규칙과 절차가 마련된다. 의사나 정보가 전달되는 방향에 따라 네 가지로 구분된다.

① **하향적(top-down) 의사소통**: 상위자로부터 하위자에게 조직이나 직무와 관련된 정보를 전달하기 위한 의사소통으로서, 명령, 지시 등이며, 명령의 하달과정에서 종업원의 오해가 없도록 유지되어야 한다.

② **상향적(bottom-up) 의사소통**: 하위자로부터 상위자에게 전달되는 보고, 제안 등으로서, 면담과 태도조사를 거쳐서 전달되는 의사소통이다. 구체적인 방법으로는 고정절차, 문호개방정책, 상담, 태도질문, 참가적 기술과 민원조사관 등이 있다. 이 방법이 잘 활성화될 때 조직의 유효성이 개선될 수 있다.

③ **수평적(측면적: sideward) 의사소통**: 조직내에서 동료들간이나 부서간에 이루어지는 의사소통으로서 의사전달 내용이 조직상에서 위원회, 심사나 회의 등 집단토의 방법을 통해서 측면적으로 이용하는 경우의 커뮤니케이션이다. 이 방법을 통해서 업무처리의 신중성과 제반 업무활동의 상호조정도 기할 수 있다(〈그림 14-5〉 참조).

④ **대각적 의사소통**: 여러 기능과 조직의 계층을 가로질러 이루어지는 의사소통으로서, 라인부문과 스탭부문의 의사소통이 이에 속한다.

둘째, **비공식적 의사소통**이란 동기회, 향우회, 취미서클 등 자연스럽게 생겨난 비공식적 조직을 통해 의사소통이 이루어지는 것이다. 이것은 공식적 의사소통과 공존하면서 불가분의 관계가 있고 또한 중복되면서 보완관계를 가진다. 종업원은 비공식적 의사소통을 통하여 자신의 감정이나 느낌을 자연스럽게 표현하게 되므로 기업에서의 중요성은 상당히 크다.

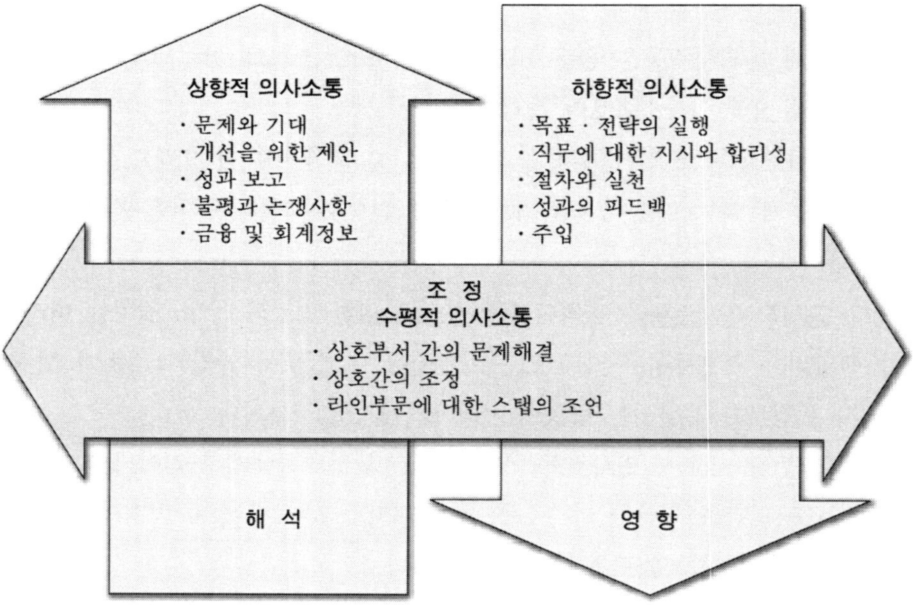

〈그림 14-5〉 조직내의 하향, 상향, 수평적 의사소통

기업의 비공식적 의사소통은 2가지 형태로 구분된다.

① **그레이프바인**(grape vine)이란 기업 전체에 퍼져 있는 비공식적 의사소통 네트워크로서, 모든 방향으로 의사소통이 이루어질 수 있으며, 경영자는 구성원들이 의사소통하고 싶어 하는 내용을 그레이프바인을 통해 빠르고 정확하게 얻어낼 수 있는 장점이 있다. 그러나 정보의 내용이 의도와는 달리 루머의 형태로 전달되거나 친분이나 정치적 관계 등에 따른 비공식 집단을 강화시켜 분파의식을 조장할 우려가 있다는 단점이 있다.

② **배회관리**(management by walking abound)란 경영자가 조직의 이곳저곳을 돌아다니며 종업원이나 고객들과 대화를 하면서 필요한 정보나 의사를 주고받는 것이다. 이는 경영자가 직접 종업원이나 고객을 찾아가 그들의 의견을 듣고 필요한 정보를 전달해 주게 되므로 조직에 활력을 불어넣는 역할을 한다.

4. 조직 의사소통 관리

효과적인 의사소통 관리를 위해서는 우선 의사소통 과정에서 발생하는 장애요인을 밝히고, 그리고 장애요인을 극복할 수 있는 방안이 마련되어야 한다.

1) 의사소통 장애

의사소통의 장애란 의사소통 과정에서 일어날 수 있는 의사소통의 비능률로서, 장애가 발생하면 메시지가 정확하게 전달되지 않고 왜곡된 정보가 전달될 수 있으며, 내부 갈등이 유발되거나 또한 정체 혹은 마비현상이 일어날 수 있으며 더 나아가 조직의 목표를 달성하는데 차질이 생길 수도 있다.

경영자는 효과적인 의사소통을 위해 송신자와 수신자의 특성, 상황적 특성, 매체의 특성 등 다양한 요소를 이해해야 하는데, 각 요소와 관련된 의사소통 장애요인은 〈표 14-1〉과 같다.

〈표 14-1〉 각 요소별 의사소통 장애요인

요소	장애요인	내용
송신자에 의한 장애	① 정보의 여과 ② 어의상의 문제 ③ 의사소통 목표 결여 ④ 대인 감수성 결여	· 송신자가 고의적으로 정보를 듣기 좋게 여과함 · 송신자가 추상적인 용어나 전문용어를 사용시 수신자가 이해하지 못함 · 명확하고 구심점이 없는 메시지 전달 · 상대방의 입장을 전혀 고려하지 않음
수신자에 의한 장애	① 선택적 지각 ② 가치 판단 ③ 반응 피드백 결여	· 메시지 중에서 일부분만을 지각함 · 자신의 신념과 일치하는 메시지만을 받아들임 · 수신자가 송신자의 메시지에 대한 피드백을 보이지 않음, 무관심, 하기 싫음
상황에 의한 장애	① 정보의 과부하 ② 조직 분위기	· 수신자가 수용할 수 있는 이상의 과중한 메시지 전달, 유효성 떨어짐 · 조직 내 불신, 억압적 분위기시 부정적으로 왜곡함
매체에 의한 장애	① 부적절한 매체 선택	· 부적절한 매체로 인해 효과적으로 메시지가 전달되지 못함

2) 효과적인 의사소통 방안

장애요인이 거의 모든 조직에 내재하고 있으므로, 이것의 개선은 송신자, 수신자 및 환경에 의해서 가능한데, 〈표 14-2〉와 같다.

오늘날의 조직관리의 핵심은 커뮤니케이션을 통한 건강한 조직문화의 형성, 유지, 전수가 원활히 이루어져야 하며, 집단의 커뮤니케이션 네트워크가 조직의 유효성을 높이는데 적합해야 하며, 다양한 조직내 집단들간의 통합, 조정이 바람직한 방향으로 이루어져야 한다.

〈표 14-2〉 효과적인 의사소통 방안

구분	방안	내용
송신자의 노력	① 사용언어의 단순화 ② 감정의 억제 ③ 사후검토와 피드백 이용 ④ 협조적인 자세	· 수신자가 이해할 수 있는 명확한 단어 선택 · 송신자가 감정적이 아니라 이성적인 자세를 취함. 종업원의 의견을 경청함 · 수신자가 메시지를 어떻게 해석, 이해하고 있는지 확인 필요 · 명령을 위한 명령보다는 협조와 동의를 구하는 형식
수신자의 노력	① 경청 ② 평가적 판단의 회피 ③ 피드백 활용	· 송신자가 전달하고자 하는 의미를 적극적으로 탐색함 · 송신자에 대해 긍정적, 부정적 평가를 성급하지 않음. 수신자는 상대방에 대한 신뢰와 이해를 촉진시킬 수 있는 분위기 조성 · 수신자는 언어적, 비언어적 피드백 사용함
환경의 개선	① 정보의 통제 ② 제도적 보완 ③ 적절한 매체 선택	· 송신자와 수신자 모두에게 정보 과부하가 일어나지 않도록 함. 목표에 부합되는 중요 정보만 전달함 · 개방적인 의사소통을 촉진시킬 수 있는 방안이나 참여기법 활용 · 의사소통 목적이나 상황에 맞게 적절한 매체 선택

제 4 절 리더십

훌륭한 리더, 10가지 버려라

훌륭한 리더가 되기 위해선 어떻게 해야 할까. 미국 경제잡지 비즈니스위크는 최신호에서 성공적 리더가 되기 위해 버려야 할 습관 10가지를 제시했다.

첫째, 파괴적 인사. 불필요하게 상대방을 조롱한다든가 빈정대는 파괴적 말투를 피하라.

둘째, 정보 독점. 어떤 사람들은 다른 이들에게 영향력을 행사하기 위해 정보를 혼자만 독점하고 공유하지 않으려고 한다. 이는 조직 발전에 해를 주는 행위로 버려야 한다.

셋째, 화가 난 상태에서 말하는 행위. 사람을 관리하는 도구로서 감정적 언사를 사용하면 득보다 해가 더 크다. 자신의 감정을 조절한 후 말을 시작하라.

넷째, 인색한 칭찬. 어떤 사람들은 상대를 인정하고 칭찬하면 상대가 건방져진다고 생각해 칭찬에 매우 인색하다. 인정과 칭찬은 오히려 사람을 고무시키고 일에 대한 열정을 배가시킨다.

다섯째, '아니오' 혹은 '그러나' 등 부정적인 뜻의 언어 남발. 이런 식으로 부정적으로 말하면 "당신은 틀렸소. 내가 맞소"라는 의미로 전달돼 반발심을 불러일으킬 수 있다.

여섯째, 불필요한 변명. 자신의 잘못에 대해 끊임없이 변명하는 태도는 지양해야 한다.

일곱째, 과거에의 집착. 앞서 나아가야 할 리더로선 당연히 피해야 할 습관이다.

여덟째, 감사할 줄 모르는 태도. 부하라 해도 자신이 입은 은혜에 대해 감사하는 것은 가장 기본적인 예절이다.

아홉째, 남의 말에 귀 기울이지 않는 태도. 동료나 부하가 말할 때 무시하고 귀담아 듣지 않는 태도는 스스로를 존경받지 못하게 하는 첩경이다.

열째, 항상 이기려는 태도. 사안의 경중을 가려 지고 이기고를 선별할 줄 아는 지혜가 필요하다.

자료원: 매일경제신문, 2007년 1월 4일자

1. 리더십의 의미

조직이 높은 성과를 달성하기 위해서는 구성원들이 적극적으로 업무에 몰입할 수 있도록 도와주는 경영자의 효과적인 역할이 필요하다. 즉 경영자가 촉진제의 역할을 함으로써 기업은 높은 성과를 달성하게 된다.

리더십(지도력: leadership)이란 주어진 환경 속에서 조직(집단)의 목표를 달성하기 위해서 상사가 구성원들이 자발적으로 노력하도록 영향력을 행사할 수 있는 통솔의 힘이다.

상기의 정의에서 볼 때, 리더십(L)은 지도자(l)와 구성원(f) 및 상황적 변수(s)의 함수로 설명할 수 있다.

$$\text{지도력}(L) = f(\text{지도자} \times \text{구성원} \times \text{상황적 변수})$$

리더십의 핵심은 사람을 지도함으로써 어떤 목표를 성취하는 것이므로, 지도하기 위해서 경영자는 자신이 가지고 있는 권력을 사용함으로써 효과적인 리더십을 갖출 수 있다. 따라서 권력에 의해서 리더십이 뛰어난 경영자는 구성원들에게 기업목표를 달성하기 위해 각자의 업무에 몰입하도록 유도하는 능력을 갖춘 리더로 표출된다.

2. 리더십 이론

리더십 문제를 이론적으로 연구하는 데는 〈그림 14-6〉과 같이 특성이론, 행동이론 및 상황이론의 관점이 있다.

특성 이론	행동 이론	상황 이론
능력있는 리더의 특성을 파악	리더의 지속적 행동스타일을 파악	리더의 행동유형과 상황간의 관계규명
가정: 유능한 리더와 그렇지 않은 리더간에 개인적 특성 존재	가정: 유능한 리더와 그렇지 않은 리더간에 어떤 행동유형이 존재	가정: 모든 상황에 적합한 리더십 특성이나 행동유형은 존재하지 않음

〈그림 14-6〉 리더십 이론 비교

1) 특성이론

이것은 1930년과 1940년대에 주로 연구한 것으로서, 리더십을 발휘하기 위해서 필요한 소질, 능력, 인격에 관한 것으로서, 신체적 특성(신장, 외모, 힘), 성격(자신감, 정서적 안정성, 지배성향), 능력(지능, 언어의 유창성, 독창성, 통찰력) 등을 가진 사람이 지도자가 되어야 하는가에 대한 연구인데, 오늘날 거의 활용되지 않고 있다.

2) 행동이론

이것은 유능한 리더의 행동유형을 파악하여 효과적인 리더십 모형으로 탄생시킨 것으로써, 리더가 자신의 역할을 수행하기 위해 구성원에게 어떠한 행동을 보이느냐에 따라 리더십의 효과성이 결정된다는 이론이다.

행동이론에서는 리더가 나타내는 반복적인 행동유형을 찾아내고, 어떤 유형이 가장 효과적인가를 밝히는 것이다.

이 이론은 리더가 구성원에게 보여줄 수 있는 행동을 두 가지 유형, 첫째, 조직이나 집단에 부여된 과업을 달성하는데 더 관심을 두는 것, 둘째, 조직이나 집단에서 일하는 사람에게 더 관심을 두는 것으로 대별된다.

(1) 과업지향적 리더십

이 리더행동의 특성은 과업이 무엇인가를 분명히 하고 계획을 세우며, 과업을 나누어 구성원에게 분담시켜 책임영역을 분명히 하는 것이다. 그리고 과업을 수행하는 절차를 명확히 만들고 맡은 임무를 구성원이 달성할 수 있도록 독려하여 결과를 주의 깊게 관찰한다.

(2) 종업원지향적 리더십

이 리더행동의 특성은 구성원들과 온화한 관계를 유지하고 그들의 감정을 존중하는 것이다. 뿐만 아니라 구성원들이 무엇을 원하는가에 대해 관심을 가지며 상호신뢰감을 강조한다.

(3) 양자지향적 리더십

이것은 과업과 구성원 모두에 대해 관심을 갖는 리더십 유형으로 인간관계적 리더십(사람에 대해 높은 관심, 과업에 대해 낮은 관심), 자유방임적 리더십(사람과 과업 모두에 낮은 관심), 지시적 리더십(과업에 대해 높은 관심, 사람에 대한 낮은 관심), 그리고 민주형 리더십 등 네 가지 리더십 유형이 있다.

이 중 **민주형 리더십**은 과업과 종업원 모두에 대해 높은 관심을 보이는 리더십이다. 관리자는 일을 통해서 사람을 키우는데 익숙한 사람으로서, 구성원으로 하여금 참여와 단결을 유도하여 주인의식을 고취시켜서 높은 성과를 달성하는 이상적인 리더십이다.

민주형 리더십은 직원들의 행동과 동기를 참가시킴으로써 조직목표와 개인목표를 융화시키려고 한다. 특히 이 리더십은 그 수행과정에서 적절한 과업과 행위의 표준을 정하고, 표준과 비교할 수 있도록 결과를 평가하며, 정보를 커뮤니케이트하여 피드백시키고, 결과가 표준에 미달될 때 시정조치를 강구한다든가, 또는 경영자와 종업원의 창의와 개발을 고무시키고, 구성원의 적극적인 자아실현 욕구를 충족시키는데 역점을 둔다.

3) 상황론적 리더십 이론

이 이론은 연구의 핵심을 리더에 두는 것이 아니라 리더, 구성원 그리고 조직이 처한 상황에 둔 것으로, 상황에 따라 리더십의 유효성이 결정된다는 것이다. 즉 어떤 특정한 리더십이 모든 상황에서 항상 일관되게 효과적이 아니라 상황에 따라 효과적인 리더십이 달라진다는 것이다.

따라서 훌륭한 리더십이란 구성원의 개인 속성, 집단의 문화, 일의 성질, 환경의 성질 등의 상황에 따라 다르다. 즉 **상황이론**이란 리더십이 행해지는 상황이 요구되는 리더의 특성이나 행동유형을 알아내려는 것으로, 이상적인 리더 유형이 독립적으로 존재하는 것이 아니라 상황에 알맞는 것이라면 어느 유형의 리더십이든 높은 성과를 올릴 수 있다는 것이다.

(1) 피들러의 상황이론

피들러(Fred. E. Fiedler)는 최초로 **상황적 리더십**을 제시한 학자로서, 리더십이 이루어지는 상황이 리더에게 얼마나 호의적인가에 따라 서로 상이한 유형의 리더십이 효과적이라는 것이다. 즉 리더십의 유효성은 리더와 구성원의 상호작용 유형과 그들이 처해 있는 상황의 적합성에 따라서 결정된다는 것으로서, 상황적 특성이 리더에게 호의적인 정도에 따라 다른 효과를 나타낼 수 있다는 것이다.

(2) 경로-목표 이론

하우스(House)가 개발한 **경로-목표 이론**(path-goal theory)은 구성원들이 자신들이 추구하는 목표에 도움을 준다고 생각되는 리더의 영향력을 수용하게 된다는 것이다. 즉 상황이 제공하지 못하는 어떤 것을 리더가 제공함으로써 추구하는 목표에 도움을 주는 것으로 종업원이 지각하는 경우에, 리더는 직원에게 더욱 영향력을 행사할 수 있다. 또 리더는 구성원들로부터 더 호의적으로 받아들여진다는 것이다.

이 이론은 리더십이 어떻게 성과와 만족을 창출해 내는가 하는 과정에 대해 설명하는 것으로서, 상황에 따른 특정한 리더십 스타일은 직원에게 자신에게 돌아갈 보상을 명확하게 제시함으로써 직원들의 동기를 불러일으키고 궁극적으로 리더십 유효성을 증가시킬 수 있다.

(3) 브룸과 예톤의 참여적 리더십 이론

이 이론은 리더의 의사결정에 초점을 맞춘 상황적 리더십 이론으로서, 효과적인 리더가 되기 위해서는 좋은 의사결정을 해야 한다는 점을 강조한다.

이 이론은 리더의 의사결정 행동은 의사결정 상황에 따라서 바람직함이 달라지기 때문에, 리더는 주어진 상황에 적합한 리더십 행동을 선택하여 취할 수 있는 융통성을 길러야 한다는 것을 강조한다.

상기의 상황이론에서 리더는 상황에 따라 적절한 행동을 해야 하므로, 첫째, 필요한 행동이 종업원 및 주변 사람들에게 계산적인 사람이라는 인상을 주거나, 둘째, 그러한 행동이 리더를 피폐하게 한다는 문제가 발생할 수 있다. 그러므로 필요한 것은 경영자의 철학이고 이념이며 사상이다. 훌륭한 경영자라면 확실히 상황에 따라 임기응변적 대응력을 갖고 있어야 하며, 한편 이러한 원칙을 갖고 행동해야 한다.

3. 리더십에 관한 기본이론

1) 맥그레거의 *X*·*Y*이론

맥그레거(McGregor)는 「*The Human Side of Enterprise*」라는 저서에서 이 이론을 전개하고, 이를 *X*·*Y*이론이라고 하였다.

그는 종업원의 관리를 위해서 인간에 관한 두 가지 가정을 하였는데, 그 하나는 *X*관(*X*이론), 다른 하나는 *Y*관(*Y*이론)이다.

*X*이론은 인간은 원래 일을 싫어하며, 일을 회피하려고 하고, 책임을 적극적으로 지려고도 하지 않으며, 단기적인 전망에서 근무한다고 전제하였다. 따라서 이런 종업원을 관리하기 위한 관리방법은 처벌에 의한 강제나 통제, 지시 그리고 위협이라고 하였다.

그러나 *Y*이론은 일을 한다는 것은 유희나 휴식과 같이 즐거운 것이기 때문에 책임을 적극적으로 추구하고 또 맡으려고 하며, 항상 장기적인 전망에서 일하려고 하므로 그에게는 독려와 인정, 칭찬이 더욱 중요하다는 것이다.

그리고 두 가지 이론 중 *Y*이론이 관리의 방법으로서 더 유리하다고 결론을 내렸다.

2) 아지리스의 성숙-미성숙 이론

아지리스(Argyris)는 「*Personality and Organization*」이란 저서에서 모티베이션이론을 전개하였다. 그 이론의 핵심은 오늘날 많은 조직에서 채택하는 모든 합리화 방안, 즉 각종의 규제와 제도는 조직의 이상과 목표를 성취하는 것에 지향함으로써 구성원 개인의 개성을 무시하거나 도외시한다는 점이다. 따라서 개인을 욕구좌절에 빠지게 하고, 급기야는 개인의 소외를 불가피하게 한다는 것이다.

이것은 조직의 성장이 개인의 희생에서 이루어지게 됨으로써 생기게 되는 부작용인 것이다. 따라서 현대조직은 경영에서 생기는 이런 문제를 해결하기 위해서 개인과 조직이 통합되어야 한다.

즉 개인과 조직의 통합을 통해서 조직은 그 구성원을 보는 관점을 바꿀 수 있어야 한다. 지금까지 조직은 구성원을 미성숙아로 봄으로써, 의존적이며 단기지향적이고, 피동적인 사람으로 다루고, 그럼으로써 지나친 규제나 규칙을 중심으로 종업원을 다루고 있는데, 실질적으로 종업원들은 성숙아이기 때문에 그런 규제가 필요 없다는 것이다.

다시 말해서, 구성원들은 독립적이고, 자기지향적이며 능률적이고, 자기지식이고 자기통제적이므로, 조직의 지나친 간섭이나 규제는 불필요하다는 것이다. 따라서 조직운영에 있어서 보다 자발적이고 민주적이며 참여적인 방법으로 조직의 목표를 성취할 수 있도록 조직의 분위기가 유지되어야 한다. 그리고 건강한 조직이 유지되도록 조직개발이 실행되어야 한다.

4. 리더십의 최신 이론

1) 리더십과 팔로어십

최근 들어 조직구성원들의 창의적이며 혁신적인 자발적 참여가 강조되면서 리더십과 팔로어십 간의 관련성을 강조하기 시작하였다. 리더가 있기에 팔로어가 존재하고, 또한 파트너가 없는 리더십이란 무의미하기 때문이다.

팔로어십이란 주어진 상황에서 목표를 달성하기 위해 리더가 의도하는 바에 따라 팔로어가 개인이나 집단적 노력에 참여함으로써 개인적 목표를 획득하는 능력으로 정의된다. 결국 조직의 성과를 올리기 위해서는 리더십과 팔로어십 양쪽의 상호작용을 해야 한다.

2) 리더십 대체이론

리더십 대체 개념은 리더 행동이 무용화되거나 대체되는 상황이 존재함에 주목하는 것으로서, 예를 들어, 응급실 당직의사, 간호사, 보조요원은 감독자의 지시적 또는 지원적 행동을 기다리지 않고 응급실에 온 환자를 치료하기 위해 필요한 행동을 해야만 한다.

이처럼 리더의 행동을 무용화하는 특성은 조직의 특수 상황, 독립욕구가 강한 직원, 만족스러운 과제, 엄격한 보상구조를 갖는 조직 등에서 찾아볼 수 있다.

3) 거래적 리더십과 변혁적 리더십

거래적 리더십(transactional leadership)은 종업원에게 수행에 대한 보상과 같은 가치있는 것을 서로 주고받음으로써 리더십을 발휘하는 것으로서, 거래적 리더는 계획에 의거 기대한 것을 수행하도록 종업원을 감시한다.

변혁적 리더십(transformational leadership)은 종업원들과 비전 공유, 학습경험의 자극 등을 통하여 원래 생각했던 성과 이상을 달성할 수 있도록 리더십을 발휘하는 것으로서, 변혁적 리더는 기대 이상의 것을 수행하도록 자극한다.

리더가 갖춰야 할 일곱 가지 조건

FT 칼럼니스트 소개

파이낸셜타임스(FT)는 지난 달 30일 칼럼니스트 마틴 루크가 제시한 '성공하는 리더는 7가지 조건'을 소개했다. 1999년부터 FT에 칼럼을 기고한 루크는 '누가 내 블랙베리를 옮겼어?'의 저자이기도 하다.

▸매일매일 배워라=배움은 자기혁신이다. 잭 웰치 등 세계적 기업인은 물론 어부에게도 본받을 게 있다. 이들은 곤경에서도 문제를 해결하는 의지와 해법을 제시하기 때문이다.

▸골프를 쳐라=골프는 어떤 스포츠보다 큰 경기장에서 한 치 오차도 없는 완벽한 결정을 요구하는 경기다. 골프는 집중력을 기르고 경쟁하고 협력하는 대인관계를 만든다. 나는 누구든지 골프를 한 번만 함께 쳐보면 그가 어떤 종류의 사람인지, 또 그를 고용할만한지를 알 수 있다.

▶항상 가족을 최우선으로 여겨라=바쁜 사회생활에도 가족을 항상 최우선으로 둬야 한다. 가족과 멀리 떨어졌을 때에는 이메일 등으로 자주 연락을 주고받아라.

▶ 꿈을 찾아 실현하라=사람들은 나에게 'Creovation(창조+혁신 합성어)'이 어떤 작용을 하는지 묻곤 한다. 꿈을 찾아 실현되게끔 하는 것으로 이것이 문제의 해법을 이끌 수 있다.

▶성실하고 윤리적(integethical)으로 행동하라='integethic'은 윤리와 성실을 모두 아우르는 새 개념이다. 'integethical'한 사람은 마음에서 우러나온 가치를 따른다. 세계 최고 기업들도 이 같은 철학을 활용해 엄청난 이윤을 벌어들였다.

▶칭찬하자=리더십을 성공적으로 이끌기 위한 필수 사항 중 하나다. 어떤 일을 성공으로 이끄는 데 120% 기여했더라도 반드시 주변 사람들과 그 성공을 나누고 그들 공로를 평가하는 태도를 보여라.

▶겸손해라=그 동안 수많은 성공기업인을 만나며 관찰한 결과다. 성공 기업인은 놀랄 만큼 그들이 이룬 성공이나 업적에 겸손한 자세를 보인다.

자료원: 매일경제신문, 2005년 7월 1일자

제 5 절 집단관리

1. 집단의 의미와 유형

오늘날 조직은 경영성과를 향상시킬 목적으로 팀과 같은 작업집단을 활용하고 있다. 이것은 개인보다 집단의 힘을 빌림으로써 보다 효과적으로 목표를 달성할 수 있으며, 또한 조직과 개인을 연결하는 매개체적 역할을 하기 때문이다.

집단(group)이란 공통의 목적을 달성하기 위해 서로 규칙적으로 상호작용하는 둘 이상의 사람들이 모인 단위이다. 즉 집단은 ① 서로 상호의존적 관계를 갖는 둘 또는 그 이상의 사람들로 구성된 집합체이다. ② 구성원은 집단활동을 통한 상호작용으로 영향을 주고받는다. ③ 구성원은 스스로를 집단의 일원으로 인식해야 한다. ④ 구성원은 반드시 공동의 목적을 공유해야 한다.

한편 조직 내의 집단에는 크게 공식집단과 비공식집단이 있다.

첫째, **공식집단**은 조직의 목적을 달성하기 위해 의도적으로 설계된 집단으로 능률이나 비용의 논리에 대해 형성된 것으로서, 기능집단과 과업집단으로 나누어진다.

둘째, **비공식집단**은 감정의 논리에 기초하여 구성원의 상호작용에 의해 자연발생적으로 형성되어 사회적 욕구를 충족시키고자 형성된 집단으로 이해집단과 우호집단이 있다.

경영자는 이러한 비공식집단을 무시하거나 제거하려고 하기보다는 이 집단의 존재를 인정하고 공식적인 업무에 기여할 수 있도록 유도할 필요가 있다.

2. 집단관리의 중요성

오늘날의 경영관리는 나보다는 우리의 힘을 빌림으로써 더 능률적으로 성과를 실현할 수 있으므로, 조직관리를 팀워크 위주로 할 수 있도록 해야 한다. 즉 조직구성원간의 집단의식을 중심으로 할 수 있는 집단응집력이 필요하다.

이런 점에서 집단관리는 경영자가 조직목표를 달성하고 경영활동을 합리적으로 수행하기 위해 집단과 구성원을 통제하고 관리하는 것이다. 이 집단관리에서 중요시되어야 할 요인은 집단응집력과 집단감응도인데, 이 두 가지는 상호작용 과정을 통해 조직의 성과(생산성)에 영향을 미치기 때문이다.

1) 집단응집력

집단응집력(group cohesiveness)은 집단구성원이 서로간에 좋은 감정을 가져 집단의 일원으로서 남기를 바라며, 집단으로부터 동기부여가 된 정도이다. 이런 집단응집력은 집단뿐만 아니라 조직 전체의 성과에 중요한 영향을 미친다.

이러한 집단응집력을 갖기 위해서는 집단의식 속에 감정의 공유, 공통적인 태도, 공동목표가 포함되어져야 한다. 그러나 이 경우에 집단의 특성은 첫째, 집단구성원간의 관계가 상호의존적일 것과, 둘째, 각 구성원의 공통적인 이데올로기를 가짐으로써 행동의 통일적인 규제를 받아야 할 것임을 간과해서는 안된다.

그리고 경영자는 〈표 14-3〉과 같은 집단응집력에 영향을 미치는 요인을 고려해야 한다.

〈표 14-3〉 집단응집력에의 영향요인

응집력에의 증대요인	응집력에의 감소요인
· 집단 간의 경쟁 · 개인적 호감 · 집단활동에 대한 좋은 평가 · 목표에 대한 일치감 · 상호작용	· 집단의 규모 · 목표에 대한 불일치 · 집단 내의 경쟁 · 소수의 지배 · 불유쾌한 경험

2) 집단감응도

감응도(induction rate)란 경영조직이 가진 목표를 집단이 수용하느냐 아니면 거절하느냐 하는 성향이다. 즉 집단과 구성원이 조직목표를 수용할 때 감응도는 +가 되고, 그들이 조직목표를 거절할 때 감응도는 -가 된다.

3) 집단의 응집력과 감응도의 상호작용

집단의 응집력과 감응도는 상호작용과정을 통해서 조직의 성과, 즉 생산성에 커다란 영향을 미친다. 즉 종업원의 집단응집력이 높으면서 회사에 대한 태도가 호의적(목표의 수용)일 때, 생산성은 가장 높아지고, 반대로 응집력은 높으면서도 회사에 대한 태도가 비우호적일 때(회사를 위협적인 것으로 수용), 생산성은 가장 낮아진다. 이것은 곧 회사목표에 대한 구성원의 감응도가 조직성과에 있어 중요하다는 것이다.

그리고 응집력과 감응도의 양요인은 상사의 리더십에 따라 달라진다. 그러므로 경영자는 생산성을 향상시키기 위해 높은 응집력과 감응도를 가진 집단을 형성하고 유지하도록 적절한 리더십을 발휘해야 한다.

이를 위해서 상사는 우선 종업원들을 일상적으로 다루는데 있어서 집단적 감독방법을 채택해야 하며, 또한 집단토의를 통해서 어떤 안건을 처리하며, 직원들의 의견에 귀를 기울이는 것도 필요하다.

제 6 절 21세기 지도활용

1. 공동의 참여를 이끄는 민주적 리더십

정보사회 또는 지식사회로 특징지어지는 21세기에는 경영자의 리더십에도 커다란 변화를 요구한다. 물론 모든 기업들에게 가장 바람직하고 효과적인 지도방법이 없기는 하지만, 어떤 환경에서라도 경영자가 의사결정권을 가급적 하급자에게 위양하여 중요한 의사결정에 참여할 수 있도록 하는 민주적 리더십 모형을 채택하는 것이 바람직할 것이다. 그 이유는 자율적으로 업무를 원활히 수행하도록 도와주어야만 종업원들의 동기유발이 이루어질 수 있기 때문이다.

경쟁이 치열해지고 엄청난 정보가 쏟아지는 상황을 경영자의 능력만으로 헤쳐나가기는 점점 더 어려워지므로, 종업원들이 자발적으로 참여하도록 리드하는 민주적인 리더십이 요청된다.

2. 종업원 중심 경영을 통한 동기유발

기업의 효율성과 효과성을 달성하기 위한 열쇠는 전문지식을 갖고 있는 숙련된 종업원들이 쥐고 있다. 따라서 경영자는 모든 종업원들이 높은 동기의식을 가지고 장기적으로 조직의 효율성을 최대로 달성할 수 있도록 종업원 중심의 경영방식으로 전환해야 한다.

종업원들의 동기를 유발할 수 있는 한 가지 방법은 **종업원지주제도**이다. 이것은 회사의 주인이 되도록 하여 종업원들의 의식과 사기진작을 통해서 조직 전체의 생산성을 향상시킬 수 있다. 그 밖에도 스톡옵션 등 다양한 인센티브 방법을 통해서 경영자는 조직구성원에게 자신들의 기여나 아이디어가 가치 있는 일이라고 확신시켜 줄 수 있다.

지식경영시대에 지식을 가진 종업원들은 고용된 노동자가 아닌 동반자(외부고객)로 인정받기를 원하고, 자신을 팀의 중요한 구성원으로 인정해 주기를 원한다. 따라서 종업원 중심의 참여형 모델이 의사결정 과정의 참여와 공헌을 통해 종업원의 잠재력을 100% 발휘하게 만들 수 있다.

3. 네트워크형 의사소통체계의 구축

21세기에는 기업의 조직구조가 수평적 조직체계로 변화하면서 의사소통체계도 변화하는 양상을 보이고 있다. 즉 정보통신기술이 발달하면서 하급자의 의견을 상급자에게 전달하여 반영하도록 하는 기업이 늘어나고 있다.

이처럼 완전연결형 내지는 네트워크형으로 의사소통이 이루어져야 종업원들의 아이디어나 지식이 상급자에게 전달되어 효율적인 경영을 할 수 있을 것이다. 더 나아가 종업원들의 동기를 유발하는 역할도 할 수 있다.

따라서 종업원들이 문제해결에 참여하고 원활한 의사소통 네트워크를 구축할 수 있도록 하기 위해서는 장애가 되는 요인을 제거해야 한다. 즉 방해하는 것이 있다면, 그 원천을 파악하여 적절한 대처를 하여 기업목표의 달성과 생산성 향상을 이끌어낼 수 있어야 한다.

제 15 장

경 영 통 제

제 1 절 통제의 의미와 중요성

1. 통제의 의미

제품이나 서비스 등에서 예상하지 않았던 환경의 변화 등으로 실질적인 성과가 목표달성에 차질을 가져오는 경우가 많다. 또한 경영활동을 수행하고 전반적인 조직 유효성을 획득하도록 자원을 활용하기 위한 여러 계획과정에서 세운 목표가 그 수행과정을 거치면서 외적환경 또는 내부여건에 의해 달성되지 않는 경우가 발생한다. 이에 경영자는 목표가 계획대로 성취되고 있는가를 확인해야 하는데, 그 과정기능이 통제이다.

통제(controlling)란 경영자가 계획했던 여러 가지 목표가 바람직한 방향대로 진행되고 있는가를 측정함으로써 계획에 따른 목표가 성취가능하도록 계획과 진행에서 나타난 성과와의 편차를 발견하고, 그 편차의 원인을 밝혀내고, 이를 시정조치하는 것을 말한다. 즉 통제는 일단 계획이 실행에 옮겨진 후 상사가 직원들이 정확하게 수행하고 있는가를 확인하는 것이다.

따라서 통제 속에는 일상적인 지도과정에서 직원들이 업무를 정확하게 수행하고 있는가를 검토하는 것으로부터 업무수행이 정확하지 못할 경우에 이를 시정해 주는 시정조치까지도 포함된다. 뿐만 아니라 필요한 경우, 새로운 목표와 계획 및 전략을 수립하고, 조직구조를 변경하며, 충원과 지도방법을 바꾸는 것도 여기에 속한다. 이런 통제를 통해서 계획과 일치되는 집행을 확보할 수 있기 때문이다.

2. 통제의 중요성과 역할

통제는 계획수립, 조직화, 충원화, 지도 등 각 관리기능들이 최초에 예상했던 대로 정해진 시간에 올바른 방법으로 행해지는가를 결과적으로 살피는 것이다. 다시 말해서, 적절한 통제는 경영자로 하여금 구성원들에게 필요한 활동이 무엇이며, 언제 그것이 필요하며, 그리고 바람직한 방법으로 행해지는가를 명확히 해 주는 기능을 수행한다.

한편, 통제는 ① 조직환경의 불확실성 ② 조직의 복잡성 ③ 조직구성원의 능력한계 ④ 권한위양과 분권화 등 직무환경의 특성 때문에 그 중요성이 더해 가고 있다.

위의 중요성 외에도 통제는 조직내에서 다음과 같은 역할을 수행한다.

첫째, 통제는 기업의 장기, 중기 및 단기계획에 맞추어 전반적인 기업의 방향을 명확히 하는데 도움을 준다. 즉 통제는 계획하에서 시간이 지남에 따라 발생하는 성과를 감시하는 수단을 제공한다.

둘째, 통제는 조직내 다양한 수준과 사업단위 사이에서의 실행목적과 성과가 적절한 수단-목표(means-ends) 방식하에서 상호간 조화를 이루고 있는가를 명확히 해 준다.

셋째, 통제는 조직내 기본적 규범이나 방침을 준수하도록 돕는다. 이에는 직접적인 업무요구사항(출근, 작업시간 등)뿐만 아니라 개인의 기본적 예의에 관한 규정이나 존경심까지 포함된다.

3. 통제의 요건

조직의 통제를 효과적으로 하기 위해서 통제는 조직의 욕구와 일치해야 하며 또한 조직의 과업이 성취될 수 있도록 행해져야 한다. 효과적으로 통제기능을 행하기 위해서는 〈그림 15-1〉과 같은 11가지 요건이 충족되어야 한다.

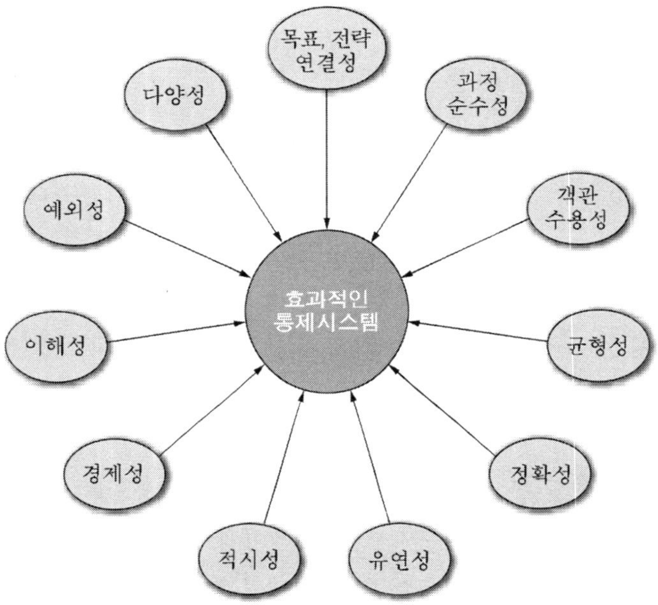

〈그림 15-1〉 효과적인 통제시스템

제 2 절 통제의 유형

1. 사이버네틱 통제

사이버네틱 통제(cybernetic control)란 통제 과정상에서 필요에 따라 자동적으로 상황을 감시하고, 이에 적절한 수정을 할 수 있는 자동조절 메커니즘이다. 따라서 이러한 통제시스템은 대부분 컴퓨터에 의존하고 있는데, 전산화된 주문제도가 그 예가 된다.

이에 반해 **비사이버네틱 통제**(noncybernetic control)는 컴퓨터에 의한 자동조절장치에 의존하는 것이 아니라 인간의 판단력에 기반을 둔 통제시스템이다. 이것은 주로 경영환경의 변화와 천재지변과 같이 미리 예측하기 어려운 돌발적 상황에서 경영자의 직관이나 경험에 의한 판단에 의존하는 것이다.

2. 통제시점에 따른 유형

경영자는 특정활동을 시작하기 전, 그 활동이 계속되는 동안, 그리고 활동이 완료된 후에 통제를 실행할 수 있다.

1) 실행 전 통제(사전통제)

실행 전 통제(feed forward control) 또는 **사전통제**(precontrol)는 가장 바람직한 통제유형으로, 조직에 유입되는 인적, 물적 및 자본적 자원에 집중하는 것으로, 생산이나 서비스 활동이 행해지기 전에 이루어지는 통제시스템이다. 이것은 기초적 또는 예비적 통제라고도 한다.

이 통제의 목적은 과업을 수행할 때 투입요소의 질의 문제 등을 예방하기에 충분할 정도로 높은 수준이 되도록 하기 위한 것이다. 따라서 실행 전 통제는 미래의 잠재적인 문제를 예측하고, 발생할 수 있는 문제점에 대한 예방조치를 취하는데 도움을 준다.

이 통제는 경영자가 문제점을 치유하기보다는 문제를 미리 예방하는 것이므로, 미래지향적 사고 또는 사전예방적 사고가 필요할 뿐만 아니라 시기적절하고 정확한 정보가 있어야 한다.

2) 실행 동시 통제

동시 통제는 작업 과정상에서 어떤 문제가 발생할 수 있는가에 초점을 맞추는 통제시스템이다. 즉 구성원의 활동이 품질표준에 일치되도록 최종결과가 나오기 전 즉 많은 비용이 소요되기 전에 문제점을 수정 및 감사하는 통제방법으로, 작업 과정상에서 지속적으로 이루어지므로 계속적 통제라고도 한다.

동시 통제는 성과표준을 기준으로 수행되며, 이것에는 구성원의 과업과 행위를 지침하는 규칙과 규범 등이 포함된다.

이 통제는 2가지 방법으로 행해진다. 첫째는 직접 감독으로서, 경영자가 종업원의 행동조치를 직접 관찰하는 것으로서, 종업원의 조치와 동시에 조사할 수 있으므로, 문제의 발생과 동시에 문제를 시정할 수 있어 문제 발생시점과 경영자의 시정조치간의 시간격차를 최소화할 수 있다.

둘째, 기계설비이용 통제는 컴퓨터 등의 기계설비를 이용하여 어떤 착오가 발생되는 경우 즉각적인 반응을 취할 수 있다. 그리고 성과의 결과가 충분한 수준이며, 또한 품질표준에 합당한 경우, 동시 통제를 통해서 작업자에게 그 사실을 고지할 수 있다.

3) 사후통제

사후통제는 **피드백 통제**라고 하는데, 작업이 완료된 이후 발생하는 통제시스템으로서, 결과에 집중하므로 활동 후 통제 또는 산출통제라고도 한다.

이 통제의 가장 중요한 결점은 경영자가 정보를 획득한 시점에 이미 손실과 문제가 발생했다는 것이다. 그러나 상기의 두 가지 통제에 비해 피드백 통제의 장점은 세 가지이다.

첫째, 피드백 통제는 계획수립 노력이 효과적이었는가에 대한 의미 있는 정보를 경영자에게 제공한다. 표준과 실제 성과간의 차이가 거의 없다면, 계획수립이 목표에 맞게 되었다는 것에 대한 증거임을 보여 준다. 둘째, 피드백 통제는 종업원의 동기부여를 진작시킬 수 있다. 즉 구성원은 그들이 어떻게 수행했는가에 대한 정보를 원하므로, 피드백 통제는 그러한 정보를 제공한다. 셋째, 이 통제시스템은 비슷한 특징을 가진 미래활동을 계획하는데 가장 유용하며, 구성원에게 성과 대비 보상을 분배하는 과정에서 기준선을 결정한다.

결론적으로 경영활동에서 효과적으로 통제가 이루어지기 위해서는 위 세 가지 모두가 종합적으로 이루어져야 한다.

제 3 절 통제의 과정

통제는 문제를 예상하고, 문제가 발생했을 경우, 수정을 하고 새로운 계획을 탐색하기 위해 고안된 활동인데, 효과적인 통제과정은 일반적으로 〈그림 15-2〉와 같이 4단계로 되어 있다.

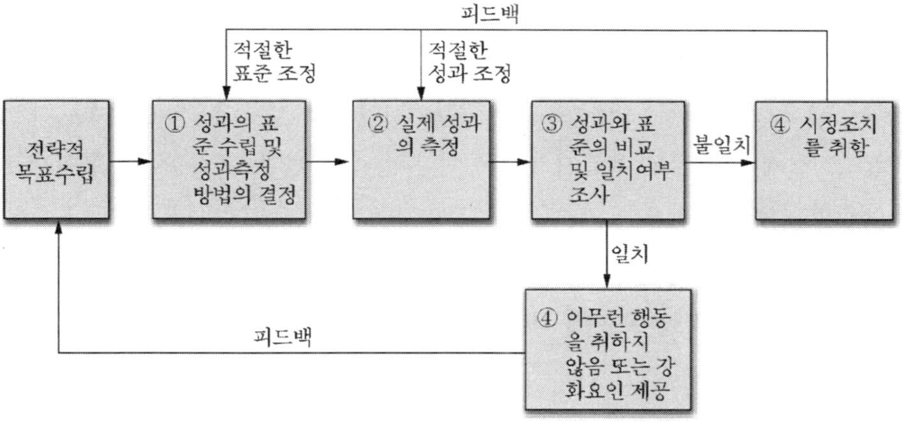

〈그림 15-2〉 통제과정의 기본단계

1. 제1단계 : 표준의 설정

첫 번째 단계는 조직목표를 달성했는가의 여부를 결정하기 위해 성과표준을 설정하는 것이다.

표준(standard)이란 성과를 측정, 평가하기 위해 설정해 놓은 기준으로서, 경영자에 의해 설정된 활동의 수준이다. 즉 표준은 기업 전체와 각 부서의 계획목표를 나타낸 것으로서, 집행과정에서의 성취도를 측정하는 기준 내지 통제활동의 목표이다. 따라서 표준은 되도록 구체적으로 표현되어야 한다.

쿤츠는 표준은 전략적인 차원에서 설정되어야 하며, 전략적 통제를 위한 표준은 물량적 표준(제품의 양, 서비스 단위, 작업시간, 속도, 부적합품 수량 등), 비용표준(비용, 수익, 투자안) 및 무형표준(광고 효과, PR, 홍보, 사기앙양, 충성심 제고 등)으로 제시된다.

2. 제2단계 : 성과의 측정

두 번째 단계는 실제 성과를 측정 및 감사하는 것으로서, 대부분 지속적으로 행해지므로, 측정도구의 신뢰성, 언제, 어디서, 어떻게 측정할 것인가에 대한 명확한 정의가 요구된다.

성과측정 단계에서 가장 필수적인 사항은 성과를 나타내는 정확한 자료를 수집하는 것이다. 따라서 경영자는 ① 구두, 서면상의 보고내용의 계수나 사실의 분석, ② 실제 상황에서 취급자의 활동이나 성과를 관찰, 조사함 ③ 통제보고서로 측정할 수 있다.

3. 제3단계 : 성과와 표준의 비교

이 단계는 확정된 성과와 설정된 표준을 비교하여 그 차이(유의한 차이)나 변화를 발견하는 과정이다. 이 경우에 경영자는 표준으로부터 편차가 어느 정도이어야 하며, 그 결과를 받아들일 것인가를 결정해야 한다.

실제성과와 설정된 표준과의 비교는 조직의 피드백 망을 통해 수집된 자료의 분석에 의해서 이루어진다. 즉 정기회의나 보고서 등이 피드백을 제공하는 수단으로 사용되며, 오늘날 다국적기업은 인터넷을 활용한 메일이나 화상회의를 통해 전방위 피드백을 제공한다.

4. 제4단계 : 평가 및 편차의 수정

통제과정의 마지막 단계로서, 표준과 성과의 차이를 평가한 후, 일치되지 않는 여러 이유, 즉 편차의 원인 그리고 책임담당자, 지역 등을 확인, 규명하고, 그에 대한 올바른 해석을 내려야 하며, 그 후 그 해석에 근거하여 경영자는 시정조치라는 적절한 행동을 취해야 한다.

표준과 성과간의 편차는 통상 ① 예상치 못한 작업조건의 변경 ② 종업원의 능력부족 ③ 계획이나 표준의 부적절함 ④ 지도방법의 부적절함 등의 원인에 의해서 발생한다.

상기의 편차에 대한 시정조치에는 ① 내 · 외부적 조건의 조성 ② 비교기준의 수정 ③ 종업원에 대한 감독, 훈련, 선발의 재검토 ④ 계획(목표, 전략 등)의 재조정 ⑤ 리더십, 동기부여, 의사소통 방법의 변경 등이 포함된다.

이러한 시정조치 활동은 표준설정과 실시과정을 피드백하여 의사소통과 함께 이루어져야 한다.

제 4 절 통제의 기법

경영통제는 재무통제와 운영통제로 이루어진다. 그리고 운영통제는 예산통제와 비예산통제로 구분된다. 재무통제는 재무제표의 정보를 재무비율에 의해 분석하여 통제하는 것으로서, 재무관리 부분에서 상세하게 연구한다. 이에 본절에서는 운영통제에 대해 연구한다.

1. 예산통제

1) 예산통제의 의미와 예산통제 표준유형

예산은 돈으로 환산된 계획이므로, 계획수립과정 그리고 관리적 통제를 위한 주요 수단이며 판단을 위한 표준이다. 따라서 **예산통제**란 관리적 성과를 높이기 위해 기업의 경영활동에 대한 계획을 화폐가치로 나타낸 예산으로 수립하고, 그것에 기초하여 경영활동을 수행하며, 최초의 예산(추정예산)과 실제 업무성과와의 차이를 분석하는 관리기법이다.

이러한 예산통제를 효과적으로 하기 위해서는 여러 가지 통제표준 유형이 사용될 수 있는데, 그 유형에는 물적표준(비화폐적 표준인 원자재, 노동자, 서비스), 원가표준(화폐적 표준: 직접비, 간접비, 노무비, 재료비, 제조경비, 판매비 등), 자본표준(순이익률, 자본회수율, 유통비율 등), 수익표준(고객당 평균판매액, 판매원당 판매액 등), 계획표준((신제품 개발 프로젝트 등 특정 프로그램 표준) 등이 있다.

2) 예산통제의 단계

예산통제는 예산의 편성, 예산의 집행 및 예산차이분석의 단계로 이루어진다.

① **예산의 편성**: 각 부문의 예산이 기업 전체로서의 경영활동에 종합적인 체계로서 편성되어야 한다. 기업예산은 판매예산으로부터 시작되는데, 판매는 생산, 자본, 인력, 정보 등에 대한 정보에 바탕을 두며, 각각에 대한 예산이 편성된다.

② **예산의 집행**: 책정된 예산은 예산기간 내에 집행하게 되는데, 이 경우 예산과 집행결과에 차질이 생기므로, 경영자는 업무활동이 예산대로 집행되고 있는가에 주의해야 한다. 이를 위해서는 회계적 방법으로 기록하고 상위 경영자에게 예산과 실적을 비교한 보고서를 정기적으로 보고해야 한다.

③ **예산차이분석**: 이것은 계획한 예산과 집행된 실적을 비교, 검토함으로써 예산차이가 발생하게 된 원인과 그 발생장소, 그리고 책임소재를 밝히는 예산통제상의 핵심적 활동을 말한다.

이러한 차이는 환경조건에 의해서 발생하므로, 예산차이분석을 통해 각 부문별로 체크하고, 그 차이에서 나타나는 교란요인과 예산집행상의 책임을 분석함으로써 차기의 예산편성을 위한 자료로서 이용할 수 있어야 한다.

3) 예산(재무) 통제의 새로운 추세

조직구조의 변화, 정보의 공유, 구성원의 참여 및 팀워크 등을 강조하는 경영관리로 인해 기업들은 재무통제의 새로운 추세에 편승하고 있다. 그 추세 중에는 공개적 경영, 경제적 부가가치시스템 및 활동에 기초한 원가계산 등이 있다.

(1) 공개적 경영

정보의 공유, 팀워크 및 상급자로서보다는 추진자로서 요구하는 조직환경의 변화 속에서 최고경영자만이 재무자료를 보유할 수는 없다. 조직 전체의 구성원들은 조직목표를 달성하는데 적극적으로 참여하고 몰입할 수 있도록 하는 재무통제의 대상이 되며, 또한 책임을 지고 있기 때문이다.

공개적 경영(open-book management)은 구성원들에게 재조직, 원가절감, 고객 서비스 및 기타 조직목표에 대한 이유를 제공하는 것인데, 그 내용은 아래와 같다.

첫째, 공개적 경영을 통해서 구성원은 기업의 재무상태를 스스로 볼 수가 있다.

둘째, 공개적 경영은 개개 구성원의 직무가 조직목표를 달성하는데 어떻게 적합한가를 보여주며, 또한 앞으로의 기업 재무상태에 영향을 준다.

셋째, 공개적 경영은 구성원의 보상을 기업의 전반적인 성공과 연결시켜 준다. 즉 구성원들이 각 기능이 상호의존적이며 중요하다는 사실을 인식함으로써 상호기능적 커뮤니케이션과 협동이 향상된다.

따라서 공개적 경영의 목적은 모든 구성원으로 하여금 고용이 된다는 차원이 아니라 기업의 소유자처럼 생각하도록 한다. 이를 위해서는 구성원이 동일한 정보를 제공받아야 하며, 알고 있는 것에 따라 행동할 책임과 권한이 주어져야 한다.

기업 전체적으로 최고경영층의 지원 그리고 구성원과의 일상적인 커뮤니케이션은 공개적 경영 성공의 필수적인 것이다.

(2) 경제적 부가가치 시스템(EVA)

경제적 부가가치 시스템(economic value added system)은 재무성과를 측정하기 위해 경제적 부가가치를 이용하는 새로운 기법이다. 여기에서 경제적 부가가치란 자본비용을 차감한 후 세후 당기업의 순이익이다.

EVA 측정법은 기업이 경영활동으로 가치가 추가된 모든 것(효과적인 운영, 고객만족, 주주에 대한 배당)이 포함되며, 조직내의 각 부서, 직무 또는 과정도

부가가치로서 측정된다.

EVA가 성공하기 위해서, EVA는 재무관리 시스템에 집중하고 또한 기업의 방침과 절차가 통합되어야 한다. 이에 추가하여 조직의 전체 구성원들이 훈련을 받아야 한다. 그러한 경우에만 EVA시스템이 효과적으로 측정할 수 있고 또한 기업의 재무성과를 통제할 수 있다.

(3) 활동에 기초한 원가계산

활동에 기초한 원가계산(activity-based costing: ABC)은 진정한 원가는 어떤 제품이 무슨 활동에 의해 이루어지고, 그 활동이 얼마의 재원을 소비하는가 하는 측면을 반영한다는 것에 가정을 두고 있다. 여기에서 중요한 단계는 제품을 생산하는데 필요한 여러 활동을 규명하고, 그 활동들의 원가를 결정하는 것이며, 그 후 원가가 제품에 배분된다.

ABC 과정은 특별한 원가요소가 측정되므로 제품의 원가를 정확하게 반영할 수가 있다. 여기에서 핵심이 되는 요소는 적절한 활동을 결정하고, 각 활동을 최적으로 반영하는 배분의 기초를 산정하는 것이다.

그러나 ABC는 현재의 재무회계 시스템이 ABC를 실행하는데 제약요인이 되고 있어 제대로 수행되지 못하므로, 기업의 특별한 도구사항에 맞도록 재무회계 시스템이 조절되어야 한다.

2. 비예산통제

예산과 관계 없는 통제방법으로서 손익분기점 분석과 내부감사가 있다.

1) 손익분기점 분석

손익분기점 분석은 원가-조업도(생산량)-이익분석이라고도 하는데, 한계개념(변동비)으로서 손익분기점(BEP) 이상과 이하에서 기업이 이익을 획득하거나 손실을 보기 때문에 경영자의 의사결정과 계획 및 통제를 위한 도구로서 유익한 관리수단이 된다.

즉 목표이익을 달성하기 위해서 목표 매출액 그리고 목표로 정한 고정비와 변동비가 얼마가 되어야 하는가 하는 경영계획하에서 시작하여, 일정기간 후 목표로 정한 이익, 매출액, 비용(고정비와 변동비)이 목표치를 이루었는가를 확인할 수 있다.

통제활동을 통해 고정비, 변동비, 매출액 및 목표이익에 대한 조치를 취할 수 있다. 즉 손익분기점의 기본공식에서 유도될 수 있는 몇 가지 변화요인에 따른 관련공식을 통해 통제할 수 있다.

① 손익분기점을 산출하는 기본공식

$$X = F \div (1 - \frac{V}{S})$$

② 일정한 매출액(s)을 실제로 달성했을 경우 손익 X를 산출하는 공식

$$X = S \times (1 - \frac{V}{S}) - F$$

③ 일정한 이익(g)을 획득하는데 필요한 매출액 X를 산출하는 공식

$$X = (F + g) \div (1 - \frac{V}{S})$$

④ 판매가격이 r율만큼 변화했을 경우의 손익분기점 X를 산출하는 공식

$$X = F \div [(1 - \frac{V}{S(1 \pm r)})]$$

⑤ 변동비율이 r율만큼 변화했을 경우의 손익분기점 X를 산출하는 공식

$$X = F \div (1 - \frac{V}{S}(1 \pm r))$$

⑥ 고정비가 b만큼 증가했을 경우의 손익분기점 X를 산출하는 공식

$$X = (F \pm b) \div (1 - \frac{V}{S})$$

상기의 공식 이외에 도표법에 의해서도 매출액, 비용, 이익의 변화정도를 통제할 수 있다. 예를 들어, 2009년 상반기 매출액이 1,000만원이고, 이 중 비용총액이 800만원(고정비: 300만원, 변동비: 500만원)이었을 때의 도표는 〈그림 15-3〉

과 같이 그려진다.

먼저 0으로부터 45°의 매출액 곡선 OS를 긋고, 다음으로는 고정비 300만원을 Y선상에 취하여 OX선과 평행으로 그으면 그것이 고정비선이 된다. 그리고 변동비 500만원을 F점으로부터 500만원의 상향이 되는 점, 즉 800만원인 점 V를 취하여 연결시키면 그것이 총비용곡선이 된다. 그리고 총비용곡선과 매출액곡선이 교차되는 점인 P가 손익분기점이 된다.

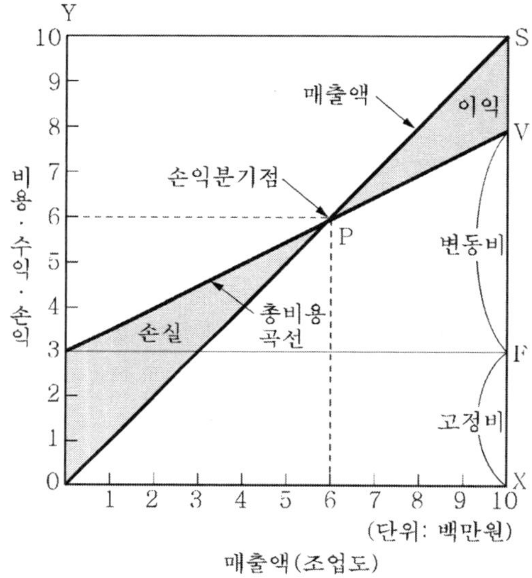

〈그림 15-3〉 고정비산출법에 의한 손익분기점

2) 내부감사

관리적 통제도구인 **내부감사**(internal audit)는 자체감사라고도 하는 것으로, 내부감사 스탭이나 재무회계 담당자에 의해서 경영을 자체적으로 평가할 때 사용하는 방법이다.

내부감사는 재무구조의 정확성뿐만 아니라 재무제표와 운영의 효율성을 검토하여 통제시스템의 개선을 위해 경영자의 의사결정을 지원하기 위한 통제방법이다.

내부감사는 주요 핵심이 경영에 대한 업무감사이므로, 관리과정의 도중에 수시로 계획치와 실적치를 대비함으로써 업무활동의 올바른 수행을 확보한다. 이를 위해서는 방침과 절차, 권한의 이용정도, 경영의 질과 제방법의 유효성 등 모든 관리대상을 포괄해서 평가한다.

그러나 내부감사는 전문적인 내부감사요원에 의해 수행되므로, 수행할 감사인이 확보되어야 하며 또한 감사의 범위와 깊이가 기업의 규모와 방침에 따라 상이하게 이루어져야 한다. 그리고 내부감사는 많은 유용한 정보를 제공하지만, 비용이 많이 소요되고, 훈련된 전문요원이 필요하며 또한 동기유발에 대해 부정적인 영향을 미친다는 제한성도 있다.

제 5 절 21세기 통제활동

1. 종합통제시스템의 체계적 구축

기업경영에 있어 계획수립, 조직화, 충원화, 지도화, 통제활동이 조화롭게 유기적으로 맞물려 돌아갈 때 기업목표를 달성하여 경영성과를 기대할 수 있다. 물론 상기의 활동들이 어느 정도 만족할 만한 수준에서 이루어지고 있지만, 통제활동은 아주 미흡한 수준에 머물러 있다. 특히 한국기업들은 통제활동을 부문별 또는 사업부문에 국한시켰을 뿐 기업 전체 차원에서의 종합적인 통제활동은 이루어지지 않고 있다.

따라서 계획에서부터 사전통제를 실시하고, 중간단계마다 동시통제를, 과업이 종료되었을 때에는 반드시 사후통제를 실시하는 등 지속적으로 통제활동을 수행해야 한다. 특히 각 사업부의 수준과 기업 전체의 수준을 상호 연결시켜 종합적인 통제가 이루어질 수 있는 시스템을 구축해야 한다. 이러한 시스템 구축은 21세기 글로벌 경쟁시대에 있어 필수적인 요구조건이기 때문이다.

2. 글로벌 업무표준의 전략적 설정

통제활동이 지나치게 많으면 통제활동 그 자체가 종업원들에게 많은 중압감을 주게 되어 저항감을 초래할 수 있다. 따라서 조직목표 달성에 결정적인 역할을 하는 업무수행만을 전략적으로 선정하고 이에 대한 글로벌 표준을 설정하여 성과를 측정해야 한다.

과거의 외형적 기준에서 벗어나 21세기는 내실을 근거로 한 글로벌 표준에 따라 성과를 측정하고 비교하는 시대이므로, 기업의 성공을 좌우하는 부분에 집중적인 통제활동을 할 수 있도록 전략적인 글로벌 표준을 설정해야 한다.

특히 글로벌 경쟁환경에 맞도록 품질에 대한 종합적 통제와 현금흐름에 대한 전략적 통제를 위한 표준 마련에 집중적인 노력이 필요하다.

글로벌 경쟁환경에 맞는 표준(예: ISO기준)이 전략적으로 설정되면, 그것에 따라 이루어진 종업원의 업무수행 성적결과가 종업원 자신에 의해서 측정될 수 있도록 해야 한다. 경영자들 역시 글로벌 업무표준에 따라 종업원의 업무수행 결과에 대한 측정 후 시정조치를 내려야 한다. 그러나 경영자가 시정조치를 내리기 전에 먼저 종업원이 자신의 업무수행에 대해 스스로 시정조치를 취할 수 있는 기회를 갖도록 해야 한다.

3. 종업원 참여를 통한 통제활용

통제활동의 표준설정 및 업무수행 결과의 측정과정에 종업원을 참여시키는 것은 매우 큰 효과를 낼 수 있다. 그 이유는 종업원들이 그들과 공감대를 갖고 있지 않은 사실에 대해서는 저항이 더 심한 경향이 있기 때문이다. 그러므로 경영자는 통제활동에서 시스템이 어떤 것이며, 왜 그렇게 해야만 하는가를 종업원에게 설명하고 이해시켜야 한다.

또한 경영자가 시정조치를 취하는 경우, 종업원들이 스스로 계획을 수립하고 실행하여 평가하게 한다면, 종업원들의 강력한 의욕을 불러일으킬 수 있다. 이런 자율적 통제를 효과적으로 하려면 종업원을 신뢰하고 그들의 자발적인 노력을 고무할 수 있는 환경이 전제되어야 한다.

또한 경영자는 종업원을 참여시켜 통제시스템에 대한 의문이 생길 때 이의를 제기할 수 있는 효과적인 의사소통 경로를 마련해야 한다. 즉 경영자는 회의 등을 통하여 통제시스템에 대한 솔직한 의견교환이 이루어지도록 해야 하는데, 종업원의 참여가 필수적인 조건이다.

이처럼, 종업원이 참여하는 통제시스템의 구축은 통제에 대한 종업원들의 저항을 줄일 수 있으며 자율적인 통제효과를 획득할 수 있으며, 21세기의 경쟁력 있는 기업이라는 평가를 받을 수 있다.

제5부

경영의 주요기능

제16장

재 무 관 리

제 1 절 재무관리의 본질과 목표

1. 재무관리의 의미

재무관리란 기업의 설립과 운영에 필요한 자본을 합리적으로 조달(자본조달)하여, 이를 경영활동에 유효하게 운용(자본운용)하고 또 이로부터 창출되는 현금흐름을 다시 자본조달자에게 배분하는 과정을 관리하는 활동이다.

여기에서 자본조달의 원천이 합리적으로 선정되고, 그 조달방법이 적정할 때 기업의 자본코스트는 극소화된다. 또한 조달된 자본의 운용에 있어서는 장·단기의 자금흐름계획과 설비투자계획 그리고 예산통제에 의한 전체적인 자금흐름의 관리를 철저히 함으로써 투자수익률을 극대화할 수 있다.

상기의 재무관리에 대한 정의는 〈그림 16-1〉과 같이 설명될 수 있다. 즉 기업이 자산을 보유하기 위해서는 자금(자본)이 필요한데, 자본시장의 투자자로부터 필요한 자금을 조달한다. 기업은 이 자본을 이용하여 기업활동에 필요한 자산을 구입하고, 그 자산을 활용하여 새로운 현금흐름(cash flow)을 창출하게 된다. 또 기업은 이 자산으로부터 창출된 현금흐름을 자본을 투자한 투자자에게 배분하게 된다.

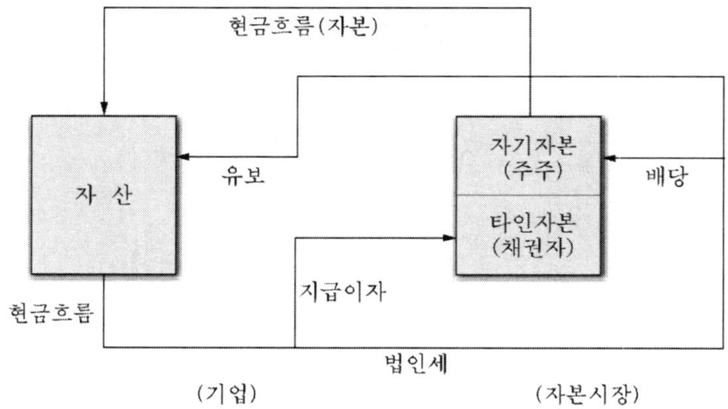

〈그림 16-1〉 기업의 자본조달 및 현금흐름 창출과 배분

2. 재무관리의 목적

자본을 조달하고 운용하는 재무관리의 목표는 기업이 자산운용에서 창출하는 현금흐름과 자본시장으로부터 조달된 현금흐름의 차이를 극대화함으로써 기업가치를 극대화하는 것이다.

최근의 가치중시경영의 입장에서 볼 때, 기업의 목표는 기업가치의 극대화이다. 그리고 이것은 자본시장에서 그 기업의 주식가치의 극대화라는 목표로 설명될 수 있다.

기업가치의 극대화 목표를 달성하기 위해서는 다음의 세 가지 목표를 실행해야 한다.

첫째, **수익성 목표**: 이윤성으로서, 이는 투자자들의 자금을 유치하기 위한 기본적 동기요인이 되는데, 목표를 달성하기 위해서 경영자는 이익계획 또는 이익관리를 한다.

둘째, **유동성 목표**: 재무유동성으로서, 이것은 기업부채의 단기적인 채무지급능력을 의미한다. 기업은 적정수준의 유동자산을 확보해야만 단기부채(유동부채)에 대한 지급능력을 가질 수 있는데, 유동비율(유동자산/유동부채)을 적정선으로 유지해야 한다. 그리고 유동비율을 유지하기 위해서는 자금계획의 합리화가 확보되어야 한다.

셋째, **안정성 목표**: 안정성이란 기업의 건강상태를 나타내는 척도로서, 기업의 체력을 강화하기 위한 목표이다. 안정성을 유지하기 위해서는 재무구조가 건실해야 하는데, 재무구조의 건실은 자기자본과 타인자본(부채)의 구조가 적정선으로 유지되고, 유동자산과 비유동자산의 비율도 합리적으로 유지되며, 기업의 대외적인 여건변화에 견딜 수 있어야 가능하다. 이것은 자본구조계획의 합리화와 자본배분의 합리화로 달성될 수 있다.

상기의 세 가지 목표는 서로 보완적이며, 상쇄적인 상호작용을 하므로, 이들 목표를 조화시킴으로써 균형을 유지해야 한다.

3. 재무관리의 기능

재무관리 기능은 기업의 자금을 조달하고, 그 자금의 투자에 대한 관리, 운용 및 통제하여 기업의 가치를 극대화시키기 위한 기능으로서, 재무관리담당자가 담당하는 역할이다.

첫째, **자본조달 기능**: 이는 투자에 소요되는 자본을 어떤 방법으로 조달할 것인가를 결정하는 기능이다. 즉 대차대조표 대변의 부채와 자본에 대한 것으로서, 자본조달결정에 의해서 자본규모와 자본구조가 결정된다. 이 경우 자본조달결정의 목표는 자기자본과 타인자본의 구성, 유동부채와 비유동부채의 구성 등에 대한 의사결정을 함으로써 기업자본의 최적배합을 통해 자본코스트를 극소화하는 것이다.

둘째, **투자결정 기능**: 기업이 어느 자산에 투자할 것인가를 결정하는 것으로서, 조달된 자본을 효율적으로 배분하는 자본의 운용기능이다. 이것은 대차대조표상 차변인 자산에 대한 것으로서, 투자결정에 의해서 자산의 규모와 그 구성상태가 결정된다. 그 중에서도 비유동자산의 종류와 구성에 대한 결정이 매우 중요하다. 이 투자결정의 목표는 기업자산의 최적배합을 통해 투자수익을 극대화하는 것이다.

셋째, **배당결정 기능**: 이것은 자산으로부터 발생하는 현금흐름에 대한 배분, 즉 경영활동에서 창출된 세후순이익 중 얼마를 주주에게 배당하고, 얼마를 기업내에 유보할 것인가를 결정하는 기능이다. 배당결정에는 배당성향, 배당의 안정성, 배당의 형태가 있다.

제 2 절　자본의 운용

기업의 가치는 그 기업이 소유하고 있으며 현금흐름을 창출하는 자산의 가치에 의해서 평가되므로, 기업가치를 극대화하기 위해서는 자산에 대한 투자결정을 합리적으로 해야 한다. 투자결정은 투자대상 자산이 단기성자산(유동자산)이냐 장기성자산(비유동자산)이냐에 따라 운전자본관리와 자본예산관리로 구분된다.

1. 자본예산

1) 자본예산의 의미

자본예산(capital budgeting)이란 투자대상으로부터의 현금흐름 즉 투자로 인해 발생하는 효과가 1년 이상 장기간에 걸쳐 실현될 가능성이 있는 투자결정과 관련된 계획수립을 말한다.

자본예산은 건물, 토지, 기계 등 비유동자산, 그리고 거액의 투자가 필요한 연구개발투자나 광고, 마케팅 조사 프로젝트 등 장기에 걸쳐 효과가 나타나 현금흐름을 창출해 낼 수 있는 모든 자산에 대한 투자결정이 포함된다.

자본예산이 오늘날 재무관리에서 중요시되는 이유는 다음과 같다.

첫째, 그 효과가 장기간에 걸쳐 영향을 미치므로 미래의 투자환경에 대한 정확한 예측을 해야 한다.

둘째, 자본예산에 소요되는 투자액이 상대적으로 크다.

셋째, 임기응변적인 투자결정은 실패할 가능성이 크다.

넷째, 투자결정은 이에 수반되는 자금조달결정과 조화되어야 한다.

2) 자본예산의 수립단계와 투자안의 평가방법

일반적으로 자본예산은 네 가지 단계로 이루어진다.

첫째 단계는 투자대상을 물색한다. 투자환경을 예측하여 새로운 투자기회를 발견하기 위해 투자안을 개발한다.

둘째 단계는 물색된 투자대상으로부터 기대되는 현금흐름을 추정한다.

셋째 단계는 추정된 현금흐름을 기초자료로 하여 투자안의 가치를 따져서 타당성을 평가한다.

넷째 단계는 투자 후에 투자안을 재평가하는 단계로, 정기적으로 투자안의 진행과정을 검토하고 평가하는 피드백과 통제가 필요하다.

이러한 자본예산의 단계 중에서 가장 중요한 과정은 투자안의 현금흐름 추정과 투자안의 타당성(feasibility) 평가이다. 따라서 개별적인 투자안별로 기대되는 현금흐름을 추정하여 투자안의 선택여부를 결정한다.

투자안의 타당성을 분석하는 기법으로 회수기간법과 회계적 이익률법, 순현가법, 내부수익률법 등이 있는데, 이 중에서 자본의 시간가치를 고려한 순현가법과 내부수익률법이 주로 이용된다.

2. 운전자본 관리

1) 운전자본관리의 의미와 중요성

운전자본(working capital)은 유동자산 전체인 총운전자본으로서, 운전자본관리는 유동자산인 현금, 시장성 유가증권, 매출채권 및 재고자산의 관리로 한정하기로 한다.

운전자본관리는 그 중요성이 강조되고 있다.

첫째, 재무관리담당자는 대부분의 시간을 운전자본관리에 할애하고 있다.

둘째, 유동부채에 대한 지급수단인 유동성을 파악하는데 있어 운전자본관리가 중요하다.

셋째, 유동자산은 매출액 증가와 밀접한 관계를 갖고 있다.

2) 운전자본관리의 목표

운전자본관리의 기본적 목표는 2가지이다.

첫째, 기업의 유동자산을 적정수준으로 유지한다. 유동자산에 대한 투자는 비유동자산에 대한 투자에 비해 수익성이 떨어지므로 적게 보유할수록 좋다. 그러나 유동자산이 부족하면 매출액 변화에 대한 적응능력이 결여되고 또한 유동부채에 대한 지급불능의 위험이 발생할 위험도 있다. 따라서 수익과 위험을 고려하여 적절한 유동자산을 유지해야 한다.

둘째, 유동자산을 조달하는 원천으로서 유동부채와 장기성자본(비유동부채와 자본)을 적절히 배합하여 위험을 줄이고 수익성을 높여야 한다. 운전자본에 필요한 자본은 유동부채와 장기성자본으로 조달할 수 있는데, 유동부채로 조달될 경우 장기자본에 비해 자본비용이 낮아 기업에 유리하다. 그러나 유동부채에만 의존할 경우, 기업은 차입과 상환을 반복하는 불편을 겪게 되고, 필요한 자금을 적시에 조달하지 못하는 경우 유동성을 악화시킬 위험이 있다.

최고경영자는 운전자본의 적정수준 유지와 운전자본에 필요한 자본조달원천을 적절하게 배합하는 의사결정을 해야 하는데, 이 경우 수익과 위험의 상쇄관계를 고려하여 위험에 대한 과학적인 관리를 해야 한다.

3) 운전자본관리의 대상

(1) 현금관리

현금 및 현금등가물에는 통화화폐, 타인발행의 당좌수표, 자기앞수표 등 통화대용증권 그리고 은행 등에 유치한 요구불예금이나 단기적으로 인출이 가능한 예금을 모두 포함한다.

현금은 기업보유자산 중 가장 유동성이 높으나, 수익성과 현금흐름 창출이 가장 낮은 특성을 가지고 있으므로, 안정적인 성장을 유지하는 최소한의 수준에서 현금을 보유해야 한다.

현금관리는 현금유입의 촉진, 현금유출의 통제, 현금보유의 적정액 결정 등이 포함된다. 그리고 현금관리는 현금흐름을 관리하는 것으로서, **현금흐름**(cash flow)이란 매출로부터 창출된 현금에서 현금으로 지급하는 매출원가, 현금지급이자, 현금지급 제비용(세금 등)을 공제한 나머지를 의미하는데, 이를 기업의 자금흐름으로 본다.

(2) 유가증권 관리

유가증권은 기업이 일시적인 유휴자본으로 투자할 수 있는 시장성 있는 유가증권으로서, 이에는 주식, 국공채, 회사채, 기업어음 및 수익증권, 예금증서 등이 포함된다.

유가증권의 특징은 수익성도 보장되면서 현금이 필요한 경우 곧바로 현금화가 가능한 환금성이 높다는 것이다. 그러므로 유가증권을 보유할 때에는 지급불능위험, 시장성 및 만기 등의 선택기준을 고려해야 한다.

(3) 매출채권 관리

매출채권이란 기업이 신용판매를 하여 발생하는 판매대금의 미회수액으로서, 외상매출금, 받을어음 등으로, 매출채권의 크기는 기업의 신용판매 기간의 길이에 의해 좌우된다.

기업은 신용판매를 통해 매출수익을 증가시킬 수 있으나, 신용판매로 인하여 매출채권의 회수가 지연되거나, 대손이 발생할 경우, 유동성의 악화를 초래시켜 파산을 자초할 위험도 있다. 따라서 매출채권관리를 위해서는 신용정책과 수금정책을 적절히 조화시켜야 한다. 즉 신용기준, 신용기간의 결정, 회수방법을 결정해야 한다.

(4) 재고자산 관리

재고자산이란 생산활동이나 판매활동을 위하여 기업이 일시적으로 보유하는 원재료, 재공품, 완제품 등으로서, 매출액이라는 현금흐름의 구성요소를 창출하는 수단이다.

재고자산은 미래의 제품수요에 맞추기 위해 또는 불규칙한 원재료 공급을 일정수준으로 유지하기 위해 필요하지만, 적정수준 이상 또는 이하로 보유하면 이로 인해 손실이 발생한다. 즉 재고자산의 부족은 생산계획에 차질을 그리고 판매

기회를 상실케 하며, 재고자산의 과다는 과다한 보유비용과 진부화 등의 손실이 발생한다.

적절한 재고수준을 결정하기 위해서는 ① 예상매출액 ② 생산공정의 소요시간 ③ 완제품의 내구성 ④ 계절적 변동과 공급업자의 신용 ⑤ 재고자산의 제비용 등의 요인을 고려해야 한다.

그 중에서도 재고관리비용이 중요한데, 이에는 재고유지비용, 주문비용, 부족재고비용, 초과재고비 등이 포함되며, 이 소요비용이 최소가 되도록 재고자산을 관리해야 한다.

제 3 절 자본의 조달

1. 자본조달의 원칙

자본을 조달하는 경우, 아래의 네 가지 기본적인 원칙을 준수해야 한다.

1) 자금용도에 따른 조달의 원칙

비유동자산에의 투자는 장기성자본(자기자본 및 비유동부채)에 의해 충당되어야 하는 것으로서, **고정장기적합률**을 유지해야 한다는 원칙이다. 즉 시설자금의 조달은 유동부채를 활용해서는 안 된다는 것이다.

그리고 유동자산의 조달은 장기성자본으로 충당하는 것이 이상적이지만, 유동부채에 의존할 수도 있다. 그러나 지나치게 유동부채에 의존하는 경우, 안정성은 물론 유동성을 해치며, 지나친 이자부담으로 수익성도 떨어뜨린다.

2) 경영재무구조의 균형화 원칙

이것은 부채 지급능력인 유동성, 자본구성과 그 배분상태인 안정성, 그리고 자본이익상태인 수익성이 상호간에 균형을 이루면서 유지되어야 한다는 원칙이다.

즉 기업이 유동부채를 많이 사용할 경우, 유동성을 악화시키게 되고, 유지하기 위해 현금 등 당좌자산을 많이 가지고 있으면 수익성이 떨어지는 상관관계가 있으므로 균형을 이루어야 한다.

3) 경영지배권에 따른 조달원칙

투자자가 사업주주 또는 투자, 투기주주에 따라 그 성격이 다르지만, 적어도 경영에 대한 지배권을 행사하기 위해서는 자본조달의 상당부분을 자기자본에서 충당해야 한다.

4) 금융시장의 특성에 따른 자본조달원칙

자기자본의 조달은 주식을 중심으로, 그리고 타인자본의 조달은 사채 등 장기차입금과 기타 단기차입에 의해 이루어진다.

이것은 투자자의 입장에서 주식과 채권으로서, 주식에의 투자는 배당을 목적으로, 채권에의 투자는 이자를 겨냥한 것이다. 따라서 자금의 투자 방향은 이자율과 배당률 또는 자금의 한계효율의 고저에 의해서 결정된다. 이에 따라 기업은 자본시장과 금융시장의 특성과 그 변화를 고려해야 한다.

결론적으로 기업은 자금조달원천과 각 조달원천으로부터 얼마의 자금을 조달할 것인가를 보여주는 최적자본배합을 결정해야 하는데, 이는 대차대조표의 대변의 구성비율을 어떻게 유지할 것인가와 관련된다.

자본의 조달원천을 자본사용기간의 장·단에 따라 구분하면 〈그림 16-2〉와 같다.

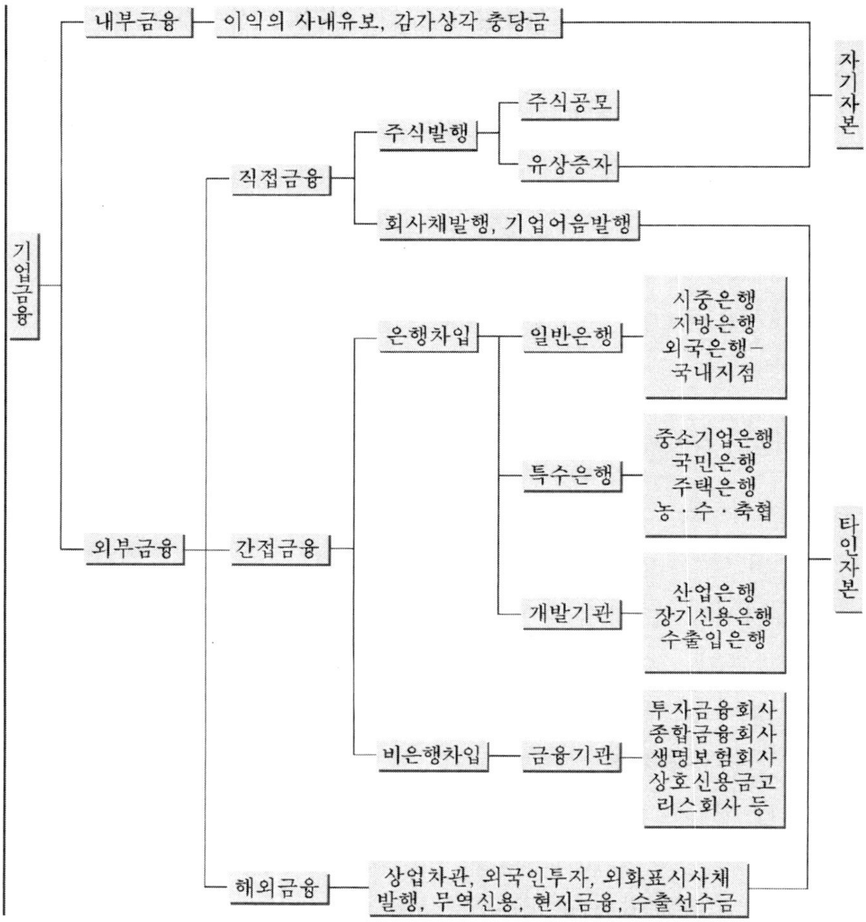

〈그림 16-2〉 기업의 자본조달방법

2. 장기성자본의 조달

장기성자본은 재무상태표(대차대조표)상의 대변인 자본과 부채 중 비유동부채에 해당된 것으로 자본, 사채와 은행 등의 장기차입금이 포함된다.

1) 증권시장

증권시장이란 유가증권의 거래를 통해서 장기성자본을 공급할 목적으로 운영되는 자본시장이다. **자본시장**이란 장기자금의 수요와 공급을 연결하는 시장을 말하며, 좁은 의미에서 볼 때 증권시장을 말하는데, 거기에는 발행시장과 유통시장이 있다.

발행시장이란 기업들이 신규자본을 조달하기 위해 유가증권을 발행하는 시장이며, 유통시장은 이미 발행된 증권이 투자자들 간에 거래되는 시장이다.

유통시장에는 일정 요건을 충족하는 회사들의 증권이 거래되는 증권거래소(거래소 시장)가 있으며, 벤처기업이나 중소규모의 일반기업의 증권이 거래되는 코스닥 증권시장(KOSDAQ)이 있다. 증권거래소와 코스닥 증권시장이 거래되는 경우 상장주식이라고 하는데, **상장**(listing)이란 증권거래소가 기업이 발행하는 유가증권에 대해 증권거래소 시장에서 매매될 수 있는 자격을 부여하는 것이다.

2) 보통주

주식(stock, share)은 주식회사가 자기자본을 조달하기 위해 발행하는 유가증권이다. 특정 종류의 주식이 이익의 배당, 잔여재산의 처분 또는 이 양자 모두에 대해 다른 주식에 비해 우선적 또는 열후적 지위가 인정되는 경우에, 그 표준이 되는 주식을 보통주라고 하며, 우선적 지위가 인정되는 주식을 우선주, 열후적 지위가 인정된 주식을 후배주라고 한다.

보통주에 투자한 주주는 기업의 소유자로서 투자에 대한 급부로 배당금과 함께 주식가치의 상승으로 인한 자본이득을 기대한다. 그리고 경영참가권(주주총회의 의결권)과 이익배당 청구권 및 잔여재산처분청구권을 갖는 반면에, 기업의 위험에 대한 의무를 부담해야 한다. 즉 회사의 잔여재산에 대해 먼저 채권자에게 변제하고, 다음으로 우선주 주주에게 배분한 후에 보통주 주주가 청구권을 행사한다.

보통주는 회사설립시에 발행되는데, 수권자본제도에 의해 수권자본금(발행할 자본금 총액) 중에서 1/4 이상의 자본금만 납입하면 회사가 설립될 수 있으므로, 나머지는 이사회의 의결에 의해 수시로 발행할 수 있다.

그리고 회사설립 후 증자에 의해서 보통주가 발행되는데, 이를 **유상증자**라고 한다. 한편 **무상증자**는 준비금의 자본전입, 주식배당, 전환증권(사채)의 전환, 흡수합병으로 인한 신주발행, 신주인수권부 사채에 부여된 신주인수권의 행사 등으로 실질적인 자본의 증가없이 회계장부상 자본계정 상호간의 자금이동만을 야기시키는 경우에 발행되는 것이다.

보통주의 종류에는 기명주와 무기명주 그리고 액면주와 무액면주가 있는데, 한국에서는 100원 이상의 균일한 금액으로 주권에 액면가를 표시하게 되어 있어 액면주만 발행하도록 되어 있다.

3) 우선주

우선주는 배당 및 잔여재산처분청구에 있어서 보통주에 우선하는 주식으로서, 주주총회의 의결권을 주지 않는다. 우선주는 법적인 측면에서 보통주와 유사하나 실질적으로 회사채와 유사하다.

우선주의 배당은 예정배당률이 미리 정해지므로, 회사채의 고정금융비용인 이자비용과 동일하며, 때에 따라서 상환의 가능성도 있다. 그러나 회사채와 비교할 때 법적으로 자본을 형성하고, 약속된 배당을 반드시 지급하지 않아도 채무불이행이 되지 않는 점이 다르다.

우선주의 종류로는 참가적 우선주와 비참가적 우선주, 누적적 우선주와 비누적적 우선주, 상환 우선주 및 전환 우선주 등이 있다.

4) 사채

사채(bond)란 회사가 일반대중으로부터 장기부채를 지고, 이에 대한 표시로서 발행하는 유가증권이다. 주식과의 차이점은

① 사채는 회사의 부채이나 주식은 자기자본이다.

② 사채권자는 경영참가권이 없으나, 주주는 주주총회에서 의결권을 갖는다.

③ 사채는 상환의무가 있으나, 주식은 일반적으로 없다.

④ 사채는 이익유무에 관계없이 일정한 이자를 지급받으나, 주식은 이익이 있는 경우에 한하여 배당을 받는다.

사채의 종류에는 무담보부사채와 담보부사채, 보증사채, 쿠폰부사채와 등록사채, 수시상환사채와 연속상환사채, 전환사채, 신주인수권부사채 등이 있다.

5) 은행의 장기차입금 및 차관

간접금융기관으로서의 은행을 통해 기업은 간접적으로 자금을 조달할 수 있다. 즉 기업은 시설투자를 위한 장기자금의 상당 부분을 은행을 통한 장기차입금 즉 간접금융에 의해 조달받는다.

한국의 경우, 산업은행, 수출입은행 등 특수은행에서 그리고 일반상업은행과 종합금융회사가 장기금융을 취급하고 있으며, 이를 위한 자금원으로서 해외차관을 포함하고 있다.

6) 자기금융

자기금융(self financing) 또는 내부금융이란 외부에서 필요한 자본을 조달하는 것이 아니라 이익을 사외에 유출시키지 않고, 내부에 유보시키는 것으로서, 대차대조표상의 적립금과 충당금이 이에 해당된다.

자기금융을 위한 이익유보와 배당은 상호경합관계가 있는데, 이익유보를 증대시키면 배당이 적게 되고, 반대로 배당액이 크면 이익유보가 적게 되므로 배당정책을 신중하게 결정해야 한다.

3. 단기자금의 조달

단기자금이란 단기간 동안 기업이 활용할 수 있는 자금으로, 그 원천은 거래신용에 의한 매입채무와 금융기관으로부터의 단기자금 조달방법 등이 있다.

1) 매입채무

매입채무는 구매자가 제품이나 원재료를 구입하고, 그 매입대금을 아직 지급하지 않음으로써 발생하는 채무로, 재무상태표상의 외상매입금과 지급어음의 형태로 나타난다.

매입채무는 자생적으로 발생되므로, 누구나 쉽게 이용할 수 있으나, 암묵적 비용을 고려한다면 높은 비용을 부담해야 한다.

2) 은행차입

간접금융기관인 은행을 비롯한 금융시장은 기업에게 단기자금을 제공한다. 한국에서 은행차입의 대표적인 유형으로는 일반자금대출, 어음대출, 할인어음, 지급보증, 당좌대월, 수출지원금융 등이 있다.

3) 기업어음

기업어음은 기업이 필요한 자금을 조달하기 위해 약속어음을 발행하여 이를 매출함으로써 단기자금을 조달하는 방법이다.

기업은 단자회사, 종합금융회사, 일반상업은행 등의 중개기관을 통해 기업어음을 매출하는데, 이 때 사용하는 어음은 상거래에서 발행되는 어음이 아니고, 순수한 자금융통을 목적으로 발행되는 어음이다.

4) 리스금융

리스(lease)란 임차인(설비를 이용하는 사람: leasee)이 필요로 하는 특정자산(기계, 설비)을 구입하지 않고, 이를 소유하고 있는 임대인(리스회사: leaser)으로부터 일정기간 사용권을 얻고 그 대가로 리스료(사용료)를 지급할 것을 약정하는 계약이다.

리스금융의 특징은 ① 임차인은 일정한 리스료만 지급하고 자산을 이용할 수 있어 자금부담이 적다. ② 부채로 계상되지 않으므로 재무구조에 악영향을 미치지 않는다. ③ 구입한 자산의 진부화 위험을 피할 수 있다. ④ 리스료는 세법상 비용이므로 법인세 절감효과가 있다.

4. 자본비용과 자본구조

1) 자본비용의 의미와 원천별 자본비용

자본비용이란 자본을 사용한 대가로 기업이 자본제공자에게 지급하는 비용으로서, 부채에 대한 이자와 주식에 대한 배당 등이다.

자본비용은 투자결정과 자본조달결정 및 배당정책에 있어 중요한 기능을 수행하는데, 그 원천에 따라 세 가지로 분류된다.

① **타인자본비용**: 부채로 필요한 자금을 조달한 경우, 그 대가로 지급해야 할 이자비용이다. 타인자본에 대한 이자는 비용으로 처리되어 과세대상 수익을 줄여주므로 법인세 절감효과를 가져온다.

② **보통주 비용과 우선주 비용**: 보통주 비용은 보통주에 대한 자본조달의 대가로서, 보통주 주주가 요구하는 수익률이다. 이 수익률은 기업이 보통주로 조달된 자본에 대한 배당을 하기 위해서 필요로 하는 요구수익률을 의미한다. 또한 우선주 비용은 우선주의 주주에 대해 일정액의 배당이 지급되는 것으로서, 일정액의 배당이 선급되므로 부채와 같은 특성을 지닌다.

③ **유보이익의 자본비용**: 유보이익에 의해 자본을 조달할 경우, 실제로 대가를 지급하지 않기 때문에 비용이 소요되지 않으리라고 생각된다. 그러나 실제로는 다른 투자에 사용하지 못한 비용인 기회비용이 발생한다. 즉 이익을 배당하지 않고 유보한 경우, 이는 재투자를 위한 것이므로, 보통주와 동일한 최저수익률이 요구된다. 따라서 유보이익의 자본비용은 보통주의 자본비용과 동일하다.

2) 자본구조와 재무위험

자본구조란 자산을 위해 조달된 기업의 자금원천 중 자기자본과 타인자본(부채)의 구성비를 의미한다. 자금의 조달원천별로 자본조달비용에 차이가 있으므로, 적절한 방법으로 자금을 조달하여 자본구성을 조성함으로써 가중평균자본비용을 최소화해야 한다. 즉 타인자본과 자기자본의 구성비율은 최적자본구조를 찾는 것이다.

한편 타인자본이 자기자본에 비해 자본비용이 낮지만, 타인자본을 사용할 경우, 이에 따르는 부정적 영향을 고려해야 한다. 이를 **재무위험**이라고 하는데, 그것은 자본구성에 있어서 타인자본의 의존도가 증가함으로써 나타나는 위험을 말한다. 즉 재무위험은 부채의 원금상환과 이자지급의무로 인한 유동성 상실위험과 기업환경이 변화함에 따라 주주에게 귀속될 미래 순이익의 불안정을 초래할 위험을 말한다.

또한 **재무레버리지**는 타인자본(B)과 자기자본(S)의 비율, 즉 B/S 또는 $B/S+B$로 정의된다. 여기에서 **레버리지**(leverage)란 기업이 고정비를 부담하는 경우 매출액 증감이 기업의 손실에 미치는 영향으로 확대됨을 뜻하는 것이다. 일반적으로 고정비를 부담시키는 경우로는 시설운영에 대한 고정시설관리비, 리스비용, 부채에 대한 고정이자, 우선주배당 등이 있다.

재무레버리지효과(financial leverage effect)는 지급이자 및 우선주배당은 재무고정비로 인해 영업이익이 변화할 때 주주에게 귀속되는 주당이익이 확대되어 변화하는 정도를 나타내는 효과를 말한다.

즉 타인자본의 사용으로 인한 고정적인 이자비용으로 주주에게 돌아갈 순이익은 영업이익이 변할 때 영업이익의 변동률과 동일하게 변화하지 않고, 지렛대처럼 확대되어 변화하게 되는데, 이를 재무레버리지효과라고 한다. 따라서 타인자본의 의존도가 높을수록 재무위험은 크지만, 재무레버리지효과도 또한 커지게 된다.

3) 재무구조의 결정요인

이론적으로 볼 때, 추가적인 부채조달이 가져올 한계수입과 그로 인한 재무적 위험에 대한 한계비용이 일치되는 점에서 기업의 가치가 극대화될 수 있는데, 이 점이 기업의 **최적자본구조**이다.

그러나 현실적으로 기업의 최적자본구조를 정확히 산출하는 것이 불가능하므로, 기업은 자본구조를 결정할 때, ① 기업의 성장성 ② 경영자의 태도 ③ 매출액의 안정성 ④ 채권자의 태도 ⑤ 경쟁상태 ⑥ 자산의 구성 등 요소를 분석하여 고려해야 한다.

그 밖에도 기업의 수익성과 법인세도 최적자본구조 결정에 영향을 미친다. 즉 수익성이 높은 기업은 부채의존도가 낮고, 법인세율이 높은 기업일수록 법인세 효과가 크기 때문에 타인자본을 이용하는 것이 유리하다.

제 4 절 배당정책

1. 배당정책의 의미와 배당의 종류

기업은 지급이자 지급 및 법인세 등을 납부한 후 현금흐름을 배당과 유보현금으로 배분할 수 있다. **유보현금흐름**은 기업 내에 환원되어 재투자하는 현금흐름으로 결국 자기자본의 한 형태이다.

배당은 주식회사가 영업활동으로 실현한 영업이익 중에서 부채이자, 법인세 등을 지급하고 난 나머지 세후순이익에서 회사의 자율적 결정에 따라 주주에게 배분하는 출자자금에 대한 보수를 의미한다.

따라서 배당정책은 기업의 세후순이익을 배당금과 기업 내의 유보이익으로 적절히 배분하는 의사결정을 말한다. 유보이익은 미래의 기업성장을 위해 필요한 자금의 원천으로 중요하므로 배당이 증가하면 상대적으로 유보이익이 적어지므로 배당금과 유보이익이 조화되도록 해야 한다.

배당의 종류에는 현금배당과 주식배당이 있다. 현금배당은 현금으로 배당하는 것이며, 주식배당은 기존주주에게 주식을 추가로 발행하여 이를 무상으로 교부함으로써 배당을 대신하는 것이다.

주식배당은 기업의 유보이익이 자본금계정으로 옮겨질 뿐 실질적인 자기자본액의 증가를 수반하지 않는다. 그러므로 자기금융적 역할이 수행될 뿐 실제로 현금배당을 하지 않기 때문에 이익의 사내유보가 이루어진다. 그리고 주식배당은 첫째, 새로운 자본을 조달하는데 따른 비용을 절감할 수 있다. 둘째, 자본구성의 안정성을 도모하고, 지배권도 획득하는 특징이 있다.

제 5 절　경영분석

1. 경영분석의 의미와 분석목적

재무관리담당자는 자본의 조달과 운용에 대한 합리적인 의사결정을 하기 위해 재무제표를 비롯한 재무정보를 수집하여 분석해야 한다.

경영분석은 재무자료를 분석하여 기업의 재무상태와 경영성과의 양부를 평가하는 것으로서, 재무제표분석의 중심이 된다.

경영분석을 통해 제공되는 정보를 이용하여 자금계획을 수립하고, 효과적으로 통제할 수 있으므로, 경영분석은 재무계획과 재무통제의 기초가 된다. 경영분석은 재무에 관한 정보를 주요 대상으로 하므로 **재무분석**이라고 하는데, 재무비율을 중심으로 분석하며, 추가로 주가에 대한 분석이 포함된다.

경영분석의 목적은 기업재무의 유동성, 재무구조의 안정성, 그리고 기업의 수익성 등을 파악하는 것인데, 이 목적은 기업외부자인 이해관계자를 위해서 그리고 재무분석 주체인 경영자를 대상으로 한다.

2. 비율법에 대한 경영분석

경영분석 방법 중 대표적인 비율법이란 재무제표상에 나타난 수치를 비율화하고, 이를 이용하여 기업의 재무상태와 경영성과의 양부를 판단하는 방법으로서, 목적에 따라 다섯 가지로 분류된다.

1) 유동성 비율

유동성 비율이란 기업의 단기채무지급능력을 측정하는 비율이다.

- **유동비율**=유동자산/유동부채×100으로서, 단기부채를 지급할 수 있는 유동자산이 유동부채에 비해 얼마나 되는가를 나타낸다.
- **당좌비율**=당좌자산/유동부채×100으로서, 현금화가 용이한 당좌자산에 의해서 단기부채의 지급능력을 평가하는 비율로서, 유동비율보다 유동성을 더욱 강조한 비율이다.

2) 레버리지 비율

레버리지 비율이란 자기자본과 부채와의 구성비율을 나타내는 비율로서, 기업이 타인자본에 어느 정도 의존하고 있는가 그리고 부채지급능력을 측정하는 비율인데, 부채에 의한 자금조달의 비중이 커질수록, 이 비율은 증가한다.

- **부채비율**=타인자본/자기자본×100으로서, 타인자본과 자기자본과의 관계에 의해서 자본구성의 안정성을 측정한다.
- **이자보상비율**=수입이자 및 납세전이익/이자비용으로서, 이자 및 납세전이익이 타인자본에 대한 이자비용의 몇 배인가를 측정하여 부채에 대한 이자지급능력을 평가한다.

3) 활동성 비율

기업의 자산이 얼마나 효율적으로 활용되고 있는가를 나타내는 비율로서, 실제로 기업의 자산이 얼마나 신속하게 이용 또는 현금화되는가를 나타낸다. 그리고 이 비율은 매출액에 대한 주요 자산의 회전율로 나타낸다.

- **재고자산회전율**=매출액/재고자산으로서, 재고자산이 일정기간 동안 당좌자산으로 얼마나 전환되었는가를 나타내며, 회전율이 높을수록 효율적인 판매활동이 수행되었음을 나타낸다.
- **매출채권회전율**=매출액/매출채권잔액으로서, 매출채권의 현금화속도를 측정하는 비율로 회전율이 높을수록 매출채권관리가 잘 됨을 나타낸다.

- **총자산회전율**=매출액/총자산 혹은 평균총자산액으로서, 기업의 자산활용도를 측정하는 비율로, 수익에 비해 자산을 과다하게 보유하고 있는 경우, 이 비율은 낮게 나타난다.

4) 수익성 비율

이는 기업경영성과의 종합적인 평가비율인데, 세 가지 비율이 있다.

- **매출액순이익률**=순이익/매출액×100으로서 매출액에 대한 순이익을 나타낸다.
- **총자본이익률**=순이익/총자본×100으로서, 기업이 투자한 총자본이 얼마나 효율적으로 운용되었는가를 나타낸다.
- **총자산순이익률**=당기순이익/총자산액(또는 평균총자산액)×100으로서, 기업이 자산을 얼마나 효율적으로 사용하였는가를 나타내는 비율이다.

5) 시장가치비율

이 비율은 주식가격과 관련된 비율로서, 기업의 재무상태와 경영성과에 대한 시장의 평가를 나타낸다.

- **주식수익비율**=주당시장가격(주가)/주당이익으로서, 증권시장의 투자가들이 주당이익 1원에 대해 주식가격을 몇 배로 평가하는가를 나타낸다(주당이익=당기순이익/발행주식 수).
- **배당수익률**=배당주식/주당시장가격(주가)으로서, 주식가격 1원에 대한 배당수익을 나타낸다(주식배당=총배당금/발행주식 수). 따라서 배당성향= 주식배당/주당이익은 순이익에 대한 배당비율을 나타낸 것으로서, 순이익 1원당 배당을 어느 정도 하는가를 나타내는 비율이다.

이 경우, 재무비율 그 자체만으로는 기업의 재무상태와 경영성과를 판단하기 어렵기 때문에 비교할 수 있는 기준이 있어야 한다. 이 때에 비교기준이 되는 비율을 표준비율이라 하며, 일반적으로 동종기업의 평균비율이 사용된다.

제 6 절 21세기 재무관리 활동

1. 인터넷 재무정보시스템의 구축과 활용

대다수의 글로벌 기업은 리얼타임의 재무정보시스템을 갖추고 있다. 사업장이 각국에 흩어져 있으며, 제품이 다양한 경우에 효율적인 경영을 하기 위함이다.

재무정보시스템은 다양한 재무관련 자료를 체계적으로 제공함으로써 최고경영자의 의사결정을 지원할 수 있도록 설계된 재무의사결정 지원시스템이다. 이러한 시스템을 구축하면 사업부별로 회계를 구분하거나 자산운용의 효율성을 평가할 수 있는 등 다양하게 의사결정을 지원할 수 있다.

또한 21세기 글로벌 경쟁시대에 대처하기 위해서는 단순히 재무제표와 관련된 재무정보를 지원하는데 그쳐서는 안 된다. 국내에 한정된 거래는 거의 사라지게 될 것이므로, 환율의 변동에 따른 환위험을 관리할 수 있는 정보시스템의 구축은 중요한 과제이기 때문이다.

환율 이외에도 금리, 주가와 같이 가격이나 상황이 너무 자주 변화하는 분야도 정보시스템을 구축하여 활용해야 할 것이다. 이를 통해 최고경영자가 기업의 재무와 관련된 정보를 인터넷을 이용하여 리얼타임으로 파악해야만 시시각각으로 변화하는 환경에 효율적으로 재무의사결정을 내릴 수 있을 것이며, 자본조달 및 자산운용의 효율성을 확보할 수 있다.

2. 국제금융시장을 활용한 자본조달과 운용

글로벌 시대를 맞이하여 한국기업들도 해외시장에서 자본을 조달하고 있다. 이렇게 국내에서 뿐만 아니라 해외시장에서 자본을 조달하기 위해서 기업은 국내외적으로 우호적인 주주를 확보해야 하며 이를 위해서는 적극적인 투자자 관리가 필수적이다. 특히 외국투자자들은 기업을 평가할 때 과거의 외형보다는 기업의 실제가치와 건전성에 비중을 두고 있기 때문이다.

따라서 기업은 효과적인 투자자 관리를 통해 국내에서뿐만 아니라 해외에서도 주식이나 채권을 발행함으로써 필요한 자본을 충분히 확보할 수 있어야 한다. 일반적으로 국내보다는 해외에서의 자본조달금리가 유리할 수 있으므로 국제자본시장에 주식을 상장하거나 해외에서의 전환사채(CB)나 국제 신주인수권부사채(BW), 해외 주식예탁증서(depositary receipt: DR) 등을 적극적으로 발행할 수 있어야 한다.

또한 자본의 운용도 국내에 한정하지 말고 해외선진기업과의 제휴 및 합작 등을 적극적으로 모색해야 한다. 국내에 한정되어 자본을 운용하기보다는 국제적 분산투자를 통해 위험을 크게 감소시킬 수 있으며 안정적인 투자수익률을 확보할 수도 있다. 따라서 경영권을 확보하기 위한 국제직접투자 이외에도 철저한 준비를 바탕으로 금융기술습득 및 투자이득을 겨냥한 국제간접투자도 시도하는 등 글로벌 자본운용전략을 구사할 수 있어야 한다.

3. 구조조정을 통한 M&A의 전략적 활용

IMF 체제 이후 우리 사회에서 구조조정이 최대의 화두가 되었는데, 이러한 구조조정의 일환으로 기업들은 자체적으로 몸집을 줄이고, 글로벌 경쟁의 소용돌이 속에서 체질을 개선하고 있다.

이런 상황에서 기업의 M&A가 구조조정의 가장 효과적인 수단으로 제시되고 있으므로, 기업은 전략적인 차원에서 사업부 또는 기업 자체를 처분하거나 조정하는 매각(철수: divesture) 전략을 효과적으로 활용할 수 있어야 한다.

즉 자회사 또는 사업부를 독립기업화시키는 분리설립(spin-off)과 해당부분을 매각하는 분리매각(sell-off)을 전략적으로 이용할 수 있어야 한다. 또한 일반투자자를 대상으로 공개적으로 매각하는 분리공개(equity carve-out) 등도 이용해야 한다. 또한 기업 전체를 완전히 매각하고 제2의 창업을 시도하는 완전매각(voluntary bust-up)을 고려해야 한다.

이러한 전략적 매각을 통해 기업의 주력업종이 아닌 사업부문은 매각하고 그 자금으로 핵심사업에 주력해야 한다. 핵심역량을 키우고 경쟁력을 확보하는 데 결정적인 사업부문에 대해서는 위임장대결(proxy fight)이나 주식공개매수(take over bid: TOB) 등을 통해서라도 적극적인 M&A를 시도할 필요가 있다.

제 17 장

생산운영관리

제 1 절 생산운영관리의 의미와 원칙

1. 생산의 의미

최근 소비자의 기대수준이 높아지고, 기업간의 경쟁이 격화되면서 생산입지와 생산시점, 생산방식을 전략적으로 결정하여 고객이 원하는 제품과 서비스를 효율적, 효과적으로 제공하는 것이 모든 기업의 최상의 관심사가 되고 있다. 즉 많은 기업들이 공장 자동화, 생산방식의 혁신, 일정한 품질관리, 공급업체와의 협력관계 구축 등 다양한 방법으로 경쟁우위를 확보하려고 노력하고 있다.

생산이란 천연자원, 원료, 인적자원, 자본 등의 투입물(input)을 제품과 서비스라는 산출물(output), 즉 인간의 욕구를 충족시켜 줄 수 있는 사용가치나 효용가치가 있는 물건으로 변환시키는 기술적 과정이다. 따라서 생산은 ① 실물의 제품(서비스) 생산이며 ② 기본적 생산요소인 3M(man, machine, material)의 기술적인 결합과 변환과정이고, ③ 제조경영의 목적하에 조직되는 생산활동이라는 특징이 있다.

현대기업이 실행하는 생산은 소비자의 수요충족 그리고 생산주체인 기업의 영리목적에 기여할 수 있어야 한다는 점에서 이익개념과 결부되는 생산이다. 그러므로 생산활등은 투입에서 산출에 이르는 모든 생산활동 과정에서 원가절감, 품질향상 그리고 이익을 극대화하도록 기술적인 활동을 전개해야 한다.

2. 생산운영관리의 의미와 의사결정 내용

생산이라는 변환 과정을 관리하는 것인 생산운영관리는 생산의 3대 요소인 원료(material), 기계(machine), 노동(man) 등의 투입으로 물질적이며 유형적인 가치의 창출은 물론 시간적 효용이나 창조적 효용과 같은 무형적인 가치(서비스)의 창출에 이르는 모든 제조활동을 가장 효과적이며 경제적으로 수행하기 위해 계획하고 조직하며, 통제하는 기술적 행동과정이라고 할 수 있다(〈그림 17-1〉 참조).

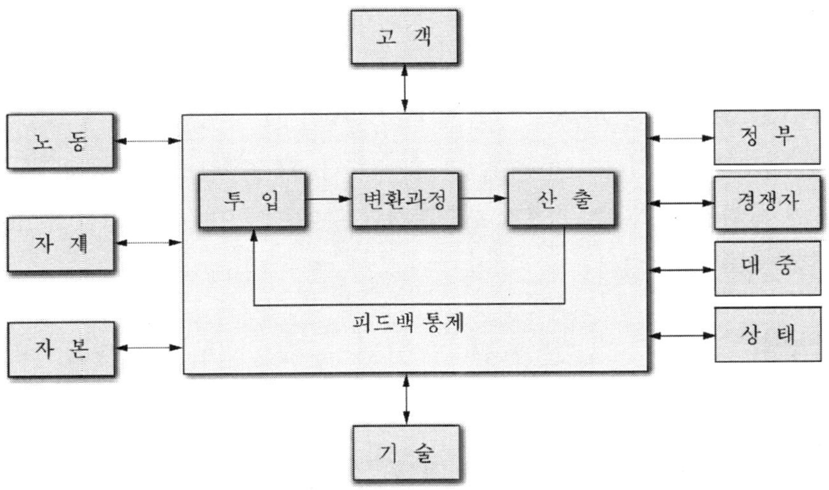

〈그림 17-1〉 생산운영관리의 시스템적 구조

상기의 의미에서 볼 때, 생산운영관리는 3가지 의사결정이 필요하다.

① **생산계획**: 언제, 어디서, 어떤 방식으로 생산할 것인가를 결정하는 초기 계획단계

② **생산통제**: 생산일정을 정하고, 품질수준과 생산내용을 관리 · 통제하며, 공

장 등 생산설비를 가동하는 단계

③ **생산운영방식의 개선**: 생산효율성을 높이기 위해 공정을 개선하거나 생산방식을 변경하는 과정

3. 생산운영관리의 합리화 원칙(3S)

1) 표준화

표준화(standardization)란 제품의 측정기준을 규격화하는 것으로서, 규격, 치수, 원재료 등을 일정한 규격으로 통일하고, 필요한 표준을 선정하여 확정시킴으로써 생산과 유통에 소요되는 비용을 절감시키고 물자를 절약하여 대량생산을 가능케 하는 것이다.

표준화는 생산목적을 합리적으로 달성하기 위한 수단으로 생산활동을 단일화하기 위해서 의도적으로 규제하는 표준을 설정하는 것으로서, 물적표준화(치수, 형, 크기, 종류, 단위, 품질 등), 방법표준화(작업방법, 작업조건, 사무처리방법), 관리표준화(재무, 생산, 마케팅, 정리, 인사, 기술연구) 등이 있다.

일명 제품의 표준화라고 하는데, 그 효과는 ① 대량생산, 품질향상의 실현, ② 부분품의 호환성 증가 ③ 종업원 교육훈련의 용이 ④ 작업, 사무능률의 향상 ⑤ 생산비의 저하 등이 있다.

2) 단순화

단순화(simplification)란 제품의 구성부품을 제한하는 것으로서, 제품과 부분품의 낭비를 제거하기 위해 제품의 불필요한 종류와 품목, 형태, 크기, 등급 등의 품종을 감소시키는 것을 의미한다.

이것은 품목의 단순화로서, 그 목적은 제조과정에서 사용하는 불필요한 재료를 제거하여 대량생산을 가능케 하고, 나가서 원가절감에 의한 경제성을 달성하는 것이다.

생산수단과 방법이 단순화되면 ① 노동력, 설비, 재료, 공구, 임금 등의 비용절감 ② 제조설계, 계획 및 생산시간의 단축 ③ 작업자의 숙련도 향상 ④ 품질향상,

구매사무의 간소화, 자재절감 ⑤ 창고 및 재고관리의 용이 등의 효과가 있다.

그러나 단순화는 다양화가 제공하는 경영상의 이점을 누릴 수 없는데, **다양화**는 다양한 욕구를 가진 시장에서 위험분산을 통해서 안전하게 경영할 수 있는 이점을 제공한다.

3) 전문화

전문화(specialization)는 특정기업으로 하여금 특정제품을 전문적으로 생산케 하는 과정을 의미한다. 즉 전문분야별로 집중적으로 제품생산을 전담하면 숙련도가 높아지며 또한 질적, 양적으로 성과를 증대시킬 수 있다.

다시 말해서 분업의 원리를 기초로 한 공장 상호간의 전문화에 따라 생산의 합리화를 기대할 수 있다. 즉 작업공정에 의한 전문화, 제품에 의한 전문화, 기능의 전문화가 가능해진다.

그러나 전문화를 하려면 모든 작업을 전문분야별, 부문별로 세분해야 하고, 공장은 제품별로 전문화를 기해야 하며, 또한 기계공구도 별도로 마련되어야 한다.

그러므로 전문화가 이루어지기 위해서는 우선 표준화가 실행되어야 하고, 대량연속생산에 의해 원가절감을 이룩하려면 분업생산을 전제로 단순화된 제품, 부분품을 집중적으로 생산해야 한다. 따라서 기업은 단일제품을 집중생산하는 체제를 이행하게 된다.

제 2 절 생산계획 : 운영관리의 출발점

1. 생산계획의 의미와 목적

생산계획이란 운영관리의 핵심요소로서, 기업환경하에서 전략목표 달성에 필요한 적절한 생산방법을 설계하는 것이다.

생산계획을 잘 세우면 낮은 비용으로 높은 품질을 구현할 수 있고, 완제품

재고를 거의 보유하지 않으면서도 이익을 증대시킬 수 있는데, 서로 상충되는 목표를 동시에 달성할 수 있다.

생산계획은 기간별로 장기, 중기, 단기계획으로 나누어지며, 또한 생산공정의 형태, 생산입지, 설비배치, 자원계획의 네 가지 요소로 구성된다.

2. 생산공정: 어떻게 만들까?

생산계획의 첫 단계는 기업의 목표와 고객의 욕구에 가장 잘 부합하는 생산공정의 형태를 정하는 것으로서, **생산공정**이란 제품을 만드는 일정의 과정이다. 따라서 생산공정의 유형은 생산하는 제품이나 서비스 유형에 따라 상이하다.

1) 대량생산

대량생산(mass production)이란 동일한 제품을 대량으로 생산하는 방식으로, 표준화된 공정을 통해 한 가지 제품을 반복적으로 만들기 때문에 단위당 생산비용이 적게 소요된다.

대부분의 공산품이 대량으로 생산되는데, Henry Ford가 최초로 대량생산한 모델T 자동차가 대표적인 예가 된다.

2) 대량고객주문생산

대량고객주문생산(mass customization)은 어느 정도까지는 대량생산방식을 취하고 최종 완성품은 고객의 주문에 맞추어 제조하는 방식이다. 일본의 National Bicycle사는 12,500,000가지의 자전거가 있으며, Dell컴퓨터, 공동주택, 맞춤 골프클럽 등이 예가 된다.

3) 고객주문생산

고객주문생산(customization)은 개별 고객의 요구에 맞추어 한 번에 한 가지씩 생산하는 방식으로, 고객의 주문이 있어야 생산이 시작된다.

고객의 주문에 맞추어 생산하는 제조업체는 주문생산자(job shop)인데, 개인주택, 법률서비스, 일반주택 등이 예가 된다.

4) 변환방식에 의한 생산공정 유형

제조업의 생산공정은 크게 프로세스 공정과 조립공정으로 대별된다.

첫째, **프로세스 공정**(process manufacturing)은 하나 또는 소수의 원료로 다양한 제품을 생산하는 공정으로서, 석유화학 업종이 대표적이다.

둘째, **조립공정**(assembly process)은 투입물을 서로 결합하거나 변형하여 완제품을 만드는 것으로서, 자동차, 항공기, 전자제품 등이 이에 속한다.

5) 공정의 연속성에 의한 생산공정 유형

연속공정이란 일단 설비가 가동되면 장기간 가동을 중단하지 않고 생산하는 공정으로서, 생산물량이 많고, 제품 수가 적은 표준화된 제품 생산에 적합한 공정으로, 유리업, 제지업 등이다.

한편, **단속공정**은 여러 제품을 번갈아 만들기 위해 설비를 자주 멈춰야 하는 공정으로서, 다품종 소량생산에 적합하며, 주문생산자 방식이 대표적인 예이다. 또한 대부분의 서비스(음식점, 병원, 광고대행사)는 단속공정을 거친다.

3. 생산입지 선정

공장이나 서비스 매장 등의 생산설비 위치를 정하는 것은 중요하다. 그 이유는 설비입지에 따라 생산비와 수송비가 달라지고, 이는 제품이나 서비스의 가격에 영향을 미쳐 기업의 경쟁력과 직결되기 때문이다. 생산입지는 5가지 요인을 복합적으로 고려하여 결정한다.

① **생산요소의 획득 용이성**: 원료, 부품, 설비 등 생산요소를 얼마나 싸고 쉽게 획득할 수 있는가는 생산입지 선정에 가장 중요한 기준이 된다. 특히 입지 운송비용을 포함한 총비용이 최소화되는 곳을 선정해야 한다.

또한 노동력의 풍부함과 임금수준도 입지선정에 중요한 요인인데, 지역별로 생활비, 취업률, 노동인력의 숙련도 등이 상이하므로 임금수준이 차이가 나기 때문이다.

② **마케팅 요인**: 생산입지 선정에는 고객서비스도 중요한 요인이며, 완제품을 소비지까지 운송하는 비용이나 시간을 고려해야 한다. 또한 고객의 요구에 즉각 대응해야 하거나, 완제품의 수송비용이 많이 소요되는 경우에는 소비지에 공장을 두는 것도 효과적이며, 시장접근성의 최대화가 목적이면 다수의 생산거점을 여러 지역에 두어야 한다. 또한 경쟁사의 공장위치도 중요한 변수가 된다.

③ **생산환경**: 후보지역의 환경적 요인도 고려해야 하는데, 그 이유는 여러 유사업체가 있는 경우 숙련공과 원자재 공급업체의 확보가 용이하고, 운송물류회사와 싼 가격으로 협상할 수 있는 장점이 있기 때문이다. 전세계 대도시 주변의 생산환경을 조사하는 항목에는 전체 근로인구 대비 생산직 근로자의 비율, 지역경제에서 제조업이 차지하는 비율, 제조업의 생산성 등이 평가된다.

④ **생산시설 유치 인센티브**: 국가나 지역에 공장을 짓는 기업에게 다양한 혜택 즉 세금 감연, 재정지원 등이 제공된다.

⑤ **해외입지 선정**: 해외로 생산설비를 이전하는 경우 저임금, 법적 규제 등의 시장요인이 고려되어야 한다.

4. 설비배치

생산입지가 결정된 후 **설비배치**(facility layout) 형태를 결정해야 한다.

1) 공정별 배치(process layout)

같은 기능을 하는 기계를 한 작업장에 모아놓는 방식으로, 한 작업장의 모든 작업자는 유사한 작업을 수행하고, 제품을 한 작업장에서 다른 작업장으로 이동하면서 완성한다.

이것은 다양한 제품을 소량으로 생산하는 경우에 적합하다(예: 공작기계 등 Lathe 제작).

2) 제품별 배치(product layout, assemble-line layout)

반복적이고 연속적으로 제품을 생산하는 공정 형태로서 가공 혹은 조립에 필요한 기계를 일렬로 배치하여 제품은 모든 기계를 순차적으로 거치면서 작업이 완성된다.

자동차 조립라인, 가전제품 조립라인이 해당된다. 이 경우 선행공정과 후행공정간의 처리능력을 감안하여 공정흐름이 일관되게 유지되도록 **라인균형화**가 지켜져야 하며, 공정간의 대기현상에서 오는 애로공정이 최소화되도록 해야 한다.

3) 고정배치

제품 위치를 고정시키고 작업자와 장비가 필요에 따라 이동하며 작업하는 배치형태이다. 대형 선박, 항공기 제작, 경기장 건설 등 제품이동이 불가능한 경우가 해당된다.

4) 셀 생산방식(cellular manufacturing)

제품별 배치와 고정배치를 혼합한 형태로, 한 셀 안에 제품 제조에 필요한 기계를 모아 배치하고 9~10명의 작업자가 한 팀이 되어 제작의 처음부터 끝까지 책임진다. 각 작업자는 모든 기계류를 다 다룰 수 있도록 훈련되어 작업의 유연성이 높다.

다품종 소량생산에서 부품설계, 작업순서, 가공 등을 체계적으로 행하여 유사한 가공물을 집단적으로 가공함으로써 생산효율을 높이는 기법으로 집단가공법 또는 유사부품가공법이라고도 한다.

5. 자원계획

제품을 생산하려면 원자재나 부품, 장비 등이 적절한 시점에 확보되어야 한다. 즉 생산일정의 차질 발생, 추가적인 비용발생, 생산비 절감의 차질이 발생하므로, 적시에 필요한 자원을 확보하기 위한 **자원계획**은 매우 중요하다.

1) 제조 또는 구매(make or buy)

반제품이나 부품 등의 자재는 외부에서 구입(buy)하거나, 또는 자체 제작(make)할 수 있다.

특정 부품이 소량 필요하다면 구입하는 것이 비용이 적게 소요되며, 또는 대형 부품도 구매가 싼 경우가 있다. 이렇듯 외주업체가 제작하여 납품하는 것을 외주라고 하는데, 설계나 제조공정에 경쟁우위가 있어 제작과정을 외부에 노출하고 싶지 않은 경우에는 자체 제작을 한다.

외주 제작을 결정하려면 공급업체의 품질수준과 공급 안정성을 확인해야 한다. 즉 우수한 공급업체를 찾아 상호 신뢰관계를 구축하는 **동반자화**(PRM: partner relationship management)를 갖도록 해야 한다.

2) 재고관리

재고관리란 재고품목(원재료, 재공품, 소모품, 완제품 등)의 주문, 인수, 저장, 관리, 적정재고량 산정 등 재고와 관련된 제반 활동을 의미한다. 이러한 재고관리를 잘하면 비용감소와 이에 따른 이익향상을 도모할 수 있다. 그러나 실패할 경우, 고객 서비스가 부실해지거나 재무상태가 악화될 수 있으며, 도산에 이르는 경우도 있다.

재고보유는 고객에 대한 서비스, 생산의 안정화 및 취급수량의 경제성(대량구입으로 단가인하)의 효과가 있으나, 과다재고인 경우에는 현금 유동성이 줄어들고 보관비가 증가하고, 진부화되는 부작용이 발생한다.

따라서 재고비용, 주문비용 및 재고부족 비용 등의 비용을 추정하여, 그 합계가 최소화되는 재고량 즉 적정재고수준을 산정해야 한다.

3) 자원관리의 전산화

자재관리 시스템의 대표적인 **자재소요계획**(MRP: material requirement planning)은 완제품의 생산일정계획(완제품의 생산수량 및 일정)과 자재명세서를 기초로 특정 자재의 소요량 및 소요시점을 계산하고, 그 시점의 예상 재고량을 감안하여 적정한 주문량(생산량) 및 주문(생산) 시점을 자동으로 산정해 주는 컴퓨터 프로그램이다.

1980년대에 들어 MRP 기능을 확대한 **제조자원계획**(MRP Ⅱ: manufacturing resource planning) 시스템이 등장하였다. MRP Ⅱ는 자재정보뿐만 아니라 재무, 마케팅, 회계, 생산 등 기업내 관련부문의 정보를 통합한 시스템으로, 생산계획, 수요예측 및 재무계획까지 정보처리기능이 다양해져 한 부문의 계획변경이 타부문에 미치는 영향을 실시간에 파악할 수 있게 되었다.

기업내 자원관리에 초점을 둔 MRP 및 MRP Ⅱ에 반해 **전사적 자원관리**(ERP: enterprise resource planning) 시스템은 기업내 모든 부문의 정보에 공급업체의 납품일정이나 고객의 주문정보까지 포함하여 통합적으로 관리하는 시스템이다.

이 시스템은 생산부문이 마케팅 부문의 판매계획을 실시간으로 조회하여 생산일정을 계획하거나 변경할 수 있고, 생산인력과 소요자원을 사전에 계획하여 비용낭비나 생산지연을 사전에 제거하는 등의 효과가 있다.

6. 공급체인관리

공급체인(supply chain)이란 공급업체로부터 원료와 부품을 구매하여 생산공정을 거쳐 완제품을 생산하여 고객에게 전달하는 전체과정을 말한다.

과거의 대립관계와는 달리 최근에 와서 구매업체와 공급업체 간의 거래가 쌍방에게 이익이 되도록 관계를 재설정함에 따라 부상된 관리 시스템이 전략적 공급체인관리이다.

공급체인관리(SCM: supply chain management)란 자재 공급업체로부터 고객까지 거래관계에 있는 모든 경제주체들이 상호 업무능력 및 정보공유를 통하여 기업간 연결고리에서의 낭비를 제거하여 그 효과를 나누는 전략으로서, 그 목적은 고객에게 높은 수준의 제품이나 서비스를 제공하는 것이다.

공급체인관리의 책임은 공급업체와의 긴밀한 유대관계를 형성하는 것인데, 다수의 싼 공급업체를 거래대상으로 선정하는 방식에서 탈피하여 소수의 공급업체로부터 고품질의 자재를 안정적으로 공급받는 것이 완제품의 품질과 고객서비스에서 득이 되기 때문이다. 즉 공급체인관리에서 공급업체는 외부인이 아니라 구매기업의 생산라인의 일부로서 동반자라고 인식한다. 협력적인 공급업체는 구매기업에게 높은 품질의 부품을 공급하고, 생산원가를 절감하여 비용부담을 완화해주며, 부품의 설계변경을 통한 기능향상을 도모한다.

제 3 절 생산운영 통제

생산운영활동이 계획대로 진행되는가를 확인하고, 착오가 발생하면 이를 수정함으로써 생산운영의 효율성을 기하는 작업을 **생산통제**(production control)라고 한다. 생산운영통제의 두 가지 핵심요소는 경로계획과 일정계획이다.

1. 경로계획: 작업흐름의 결정

경로계획(routing)은 생산통제의 첫 단계로서, 공정상에서 제품이 흘러가는 경로를 정하는 것이다. 경로계획은 제품의 유형과 설비배치에 따라 달라지는데, 연속공정의 대량생산 체제에서는 특별한 경로계획이 필요 없지만, 단속공정인 다품종 소량생산 체제에서는 경로계획에 따라 생산성과 생산비용이 달라진다.

경로를 계획하는 방법 중 **가치흐름 매핑**(value-stream mapping)기법이 있다. 이 기법은 공급업체로부터 고객에 이르기까지 자재와 정보의 흐름을 아이콘을 사용하여 시각적으로 나타냄으로써 어느 시점에서 병목이 발생할지, 경로를 어떻게 변경해야 제품흐름에 무리가 없는지 등을 미리 쉽게 파악할 수 있도록 하는 방법이다.

2. 일정계획: 작업시간 및 진도계획

1) 일정계획의 의미

일정계획(scheduling)이란 생산공정의 각 작업에 소요되는 시간을 정하고 통제하는 것으로서, 부품가공 또는 제품조립에 필요한 자재가 적기에 조달되고 생산이 지정된 시간까지 완성될 수 있도록 기계 내지 작업을 시간적으로 배정하고 일시를 결정하여 생산일정을 계획하는 것이다. 따라서 일정계획에는 주문별 작업순서와 공정 투입시간을 결정하며, 이에 따라 자재와 작업인력의 투입량 및 투입시점을 구체적으로 정할 수 있다.

일정계획은 간결하고 융통성이 있어야 하는데, 본서에서는 간단한 일정계획에 쓰이는 간트 차트 그리고 대규모 프로젝트 일정계획에 사용되는 주경로법, PERT를 설명한다.

2) 간트 차트를 이용한 진로확인

Henry Gantt가 만든 **간트 차트**(Gantt chart)는 시간축에 계획일정과 실제 진도를 막대로 표시한 그래프이다. 왼편에 프로젝트 완성에 필요한 여러 과업을 표시하고, 각 과업별 계획일정과 실제 투입시간을 막대로 표시하여 진도를 용이하게 파악할 수 있게 되어 있다.

간트 차트는 과업의 수가 적고, 과업시간이 일 또는 주 단위로 길며, 과업간의 선후관계가 단순할 때 사용할 수 있다. 그러나 평면적 도식이므로 복잡한 전후관계를 갖는 많은 과업은 표시하지 못하는 단점이 있다. 이런 단점을 극복하는 방법으로서 주경로법과 PERT가 있다.

3) 주경로법

대규모 프로젝트를 계획하는 경우, 프로젝트 일정에 필요한 많은 과업의 상호관계를 일목요연하게 나타내야 하고, 과업별로 소요자원과 예산, 일정 등을 할당해야 한다. 프로젝트 통제단계에서는 특정과정이 지연될 경우 투입자원을 전용하거나 일정을 다시 계획하는 등의 조정이 필요하다.

주경로법(CPM: critical path method)은 프로젝트 완료까지의 전체 과정을 서로 겹치지 않는 세부과업으로 분할하고 과업간의 선후관계를 표시하여 도표화한 일정관리 기법이다.

프로젝트의 시작과 끝을 연결하는 경로 중 가장 시간이 많이 소요되는 경로를 **주경로**(critical path)라 하고, 주경로상의 과업을 **주공정**이라고 한다. 주공정 중 하나라도 계획보다 지연되면 전체 프로젝트가 지연된다.

〈그림 17-2〉는 주택건설 공정을 관리하기 위한 CPM 네트워크의 예이다. 굵은 화살표는 주경로로서, 주경로상에 있는 각 공정의 소요시간을 합치면, 38일이 된다. 주경로상에 있지 않은 공정(예: 지붕공사)은 조금 늦게 시작하거나 다소 늦어져도 전체 일정에 영향을 주지 않는다.

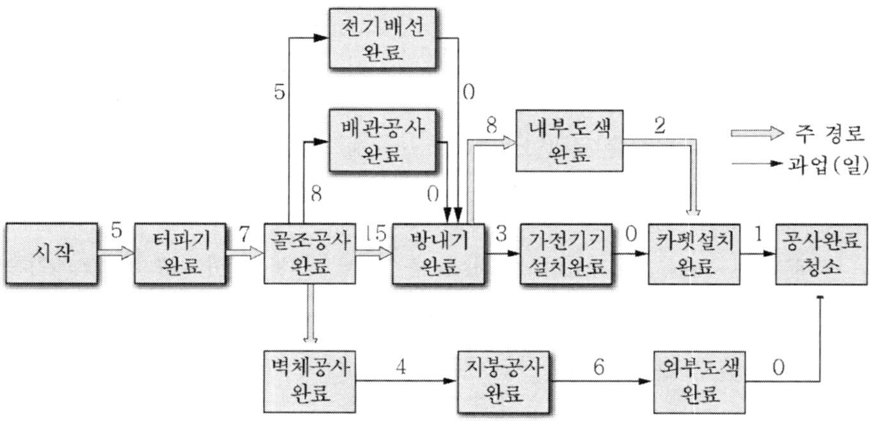

〈그림 17-2〉 주택건축 CPM 네트워크

4) PERT 기법

PERT란 Project(계획), Evaluation(평가), Review(검토), Technique(기술)의 두문자로서, 계획을 수립하여 이를 평가하고 검토하는 기술이라는 뜻이다.

PERT는 복잡하지만, 어떤 단일의 작업계획을 수립하고 완성하고자 할 경우, 그 작업공정이 전후 순서를 달리하는 많은 단위작업으로 구성되어 있을 때, 이 작업공정의 전후순서를 공정계획표라는 망으로 표시한다. 따라서 병목현상을 집중적으로 파악하고, 또한 재원이 재분배되어야 하는가를 파악함으로써 그 활동이 완료되는 시간과 순서에 따라 과학적으로 관리, 통제하는 종합관리기법이다.

PERT는 1956년 미해군의 Polaris잠수함 개발당국인 SPO(special project office)에서 Booz Allen and Hamilton 등이 중심이 되어 유도탄 연구개발사업의 계획 및 관리에 관한 일정계획을 OR적인 접근방법으로 연구한데서부터 비롯되었다. 특히 1958년 10월에 Polaris 잠수함 건조계획에 PERT기법을 적용하여 큰 효과가 입증되었다.

이 PERT는 모든 과업시간을 베타분포라는 확률분포를 따른다고 가정한 후 프로젝트 완료시간을 확률적으로 측정하는데, 그 네트워크가 거대한 프로젝트를 도식적으로 나타내므로, 활동(activity: 과업), 사건(event: 시작과 끝), 공정(paths: 활동과 사건의 소비되는 순서)의 세 가지 요소로 구성된다. 또한 PERT에는 PERT/Time, PERT/Cost, PERT/manpower, PERT/resource 등 여러 종류가 있다.

제 4 절 품질관리

1. 품질의 의미

협의적 의미에서 품질은 결함이 없음으로 정의할 수 있다. 그러나 고객중심적 기업은 품질을 고객만족의 관점에서 정의한다.

일반적으로 제품 품질이란 제품(서비스)이 지니는 기능을 발휘할 수 있는 제품의 능력을 의미하는데, 그 품질 속에는 그 제품의 내구성, 신뢰성, 정밀도, 조작과 수선의 용이성 및 기타 가치 있는 속성 등이 포함되어 있다. 그러나 품질은 구매자가 지각하는 관점에서 측정되므로, American Society for Quality Control은 **품질**을 고객의 욕구를 충족시킬 수 있는 능력을 가지고 있는 제품이나 서비스의 특성과 그 특성들의 총체라고 정의한다. 이 정의과정에서 볼 때, 품질은 고객의 욕구에서 시작되고 고객만족에서 끝이 난다.

결론적으로 좋은 품질의 제품이란 그 용도, 성능, 가격 등이 고객이 요구하는 조건에 적합한 것이어야 한다. 즉 제품의 품질은 절대적 최상품이라는 뜻이 아니라 소비자의 조건을 만족시킬 수 있는 최상품이라는 뜻으로 해석된다.

따라서 품질은 사용자, 특히 표적시장의 고객들의 욕구수준에 따라 의미가 달라지므로 시장성 품질이 되어야 한다. **시장성 품질**이란 마케팅 조사에 의해서 소비자가 만족할 것이라고 생각하는 품질특성을 인식하고, 이에 따라 품질목표를 설정하는 것이다. 이러한 품질목표는 설계도에 반영하고 설계하는 과정에서 구체화되는데, 이것을 설계품질이라고 하는데, 또한 표준품질이 될 수 있다.

2. 품질관리 활동

1) 품질관리의 의미

품질관리(quality control)란 제품의 품질기준을 정하고, 품질기준에 맞도록 제품을 생산하며, 생산된 제품이 품질기준에 부합하는가를 평가하여 생산공정 전체에 걸쳐 품질수준을 높이는 일련의 활동이다.

그러나 품질이 고객만족의 관점을 갖게 됨으로써, 품질관리는 고객의 요구조건을 충분히 만족시킬 수 있는 품질의 제품(서비스)을 가장 경제적으로 생산하기 위해서 설계품질 또는 표준품질의 제품을 제조하는 과정에서 품질개선의 노력을 조정, 통합함과 아울러, 설계품질과 제조품질과의 차이를 좁혀 주기 위한 기술적인 관리활동이라고 할 수 있다.

2) 품질관리의 목적과 효과

품질관리는 제조과정에서 부적합품을 발생시키는 요인을 발견하여 그 발생을 미연에 방지할 수 있는 직, 간접적인 활동과 제조 전후의 모든 조치를 취하여 제조품질이 표준품질에서 이탈되지 않도록 하는 것으로서, 그 목표는 소비자의 요구품질을 가장 경제적으로 생산, 제공하는 것이다.

그런데 이러한 목표는 제품설계의 개선, 제품제조의 일관성, 제조비용의 절감 및 종업원의 사기앙양에 의해서 달성할 수 있다.

그리고 품질관리가 올바르게 추진되면, ① 부적합품의 감소와 품질의 균일화 ② 원가절감과 제품가격 인하 ③ 생산량 증가와 합리적인 생산계획 수립 ④ 기술부문, 제조현장 및 검사부문의 협력관계 결성 ⑤ 작업자의 품질 책임감과 관심 향상 ⑥ 통계적 방법활용과 검사비용 절감 ⑦ 각 부문 구성원의 인간관계 조성 및 이해관계자에게 높은 신뢰획득 ⑧ 원료공급업자, 생산자, 소비자와의 공정한 거래 조성 등의 실시효과를 기대할 수 있다.

상기의 효과로, 기업은 품질향상, 원가절감 및 작업자의 의욕이 향상되어 기업의 이익확보의 체질개선이 이루어질 뿐만 아니라 이해관계자와의 갈등이 없이 기업활동이 수행될 수 있다.

3) 품질관리 활동

(1) 100PPM 품질혁신운동

100PPM 품질혁신운동이란 한국 제품의 품질을 세계일류 수준으로 끌어올리기 위해 정부와 재계가 1995년 초부터 공동으로 추진한 사업이다.

이 운동은 부적합률을 100PPM(part per million)이하, 즉 제품 100만 개 중 100개(0.01%) 이하로 낮추자는 목표를 두고, 그 목표를 달성하기 위해 조직구성원 전원이 참여하는 품질혁신운동이다. 그러나 현실적 목표에서 볼 때, 100PPM 운동은 100% 완전제품화 운동(100% perfect product movement)으로 해석되기도 한다.

본 운동의 목표는 지속적인 품질혁신을 통해 낭비적, 비생산적 요소를 제거하고, 항상 100PPM 이하의 부적합률 수준을 유지할 수 있는 품질보증체계를 구축하는 것이다.

이에 정부는 100PPM 품질인증제도를 운영하고 있는데, 이 인증제도는 100PPM 품질혁신운동에 참여하고 있는 업체 중에서 완제품 100만 개를 생산하면서 부적합품 수를 100개 이하로 줄일 수 있는 품질시스템을 갖춘 업체에 대해 정부가 부여하는 것이다.

또한 이 운동은 중소기업(협력업체, vendor)과 대기업(모기업)의 긴밀한 협력체제를 구축함으로써 대기업-중소기업 협력경영 분위기를 조성하는 데에 크게 기여하고 있다.

(2) 6-시그마(six-sigma) 품질

이 품질운동은 Motorola사가 1980년대 초 제품의 질을 개선하기 위해 과감한 개혁을 시작하여 1987년부터 전개한 것이다.

six-sigma란 통계적인 성과표준치에서 표준편차가 6이라는 것을 의미하는 통계용어로서, 6-sigma 표준이라는 의미는 제조된 부품 100만 개당 3~4개 이하로 제품결함을 줄이는 것으로서, 99.9999%의 완벽한 제품을 만들겠다는 것이다.

6-sigma는 제품이나 업무의 부적합 수준을 측정하고, 체계적인 방법론을 통해 무결점 수준으로 줄이자는 전사적 품질혁신 추진방법론으로서, 6-sigma 품질을 달성한다는 것은 조직내의 모든 구성원들이 품질향상에 전념해야 한다는 의미로서, 전사적 품질을 기업문화의 한 부분으로 만드는 것이다.

6-sigma는 기업의 전구성원이 각자 맡은 업무의 품질수준 구현에 필요한 일을 정의하고, 통계적 기법을 사용하여 수준이 달성되었는가를 측정, 분석하며, 지속적으로 개선하고 통제하는 과정으로 진행되는데, 그 과정을 DMAIC(Define, Measure, Analysis, Improve, Control)라고 부른다.

이러한 6-sigma가 그 목적을 달성하기 위해서는 고객의 품질요구에 대해 조사하고, 고객의 불만사항을 분석하고, 또한 고객을 위해 가치를 개선할 수 있도록 지속적인 질문을 하면서 그 기록을 연구, 검토해야 한다.

또한 기업내의 집중적인 엔지니어링 지향성으로부터 시장추구적이며, 고객집중적인 지향성으로 변화되어야 하고, 이에 따라 제품개발, 제조로부터 시장조사, 재무, 광고에 이르기까지 기업의 모든 부서와 과정으로 품질 프로그램을 확대해야 한다.

(3) 전사적 품질경영

품질관리는 예방의 원칙을 토대로 하여, 객관적 판단을 통해 통계적인 고찰이나 기법 등의 과학적 수단을 활용하고 있다. 이러한 통계적 기법을 응용한 품질관리를 **통계적 품질관리**(SQC: statistical quality control)이라고 한다.

그러나 현대적 품질관리는 통계적 수단만으로 충분하지 않으므로 품질에 영향을 미칠 수 있는 모든 사람의 품질에 대한 의식적 노력을 모아서 **종합적 품질관리**(TQC: total quality control)가 추진되어야 한다.

현대적 품질관리가 품질, 비용, 종업원의 동기부여와 제품 신뢰성을 보다 강조하므로, 품질관리활동은 SQC와 TQC 모두를 조정, 통합해야 한다. 즉 현대적인 바람직한 품질관리는 통계적 방법을 강조하는 SQC, 그리고 종합적 관리를 강조하는 TQC 모두를 합쳐야 하는데, 기업경영 효율성의 관점에서 **전사적 품질경영**(TQM: total quality management)이라고 할 수 있다. 이것에 대해서는 제22장에서 상세하게 연구한다.

4) 전사적 품질경영의 적용

전사적 품질경영은 품질관리활동이 발전됨에 따라 여러 가지 방법으로 기업에 적용되고 있다.

(1) 에드워드 데밍: 데밍상

데밍은 2차 세계대전 이후 전쟁으로 폐허가 된 국가에 대한 조사에서 품질개선의 원칙을 개발하였다.

그는 일본에서 품질관리 아버지로 여겨지고 있는데, 일본은 **데밍상**을 제정하여 품질에 탁월성을 보인 기업에게 수상하고 있다. 이 상의 목적은 ① 일본내에 통계적 품질관리가 널리 퍼지게 하고 ② 품질경영의 목적과 기법을 일반인들이 널리 이해할 수 있도록 하는 것이다.

(2) 말콤 볼드리지 품질대상(Malcolm Baldridge National Quality Award: MB상)

이것은 레이건 행정부와 의회가 미국병에 빠진 기업들에게 자극을 주기 위해 1987년 8월 미의회에서 제정한 상으로, 이 상의 이름은 그 상을 제안한 상무장관의 이름에서 따온 것이다.

이 대상의 근본철학은 고객의 의견을 설계 때부터 반영한다는 것으로, 품질관리와 고객만족을 축으로 삼고 있는데, 이 제도는 품질전략과 성과달성을 추진하고, 이를 공중에게 널리 알리고 있다.

이 대상은 250명의 전문가와 4단계의 서류 및 현장심사를 거쳐 매년 대규모 제조업체, 대규모 서비스업체, 소규모 업체의 세 범주로 나누어 각 범주에서 2개 회사를 시상한다.

이 대상을 평가하는 기준은 7가지(고객집중과 고객만족, 품질과 운영결과, 품질과정관리, 인적자원 개발 및 관리, 전략적 품질계획 수립, 정보 및 분석, 상위관리자의 지도력)인데, 이 모든 기준의 바탕에는 고객만족의 개념이 깔려 있다.

그리고 이 대상을 수상한 기업에게 5년간 기업경영의 노하우를 공개하도록 의무를 지우고 있다. 이로 인해 품질의 중요성과 품질의 탁월성을 위해 필요한 생산요인의 개선에 관심을 기울이게 하였다. 그리고 미국기업들은 이 상의 평가기준을 기업평가기준으로 삼고 있다.

(3) 국제적인 표준품질(ISO)

이것은 국제시장에서 경쟁하는 기업들이 국가마다 상이한 품질관련 서류를 구비해야 하는 문제를 해결하기 위해 **국제표준화 기구**(International Organization for Standardization)가 다양한 산업을 대상으로 국제적 품질기준을 제정한 것으로서 벨기에에 본부를 두고 있다.

1980년대에 제정된 ISO 9000은 제품의 생산, 유통과정 전반에 걸쳐 국제규격을 제정한 품질보증제도로서, 해당 제품이나 서비스의 설계에서부터 생산시설, 시험검사, 포장 등에 걸쳐 품질규격 준수여부를 확인하여 인증하는 제도이다.

ISO 14000은 국제환경표준화 인증제도로서, 지구온난화나 대기오염 측면의 환경보호를 목적으로 기업의 환경관리체계, 서비스 활동성과 등을 인증하는 국제적으로 통일된 규격이다. 이 인증을 받으려면 생산과정에서 공해를 줄이고, 지속적으로 환경개선을 했다는 가시적인 결과를 보여야 한다.

3. 기타 생산운영방식의 개선방법

1) 린 생산방식

린 생산방식(lean manufacturing)은 원자재와 부품이 적시에 공급되는 시스템을 갖추어 재고비용을 줄이고 또한 구성원의 적극적인 참여를 유도하여 생산품질을 높이려는 혁신적인 방법이다. 그 목표는 생산과정의 모든 낭비요인을 제거하여 생산성 향상과 비용절감을 동시에 달성하는 것이다.

린 생산방식은 Just-in-time(JIT)방식이라고도 부르는데, JIT운영의 핵심은 구성원의 참여와 재고감축이며 또한 생산공정의 낭비와 비효율을 제거하는데 집중하여 공정과 품질을 지속적으로 개선하는 것이다.

JIT방식은 고객의 주문이 생산과 부품 구매를 일으키는(pull) 방식이므로, 재고없이 부품과 자재를 공급받으므로, 협력업체와의 긴밀한 업무협조가 필수적이다. 그러나 JIT방식은 부품 공급업체에 문제가 생기면 공장을 멈추는 단점이 있다. 그러나 JIT시스템이 제대로 운영되면 재고비용을 현저하게 줄일 수 있으며, 생산라인 운영의 안정화와 효율화를 꾀할 수 있는 장점이 있다.

2) 공장자동화

컴퓨터 기술의 발전은 공장자동화를 가능케 하고, 그 결과 생산성이 높아질 수 있다.

(1) CAD/CAM

컴퓨터지원설계(computer-aided design: CAD)는 컴퓨터로 제품을 설계하고, 설계된 제품을 3차원 영상으로 구현하여 다양한 분석과 시험을 하는 시스템이다. 이를 이용하면 기존제품의 설계사양을 변경시키면서 성능의 변화를 관찰할 수 있다.

컴퓨터지원생산(computer-aided manufacturing: CAM) 시스템은 생산공정을 컴퓨터로 통제하는 시스템으로, CAD의 설계정보를 받아 전체 공정의 작업순서와 일정을 결정하고, 설비의 작동도 자동으로 지시한다. CAD와 CAM의 장점을 결합하여 설계와 시험, 제조를 컴퓨터로 통합한 시스템을 CAD/CAM시스템이라고 한다.

(2) 로보틱스(robotics)

컴퓨터로 작동을 조절할 수 있는 독립적인 설비나 기계를 로봇(robot)이라고 하며, 로봇을 설계, 제작하고 운영하는 제반 기술을 **로보틱스**라고 한다.

로봇은 사람을 대신한다는 뜻으로 **스틸칼러**(steel collar)라고 부르는데, 정확도와 속도를 요구하는 반복작업에 적합하며, 서비스업(병원)에서도 이용된다.

(3) 유연생산 시스템

유연생산 시스템(flexible manufacturing system: FMS)은 로봇, 공작기계, 운송기기 등을 컴퓨터로 통합하여 자동화된 시스템으로서, 특정 작업계획에 따라 다양한 부분품을 생산하기 위해 컴퓨터에 의해 제어되고 조절되며, 자재취급 시스템에 의해 연결되는 작업자들의 조합이라고 요약할 수 있다.

다품종 소량 가공생산에 적합한 제품을 짧은 납기에 맞추고, 수요변동에 재고를 갖지 않고 대처하면서 생산흐름의 향상과 원가절감을 실현시킬 수 있는 생산시스템이다.

자동화된 FMS를 구축하는데 많은 투자가 필요하지만, 도입되면 사람이 작업할 필요가 없으며, 작업속도가 빠르고, 제품품질도 일정하며, 사양이 바뀌어도 컴퓨터로 손쉽게 공정을 바꿀 수 있다. 또한 생산전반의 유연성 개선, 생산성 향상, 고품질, 가동률 향상, 노무비 감소, 신뢰성 향상, 재고감소, 납기단축 등의 효과가 있다.

(4) 컴퓨터 통합생산

컴퓨터 통합생산(computer-integrated manufacturing: CIM)시스템은 로봇이나 FMS와 같이 컴퓨터로 제어하는 생산시스템에 설계, 구매, 재고, 생산 등의 제반 관리업무를 통합하여 자동화된 시스템이다.

CIM은 생산과 관련된 예산, 구매, 주문, 급료, 송장발급 등 여러 분야의 자료를 공통의 데이터베이스로 구축하여 생산활동의 효율성과 효과성을 증대시키려는 생산정보시스템이다.

CIM은 짧은 제품수명주기에의 대처, 품질의 중요성 강조, 재고감소 및 적시생산방식의 강조, 외부 중소기업에서의 부품생산, 컴퓨터 기술의 이용 급증, 공장을 집중시켜 집중효과의 고려 등에 따라 도입되고 있는데, CIM의 장점은 생산성 향상, 품질향상, 원가절감, 정보집약 등 다양하다.

제 5 절 생산운영관리의 최근 동향

1. 최근 생산운영의 환경변화와 최근 동향

무자비한 글로벌 경쟁환경하에서 인건비를 절감하기 위해 기업들이 사업장을 해외로 이전하거나 해외업체에 외주를 주고 있다.

그러나 격화되는 경쟁, 복잡해지고 첨단화된 제품, 고객 요구수준의 상승 등으로 생산운영관리가 기업경영에서 중요한 위치를 차지하게 되었으며, 생산성 향상과 원가절감을 위한 새로운 관리기법과 제조기술을 요구하고 있다.

이에 따라 기업은 생산설비의 생산성을 재점검하고, 생산성 측면에서 낙후된 공장을 폐쇄하기도 한다.

1) 자산관리

경기가 침체되고 경쟁이 치열할수록 기업은 생산운영에 소요되는 자산을 세심하게 관리해야 한다. 원자재와 재고품, 생산설비 등을 낭비하거나 잘못 사용하면 원가상승으로 직결되기 때문이다.

이에 따라 인터넷을 기반으로 한 **자산관리 시스템**이 보급되고 있다. 이 시스템은 원자재, 재고, 자산 등의 자산상태를 추적, 관리하고, 재고주문과 장비 유지보수 일정 등도 자동으로 관리하는데, 장비의 예방보전 일정을 자동으로 계획하고, 남는 장비나 재고를 추적하여 적절한 조치를 취할 수 있게 한다.

2) 모듈화 생산

모듈화 생산(modular production)이란 복잡한 제품을 여러 모듈로 나누어 각 모듈을 독립적으로 생산한 후, 이를 조립해서 완제품을 만드는 방식이다.

이 방식은 생산 소요시간이 짧고, 공정이 단순하여 고객의 요구에 신속하게 대응할 수 있고, 제품개발비용도 낮출 수 있다. 또한 이 생산방식은 대량고객주문생산이나 고객주문생산에 대해 보다 용이하게 적용될 수 있다.

3) 생산효율성을 고려한 제품설계

생산효율성은 제품설계단계부터 거의 정해지는데, 그 이유는 설계사양에 따라 공정이 단순해질 수 있고, 복잡해질 수도 있고, 생산비용도 달라지기 때문이다. 따라서 제품설계시에 미리 생산효율성을 염두에 두어야 한다.

예를 들어, 자동차 설계용 컴퓨터시스템을 이용하는 경우, 컴퓨터로 도면을 설계하여 이를 생산, 재무, 구매, 마케팅 등 관련 부서에 보내면, 각 부문은 설계에 따른 생산원가, 소요부품, 제작용이성 등을 판단할 수 있고, 부품 공급업체도 자재 및 생산계획 의사결정을 신속하게 내릴 수 있다. 따라서 이 시스템을 이용하여 자동차 설계부터 생산까지 소요되는 시간을 단축할 수 있다.

2. 21세기 생산활동

1) 인터넷 생산정보시스템의 구축과 활용

컴퓨터 보급이 일반화되면서 생산활동에 컴퓨터를 활용하는 CAD, CAM, CIM이 보편화되고 있다. 이렇게 컴퓨터를 활용하는 기술이 발전하고 있으므로 기업이 정보사회에 적극적으로 대응하기 위해서는 인터넷을 활용한 **생산정보시스템**을 도입할 필요가 있다. 즉 제품설계, 생산 제어, 구매나 물류, 재고관리 등의 생산시스템을 인터넷을 통해 모두 연계하여 운영하도록 해야 한다.

인터넷을 통해 생산과 관련된 정보들이 종합적으로 관리되면 여러 가지 장점이 있다. 기업의 정보가 공개되어 투명성이 높아지게 되고, 발주에서 납품까지

물류단계가 줄어들면서 기간이 단축될 수 있다. 이에 따라 업무의 효율성을 높일 수 있으며, 비용도 크게 줄일 수 있기 때문이다. 또한 제품설계, 생산 제어, 구매, 물류, 재고관리 등 모든 부분에 대한 투명성이 확보되어 기업이미지를 향상시키는 효과가 있다.

2) 최적생산구조를 위한 글로벌 네트워크 구성

다국적 기업들은 판매시장은 미국 등 선진국에, 조립공장은 중국에, 부품공장은 베트남에 두고 글로벌 경쟁을 벌이고 있다.

이런 상황에서 제품의 설계단계에서부터 제조단계에 이르기까지 다양한 고객 욕구에 유연하게 대처하기 위해서는 최적생산구조를 갖춘 글로벌 네트워크를 구성해야 한다.

최적생산구조를 위한 글로벌 네트워크는 전세계를 하나의 시장으로 보고 구성하는 것이다. 이를 위해서는 인적자원과 자본 그리고 원자재, 부품, 기술 및 서비스가 각국으로 이동하면서 제품을 생산하고 서비스를 제공하게 된다. 따라서 기업은 글로벌 차원에서 부품이나 재료를 구입하고 이를 가공하는 시스템을 구축함으로써 전세계를 대상으로 경쟁우위를 갖도록 해야 한다.

글로벌 경쟁시대에 경쟁의 가장 중요한 요소는 고객의 욕구이므로, 기업은 고객을 만족시킬 수 있는 생산체제, 즉 최적생산구조를 위한 글로벌 네트워크를 구축하여 21세기 글로벌 경쟁시대에서 성공할 수 있다.

3) 전사적 품질경영의 전략적 활용

최근에는 소비가 점차 고급화되면서 제품이나 서비스의 품질이 중요한 고려대상이 되고 있으므로, 기업은 고객의 다양한 욕구를 만족시킬 수 있는 최적품질의 제품을 생산해야 한다.

따라서 기업에서 품질경영은 매우 중요한 문제이며 언제나 품질경영의 초점을 생산자가 아닌 소비자에게 맞춘다는 인식, 즉 고객의 소리와 경험에 귀를 기울인다는 인식을 가져야 한다.

품질은 고객이 제품이나 서비스를 경험해 보고 나서 느끼는 심리적인 측면이 강하므로 어느 한 부서에만 품질경영을 고려할 것이 아니라 전 부서에서 전사적으로 그리고 종합적으로 고려해야 한다.

그리고 **전사적 품질경영**은 전략적으로 조정할 수 있어야 한다. 그 이유는 기업이 가진 자원과 비용이 한정되어 있으므로, 모든 부분에서 품질경영에 노력을 경주하는 것이 쉽지 않기 때문이다. 따라서 고객과 직접적으로 가장 많이 접촉하는 부분에 품질경영활동을 집중시키는 것이 보다 효과적일 것이다.

기업이 보유한 모든 자원과 비용을 투자해서 막연하고 일률적으로 추진하는 것이 아니라, 고객이 만족을 느낄 수 있는 부분에 집중적으로 투자하는 전략적인 품질경영의 도입이 필요하다. 즉 기업은 필요한 부분에 집중적인 품질경영을 시도함으로써 고객을 전략적으로 확보할 수 있다.

제18장

마케팅 관리

제 1 절 마케팅의 본질

1. 마케팅의 의미와 기본요소

1) 마케팅의 의미

현대기업은 제품 및 서비스를 생산, 유통, 공급하는 본질적인 기능을 수행하면서 생존, 번영해 왔다. 수요가 공급을 초과했던 **판매자 위주 시장**(seller's market)하에서는 생산자 중심의 생산, 제품, 판매철학에 의한 활동이 중시되었다. 그러나 소비자 욕구가 다변화되고 또한 세분화되는 시장에서 소비자를 만족시켜 이윤을 획득하고, 경쟁우위를 확보해야 하는 소비자 및 경쟁자중심 시장, 즉 **구매자 위주 시장**(buyer's market)하에서 마케팅 활동이 기업의 생존과 성장의 핵심으로 부각되었다.

지금까지 기업은 최상의 시장지향적인 전략, 헌신적인 구성원, 양호한 정보시스템, 탁월한 과정 실행 등에 의해서 성공해 왔다. 오늘날 성공한 기업들은 한 가지 공통적인 것, 즉 그 기업들은 강력하게 고객집중적이고, 지나칠 정도로 마케팅에 몰입하고 있다. 이 기업들은 잘 정의된 표적시장의 고객들의 욕구를 간파하고 만족시키는 데 절대적으로 헌신해 오고 있다. 즉 기업은 모든 구성원들로 하여금 고객을 위해 최상의 가치를 창조하도록 동기를 부여하고 있으며, 따라서 높은 수준의 고객만족을 이끌어 내고 있다.

기업의 어떤 기능보다도 마케팅이 고객을 다루고 있다. 즉 고객가치를 창조하고 고객만족을 실행하는 것이 현대적인 마케팅 사고와 실천의 핵심이 되고 있다.

그러나 많은 사람들은 마케팅을 단지 판매와 광고로 생각하고 있는데, 판매와 광고가 중요하기는 하지만, 그것들은 여러 가지 마케팅 기능들 중의 단지 두 가지일 뿐이며 가장 중요한 기능도 아니다. 그러므로 오늘날의 마케팅은 말하고 판매함으로써 판매를 성사시키는 과거의 의미로 이해되어서는 안 되며, 고객의 욕구를 충족시킨다는 새로운 의미로 이해되어야 한다.

따라서 **마케팅**(marketing)이란 조직체의 기능으로 고객가치를 창조하고, 고객과 커뮤니케이션하고 전달하며 또한 조직체와 이해관계자들에게 이익이 되는 방법으로 고객관계를 관리하는 일련의 과정이라고 정의한다.

2) 마케팅의 핵심 구성요소

마케팅의 정의는 다섯 가지 핵심적인 개념으로 연결된다.

(1) 1차적 욕구, 2차적 욕구 및 수요

1차적 욕구(need)란 결핍되어 있다고 느끼는 상태로서 기본적인 인간의 욕구사항이다. 즉 사람들은 생존하기 위해서 의복, 음식, 따뜻함 및 육체적인 욕구, 소속감, 애정과 같은 사회적 욕구 그리고 지식, 교육, 휴양, 여흥, 자아표현과 같은 개인적 욕구를 가지고 있다.

2차적 욕구(wants)는 그가 살고 있는 사회와 문화 그리고 개인적인 개성에 의해서 형성되는 것으로서, 1차적 욕구를 충족시키는 특별한 목적물의 관점에서 설명된다.

수요(demand)란 2차적 욕구가 구매력이 뒷받침될 때 형성된다. 즉 많은 2차적 욕구를 가지고 있지만(Benz), 재원이 유한하므로, 그들의 재력(소득)의 범위내에서 최상의 가치와 만족을 제공하는 2차적 욕구를 충족시키는 제품이나 서비스를 선택하게 되는데, 그것이 수요이다.

(2) 제품

제품(product)이란 1차적 및 2차적 욕구를 충족시킬 수 있는 것으로 주의, 획득, 사용 또는 소비를 위해 시장에 제공될 수 있는 것이다. 즉 제품에는 물리적 대상물, 서비스, 경험, 행사, 사람, 장소, 소유권, 조직체, 정보 및 아이디어 또는 상기 실체들의 복합체 등이 포함된다.

(3) 가치, 만족 및 품질

고객가치(customer value)란 고객이 그 제품을 소유하여 획득한 이점과 그 제품을 획득하는데 소요되는 비용 간의 차이이다. 그리고 **고객만족**(customer satisfaction)은 고객의 기대에 비하여 가치를 전달하는데 있어 제품에 대해 지각하는 성능에 따라 결정되는데, 제품의 성능이 고객의 기대에 미치지 못하면 구매자는 불만족하고, 성능이 기대에 일치하면 만족하며, 성능이 기대를 초과하면 그 구매자는 기뻐하고 감동한다.

품질에 대해서는 제17장에서 상세하게 설명하였으므로 본절에서는 제외한다.

(4) 교환, 거래 및 관계

교환(exchange)이란 어떤 측으로부터 목적물을 획득하고, 그 대신에 상대방에게 어떤 것을 제공하는 행위이다. 소비자의 입장에서 욕구의 만족은 교환에서 이루어지므로, 마케팅에서 교환은 핵심적인 개념이다.

거래(transaction)는 양측 간의 가치를 거래하는 것으로서 마케팅의 측정수단이다. 즉 한 측이 제공물을, 다른 한 측이 물건이나 화폐를 그 대가로 제공하는 것이다.

관계(relation)란 거래보다 더 큰 차원으로서, 고품질 제품, 좋은 서비스 및 정당한 가격을 약속하고 지속적으로 제공함으로써 강력한 사회적 및 경제적인 유대를 구매자와 판매자 간의 구축하는 것을 의미한다. 여기에서 **관계 마케팅**(relationship marketing)이란 중요한 상대방, 즉 고객, 공급업자, 유통업자들과의 장기적인 선호성 그리고 그들과의 사업을 유지하기 위해서 그들과 장기적이며 상호 만족스러운 관계를 구축하는 실천활동이다.

(5) 시장

시장(market)이란 교환의 개념에서 나온 것으로서, 어떤 제품의 실제 또는 잠재적인 구매자의 집합으로, 이 구매자들은 교환을 통해서 충족될 수 있는 특별한 욕구를 공유하고 있다. 따라서 시장의 규모는 욕구를 나타내며 교환에 관여할 수 있는 재원을 소유하고 있으며 또한 그가 원하는 것을 교환하는 조건으로 재원을 제공할 의향이 있는 사람들의 수에 의해 좌우된다.

2. 마케팅 관리철학의 진화발전

마케팅 관리는 표적시장과 바람직한 교환을 성취할 수 있는 과업을 수행하는데, 기업, 고객 그리고 사회의 관심사에 대해 어떻게 중요성을 부여하느냐에 따라 마케팅 노력이 지향하는 철학은 상이하다.

1) 생산개념

생산개념(production concept)은 소비자들이 이용가능하며 구입할 수 있는 제품을 좋아할 것이라는 주장하에, 기업은 생산과 유통·분배·효율성을 향상하는데 집중한다. 이 개념은 두 가지 상황, 즉 첫째, 제품에 대한 수요가 공급을 초과하는 경우, 둘째, 제품의 원가가 너무 높아 생산성을 향상함으로써 원가를 낮출 수 있는 경우에 추구하는 개념이다.

2) 제품개념

제품개념(product concept)은 소비자들이 최고의 품질, 성능 및 혁신적인 특징을 제공하는 제품을 좋아한다는 주장하에서 기업은 계속적으로 제품개선에 정열을 쏟는다는 것이다. 그러나 이 개념은 기업으로 하여금 소비자의 본질적 욕구를 충족시킨다기보다는 제품 자체에 집착하는 **마케팅 근시안**(marketing myopia)을 초래할 가능성이 있다.

3) 판매개념

판매개념(selling concept)은 기업이 다양한 판매 및 촉진노력을 기울이지 않는다면 소비자들은 그 제품을 구입하지 않을 것이라는 철학이다. 이것은 과잉생산일 때에 시행되는 것으로서, 목적은 시장이 원하는 것을 만들기보다는 기업이 만든 것을 판매하는 것이다. 따라서 강매(hard selling, push selling)에 바탕을 둠으로써 고객의 욕구충족과 만족보다는 불만족을 초래케 하여 기업은 큰 위험에 처하게 된다.

4) 마케팅 개념(철학)

마케팅 개념(marketing concept)은 조직의 목표를 성취하기 위해서는 표적시장의 1차적 욕구와 2차적 욕구를 파악하고, 경쟁사보다 효율적으로 바람직한 만족을 전달해야 한다는 철학이다.

판매개념과 마케팅 개념은 자주 혼동되는 데, 그 차이점은 〈표 18-1〉과 같다. 즉 마케팅 철학은 잘 정의된 시장(표적시장에 집중)에서 시작하고, 고객욕구에 집중하며, 고객에게 영향을 미칠 수 있는 모든 마케팅 활동을 조정하고(통합적 마케팅), 고객가치와 고객만족으로 조성된 장기적인 고객관계를 창조함으로써 이익을 획득(수익성)한다.

〈표 18-1〉 판매개념과 마케팅 개념의 비교

개념	출발점	초점	수단	목표	비고
판매 개념	공장 (기업)	기존제품	판매 및 촉진	판매량을 통한 이익 창출	in-out (내적-외적)
마케팅 개념	시장 (소비자)	고객욕구	통합적 마케팅	고객만족을 통한 이익 창출	out-in (외적-내적)

5) 복합적 마케팅 개념

복합적 마케팅 개념(holistic marketing concept)은 마케팅 프로그램, 과정 및 활동의 범위와 상호의존성을 인식하도록 프로그램, 과정, 활동 등을 수립하거나 설계 및 실행하는 것에 바탕을 두는 철학으로서, 마케팅 활동의 범위와 복잡성을 인식하고 조화를 이루도록 하는 마케팅 접근방법이다.

복합적 마케팅은 마케팅과 관련된 모든 문제, 즉 광범위하고 통합적인 식견을 갖는 것이 필요하다는 사실을 인식하는 것으로서, 관계 마케팅, 통합적 마케팅, 내적 마케팅, 성과 마케팅으로 구성된다.

사회적 책임이라는 측면과 상황에서 마케팅 개념을 확대하는 새로운 개념은 **사회지향적 마케팅 개념**(societal marketing concept)인데, 이 철학이란 마케팅 기업은 표적시장의 욕구와 관심을 파악하여 이를 경쟁사보다 효과적·효율적으로 충족시켜야 하지만, 이 과정에서 고객과 사회 전체의 복지를 보존·향상시켜야 한다는 개념이다. 즉 기업은 소비자의 욕구충족 및 기업의 수익성 달성뿐만 아니라, 소비자의 장기적인 이익과 사회복지, 즉 사회의 관심사를 균형 있게 추구해야 한다는 관리개념이다.

제 2 절 마케팅 관리체계

1. 마케팅 관리과정

기업의 전략적 계획은 기업의 전반적인 사명과 목표를 정의하며, 각 전략사업 단위(SBU: strategic business unit) 내의 마케팅 부문은 전사적인 전략적 목표를 달성하는데 기여하는 중요한 역할을 수행한다. 조직 내에서 마케팅의 역할과 활동은 〈그림 18-1〉과 같은데, 여기에서는 전체적인 마케팅 관리과정과 기업의 마케팅 전략에 영향을 미치는 영향요소가 제시되어 있다.

1) 표적소비자

표적소비자가 맨 가운데에 있는데, 기업은 전체시장을 확인·규명하고 그 전체시장을 소규모한 세분시장으로 나누며, 그 세분시장들 중에서 가장 유망하고 매력적인 세분시장을 선정하며, 그 세분시장의 욕구를 충족시키고 서브하는데 집중하게 된다.

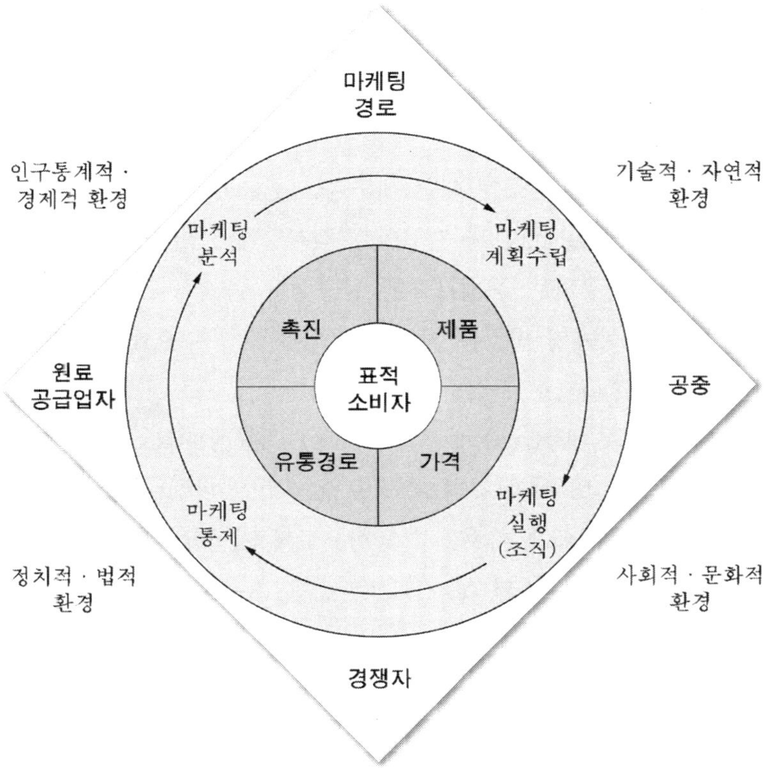

〈그림 18-1〉 마케팅 관리과정과 영향요인

2) 경쟁적 우위를 위한 마케팅 전략

기업은 성공하기 위해 표적고객을 만족시키는 데 있어 경쟁사보다 탁월하게 직무를 수행해야 한다. 따라서 마케팅 전략은 소비자 욕구뿐만 아니라 경쟁사의 전략보다 탁월해야 한다. 업계에서의 위치와 자사의 규모에 근거하여 기업은 가능하면서도 가장 강력한 경쟁적 위치를 확보하기 위해 경쟁사에 비해 자사를 어떻게 위치화할 것인가를 결정해야 한다.

경쟁우위(차별적 우위)는 경쟁사의 제공물에 비해 목표시장이 인식하고 있는 기업 그리고 그 기업의 제품에 대한 독특한 특성으로서, 비용 경쟁우위(낮은 비용으로 제품이나 서비스를 생산함), 차별적 경쟁우위(가치 있는 독특한 무언가를 제공함), 적소시장 경쟁우위(소규모한 적소시장을 목표로 하고 효율적으로 만족시킴) 등의 유형이 있다.

3) 마케팅 믹스 수립

기업은 자신의 차별적인 위치화를 목표로 한 경쟁적인 마케팅 전략을 수립한 것에 바탕을 두어 마케팅 믹스에 대한 세부적인 전술을 계획해야 한다.

마케팅 믹스(marketing mix)란 기업의 표적시장에서 당기업이 원하는 반응을 얻도록 하기 위해 사용하는 통제가능한 전술적인 마케팅 도구들의 집합이라고 정의할 수 있다. 즉 마케팅 믹스는 기업이 제품에 대한 수요에 영향을 주기 위해서 활용할 수 있는 수단으로 구성되어 있다.

그 수단들은 4Ps, 즉 제품(product), 가격(price), 유통경로(place), 촉진(promotion)으로 구성되며, 〈그림 18-2〉와 같다. 그리고 효과적인 마케팅 프로그램은 마케팅 믹스요소 전부를 소비자에게 가치를 전달함으로써 기업의 마케팅 목표를 달성할 수 있도록 설계된 결합·조정된 하나의 프로그램으로 결속된다.

그리고 마케팅 믹스는 표적시장에서 강력한 위치화를 수립하기 위한 기업의 전술적인 도구이므로, 판매자의 입장뿐만 아니라 구매자의 입장에서 고객의 이점을 전달할 수 있도록 설계되어야 한다. 이것을 고객에 대한 4Cs라고 한다.

4Ps	4Cs
제 품	고객의 욕구(customer's need and want)
가 격	고객에 대한 비용(cost to the customer)
경 로	편의성(convenience)
촉 진	커뮤니케이션(communication)

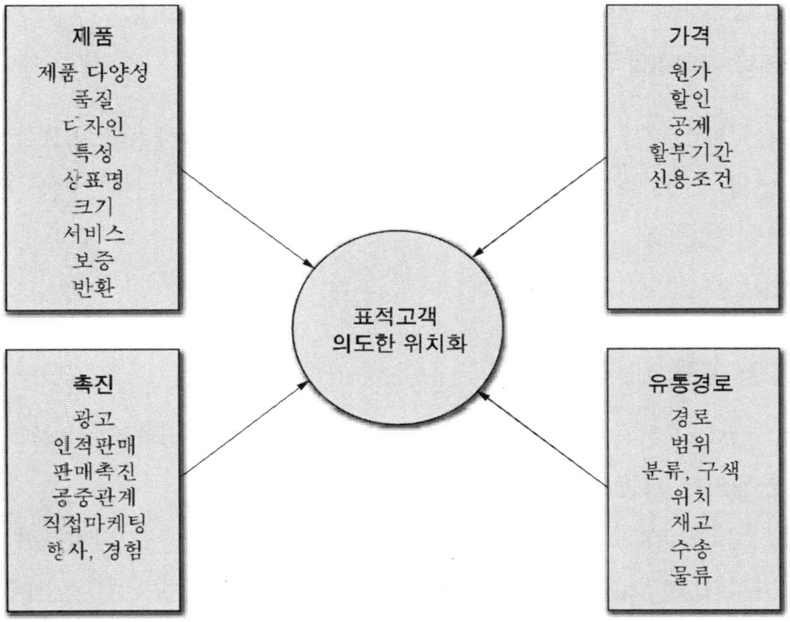

〈그림 18-2〉 마케팅 믹스의 4Ps

2. 마케팅 관리기능

마케팅 믹스를 설계하고 실천에 옮기려면, 네 가지의 마케팅 관리기능, 즉 분석, 계획, 실행, 통제기능 등이 행해져야 한다.

1) 마케팅 분석

마케팅 기능을 관리하기 위해서는 기업이 처한 상황과 환경을 완벽하게 분석하는 것으로부터 시작한다. 즉 기업은 그의 시장과 마케팅 환경을 분석함으로써 매력적인 사업기회를 발견하며 또한 환경적 위협을 간파하여 피할 수 있다. 그리고 기업은 현재 및 장래의 마케팅 조치뿐만 아니라, 자사의 약점과 강점을 분석함으로써 회사가 최선을 다해 추구할 수 있는 기회가 어느 것인가를 결정해야 한다(SWOT분석). 즉 **마케팅 분석**이란 다른 각각의 마케팅 관리기능을 수행하는데 필요한 정보와 여러 가지 투입요소를 제공하는 것이다.

2) 마케팅 계획수립

마케팅 계획수립은 기업의 전사적인 전략적 목표를 달성하는데 필요한 마케팅 전략에 대해 결정하는 것이다. 그리고 마케팅 계획은 각 사업단위, 제품 및 상표에 대한 집행요약서, 현재의 마케팅 상황, 위협과 기회, 목표와 문제점, 마케팅 전략, 활동 프로그램, 예산 및 통제로 구성된다.

3) 마케팅 실행

마케팅 실행은 전략적 마케팅 목표를 달성하기 위해서 마케팅 전략과 계획을 활동으로 옮기는 과정이다.

마케팅 실행을 성공적으로 하기 위해서는 첫째, 모든 관련된 사람들과 그들의 활동을 일제히 끌어모을 수 있는 활동 프로그램이 구비되어야 한다. 둘째, 기업의 공식적인 조직구조를 확립해야 한다. 셋째, 기업의 마케팅 전략은 당사의 기업문화와 잘 조화되어야 한다.

즉 마케팅을 성공적으로 실행하기 위해서는 활동 프로그램, 조직구조, 의사결정 및 보상 시스템, 인적자원 및 기업문화를 당사의 전략을 지원하는 응집력 있는 프로그램에 조화롭게 결속해야 한다.

4) 마케팅 부서조직

기업은 마케팅 분석, 계획수립, 집행, 통제 등을 수행할 마케팅 부서를 설계해야 한다. 마케팅 조직은 기능별 조직, 지역별 조직, 제품관리 조직, 시장관리 조직 그리고 제품 및 시장관리 조직 등으로 형성된다.

5) 마케팅 통제

마케팅 통제란 마케팅 전략과 계획의 결과(성과)를 측정 · 평가하고, 마케팅 목표달성을 보장할 수 있는 시정조치를 취하는 활동을 말한다.

그리고 마케팅 통제에는 운영통제와 전략적 통제가 있는데, **운영통제**는 연차계획에 대해서 계속적으로 성과를 체크하며 또한 필요한 경우에 시정조치를 취하는 것이 포함된다. 그리고 **전략적 통제**는 당기업의 기본적인 전략들이 당기업이 이용할 수 있는 기회에 잘 조화되고 있는가를 살펴보는 것과 관련된다.

제3절 마케팅 환경과 마케팅 조사

1. 마케팅 환경

마케팅 환경은 표적고객과의 관계를 성공적으로 개발·유지하기 위한 마케팅 관리자의 능력에 영향을 주는 것으로 마케팅의 외부에 있는 통제불가능한 행위자 및 영향요인으로 구성되는데, 이에는 미시적 환경과 거시적 환경이 있다. 또한 마케팅 환경은 기회와 위협을 동시에 주기 때문에 성공적인 기업은 변화하는 환경을 지속적으로 주시하고 적응하는 것이 매우 중요하다.

미시적 환경이란 고객에게 제품과 서비스를 서브하는 능력에 직접 영향을 미치는 영향요인으로서, 기업과 아주 밀접하게 있는 것, 즉 기업 내의 최고경영자 및 기타 다른 부서, 원료공급업자, 마케팅 경로기업, 고객시장, 경쟁사 및 공중 등으로 구성된다.

한편 거시적 환경이란 광범위한 사회적 영향요인으로서 기업의 미시적 환경의 요인들에 영향을 미치는 것들, 즉 인구통제적, 경제적, 정치적, 문화적 제영향요인을 말한다.

2. 마케팅 조사

마케팅 활동을 효율적으로 수행하기 위해서는 정확한 정보에 근거한 계획의 수립과 실행이 요구된다. 이러한 정확한 정보는 체계적인 마케팅 조사를 통해 얻어진다.

마케팅 조사(marketing research)란 정보를 통해서 소비자 및 공중 등을 마케팅 관리자와 연결하는 기능으로서, 마케팅 의사결정을 위한 실행가능한 정보제공을 목적으로 자료를 체계적으로 수집 · 분석하는 객관적이고 공식적인 과정을 의미한다.

마케팅 조사의 목적은 마케팅 관리자의 의사결정에 필요한 실행가능한 정보를 제공하는 데 있다. 즉 상황분석, 표적시장선정, 효과적인 마케팅 믹스 전략수립, 마케팅 활동의 평가 및 통제와 관련된 의사결정에 유용한 정보를 제공해 준다.

그리고 마케팅 조사는 시장잠재량과 시장점유율에 대한 연구조사로부터 고객만족과 구매행동에 대한 평가, 가격, 제품, 유통경로, 촉진활동에 대한 연구조사에 이르는 아주 다양한 활동과 관련된다.

이러한 마케팅 조사는 보다 과학적, 객관적, 체계적으로 수행하기 위해서 조사과정을 거쳐 수행되어야 한다. 마케팅 조사과정은 ① 문제점과 조사목적의 설정, ② 정보수집을 위한 조사계획수립, ③ 조사계획의 실행 및 자료의 수집과 분석, ④ 조사결과의 해석과 보고의 4개 과정으로 되어 있다.

3. 소비자 행동분석

소비자는 욕구를 충족시키기 위해서 제품과 서비스를 구매하는데, 이런 소비자의 구매행동에 대한 정확한 이해가 없이는 효과적인 마케팅 전략수립과 활동이 불가능하다.

소비자 구매행동은 자극-반응(S-R) 모델에 의해서 설명되는데, 〈그림 18-3〉과 같이 마케팅 자극과 기타 다른 자극이 소비자의 블랙박스에 들어간 다음 어떤 반응을 유발하는가를 보여준다.

그리고 소비자 구매행동은 여러 가지 요인에 의해서 영향을 받는다. 즉

- 문화적 요인 - 문화, 하위문화, 사회계층
- 사회적 요인 - 준거집단, 가족, 역할과 지위
- 개인적 요인 - 연령과 생활주기단계, 직업, 경제상황, 라이프스타일, 개성과 자아개념
- 생리적 요인 - 동기, 지각, 학습, 신념과 태도

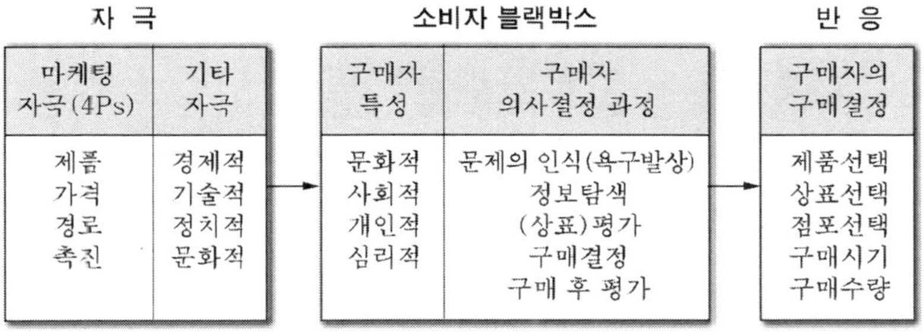

〈그림 18-3〉 소비자 구매행동 모델

소비자들은 구매 의사결정에 도달하기 위해 몇 개의 단계를 거치게 되는데, 그 단계는 욕구인식→정보탐색→대체안 평가→구매 의사결정→구매 후 평가이다.

그러나 상기의 과정은 일상적인 편의품이 아니라, 소비자가 새롭고 복잡한 상황에서 고관여 제품을 구매하고자 할 때 적용된다.

제 4 절 STP 마케팅

1. 표적 마케팅

구매자들은 그 숫자가 너무 많고, 넓은 지역에 흩어져 있으며 또한 욕구 및 구매행동이 서로 상이하다. 그리고 각 기업들은 시장들 중 어떤 상이한 세분시장을 충족시킬 수 있는 능력에 있어 차이가 있으므로 기업은 전체시장에서 경쟁하기보다는 또는 우월한 경쟁자에 대항하여 경쟁하기보다는 장점이 최대한 활용될 수 있는 부분시장을 확인 · 규명해야 한다.

상기와 같은 사고방식을 실천하는 것이 **표적 마케팅**(target marketing)인데, 이것은 우선 전체시장을 몇 개의 기준에 의해 세분하여 세분시장을 확인한 후, 이들 중에서 매력적인 하나 또는 몇 개의 세분시장을 선정하고 각각의 세분시장에 적합한 제품과 마케팅 믹스를 개발하는 것이다. 즉 표적 마케팅은 〈그림 18-4〉와 같이 시장세분화, 시장표적화, 시장위치화의 3단계로 이루어진다.

시장세분화	1. 시장을 세분화하기 위한 기준 확인 2. 세분화된 세분시장의 프로파일 개발
시장표적화	3. 세분시장의 매력성 측정 및 평가 4. 표적세분시장의 선정
시장위치화	5. 각 표적세분시장에 대응되는 위치화 개념 개발 6. 각 표적세분시장에 대한 마케팅 믹스 개발

〈그림 18-4〉 시장세분화, 표적화 및 위치화 단계

2. 시장세분화

시장세분화(segmentation)란 하나의 큰 시장을 상이한 제품이나 마케팅 믹스를 원하리라고 기대하고, 상이한 욕구, 특성 또는 행동을 하는 구매자 집단으로 나누는 것이다.

기업은 시장을 세분하는 상이한 기준과 방법을 확인하고, 또한 세분화된 세분시장들의 프로파일을 개발·작성한다. 우선 시장을 세분화하는 기준에는 지리적 변수, 인구통계적 변수, 심리묘사적 변수, 행동적 변수 등이 있다. 그리고 기준에 의해서 세분화된 시장을 여러 특성을 기준으로 상세하게 설명한다.

3. 시장표적화(표적시장 선정)

시장표적화(targeting)란 표적세분시장을 선정하는 것으로서 각 세분시장의 매력성을 평가하고, 여러 세분시장 중에서 기업이 진출하고자 하는 하나 또는 그 이상의 세분시장을 선정하는 과정이다.

우선, 세분시장의 매력성을 평가할 때는 세분시장의 규모와 성장, 세분시장의 구조적 매력성 및 기업의 목표와 재원을 고려해야 한다. 그리고 나서 기업은 어떤 세분시장을 그리고 얼마나 많은 세분시장을 서브할 것인가를 결정해야 한다.

기업이 세분시장을 선택하는 전략, 즉 시장범위전략에는 비차별적 마케팅, 차별적 마케팅 및 집중적 마케팅이 있다.

4. 시장위치화(시장위치선정)

시장위치화(positioning)란 그 제품에 대해 경쟁적인 위치를 선정하고 또한 이를 실행하기 위한 세부적인 마케팅 믹스를 창안하는 단계로서, 자사 제품이 경쟁제품과는 다른 차별적 경쟁우위요인을 보유하며, 표적시장의 소비자들의 욕구를 보다 효율적으로 잘 충족시켜 줄 수 있다는 것을 소비자에게 인식시켜 주는 과정을 의미한다.

여기에서 **제품의 위치**란 그 제품의 속성에 대해 구매자가 정의하는 방식, 즉 어떤 제품이 소비자의 마음 속에서 경쟁제품과 비교하여 차지하는 위치를 말한다.

현대기업에게 가장 중요한 것으로서 위치화 과업을 수행하기 위해서는 ① 위치를 구축하기 위한 일련의 가능한 경쟁적 우위를 파악하는 단계, ② 적절한 경쟁적 우위를 선택하는 과정, ③ 위치를 효과적으로 표적세분시장에 커뮤니케이트하고 전달하는 단계를 거쳐야 한다.

여기에서 가장 중요한 것은 경쟁적 우위를 선정하는 것인데, 그것은 경쟁사의 제공물과 자사의 제공물을 차별화할 수 있는 구체적인 방법을 선정하는 것이다. 차별화 수단으로는 제품, 서비스, 요원, 이미지 및 경로 차별화 등이 있다.

이 차별화 수단 중에서 가장 경쟁적 우위가 있는 것을 선정하고, 이를 구체적으로 실천하기 위해서는 세부적인 마케팅 전술 프로그램, 즉 마케팅 믹스가 개발되어야 한다.

제 5 절 마케팅 믹스 개발

1. 제품관리

1) 제품 및 서비스의 의미와 유형

제품(product)은 기본적 욕구나 2차적 욕구를 충족시키기 위해 시장에 제공되는 것으로서, 제품에는 물리적 재화, 서비스, 경험, 사건(행사), 사람, 장소, 소유권(재산), 조직체, 정보 및 아이디어 등이 포함된다.

욕구를 충족시켜 주는 이점들의 복합체로서의 제품은 세 가지 차원, 즉 핵심제품, 유형제품 및 확장제품으로 나눌 수 있다. **핵심제품**은 근본적 차원으로서, 구매자가 실제로 구입하는 것이 무엇인가에 관한 차원이다. 즉 소비자가 제품을 구입할 때, 그들이 획득하고자 하는 핵심적인 이점이나 문제를 해결해 주는 서비스로 구성된다. **유형제품**은 핵심제품을 실제품으로 형성화시킨 것으로서 품질수준, 특성, 디자인, 상표 및 포장 등 다섯 가지 특성을 포함한다. **확장제품**은 핵심제품과 유형제품에 추가적인 고객서비스와 이점을 결합한 것으로서 배달, 보증, 설치, 애프터서비스 등 경쟁요소가 포함된다.

그리고 제품은 제품을 사용하는 소비자의 유형에 근거하여 소비재와 산업재로 분류된다. **소비재**란 최종소비자가 개인적 소비를 목적으로 구매하는 제품으로서, 편의품, 선매품, 전문품 및 비탐색품으로 구분된다. 그리고 **산업재**는 개인과 조직이 추가적인 가공처리를 하거나, 기업활동에 이용하기 위해 구입하는 제품으로서 자재와 부품, 자본재 및 소모품과 서비스로 나누어진다.

한편 **서비스**(service)란 한 쪽이 상대방에게 제공하는 성과나 활동으로 기본적으로 무형이며, 어떤 것의 소유로 귀결되지 않는 것이다. 그리고 서비스의 생산은 물질적인 제품과 연결될 수도 있고 그렇지 않을 수도 있다. 이러한 서비스는 유형적인 제품과 달리 무형성, 비분리성, 변화성 및 소멸가능성의 네 가지 특징을 가지고 있다.

2) 개별제품의 속성결정

제품은 고객의 욕구, 즉 문제를 해결할 수 있는 이점을 가지고 있어야 하는데, 이점은 제품품질, 특성 및 디자인과 같은 제품속성에 의해 소비자에게 커뮤니케이트하고 전달된다.

첫째, **제품품질**은 기업이 사용하는 중요한 위치화 도구 중의 하나로서, 품질수준과 일관성의 특징을 가지고 있다.

둘째, **제품특성**은 기업이 자사의 제품을 경쟁사의 제품과 구별하고 차별화하기 위한 경쟁적 도구로서, 원초적인 모텔에 다양한 특성(option 등)을 추가하는 것이다.

셋째, **제품 디자인**은 고객가치를 추가할 수 있는 또 다른 방법으로서, 그 제품의 외관을 단순히 나타내거나, 이목을 끌거나, 감동케 하는 스타일 그 이상인 것으로서, 그 제품의 유용성을 높이는 것이다.

3) 상표

상표(brand)란 특정 판매업자나 판매자 집단들의 제품이나 서비스를 확인하고 또한 다른 경쟁사들의 제품이나 서비스들로부터 식별하고 차별화시킬 목적으로 사용하는 명칭, 말, 기호, 상징, 디자인 또는 이들의 결합은 말한다. 따라서 상표는 어떤 제품의 제조업자나 판매업자를 확인·규명해 준다.

상표는 구매자에게 특별한 일체의 특성, 이점 및 서비스를 항상 전달하겠다는 판매업자의 약속이므로 상표는 네 가지 수준의 의미, 즉 속성, 이점, 가치 및 개성을 전달할 수 있어야 한다.

상표결정에는 다섯 가지 의사결정이 포함된다.

1. 상표화 결정에는 상표부착(상표품) 또는 상표미부착(무상표품)
2. 상표명 결정에는 상표의 선정과 보호
3. 상표주 결정에는 제조업자 상표(NB), 사적상표(PB), 라이센스 상표, 혼합

상표
4. 상표전략에는 신상표, 계열확대, 상표확장 및 복수상표
5. 상표재위치화에는 상표재위치화와 기존 위치화 고수에 관한 내용이 포함된다.

4) 포장화

포장화(packaging)란 특정제품의 용기나 포장재를 디자인하고 생산하는 제반 활동으로 정의되므로, 혁신적인 포장화는 하나의 경쟁우위수단으로 작용된다.

포장이 종래에는 제품용기나 보호기능으로만 강조되어 왔으나, 소비자들이 좋은 포장의 제품을 선호하고, 또한 셀프서비스로 구입하며, 기업이미지와 상표이미지를 높여 주어 마케팅 활동에 도움을 주는 중요한 판매촉진 도구 또는 광고수단으로 그 중요성이 높아지게 되었다. 따라서 포장은 제품보호기능, 의사전달기능 및 가격기능 등을 수행한다.

포장은 첫째, 그 제품을 직접 담은 용기로서의 **기초용기**, 둘째, 제품사용시 분리되는 포장재로서의 **2차 포장**, 셋째, 보관, 식별, 수송 등을 위해 필요한 포장으로서의 **운송 포장**으로 구분된다.

5) 표찰화(라벨링)

표찰(label)은 제품에 부착되어 있는 것으로서, 꼬리표에 불과할 수도 있고, 복잡한 도안이나 내용으로 포장의 일부로 구성될 수도 있다. 표찰은 식별, 등급, 설명, 촉진 등 여러 가지 기능을 수행한다. 그리고 표찰은 상기와 같은 기능을 수행하므로 법적인 관심의 대상이 되고 있는데, 요즘에는 단위가격, 보존가능기간, 영양가 표시 등을 표찰에 포함시키고 있다.

6) 제품보조 서비스

실제 유형제품을 확장할 수 있는 서비스로서, 기업들이 경쟁적 우위를 획득하기 위한 주요 수단으로 사용하는 것이다. 기업이 고객서비스를 잘 실천하면 새로운 고객을 유인하거나 잃어버린 고객을 다시 오도록 설득하는 것보다는 기존 고객의 애고를 유지하는데 비용이 적게 소요된다. 따라서 많은 기업들이 불만의 해

결 및 조정, 신용서비스, 유지서비스, 기술서비스 그리고 고객정보를 운영하기 위해 고객서비스 전담부서를 설치 · 운영하고 있다.

7) 제품믹스 전략

제품믹스(product mix: 제품구색)란 특정 판매업자가 구매자에게 판매하기 위해 제공하는 제품계열과 품목들의 결합을 의미한다. 그리고 제품믹스는 네 가지 차원, 즉 폭(넓이), 길이, 깊이, 일관성의 차원으로 되어 있다.

제품계열(product line)이란 유사한 판매방식을 수행하거나, 동일한 고객집단에게 판매하거나, 유사한 유형의 판매점을 통해서 판매하거나, 가격범위가 유사하다는 면에서 밀접하게 관련되어 있는 제품들의 집단(TV계열, 냉장고 계열 등)을 말한다. 일반적으로 기업은 제품계열의 길이를 길게 함으로써 전계열 기업이 되고자 하는데, 이 전략에는 하향확장, 상향확장, 양면확장 등이 있다.

8) 신제품 개발계획

소비자의 취향, 기술 및 경쟁 등의 급속한 변화를 감안할 때, 기업은 지속적으로 신제품과 서비스를 개발해야 한다. 기업은 두 가지 방법, 즉 첫 번째는 외부에서 취득하는 방안으로서 신제품을 보유한 기업을 흡수하거나 또는 특허권을 구입하는 것, 두 번째는 자사의 연구개발부서를 통해서 자체적으로 신제품을 개발하는 방안이 있다.

신제품은 실패율이 너무나 높아지고 있으므로, 신제품을 성공하기 위해서는 전체적인 기업의 노력이 필요하다. 성공적인 혁신을 이룩한 기업들은 신제품 개발에 대해 지속적으로 재원을 투입하며, 전반적인 계획과정과 연결하여 신제품전략을 수립하고, 신제품 개발과정을 관리하기 위해 공식적으로 정교한 조직구조를 조성하고 있다.

신제품 개발조직 유형에는 제품관리자, 신제품관리자, 신제품위원회, 신제품개발부 및 신제품 모험사업팀 등이 있다. 그리고 신제품을 발견하고 성공시키기 위한 신제품 개발과정은 8개의 단계, 즉 아이디어 창출→아이디어 심사→제품개념의 개발과 시험→마케팅 전략개발→사업성 분석→제품개발→시험마케팅→상품화

(시장도입)로 구성된다.

9) 제품수명주기 전략

제품수명주기(product life cycle: PLC)란 시간이 지남에 따라 판매와 이익이 발생하는 과정으로서, 특정제품이 시장에 처음 출시되는 도입기, 시장수용 및 이익이 급증하는 성장기, 경쟁이 치열해짐으로써 판매성장이 둔화되는 성숙기, 판매와 이익이 급속하게 하락하는 쇠퇴기로 구분된다.

제품수명주기는 S자형 곡선의 형태를 띠는데, 각 단계 주기별로 기업은 상이한 목표에 따라 각 단계에 맞는 마케팅 전략을 구사해야 한다.

2. 가격전략

1) 가격의 의의 및 중요성

가격(price)이란 제공되는 제품 및 서비스에 대한 대가로서 소비자가 소유하거나 또는 사용하게 된 제품이나 서비스가 제공하는 이점과 혜택을 교환하는 대가로 소비자가 지불하는 것이다.

가격은 마케팅 믹스요소 중 유일한 수익창출요인이며, 소비자가 제품구매시 가장 민감하게 고려하는 요인으로 시장수요와 밀접한 관계가 있다. 또한 변화성과 신축성이 많은 요소로서 가장 강력한 경쟁수단이며, 시장점유율을 확보하기 위한 수단이다. 그러므로 가격은 기업에게는 이익을, 고객에게는 구매결정을, 그리고 정부에게는 경제정책의 지침을 제공해 주는 중요한 역할을 담당한다.

2) 가격결정의 영향요인과 접근방법

기업의 가격결정은 기업의 내부요인과 외부요인에 의해 영향을 받는다. 내부요인으로는 기업의 마케팅 목표, 마케팅 믹스전략, 원가구조 등이 있다. 외부환경요인으로는 제품시장의 수요 특성, 경쟁사의 원가와 가격 및 제공물 그리고 기타 법적 요인 등이 있다.

따라서 기업이 설정하는 가격은 이익을 창출하지 못할 정도로 낮아서도 안 되고, 수요가 없을 정도로 높아서도 안 된다. 이에 기업은 가격결정시 3Cs, 즉 제품의 원가(cost), 소비자의 제품에 대한 가치의 지각(consumer), 경쟁사의 가격(competition) 그리고 기타 내적 및 외적 요인 등을 고려해야 한다. 여기에서 제품원가는 가격의 하한선이고, 소비자의 가치지각은 상한선이 되므로, 가격은 양극단의 사이에서 결정된다.

기업은 가격결정 접근방법을 선택하여 가격을 결정하는데, ① 원가중심(cost)적 접근방법에는 원가가산법, 목표이익에 의한 가격결정, ② 가치중심적 접근방법에는 소비자(consumer)가 지각한 가치에 의한 가격결정, ③ 경쟁자(competition) 중심적 접근방법에는 경쟁사 모방에 의한 가격결정, 공개입찰에 의한 가격결정 등이 있다.

3) 신제품 가격결정

가격전략은 제품수명주기의 각 단계에 따라 적절하게 변화되는데, 그 중에서도 도입기의 가격전략은 중요하다.

(1) 초기고가격(skimming pricing)

시장도입기에 그 시장의 고소득층으로부터 많은 이익을 획득하기 위해 설정하는 것으로서, 제품의 품질과 이미지가 높은 가격을 뒷받침할 수 있으며, 경쟁사의 제품이 쉽게 시장에 진입할 수 없을 정도로 품질수준이 높을 때 가능하다.

(2) 초기저가격(침투가격 : penetration pricing)

도입기에 낮은 가격으로 신속하게 시장에 깊숙이 침투하기 위한 가격전략이다. 이로써 많은 구매자를 확보하고 또한 시장점유율을 확대할 수 있다. 이 전략은 시장이 가격에 민감할 경우, 판매량이 증가함에 따라 원가를 절감할 수 있으며, 경쟁사가 시장에 쉽게 진입할 가능성이 있는 경우에 적용된다.

4) 가격조정 전략

기업들은 기본가격을 고객들의 상이한 특성과 상황의 변화 등에 따라 조정하는데, ① 할인가격과 공제(현금할인, 수량할인, 기능할인, 계절할인, 공제 등), ②

세분된 차별가격(고객시장별, 제품형태별, 장소별, 시간대별 차별가격), ③ 심리적 가격(심리가격, 준거가격, 단수가격), ④ 촉진적 가격결정(유도용손실품, 특별행사가격, 현금반환, 거래조장자 등), ⑤ 가치가격결정, ⑥ 지리적 가격결정(공장인도가격, 균일운송가격, 구역가격, 기점가격, 운송비 흡수가격 등) 등이 있다.

이 중에서 가치가격결정은 정당한 가격으로 품질과 양질의 서비스를 적절하게 결합하여 제공하도록 하는 것으로서, 특별가격에 더 좋은 제품을 또는 염가에 동일한 품질을 제공하기 위해 기존상표를 재디자인하는 것과 연관된다. 또 **가치가격화**(value pricing)는 표적소비자들이 추구하고 있는 가치를 그들에게 제공하는 품질과 가치 간의 세심한 균형을 찾는 것을 의미하며 또한 가격인하와 더불어 품질은 그 상태로 유지하거나, 오히려 개선되는, 그러면서도 기업에 이익을 남기는 것을 의미한다.

5) 가격변경전략

기업은 가격구조와 전략을 수립한 후에 먼저 가격을 변경하거나 또는 경쟁사의 가격변경에 대응해야 하는 상황에 직면하게 된다.

(1) 가격변경선도

기업은 경우에 따라 가격을 인하하거나, 인상을 먼저 선도하는 것이 바람직스럽다는 것을 발견할 수 있다. 이 경우에 기업은 가능한 구매자와 경쟁사의 반응을 예상해야 한다. 가격의 인하는 과잉설비, 시장점유율의 하락, 저원가 등의 경우이며, 가격인상은 원가상승, 과잉수요 또는 할인율 저하나 고가의 제품추가 등의 경우이다.

(2) 경쟁사의 가격변경에 대한 자사의 반응

경쟁사의 가격변경시 자사의 대응책에 대해 검토해야 한다. 즉 경쟁사의 가격변경 이유, 대응하지 않을 경우에 자사가 받을 수 있는 영향 등을 광범위하게 분석해야 한다. 그리고 경쟁사의 가격변동 여부를 예상하기 위해 조기경보체제 등이 마련되어야 한다.

3. 경로관리

1) 유통경로의 의미 및 중요성

유통경로(place, distribution channel, marketing channel)란 특정제품이나 서비스가 생산자로부터 소비재와 산업재 사용자에게로 옮겨가 그들이 사용하거나 소비하도록 하는 과정에 관여하여 상호의존하는 조직들의 집합을 의미한다. 일반적으로 유통경로에는 상업중간상, 대리중간상, 촉진상이 포함된다.

이상과 같은 유통경로의 중요성으로는 첫째, 총거래 수를 최소화하고, 거래를 촉진함으로써 교환과정을 촉진시킨다. 둘째, 가격, 제품 및 지불조건 등을 표준화하여 거래를 용이하게 한다. 셋째, 생산자와 소비자 간의 구색차이를 연결시킨다. 넷째, 판매자에게 고객정보 및 잠재고객과의 도달가능성을 높이고, 소비자에게는 탐색비용을 절감시켜 줌으로써 생산자와 소비자를 연결시킨다. 다섯째, 다른 믹스요소에 비해 비탄력적이며, 유통경로의 국가별 특수성으로 인해 중요한 전략적 위치를 차지한다.

2) 유통경로의 기능과 경로수준의 수

유통경로는 생산자로부터 소비자에게로 제품을 전달하는 일을 수행함으로써 생산자와 소비자 사이의 시간과 공간, 그리고 소유의 괴리를 극복한다. 즉 마케팅 유통경르의 구성원들은 거래를 완성하도록 도움을 주기 위해 정보제공, 촉진, 접촉, 조절, 협상기능, 그리고 완전하게 거래가 이루어지도록 도움을 주기 위해서 물적유통, 금융, 위험부담의 기능을 수행한다.

그리고 이러한 기능을 수행하는 각각의 마케팅 중간상을 **경로수준**이라고 하는데, 중간상 수준의 수를 이용하여 유통경로의 길이를 나타낼 수 있는데, 〈그림 18-5〉와 같다.

3) 수직적 및 수평적 마케팅 시스템

유통경로는 경로 전체의 성과에는 거의 관심이 없는 독립적인 기업들 간에 이루어진 느슨한 결합체로서 강력한 지도력을 갖지 못하므로 치명적인 갈등과 낮은 성과로 곤혹을 치르고 있다. 최근 전통적인 마케팅 경로에 대한 도전으로 수직적 마케팅 시스템이 등장하게 되었다.

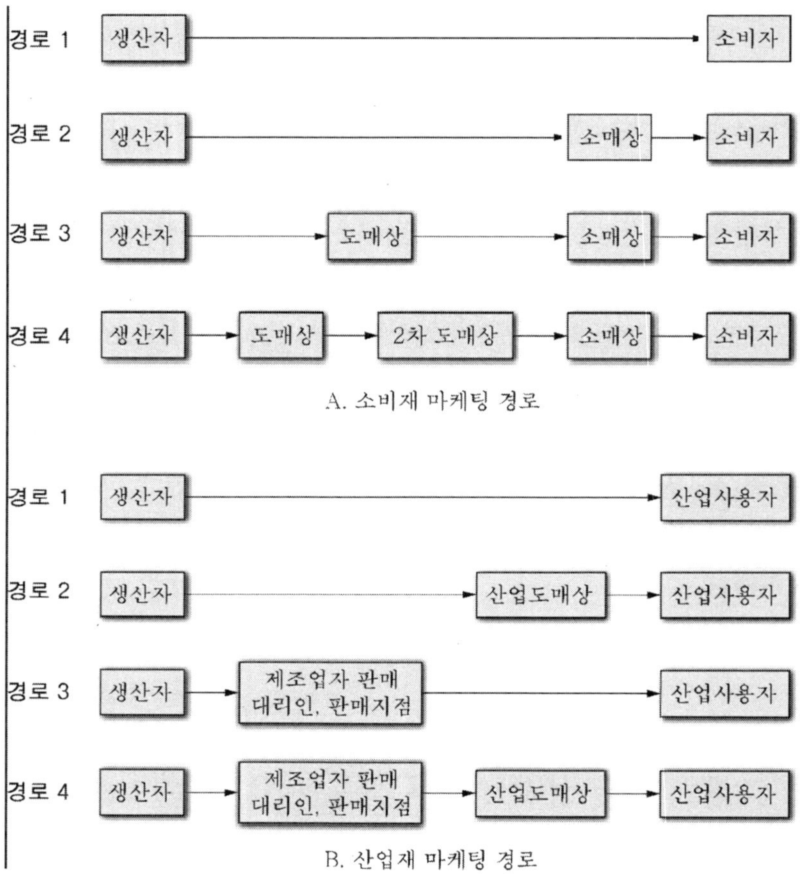

〈그림 18-5〉 소비재 및 산업재의 마케팅 경로

수직적 마케팅 시스템(VMS: vertical marketing system)은 생산자, 도매상 및 소매상들이 하나의 통일된 시스템을 이룬 유통경로 전체로서, 경로활동을 통제하고, 경로갈등을 관리하며 또한 규모의 경제, 교섭력 등 중복되는 서비스의 제거 등을 성취할 수 있다.

수직적 마케팅 시스템은 회사형, 계약형, 관리형의 세 유형이 있다.

한편 **수평적 마케팅 시스템**은 새로운 시장기회를 발견하기 위해 같은 경로단계에 있는 두 개 이상의 개별조직들이 결합하는 것으로서, 이 기업들은 함께 일함으로써 혼자서 사업을 할 때보다 더 많이 성취하기 위하여 자본, 생산능력 및 마케팅 재원을 결합할 수도 있다.

4) 유통경로 정도에 따른 유통경로 전략

기업이 고려하는 시장의 범위가 어느 정도인가에 따라 소매점의 수를 결정하는 세 가지 유형이 있다.

(1) 집중적 경로

높은 시장범위도달을 목적으로 이용가능한 경로구성원을 모두 이용하는 전략으로서, 구매의 편리성 및 이용가능성은 높으나 유통비용이 증가하고 통제력이 약한 단점이 있으며, 주로 편의품에 이용된다.

(2) 전속적 · 독점적 경로

일정한 상권 내에 자사제품만을 독점적으로 취급하는 제한된 수의 소매점을 확보하는 전략으로 거래비용 감소와 제품 이미지 제고가 가능하다. 주로 전문품에 적용되는데, 높은 이폭을 제공하고, 판매상의 가격, 촉진, 신용 및 서비스에 대해서 통제할 수 있다.

(3) 선택적 경로

개방적(집중적) 경로와 전속적 경로의 중간형태로 일정지역에 몇 개의 소매점을 선정하여 자사제품을 취급할 수 있도록 한다. 이것은 주로 가전제품, 의류 등과 같은 선매품에 이용되는데, 생산자로 하여금 더 많은 통제력과 적은 비용으로 적절한 시장확보를 가능하게 한다.

5) 유통기구

유통경로를 구성하는 중간상은 도매상, 소매상 및 물적유통 조직체 등이 있는데, 각각은 효율적으로 유통관리를 하기 위해서 고유의 전략을 실행한다.

(1) 소매상

소매상은 재화 및 서비스를 최종소비자에게 직접판매하는 기구로서, 소매전략믹스에 의해 분류될 수 있다. 소매전략믹스란 입지, 구색, 서비스, 가격 및 영업시간 등의 통합된 조합을 의미하는데, 이에 따라 소매상의 유형이 분류된다.

소매상은 점포 소매상과 무점포 소매상으로 분류되는데, 점포 소매상의 분류는 〈표 18-2〉와 같다. 무점포 소매상은 카탈로그, 직접우편판매, 전화, 홈쇼핑 쇼, 온라인 컴퓨터 쇼핑서비스, 가정 및 사무실 파티 등이며, 무점포 소매업에는 직접마케팅, 직접판매(방문판매), 자동판매기 등을 통한 판매가 포함된다.

〈표 18-2〉 소매업체의 분류방법

서비스 양	판매하는 제품계열	상대적인 가격	판매점의 통제	점포 밀집형태
셀프 서비스 한정 서비스 최대 서비스	전문점 백화점 슈퍼마켓 편의점 컴비네이션 스토어 수퍼스토어 하이퍼마켓 수퍼센터 서비스 사업	할인점 저가격 소매점 카탈로그 전시장	회사형 연쇄점 임의 연쇄점과 소매상 조합 프렌차이즈 조직 머천다이징 복합기업	도심상가 지역 지역 쇼핑센터 지구 쇼핑센터 주택지구 쇼핑센터

(2) 도매상

도매상은 재판매나 사업목적으로 구입하는 고객에게 제품이나 서비스를 판매하는데 관련되는 모든 활동을 하는 기업으로서, 도매상은 생산자로부터 제품을 구입하여 대개 소매상, 산업재 소비자, 그리고 다른 도매상에게 판매한다.

도매상은 판매와 촉진 구매와 구색맞춤, 대량구매-소량판매, 보관, 운송, 금융, 위험부담, 시장정보, 경영서비스와 지도 등의 기능을 수행한다.

도매상의 유형은 상인도매상으로서 완전기능 도매상과 한정기능 도매상, 중개상과 대리상 그리고 제조업자의 판매지점과 사무소 등으로 분류된다.

6) 물적유통(마케팅 로지스틱스) 관리

시장 로지스틱스(market logistics)란 수요를 충족시키기 위해 하부조직(기초구조, 기간시설)를 계획하고, 그 후 이익을 창출하면서 고객의 요구조건을 충족시키기 위해 원산지로부터 사용하는 시점까지 원재료와 최종제품 및 관련정보의 물적흐름을 계획, 실행, 통제하는 것이다.

오늘날에는 고객 서비스와 고객만족이 기업의 마케팅 전략을 수립하는 기초가 되고 있으며 또한 로지스틱스가 기업의 중요한 원가요소가 되고, 제품의 다양화가 증가됨으로써 보다 개선되고 향상된 로지스틱스 관리가 필요하다.

마케팅 로지스틱스 시스템의 목표는 최소의 비용으로 목표로 정한 수준의 고객 서비스를 제공하도록 하는 것이므로, 이러한 목표를 달성하는데 소요되는 비용을 최소화할 수 있도록 로지스틱스의 기능인 주문처리, 창고, 재고, 수송 등을 관리해야 한다.

이에 따라 오늘날 기업들은 통합적 로지스틱스 관리개념을 도입하고 있다. 이것은 더욱 양호한 고객 서비스를 제공하면서 유통비용을 절감하기 위해서는 기업 내부는 물론 모든 마케팅 경로구성원들 간에 팀워크를 필요로 한다는 것이다. 즉 기업 내부의 여러 부서기능들은 자사의 로지스틱스의 성과를 극대화하기 위해서 밀접하게 협력해야 하며, 또한 자사의 전체적인 경로 시스템의 성과를 극대화하기 위해서 원료공급업자와 고객(경로구성원 등)들의 로지스틱스 시스템을 자사의 로지스틱스 시스템과 통합하여 결속해야 한다.

4. 통합적 마케팅 커뮤니케이션 관리

1) 마케팅 커뮤니케이션(촉진) 및 마케팅 커뮤니케이션 믹스(촉진 믹스)의 본질

마케팅 커뮤니케이션(marketing communication)이란 기업이 판매하는 제품과 상표에 대해 직접 또는 간접적으로 소비자들에게 정보를 제공하고, 설득하며 또한 생각하도록 시도하는 수단들이다. 이러한 마케팅 커뮤니케이션은 상표의 목소리를 나타내며, 그 목소리는 대화를 조성하고, 소비자와의 관계를 구축할 수 있는 수단인데, 마케팅 커뮤니케이션 믹스에 의해 수행된다.

마케팅 커뮤니케이션 믹스(marketing communication mix, 촉진믹스: promotion mix)란 기업의 제품과 서비스를 소비자들이 구매하도록 유도할 목적으로 해당제품 및 서비스의 효능을 현재 및 잠재고객을 대상으로 정보를 제공하거나 설득하는 기업의 전체적인 마케팅 커뮤니케이션 시스템으로서, 광고, 인적판매, 판매촉진, 공중관계 및 홍보, 행사와 경험, 직접 마케팅이 조화롭게 구성된 것이다.

마케팅 커뮤니케이션 믹스는 〈표 18-3〉과 같이 여섯 가지로 구성되며, 각각은 상이한 특징이 있으므로, 이 촉진도구는 광고목표와 마케팅 목표를 달성하기 위해 통합, 조정된 촉진믹스로 결합되어야 한다.

〈표 18-3〉 마케팅 커뮤니케이션 믹스의 특징

수단	범위	내용	장점	단점
광고	대중	보통	신속, 메시지 통제가능	효과측정 곤란, 정보량 제한
인적판매	개별	고가	정보의 질과 양	비용과다, 속도 완만
판매촉진	대중	고가	주의집중, 즉각적 효과	모방용이
공중관계 및 홍보	대중	무료	신뢰성 높음	통제곤란
행사 및 경험	대중	고가	상표와 상호작용조성, 관계성, 관여, 암묵적임	프로그램 및 디자인이 어려움
직접마케팅	개별	저가	직접반응요청, 직접 의사소통, 고객개별화, 최신적, 상호작용	고객별 세분화가 어려움

2) 마케팅 커뮤니케이션 믹스 결정요인

기업은 특정제품의 촉진캠페인 효과를 극대화하기 위해 사용가능한 촉진수단을 결합하여 활용하기 위한 촉진믹스를 설계할 때, 제품/시장의 유형, 푸시 및 풀 전략, 구매자 준비상태 및 제품수명주기 등을 고려해야 한다.

① **제품과 시장유형**: 소비재는 광고와 판매촉진이, 그리고 산업재는 인적판매가 많이 사용된다.

② **푸시 및 풀 전략**: 푸시(push)전략은 인적판매와 중간상 촉진이 이용되며, 풀(pull)전략은 광고나 소비자용 촉진이 이용된다.

③ **구매자 준비상태**: 인식과 숙지단계에는 공중관계와 광고가, 호의, 선호 및

확신단계에는 인적판매가, 종결단계에는 인적판매와 판매촉진이 지배적 역할을 한다.

④ **제품수명주기 단계**: 도입기에는 광고와 공중관계가, 성장기에는 광고와 공중관계, 성숙기에는 판매촉진이 중요하며, 쇠퇴기에는 판매촉진이 강력하게 지속된다.

3) 마케팅 커뮤니케이션 관리기법

마케팅 관리자는 기본적인 커뮤니케이션 과정(〈그림 14-3〉 참조)을 이해하고, 기업의 정보를 효과적으로 소비자에게 전달하기 위해 마케팅 커뮤니케이션 관리과정(6개 과정)에 대한 의사결정을 해야 한다.

첫째, **표적청중확인**: 마케팅 커뮤니케이션 담당자는 누가, 무엇을, 언제, 어떻게, 어디서 전달할 것인가에 대한 의사결정시, 우선 가장 결정적으로 영향을 미칠 대상인 표적청중을 확인해야 한다.

둘째, **희구반응결정**: 표적청중은 여섯 단계로 구성된 구매자 준비상태(인식→숙지→호의→선호→확신→구매)를 거치므로 표적청중이 어느 단계에 있는지 또는 어떤 단계로 진전시킬 것인가를 관리자는 결정해야 한다.

셋째, **메시지 선정**: 메시지를 개발하기 위해서 커뮤니케이션 담당자는 전달할 것(메시지 내용; 합리적 소구, 감정적 소구, 도덕적 소구), 메시지 구성(결론제시 방법, 주장방법, 강조점의 위치), 메시지 양식(표제어, 문안, 도안, 색상 등)을 결정해야 한다.

넷째, **매체선정**: 인적 커뮤니케이션 경로와 비인적 커뮤니케이션 경로의 장·단점을 고려하여 자사의 촉진목표에 맞는 경로를 선택한다.

다섯째, **메시지 원천의 선정**: 메시지의 청중에 대한 영향은 그 메시지 송신자를 어떻게 인식하느냐에 따라 상이하므로, 그 원천은 전문성, 신뢰성, 호감 등의 요인을 맞추어 신뢰성을 높게 해야 한다.

여섯째, **피드백 수집**: 촉진효과는 커뮤니케이션 효과와 판매효과를 측정하여 파악할 수 있다.

4) 마케팅 커뮤니케이션 선택

마케팅 커뮤니케이션 믹스를 구성하는 여섯 가지 수단에 대한 구체적인 세부 전술이 설계되어야 한다.

(1) 광고(advertising)

어떤 확인된 광고주가 아이디어, 재화 또는 서비스를 유료형식을 통해 비인적으로 제시하고, 촉진하는 활동이다. 광고에 관한 의사결정은 목표설정, 예산결정, 메시지 결정, 매체결정 및 캠페인 평가로 구성된다.

(2) 판매촉진(sales promotion)

어떤 제품이나 서비스의 구매나 판매를 촉진하기 위해 사용하는 단기적인 수단으로서, 소비자 촉진(견본, 쿠폰, 환불, 소액할인, 경품, 경연회, 기타), 중간상 촉진(구매공제, 무료제품, 상품공제, 협동광고, 후원금, 판매상 판매경연회), 판매원 촉진(상여금, 경연회, 판매원 회합) 등으로 구성된다.

(3) 인적판매(personal selling)

판매원을 매개로 직접 고객과 대면하여 구매를 설득하는 커뮤니케이션 수단으로서, 소비자에게 많은 정보를 제공하고, 쌍방적 커뮤니케이션이므로 즉각적인 피드백이 가능하기 때문에 정보탐색 및 광고에 노출된 소비자에게 효과적이다. 반면에 접근가능성이 낮고, 고객 일인당 비용이 과다하다.

(4) 공중관계(public relation)

기업이 다양한 공중과의 건전한 관계를 형성하기 위하여 호의적인 공중성을 획득하거나, 우호적인 기업이미지를 구축하거나, 비우호적인 소문, 이야기거리, 사건 등을 처리하거나 방지하는 활동이다. 공중관계는 홍보와 기타 다른 활동을 모두 포함하는 보다 포괄적인 개념으로서, 그 수단으로는 기자회견 또는 대변인, 제품홍보, 공공의 관심사, 로비활동, 투자자 관계 및 개발 등이 있다.

(5) 행사와 경험(event and experience)

일일별로 또는 특별하게 상표와 관련된 상호작용을 조성하기 위해서 디자인된 것으로 기업이 주관하는 활동이나 프로그램이다. 스포츠, 오락, 페스티벌, 대의활동, 예술활동, 공장견학, 기업박물관, 거리행사 등의 수단이 있다.

(6) 직접마케팅(direct marketing)

특별한 고객 및 예상잠재고객으로부터 직접 반응을 요청하거나 또는 직접 의사소통을 하기 위해 사용하는 우편, 전화, 팩스, 전자우편, 인터넷, 카탈로그, 전자식 쇼핑, TV홈쇼핑, 음성우편 등의 수단이 있다.

제 6 절 21세기 마케팅 활동

1. 인터넷 네트워크 마케팅시스템의 구축과 활용

정보화 시대 및 신경제 시대로 변화하면서 마케팅 활동도 이러한 추세를 따라가고 있다. 인터넷을 통한 전자상거래가 활발해지고 있으며, 마케팅 활동에서도 인터넷을 적극적으로 활용하는 기업이 늘어나고 있다. 이제는 모두 네트워크로 처리할 수 있는 **인터넷 네트워크 마케팅시스템**을 구축하고 적극적으로 활용할 수 있어야 한다.

마케팅담당자는 기업 내부의 **인트라넷**(intranet)을 통해 유통정보, 일일판매실적, 거래처실적, 판매정보, 신제품정보, 매장세일, 정기방문계획 등에 대한 정보를 손쉽게 얻을 수 있어야 한다. 또한 마케팅 업무관리와 문서작성도 컴퓨터만으로 처리함으로써 마케팅 활동을 더욱 쉽게 분석할 수 있다.

또한 마케팅 환경이 급변하면서 고객의 욕구에 즉각적으로 대응하기 위해서는 기업 외부의 **엑스트라넷**(extranet)을 구축해야 한다. 마케팅담당자는 이를 통해 전문적인 마케팅 정보를 받아 거래처에 제공함으로써 판매촉진을 위한 컨설팅

위주로 마케팅 활동을 할 수 있다.

인트라넷과 엑스트라넷이 연결된 인터넷 네트워크 마케팅이 이루어지면, 마케팅담당자는 전문상담자로 변화하게 된다. 인터넷을 통해서 신제품에 대한 정보를 숙지할 수 있고, 거래처의 마케팅 활동에 대한 제안도 할 수 있으며, 또한 광고 판촉물의 배포에 관한 정보, 모범진열 사례, 동영상 광고, 이미지 사진 등을 거래처에 직접 확인시킴으로써 거래처의 신뢰도 확보할 수 있다.

2. 고객만족 중심의 가치경영 추구

오늘날과 같은 무한 경쟁시대에 기업이 유지, 발전하기 위해서는 지속적으로 경영환경변화에 대응할 수 있는 제품이나 서비스를 개발할 뿐만 아니라 이 제공물을 통해 고객을 만족시키는 것이 중요하다는 것을 인식하고 있다. 즉 고객만족의 중요성이 커지면서 본격적으로 고객만족을 추구하는 경영전략이 요구되고 있다.

고객만족 중심의 가치추구 경영이란 제품의 상대적인 품질 만족도와 상대적 가격 만족도를 포함하는 고객가치를 이용하여 고객만족 전략을 수립하고 이를 실행하여 성과를 높이는 경영활동이다. 이 때 상대적 품질의 만족도란 기능, 디자인, 재질 등 제품 그 자체뿐만 아니라 포장, 배달, A/S 등 부대서비스까지 포함하는 것을 의미한다.

고객만족 중심의 가치경영이 중요하게 대두되는 이유는 제품이나 서비스에 대해 만족한 고객은 충성도가 높아 재구매 가능성이 높으며, 의사소통 비용이 적게 소요되고 또한 구전효과를 야기시켜 기업에게 긍정적인 PR효과를 줄 수 있기 때문이다.

아울러 고객만족 중심의 가치경영은 직접적으로 기업의 성과를 예측할 수 있게 하며, 경쟁기업의 동태를 파악할 수 있게 한다.

3. 첨단 마케팅 기법을 활용한 경쟁우위 확보

21세기 글로벌 경쟁시대에 적합한 서비스 중심의 마케팅 기업들은 데이터베이스 마케팅, 직접 마케팅, 관계 마케팅, 맞춤형 마케팅 등을 구사하고 있다.

이 마케팅 기법들은 두 가지 공통적인 특징이 있다. 첫째, 고객을 집단이 아니라 개인 단위로까지 세분화한다는 것이다. 이를 통해 개개인의 취향과 특성에 맞는 마케팅 수단을 사용하는 일 대 일 속성을 갖게 된다.

둘째, 전통적인 촉진방법 대신에 인간적인 접촉과 양방향 의사소통이 가능한 뉴미디어를 동원한다는 것이다. 특히 인터넷의 발달은 21세기 마케팅의 틀을 근본적으로 변화시킬 것이므로, 양방향 의사소통을 통한 마케팅이 이루어질 수 있는 다양한 방법을 강구해야 한다.

제19장

경영정보시스템

제 1 절 경영정보의 본질

1. 정보경영의 중요성

정보화시대에 접어들면서 정보기술이 기업경영에 미치는 영향은 매우 크다. 이에 따라 기업은 보다 빠른 정보처리 능력을 갖춤으로써 다른 기업들에 비해 경쟁우위를 확보해야만 비로소 생존할 수 있게 되었다.

또한 경영활동은 기업의 목표를 달성하기 위해 자주 의사결정을 해야 하는데, 이 때 해당문제에 대해 어떠한 정보자원을 갖고 있느냐에 따라 합리적인 의사결정을 할 수 있느냐 없느냐가 결정된다.

이에 따라 현대기업은 정보를 중요한 경영자원으로 인식하고, 정보를 효과적으로 수집하고 가공하는 시스템 없이는 경영활동을 수행할 수 없을 정도로 정보에 대한 의존도가 매우 높다. 즉 기업경영에 있어서 계획을 수립하고, 통제를 보다 유효하게 하기 위해 정보의 전략적 가치는 더욱 높아질 것이고, 정보를 관리하는 정보기술의 역할은 더욱 중대될 것이다.

그러므로 **정보경영**(information management)이란 급속한 경영환경의 변화 속에서 경쟁력을 확보하기 위해 정보자원과 정보기술을 효과적으로 이용하여 경영활동을 수행하는 것이다. 즉 경영환경과 관련된 각종 자료를 수집하여 경영자의 목적에 맞게끔 가공한 정보로 탈바꿈시켜 이를 토대로 효과적이고 효율적인 경영활동이 이루어지게 하는 것을 의미한다.

2. 경영정보의 의미

정보(information)는 자료(data)라는 용어와 혼용되어 사용되어 왔다. **자료**란 종업원의 이름, 재고번호, 주문량, 근무시간 등과 같이 실제적인 사실을 나타내는 특정한 기호로서 가공되지 않은 상태로 사실을 표현하는 것으로, 그 자체로는 의미가 없고 이용자의 이용의도에 맞게 유용한 형태로 전환되어야만 의미를 가지게 된다. 이에 반해 **정보**는 수신자에게 의미가 있는 형태로 처리된 자료로서, 현재 또는 미래의 행위나 의사결정에 실제적인 혹은 지각된 가치를 가지고 있는 유용한 자료로서, 자료를 어떤 의미를 갖도록 처리한 것이 정보이다.

따라서 경영정보는 경영활동에 유효적절하게 사용하기 위해 조직화되거나 가공되어진 자료로서, 경영자의 의사결정이나 문제해결에 도움을 주는 유용한 자료이다. 그러나 경영정보가 경영활동이나 의사결정에 필요한 가치를 가지기 위해서는 다음의 네 가지 특성을 가져야 한다.

1. 정보는 의사결정과 관련성이 있어야 한다(정보의 유용성 및 적절성): 정보는 경영자의 의사결정 상황에 적절해야 한다.

2. 정보는 의사결정하는 시점에 제공되어야 한다(정보의 시의성): 정보는 의사결정을 하는데 필요한 시점에 제공되어야 가치가 있다.

3. 정보는 오차가 없어야 한다(정보의 질): 정보는 사실성을 나타냄으로써 객관적으로 입증할 수 있어야 한다. 따라서 오차가 없이 사실성에 근거를 둠으로써 정확하고, 적절한 의사결정을 할 수 있으며, 이것에 의하여 장기적인 조직의 성장을 기할 수 있게 된다.

4. 내용과 형식면에서 적절한 양의 자료를 가져야 한다(정보의 완전성): 경영자는 의사결정에 관련하여 충분한 양의 정보를 보유해야 한다.

이러한 특징을 갖기 위해서는 정보의 관리가 필요한데, 정보의 관리는 경영활동의 복잡성 증가 그리고 의사결정 도구의 개발로 인해 더 중요시되고 있는데, 조직을 관리하기 위해서 정보의 관리는 필수적이다.

정확하고 시기적절한 다양한 정보는 기업의 성과와 생산성을 개선할 수 있으며 또한 이러한 정보는 여러 부문의 경영활동을 통제하거나 조정하는 역할을 할 뿐만 아니라 계획을 수립하고 미래의 사업방향을 예측하는 활용에까지 쓰인다.

3. 정보관리와 컴퓨터

오늘날 경영자가 일상적인 경영관리 과정에서 의사결정을 할 때 필요로 하는 정보의 양은 대단히 많다. 이와 같이 복잡하고 많은 시간을 필요로 하는 정보를 보다 쉽게 수집하고 분석하기 위해서는 정보관리가 요구되며, 또한 컴퓨터가 필요하다.

기업경영에 컴퓨터 정보시스템이 활발히 이용되는 데는 ① 기업들이 경영활동에 필수적인 정보를 체계적으로 관리하기 위해서, ② 컴퓨터기술의 놀라운 발전 때문에 컴퓨터 이용이 쉬워졌기 때문이다.

즉, 적절한 정보 없이는 경영활동을 효과적으로 수행할 수 없으므로 경영활동에 필요한 정보를 효과적으로 관리하기 위해서 컴퓨터의 이용범위를 확대하였으며, 또한 기업의 경쟁력을 강화시키는 방안으로서 정보시스템을 전략적으로 이용하는 분야까지 컴퓨터의 이용범위가 확대되고 있다.

그리고 하드웨어, 통신, 소프트웨어, 데이터베이스 등의 이용능력의 확산으로 기업들이 정보를 관리할 수 있는 능력을 갖게 되었다.

또한 대부분의 기업들은 데이터와 정보를 공유할 목적으로 다수의 컴퓨터를 통신망으로 연결한 시스템인 컴퓨터 네트워크를 통해서 종업원, 공급업체, 고객에게 정보를 전달하고 있으며, 또한 내부통신망인 인트라넷(intranet)을 통해 사내에서 사전에 승인된 사용자가 정보를 전달할 수 있다.

4. 컴퓨터시스템의 기술적 환경

정보를 수집·가공·보고하는 정보시스템은 하나의 컴퓨터시스템으로 구성되어 있는데, 이 시스템은 하드웨어, 소프트웨어, 휴먼웨어 등 크게 세 가지 요소로 구성되어 있다.

첫째, **하드웨어**는 컴퓨터시스템의 운영에 필요한 장치들로서, 자료를 입력하고, 계산하고 출력하여 전송하는 컴퓨터 장비 등으로, 중앙처리장치, 보조기억장치, 입력장치, 출력장치, 통신장치 등으로 구성되어 있다.

둘째, **소프트웨어**는 컴퓨터를 운영하고 이용하는데 필요한 응용프로그램이나 소프트웨어로서, 크게 시스템 소프트웨어와 응용 소프트웨어로 나눌 수 있다.

셋째, **휴먼웨어**는 컴퓨터시스템을 개발하고 관리·운영하는 운영자와 컴퓨터를 이용하는 이용자이다.

제 2 절 경영정보시스템

1. 경영정보시스템의 의미와 필요성

경영정보시스템(MIS: management information system)이란 조직의 내부 및 외부 기능운용과 관계된 과거, 현재, 미래의 정보를 공급하는 조직화된 방법으로서, 조직의 의사결정 과정을 지원하기 위해 한결같이 유용한 정보를 적절한 시간 플레임에 공급함으로써 조직의 계획·통제 및 운영적 기능을 지원하여 조직의 목표를 보다 효율적 및 효과적으로 달성할 수 있도록 조직화된 통합적 인간·기계시스템으로 정의한다.

즉 경영정보시스템은 기업의 경영관리시 경영자가 의사결정을 할 경우, 이에 필요한 정보를 조직의 모든 구성원에게 필요로 하는 양과 질의 정보를 제공하기 위해 필요한 정보를 신속히 수집하고 종합적, 조직적으로 가공·축적·제공하여 기업의 생산성과 수익성을 높일 목적으로 구축된 다양한 정보시스템과 그 네트워크를 총칭하는 용어로서 시스템화된 정보망이라고 할 수 있다.

특히 오늘날 MIS가 필요하게 된 이유는 다음과 같다.

첫째, 경영조직의 규모확대와 경영활동의 복잡성 증대로 인해 경영자는 적시에 적절한 의사결정과 통제를 할 수 없게 되었다.

둘째, 경영자의 의사결정을 통제할 필요성이 증대된다. 즉 MIS는 종합적이고 활동적인 정보에 의해 업적의 측정과 해석을 용이하게 해 주는 수단이 된다.

셋째, 컴퓨터의 발달에 힘입어 정보처리기능이 향상되어 경영자의 의사결정과정을 촉진해 주고 있다.

2. 경영정보시스템의 운영단계와 개발구축

1) 경영정보시스템의 운영단계

경영정보시스템을 운영할 경우 ① 정보의 필요성을 결정, ② 적절한 자료를 결정하고 수집, ③ 자료의 요약, ④ 자료분석, ⑤ 정보의 전달, ⑥ 정보를 이용하는 여섯 개의 단계가 필요하다.

2) 경영정보시스템의 개발과 구축

경영자가 필요로 하고 가치 있는 정보를 공급하는 MIS의 목적에 맞게 MIS를 개발·구축하기 위해서는 중요한 4단계를 거쳐야 한다.

① **시스템 계획**(system planning): 경영자의 정보욕구에 맞추고 있으며, 제안된 시스템의 요구조건을 상세히 살핀다.

② **시스템 디자인**(system design): 많은 세부적인 의사결정을 하는 단계로서, 시스템의 구성요소를 무엇으로 할 것인가 그리고 표준모델의 구축 등이 이루어진다.

③ **시스템 실행**(system implementation): 앞에서 진행시킨 계획과 디자인이

실제 운영시스템으로 변환되는 단계로서 기술적 부분으로 구성된다.

④ **시스템 평가**(system evaluation): 통제 메커니즘을 완성하는 단계로서, 시스템 계획단계에서 설정한 목표가 제대로 수행되었는지를 체크해 봄으로써 시스템의 문제점을 파악하고 새로운 개선점에 대한 정보를 얻을 수 있다.

여기에서 MIS 디자인시 MIS의 디자인 지침을 중시해야 하는데, 그 내용으로서는 ① MIS 그 자체가 사용자에게 친근해야 하며, ② MIS에 이용되는 프로그램이나 구성성분이 한 종류 이상의 컴퓨터에서 사용될 수 있도록 호환성을 가지고 있어야 하고, ③ MIS의 효과가 MIS구축에 소요되는 총비용보다 높아야 한다.

3) 경영정보시스템 실행시 주의사항

MIS를 실행하는 동안 주의해야 할 사항은 다음과 같다.

- MIS를 구축하여 실시하기 전에 그 시스템을 시험해야 한다.
- 사용자들은 적절한 훈련을 받아야 한다.
- MIS에 의한 저항에 미리 대비해야 한다.
- MIS에 사용자들이 몰입하도록 해야 한다.
- 보안성을 미리 체크해야 한다.
- 지속적으로 현대의 MIS가 환경변화에 적응하는가를 검토한다.

3. 경영정보시스템의 하위시스템

경영정보시스템은 정보시스템이 제공하는 지원의 종류에 따라 크게 다섯 종류로 분류될 수 있다. 〈그림 19-1〉은 정보시스템의 종류와 지원하는 경영활동의 계층과의 관계를 보여 주고 있다.

또한 정보시스템은 지원하는 부서의 기능에 따라서 분류할 수 있는데, 생산정보시스템, 마케팅정보시스템, 회계정보시스템, 재무정보시스템, 인사정보시스템이 이에 속한다.

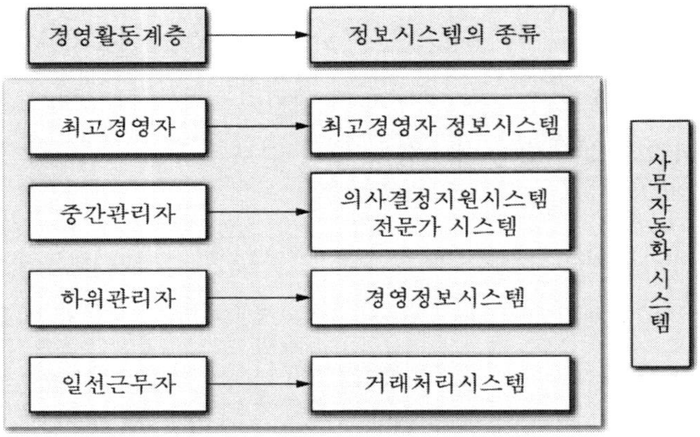

〈그림 19-1〉 경영활동의 계층과 정보시스템의 종류

1) 거래처리시스템

거래처리시스템(TPS: transaction processing system)은 기업의 일상적이고 반복적인 거래업무를 처리하는 가장 기본적인 시스템으로서, 기업의 거래활동시 발생하는 많은 양의 자료를 수집·분류·저장·탐색하여 보고서를 작성하는 기능을 수행하는 정보시스템으로 정의할 수 있다. TPS는 컴퓨터를 이용하여 제품의 판매 및 구매, 예금 입출금, 급여계산, 항공예약, 물품선적 등과 같은 기본업무를 능률적으로 신속하게 처리하여 결과를 대용량 데이터베이스에 저장한다. 사용자는 데이터베이스 관리시스템을 통해 저장된 정보를 조회한다.

거래처리시스템은 대량의 자료입력, 보고서 작성, 간단한 계산의 빈번한 수행, 빠른 처리, 대량의 저장용량, 시스템 보안의 중요성 등의 특징을 가지고 있다.

기업들은 기본적인 거래활동을 컴퓨터로 처리함으로써 많은 이점을 얻을 수 있다. 많은 양의 업무를 컴퓨터를 이용하여 처리함으로써 생산성을 높일 수 있다. 또한 신속하게 고객의 욕구를 처리할 수 있기 때문에 고객의 만족도를 높이고, 매출액도 증가시킬 수 있다. 그리고 거래처리시스템에 저장된 자료는 기업의 경영활동에 필요한 정보로 변화될 수 있다.

2) 의사결정지원시스템

의사결정지원시스템(DSS: decision support system)은 경영지원시스템의 일종으로서, 복잡하고 어려운 반구조적인 의사결정을 수행하는데 필요한 정보를 자료와 모형을 이용하여 제공함으로써 의사결정자의 의사결정을 보다 효과적으로 수행할 수 있도록 지원하는 정보시스템이라고 정의할 수 있다.

이것의 가장 큰 특징은 실제상황을 컴퓨터 프로그램으로 모형화된 후 이를 사용하여 다양한 상황과 경우를 분석할 수 있으므로 복잡하고 어려운 의사결정을 수행하는데 필요한 분석기능을 제공한다는 것이다.

3) 전문가시스템

전문가시스템(expert system)이란 전문 컨설턴트가 하는 일을 컴퓨터가 대행해 주는 시스템으로서, 전문가의 전문적인 지식을 컴퓨터에 프로그램화하며 전문가의 역할을 대신해 주기도 하고, 전문가의 의사결정 보조수단으로 사용하는 정보시스템이라고 정의할 수 있다.

전문가시스템을 구축하는데 비용이 많이 소요되고 고도의 전문기술이 필요하지만, 경영, 엔지니어링, 금융, 통신, 의학, 법률 등 여러 분야에서 문제진단, 예측, 설계, 계획, 관찰, 통제, 교육 등의 영역에 널리 이용되고 있다.

4) 사무자동화시스템

사무자동화시스템(office automation system)은 기업 내부의 효과적인 정보교환을 가능케 하는 정보기술, 즉 문서편집기, e-메일, 이동전화, PDA, 무선호출기, 팩스 등을 이용해 지식근로자의 업무를 자동화하여 구성원 간의 의사소통을 활발하게 하고, 생산성을 향상시키는 정보시스템이다.

이것은 여러 가지 정보기술(화상회의 시스템, 전자게시판 등 포함)을 이용함으로써 특히 재택근무를 더욱 용이하게 하고 있다.

5) 최고경영자 정보시스템

최고경영자 정보시스템(executive information system)은 최고경영진에게 전략적 의사결정에 필요한 외부환경 및 내부환경 관련정보를 최고경영자가 쉽게 획득하여 기회탐색과 문제해결을 효과적으로 수행할 수 있도록 지원하는 정보시스템이다. 즉 이것은 경영자가 원하는 정보를 그래프나 표 등을 이용하여 빠른 시간 내에 제공하도록 하는 것이다.

4. 경영정보시스템의 이점

경영정보시스템은 기업경영활동의 여러 분야에서 이용되고 있으며, 많은 이점을 제공한다.

- 컴퓨터를 이용함으로써 생산성을 향상하고 원가를 절감할 수 있다.
- 경영활동에 필요한 정보를 제공한다.
- 기업 내부와 외부 구성원 간의 의사소통을 향상시킨다.
- 경영환경의 변화에 신속하게 대처할 수 있는 의사결정 능력을 배양한다.
- 원가절감, 소비자 만족도 향상 등 경쟁력을 향상시키는 전략적 도구로서 이용할 수 있다.
- 중간관리층의 축소 등 새롭게 조직을 설계할 수 있다.

5. 경영정보시스템의 적용

1) 경영정보시스템의 문제점

MIS가 각종의 조직문제를 해결하기 위해 적용되는 과정에서 여러 가지 문제가 발생된다.

(1) 조직의 저항

경영계층에 따라 MIS 적용에 대한 반응이 상이하므로, MIS를 도입하는 데는 다섯 가지 문제가 발생한다.

- 기존 부서들 간의 경계를 분열시키지 않는가?
- 비공식시스템망을 파괴시키지 않는가?
- 기존의 개인적 특성에 도전하지는 않는가?
- 조직문화를 지원하고 있지 않는가?
- 변형된 집행방법을 어떻게 설계하고 집행하는가?

이와 같은 경영정보시스템의 집행과 관련된 분야에서 유발되는 욕구불만은 공격, 투사, 회피 등 세 가지의 행위로 나타난다.

(2) 보안문제

경영정보시스템에 의해 많은 사람들이 정보를 이용하고 관리하는 경우 경영에 관한 중요한 정보가 외부로 유출되거나, 고의적으로나 또는 실수로 훼손될 가능성이 높아진다. 즉 기업이 컴퓨터에 의존하는 정도가 커질수록 위험과 피해도 비례해서 커진다.

컴퓨터 관련범죄에는 불법침입과 정보유출, 소프트웨어 불법 복제, 고의적 훼손, 컴퓨터 바이러스, 스팸(spam mail) 등이 있다.

2) 경영정보시스템의 문제점 극복

경영자가 MIS를 적용하는 과정에서 수반되는 문제점을 해소하기 위해서는 다음의 요인을 고려해야 한다.

- **사용자 지향**: MIS의 설계와 적용과정에 처음부터 사용자를 참여시켜 수용가능성을 높이도록 한다.
- **참여**: 사용자의 요구와 필요를 반영할 수 있는 참여의 기회를 확대시켜 문제를 최소화한다.
- **의사소통**: MIS의 목적과 특성이 사용자 및 팀구성원에게 명확히 정의되고 의사소통이 되어야 한다.
- **성과측정의 재정의**: MIS가 새로운 평가절차나 표준을 요구하는 경우 높은 성과를 자극하고, 시스템의 수용을 촉구한다. 또한 경영자는 성과의 평가방

법 및 보상제도를 분명하게 설명해야 한다.

- **새로운 도전**: MIS가 경영자에게 심리적 불안이 되므로, 불안함을 감소시키기 위해 그 시스템이 극복하는 도전을 홍보한다.

제 3 절 정보기술의 최근 동향

1. 정보경영의 최근 동향

정보기술은 끊임없이 발전하고 있어 응용분야가 생겨나고 있다.

1) 전자상거래

인터넷이 비즈니스에 활용되면서, 인터넷을 새로운 상거래의 도구로 활용하는 **전자상거래**(EC: electronic commerce)가 기업의 관심을 집중시키고 있다. 이는 컴퓨터와 네트워크 등 정보통신기술을 기반으로 전자화된 정보의 형태로 상업적인 활동을 하는 것이다.

전자상거래는 기업과 기업(B to B) 간의 상거래와 기업과 개인(B to C) 간의 상거래로 구분된다. 다시 기업간 상거래는 전자문서교환(EDI)과 칼스(CALS) 그리고 기업과 개인간의 상거래는 인터넷 상거래가 대표적이다(〈그림 19-2〉 참조).

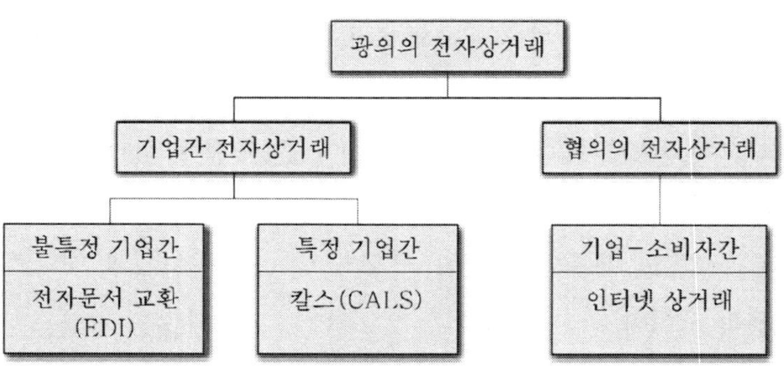

〈그림 19-2〉 전자상거래의 유형별 구성

(1) 전자문서교환(EDI)

전자문서교환(EDI: electronic data interchange)은 수주나 발주장부 및 지불청구서 등 기업간 거래서식 또는 기업과 행정기관의 문서양식을 표준화된 전자문서로 정형화하여 이를 컴퓨터와 컴퓨터간에 교환하는 정보통신 수단을 의미한다.

즉 통신망을 이용해 자사와 불특정 상대기업(조직)간의 상거래에 필요한 정보를 주고받는 것으로서, 이 방식을 이용하면 빠르고 간편하게 업무를 처리할 수 있다.

(2) 칼스(CALS)

칼스(CALS: commerce at light speed)는 특정기업간에 광속으로 상거래를 하는 것으로서, 제품설계로부터 생산, 판매, 관리에 이르기까지 제품의 수명주기 전 과정을 정보통신기술을 이용하여 하나로 통합시키는 개념이다.

특정기업간의 상거래에 필요한 정보를 광속으로 주고받음으로써, 비용절감과 생산성 향상을 가져오기 위한 시스템으로서, 정보유통의 고속도로 또는 산업의 인터넷이라고 비유된다.

칼스는 군사적 용도에서 확대되어, 기업간의 광속상거래로 이용되는데, 설계나 제조 등 기술과 관련된 업무 프로세스 전반을 네트워크로 서로 연결하고 영업과 제조, 마케팅과 제조 등 각 부문과의 긴밀한 관계 하에서 업무를 수행하는 개념으로 발전하였다.

최근 칼스는 컴퓨터 네트워크를 이용해 자동화되고 통합된 상호관련환경으로 변환시키는 경영전략으로 이용되고 있다. 칼스를 통해 자동화된 시스템 환경을 제공하게 되면 효율적인 업무수행, 정확하고 신속한 정보공유, 원가의 혁신적 절감, 전사적 품질경영 능력의 향상 등을 꾀할 수 있다.

CALS를 통한 B777 항공기 개발

미국 보잉(Boeing)사의 신예항공기 B777은 최근 유나이티드 에어라인(United AirLines)사에서 운항하기 시작한 첨단기종이다. 설계도를 그리기 시작한 뒤 하늘에 실제로 띄우는 데 4년밖에 걸리지 않은 가장 안전한 항공기다.

보통 새로운 기종의 항공기를 개발하는 데 7~8년이 걸리는 것을 감안하면 B777은 항공기 제작의 스피드혁명을 가져온 주역이다. 더욱이 이 항공기를 만들어내는 데에 종이 설계도면은 단 한 장도 작성되지 않았다는 특징이 있다. 오로지 컴퓨터와 통신망으로 제작된 최초의 항공기였던 것이다.

B777이 이처럼 짧은 기간에 그것도 종이 설계도면 없이 만들어질 수 있었던 것은 바로 최첨단 컴퓨터 응용기술과 디지털 네트워크가 통합된 보잉의 컴퓨터지원 광속상거래인 칼스(CALS) 때문이다.

보잉이 칼스에 눈을 돌리기 시작한 것은 지난 1980년대 말이었다. 당시만 해도 새로운 항공기를 설계해 실제로 제작에 들어가면 부품이 다른 위치에 잘못 들어가거나 서로 겹쳐 조립되는 '부품충돌' 등의 에러가 자주 발생했다. 수백만 개의 부품 가운데 크기와 형태가 비슷한 것이 너무 많았던 탓이었다. 이런 문제를 해소하기 위해 보잉은 3차원 입체방식의 컴퓨터지원설계 및 생산(CAD/CAM)기술을 도입하여 1990년 10월 B777항공기 제작에 적용했다. 또한 B777항공기 제작작업은 태평양을 사이에 두고 일본과 미국에서 동시에 이루어졌다. 일본 가와사키 중공업과 미국 보잉 본사를 연결한 광통신망으로 모든 작업정보를 주고받았다. 결국 4년 만에 설계자의 컴퓨터 속에 있던 B777이 하늘을 날기 시작했다.

보잉은 이처럼 칼스를 이용해 수십만 장의 설계도면을 없앨 수 있었고 개발기간을 줄임으로써 막대한 비용을 절감할 수 있었다. 부품은 더 정밀해졌고 항공기의 안전성은 획기적으로 높아졌다. B777이전 기종인 B767을 만들 때 제작비의 75%를 차지했던 설계비용을 20%로 줄였고 인건비도 30%나 절감했으며 부품제작에서 발생하던 불량률을 15%에서 5% 이하로 떨어뜨렸던 것이다. 그리하여 유럽 에어버스와의 경쟁에서 보잉은 단숨에 75%의 시장점유율을 기록할 수 있게 되었다.

(3) 인터넷 상거래

인터넷이 폭발적으로 확대되면서 시장의 영역을 장소에서 공간으로까지 확대한 인터넷 상거래가 등장하였다. 인터넷 상거래에서 소비자는 유형의 상점이 아니라, 네트워크상에 준비된 무형의 상점에서 쇼핑하게 된다.

소비자가 기업의 제품이나 서비스를 인터넷 상에서 구입하는 행위를 **사이버 쇼핑**(cyber shopping)이라고 한다. 이 때 무형의 인터넷 상점을 가상상점 또는 **사이버 쇼핑 몰**(cyber shopping mall)이라고 한다. 즉 소비자가 가상공간에 개설된 가상상점에서 사고파는 행위가 사이버 쇼핑이다.

한편 사이버 쇼핑 몰은 일반적으로 인터넷 전문유통업체가 만든 거대한 가상공간에 판매자들이 가상의 상점을 개별적으로 임대하여 개점하는 형태로 구성되어 있다(예: open market, G-market, 11th 등).

이와 같이 인터넷상의 가상상점인 사이버 쇼핑 몰이 상거래를 위한 수단으로 등장하게 된 배경은 두 가지로 요약될 수 있다. 첫째는 인터넷 사용자가 급속히 증가하고 있어 잠재고객의 확보가 용이하다는 점이다. 둘째는 인터넷상에 새롭게 등장한 웹(world wide web: WWW)을 적용하여 영상, 동화상 등의 멀티미디어 정보를 활용함으로써 소비자가 쉽고 재미있게 온라인 쇼핑을 즐길 수 있다는 점이다.

이처럼 21세기에 크게 각광받고 있는 인터넷 상거래에서는 소비자나 기업 모두에게 기존 상거래에서는 얻을 수 없는 여러 가지 장점이 있다. 우선 소비자의 입장에서 보면 인터넷에 개설된 세계 각국의 가상상점에서 언제 어디서나 원하는 시간에 쇼핑할 수 있다는 것이 장점이다. 마우스를 클릭하는 것만으로 여러 가상상점을 돌아다니면서 원하는 제품을 찾을 수 있을 뿐만 아니라 제품에 대한 세부정보까지도 얻을 수 있다. 또한 유통단계가 축소되기 때문에 유통비용이 절감되어 싼 가격에 제품을 구입할 수 있다는 장점도 있다.

한편 판매자인 기업의 입장에서 보면 별도의 광고나 매장 없이 전세계인을 대상으로 제품을 판매할 수 있고, 유통단계의 단축으로 판매가격을 최소화할 수 있다는 것이 장점이다. 가상상점은 기존의 점포판매에 비해 점포 개설비나 운영비가 들지 않아 쉽게 개점할 수 있고 주변상권의 제약을 받지 않는다는 것 또한 장점이다.

또한 실제로 제품을 진열하는 것이 아니므로 전시품목이나 제품설명을 쉽게 바꿀 수 있어 그때그때 소비자의 취향에 맞춰 최적의 제품정보를 제공할 수 있는 유연성도 갖게 된다. 아울러 인터넷의 특징인 양방향성을 이용해 고객의 의견이나 정보를 수시로 입수할 수 있어서 소비자 지향의 마케팅 전략을 수립할 수 있다는 것도 큰 장점이다.

2) 기업포털

기업포털(enterprise portal)은 기업이 보유한 정보를 구성원에게 제공하는 웹사이트로서, 기업 내외부의 모든 정보를 개인의 취향에 맞게 하나의 화면으로 나타내어 이용자가 편리하게 정보를 검색·가공하여 공유할 수 있게 하는 통합정보시스템의 역할을 한다.

인트라넷과 비슷해 보이지만, 업무와 관련된 모든 정보를 하나의 웹페이지에서 볼 수 있다. 또한 구성원은 자신이 필요로 하는 정보만을 선별하여 웹페이지를 구축할 수 있기 때문에 시스템 활용도가 인트라넷보다 훨씬 높아진다.

기업 포털은 다음과 같은 장점이 있어 최근 급속도로 보급되고 있다.

- 사용자 인터페이스가 전사적으로 통일되어 있고 간단하다.
- 이질적인 다수의 시스템을 하나의 시스템으로 통합할 수 있고 데이터와 정보도 하나로 통합된다.
- 사내의 정보를 통합하여 한 곳에 보관함으로써 정확한 정보를 적시에 제공할 수 있다.
- 업무처리가 신속하다.
- 정보흐름의 중간단계가 생략되어 데이터 처리비용이 절감된다.
- 구성원 간은 물론 기업과 공급업체, 기업과 판매대리상, 기업과 고객 간의 정보흐름이 효율화된다.

2. 21세기 정보경영체제

1) 고객중심의 디지털 경영 실현

인터넷상의 웹을 이용하여 고객과의 양방향 커뮤니케이션이 가능한 디지털 경영이 최근 각광을 받고 있다. **디지털 경영**(digital management)이란 웹, 온라인 서비스(on-line service) 등의 양방향 매체를 통한 경영활동을 말한다.

최근 들어 디지털 경영이 이루어지면서 인터넷을 이용한 디지털 마케팅도 가능해지고 있는데, 과거보다 저렴한 비용으로 보다 효과적인 마케팅 활동을 할 수 있게 되었다. 또한 디지털 경영은 인사, 생산, 재무활동에까지 영역을 넓힐 수 있다. 즉 채용에서부터 인적자원관리 및 개발 등에서도 인터넷을 이용할 수 있으며, 부품 및 원자재의 조달 그리고 자본조달이나 운용에도 인터넷을 이용할 수 있다.

따라서 21세기에는 인터넷을 기반으로 한 고객중심의 디지털 경영을 실현하여 혁신적인 경영활동을 함으로써 글로벌 경쟁력을 확보할 수 있다.

2) 정보기술을 기반으로 업무 프로세스 재구축

최근 글로벌 경쟁이 격화되면서 기업의 경영활동은 여러 가지 어려움에 직면하고 있다. 즉 신제품을 만들거나, 지속적, 점진적으로 프로세스를 개선하는 것만으로는 문제를 완전히 해결할 수 없으므로, 업무를 근본적으로 재구축할 것을 요구하고 있다.

이러한 업무의 재구축과 같은 경영혁신은 정보처리기술이 발전하면서 가능해지고 있다. 즉 불필요한 업무를 제거하고 핵심업무를 혁신적으로 처리할 수 있도록 정보기술을 이용하고 있다. 그러므로 경쟁우위를 확보하기 위해서는 기업의 특성에 따라 가장 근간이 되는 업무에 정보처리기술을 도입하는 방안을 강구하여 경영혁신을 꾀해야 한다.

21세기에는 전사적 자원관리(ERP), 공급체인관리 등 첨단의 정보기술을 활용하여 기업의 업무 프로세스를 더 효율적으로 재구축할 수 있어야 한다. 이러한 업무 프로세스의 재구축을 통해서 기업은 비용을 줄이고 나아가 품질개선, 제품의 적합성 제고, 서비스 품질의 유지 등을 꾀할 수 있는데, 지속적인 성장의 발판을 마련할 수 있다.

3) 인터넷 상거래의 전략적 활용

현재 Netscape, Yahoo!, Amazon, e-Bay사와 같이 인터넷 시장에서 성공한 기업들이 우리 주변에서 많이 나타나고 있다. 인터넷은 새로운 시장이라는 점 그리고 경쟁우위를 확보할 수 있는 전략도구로 이용할 수 있다는 점에서 그 중요성이 부각되고 있다.

인터넷의 특징 중 가장 두드러진 것은 전세계를 하나로 연결하여 어디든지 갈 수 있다는 개방성과 상호 대화가 가능하다는 양방향성이라고 할 수 있다.

따라서 인터넷의 홈페이지나 가상상점을 개설하여 판매활동을 하는 인터넷 상거래를 전략적으로 이용하면 기업은 각종 부문에서 생산성을 크게 향상시킬 수 있다. 또한 소비자의 불만을 직접 접할 수 있어 소비자와의 관계개선을 통해 기업이미지를 향상시킬 수 있으며, 나아가 매출액 증가까지 이어질 수 있다.

제20장

지 식 경 영

제1절 지식과 지식경영의 필요성

1. 지식의 의미

21세기 지식사회에서 기업의 경쟁력은 구성원들의 지식과 아이디어, 우수한 프로세스, 차별화된 고객만족과 같이 눈에 보이지 않는 요소들에 의해 결정된다. 즉 공장시설이나 노동력 또는 자본과 같이 눈에 보이는 자산보다는 오히려 눈에 보이지 않는 지식이 기업경쟁력의 핵심으로 떠오르기 시작하고 있다.

핵심요소로 대두되고 있는 지식이란 "알 지(知)"와 "알 식(識)"이며, 영어의 knowledge는 know의 뜻을 갖고 있다. 즉 지식이란 우리가 무엇인가를 알고 있는 것을 의미한다. 이에 따라 **지식**(knowledge)은 자료를 이용자의 의도에 맞게 가공한 형태인 정보를 집적하고 체계화하여 미래의 사용에 대비하여 보편성을 갖도록 한 형태를 말한다. 따라서 지식은 정보보다 상위의 개념이다(〈그림 20-1〉 참조).

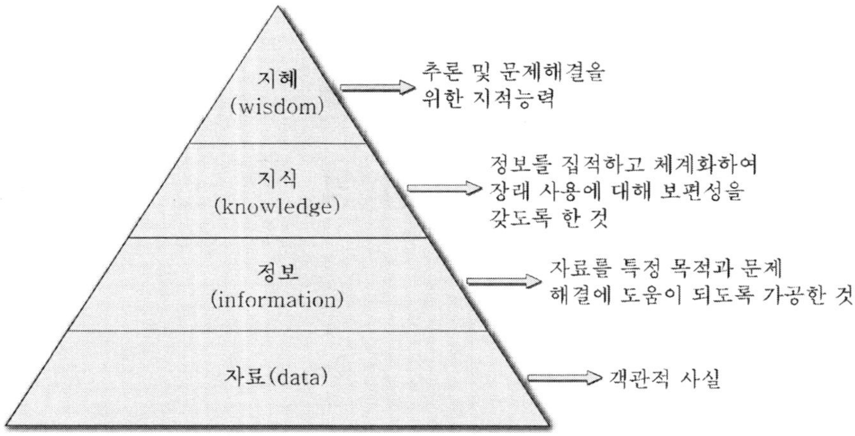

〈그림 20-1〉 지식의 체계

한편 지식보다 상위인 **지혜**(wisdom)는 지식창출에 대한 추론과 문제해결을 위한 지적능력을 의미한다. 즉 지혜는 지식의 응용능력이다.

2. 지식경영의 등장과 의미

1) 지식경영의 등장배경과 필요성

1970년에는 전략경영이 지배적이었지만, 1980년에 이르러 정보가 일반화되고, 누구나 신규사업에 진출할 수 있게 되자, 자신만이 보유하는 차별적 핵심역량을 획득하기 위한 노력이 나타났다.

그러나 많은 경영혁신기업들이 위로부터의 일방적인 노력으로는 효과가 없으며, 현장 구성원들에게 혁신이 체질화되지 않고서는 혁신이 결코 완성될 수 없다는 인식을 갖게 되었다. 즉 현장에서 모든 구성원들이 끊임없이 문제의식을 갖고 필요한 지식을 습득, 자기 담당분야의 문제를 스스로 해결하려는 시도의 집합체가 경영혁신이 되어야 한다는 것이다. 근본적인 체질개혁의 결과로 핵심역량화할 수 있는 지식의 창출을 용이하게 할 수 있는 자율경영, 조직학습 등이 등장하였다.

이제 문제는 지식의 창출뿐만 아니라, 지식의 진화와 공유를 통해 조직 전체에서 자원활동을 극대화하는 것이다. 즉 한 부문의 핵심역량이 전체 노력의 가치창출을 극대화하는데 있어 충분한 가치가 있다면, 이를 전체 조직의 핵심역량으로 전환시키는 것이 중요하다.

지식은 더 이상 개인이나 부서의 것이 아니라 조직 전체의 것이 되어야 하는데, 이것이 지식경영이 추구하는 것이다.

2) 지식경영의 의미

21세기는 인간의 창의력과 정보기술이 결합된 지식사회로 세계경제구조가 재편되고 있어, 자본과 노동의 투입비율보다는 창의력과 정보기술이 결합된 지식의 투입비율이 커지고 있다.

기업 내 정보의 양이 풍부해지고 소통이 활발해지면서 지적자산을 경영에 활용하는 움직임이 활발해지면서 지식사회에서 태동된 새로운 분야가 지식경영이다.

지식경영(knowledge management)이란 기업이나 구성원 개개인이 지니는 지식을 체계적으로 발굴하여 기업 내부의 보편적인 지식으로 발전시켜 기업 전체의 경쟁력을 향상시켜 고객에게 뛰어난 가치를 제공함으로써 높은 기업성과를 달성하는 경영활동을 말한다. 즉 지식경영은 새로운 형태의 지적자원 관리기법으로서, 기업의 생산성 향상, 업무혁신 추진, 경쟁우위 확보 등 기업의 경쟁력을 향상시키기 위하여 기업의 전체 부문의 지식을 조사, 수집, 재구성하고 이를 체계적으로 공유하는 총체적인 절차와 방법 등의 경영활동이다.

따라서 지식경영은 기업의 모든 형태의 지적자산을 토대로 새로운 가치를 창조함으로써 기업의 성과를 극대화하는데 목적을 두고 있다.

3) 지식경영과 기반조성

정보를 가공하고 관리하는 제반 장비와 기술을 일컫는 **정보기술**(IT: information technology) 시스템을 도입함으로써 정보공유는 가능해진다. 그러나 하드웨어나 소프트웨어를 갖추는 것으로 충분하지 않는데, 그 이유는 지식경영은 기술을 인식하고 이용하는 형태적 차원의 문제이기 때문이다.

따라서 지식경영체계를 구축하려면, IT시스템과 인적자원을 결합하여 전사적으로 지식을 창출하고 공유하는 풍토가 조성되어야 한다. 즉 지식경영을 조직의 행동양식으로 정착시켜야 하며, 조직문화도 이에 맞게 바꾸어야 한다.

즉 기업은 지식의 중요성과 가치를 구성원이 인식하도록 하고, 지식의 공유, 탐구, 전파 등을 장려하는 기업문화와 보상시스템을 구축하고, 정보시스템, 구성원간 네트워크 등의 지식 하부구조를 구축하는 등 전사적인 접근을 해야 한다.

지식경영을 추진하는데 있어 가장 중요한 것은 조직이 보유하고 있는 각 지식들이 기업의 전략과 구조, 시스템, 기술, 문화 등과 잘 조화를 이루어 핵심 경쟁력을 발휘하고 시장에서 성과를 얻는 것이다. 즉 정보기술 인프라를 이용하여 지식창고에 축적하는 것에 주력할 것이 아니라, 핵심역량을 축적하여 부가가치를 창출하는데 많은 노력을 기울여야 하는 것이다.

이를 위해서는 첫째, 기업내의 직무 중 가장 핵심적인 직무가 무엇인가를 규명하고, 그에 맞는 인력을 선발하고 교육시킨다.

둘째, 전자문서 관리시스템과 인트라넷, 전사적 자원관리 시스템, 검색엔진 등 정보기술 인프라를 형성해야 한다.

셋째, 최고경영자 등 경영층이 지식경영에 대한 의지가 있어야 한다.

넷째, 지식경영활동은 지식의 획득, 지식의 저장, 지식의 공유, 지식의 창출 등 4단계 활동으로 구성되어 있다.

이렇게 기업 전체적으로 지식경영이 정착되면, 기업의 성장은 물론, 시간과 비용 측면에서 막대한 절약이 가능하고, 경쟁사가 모방할 수 없는 경쟁우위를 확보할 수 있다.

최고지식경영자(CKO)

최고지식경영자(CKO: chief knowledge officer)는 기업 내에 존재하는 지식을 파악하고 새로운 지식을 창조, 확산하는 역할을 수행하는 인물을 말한다. 이들은 넓은 의미로 보면 최고경영자(CEO)에 포함되지만 좁게 보면 최고경영자인 사장과는 달리 지식경영부문을 책임지는 부사장이라고 할 수 있다.

이들은 지식의 기본개념을 정립하고 효율적인 지식활용 방안을 마련하여 지식공유 문화를 확산시키는 역할을 수행한다. 또 지식 프로세스의 원활한 추진을 위한 평가와 각종 인센티브 제도를 마련하는 일도 맡고 있다. 한 마디로 기업의 지식경영을 총 책임지는 최고위급 경영자를 말한다.

이러한 최고지식경영자는 사업가로서의 리더십, 컨설턴트로서의 조정능력, 주변환경의 활용능력 및 정보기술의 이해능력과 같은 네 가지 능력을 갖출 필요가 있다. 첫째로 최고지식경영자에 필요한 능력인 사업가로서의 리더십이란 기업가적 개척정신을 의미한다. 새로운 비즈니스를 만들어 내거나 뭔가를 창조하는 것을 즐겨하는 기업가의 자수성가적 정신이 필요한 것이다.

둘째로 필요한 능력은 컨설턴트적 자질이다. 최고지식경영자는 사람들의 생각에 귀를 기울여 종업원들로부터 아이디어를 이끌어내고 지식비전과 부합될 경우 이를 기업을 위해 사용하도록 장려해야 한다. 지식경영은 실제 부가가치로 이어지지 않을 경우 아무런 의미가 없기 때문이다.

최고지식경영자가 갖추어야 할 세 번째 경영능력은 주변환경을 활용할 줄 아는 능력이다. 자신을 둘러싸고 있는 사회적 환경을 제대로 인식한다는 것은 효과적인 지식공유와 지식창출에 있어서 대단히 중요하다. 가령 회사내 기업문화를 잘 인식해 이에 걸맞는 지식경영의 틀을 만들어내는 것이 이에 포함된다.

넷째로 최고지식경영자는 정보시스템에 투자를 결정하고 관리할 수 있는 기술자로서의 능력도 필요하다.

한편 최고지식경영자는 최고정보경영자(CIO: chief information officer)와는 역할에서 차이가 있다. 최고지식경영자는 네 가지 능력 가운데 사업가 능력, 컨설턴트 능력, 주변환경활용능력이 매우 필요하며 정보통신기술에 대한 어느 정도의 이해능력이 필요하다. 하지만 최고정보경영자는 다른 세 가지 능력은 그다지 요구되지 않으며 정보기술에 대한 확실한 이해와 이를 지휘할 수 있는 능력이 많이 요구된다는 점에서 최고지식경영자와 차이가 있다.

제 2 절 지식경영의 4단계

지식경영이 이루어지기 위해서는 〈그림 20-2〉와 같은 4가지 단계를 거치게 되는데, 이렇게 됨으로써 미래의 경영환경 변화로 인해 어떤 문제에 직면하게 되었을 때 이를 해결할 수 있는 지식으로 재창조되어 활용할 수 있다.

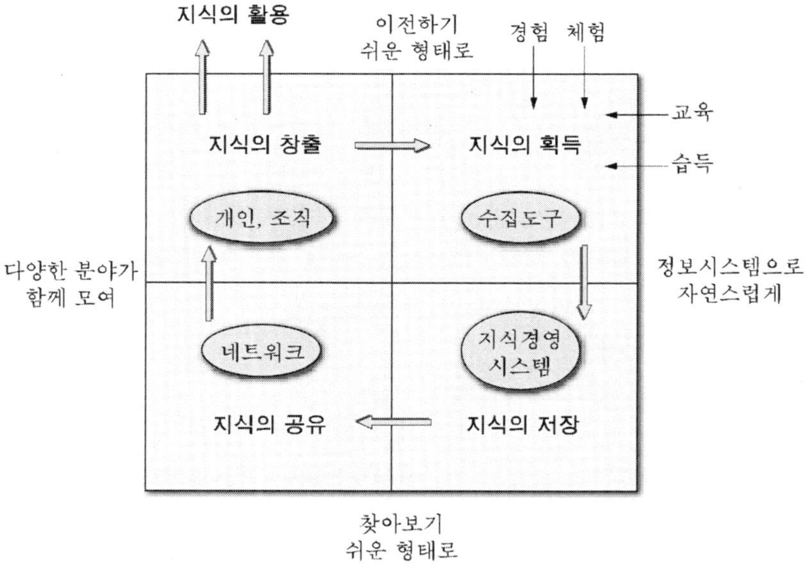

〈그림 20-2〉 지식경영의 4단계 모형

1. 지식의 획득

우리가 필요로 하는 지식은 이미 존재하거나 또는 새롭게 창출되어야 한다. 이미 존재하는 지식을 획득하는 방법은 크게 두 가지로 구분될 수 있다. 첫째는 기업의 내부에 존재하는 지식을 획득하는 것이고, 둘째는 기업의 외부에 있는 지식을 획득하는 것이다.

지식을 기업 내부에서 획득하는 방법에는 과거 개인의 경험이나 노하우 차원의 지식을 조직화하는 방법이 있다. 즉 기업들은 과거의 경험에서 지식을 발견할 수 있으며, 종업원의 업무 노하우의 지식을 문서화함으로써 지식을 획득할 수 있다.

반면에 지식을 외부로부터 획득하는 수단에는 구매, 전략적 제휴, 아웃소싱, 벤치마킹 등이 있다.

한편 새롭게 창출되는 지식은 대개의 경우 기존의 지식을 토대로 이전을 거쳐야 얻을 수 있다. 즉 직접 대면하는 회의, 세미나, 전문학술지, 컴퓨터 데이터베이스, 인터넷 등을 통해서도 지식이 이전될 수 있다.

즉 다양한 방법을 통해서 경영활동에 필요한 지식을 획득할 수 있으므로, 기업은 구성원들이 활발하게 지식을 획득할 수 있도록 체계적인 시스템을 구축해야 한다.

2. 지식의 저장

획득하는 방법과는 관계없이 기업이 경영활동에 필요한 지식을 효율적으로 활용하기 위해서는 획득된 지식이 정보시스템을 통해 자연스럽게 이를 저장해야 한다.

글로벌 경쟁시대에서 살아남는 길은 새로운 지식의 부가가치를 창출하는 것인데, 이를 위해서는 종업원의 머리 속에 잠자고 있는 지식을 최대한 활용해야 한다. 즉 지식경영을 활용하기 위해서는 구성원의 지적역량을 끄집어내 체계적으로 저장하는 것이 필요하다.

이 때 필요한 것이 지식을 저장하는 **지식창고**(repository)이다. 획득된 지식을 체계적으로 축적하고 활용하기 위해 개인차원의 지식창고 또는 부서차원의 지식창고를 구축해야 한다. 이러한 지식창고를 통해서 업무효율을 높이고 보다 높은 부가가치와 수익성을 창출할 수 있다.

3. 지식의 공유

지식은 개인, 부서만의 지식으로 갖고 있는 것이 아니라 보편적으로 활용될 수 있어야 효과적이다. 따라서 모두 구성원들이 활용할 수 있도록 공유하는 공유시스템(sharing system)이 필요하다.

지식은 부가가치를 창출해낼 수 있을 때 의미가 있으므로, 모두가 활용할 수 있도록 지식을 공유하는 것이 필요하다. 그러나 지식의 공유가 기업이 중심이 되어 수행되기를 기다리는 것은 비효율적이므로, 구성원 개개인이 각각 그러한 일을 수행해야 한다.

이를 위해서는 구성원들의 경험과 지식을 공유하는 분위기가 필요하다. 저장된 지식을 찾아내기 쉬운 형태로 네트워크상에 올려 공유하여 활용할 수 있게 해야 한다. 즉 외부로부터 투입된 지식 및 내부에 축적된 경험과 노하우를 여러 구성원이 활용할 수 있도록 확산시킬 수 있는 프로세스가 구축되어야 한다.

또한 공유하는 문화를 확산시키기 위해서는 새로운 지식을 네트워크화 하여 공동의 지식으로 저장한 경우에 아낌없이 물질적, 정신적 보상이 주어져야 한다. 지식의 개발과 공유에 따른 보상체계가 갖추어질 때 지식경영은 원활한 복합상승효과를 낼 수 있다.

4. 지식의 창출

기업이 고객수요에 맞는 신제품이나 신기술을 개발하기 위해 지식을 창출하는 것은 매우 중요한데, 그 이유는 지식창출활동이 기업의 경영성과를 좌우하기 때문이다.

경영활동에서 발생하는 문제를 해결할 새로운 지식의 창출은 개인적 차원에서 그리고 전사적인 노력으로 가능하다. 그러나 다양한 지식창출 방법 중에서 가장 효율적인 방법은 개개인이 자발적으로 축적한 지식을 함께 모아 새로운 지식으로 발전되게끔 유도하는 것이다.

대부분의 경영혁신은 재무, 생산, 마케팅, 인적자원 등의 다양한 기능들이 함께 문제를 해결하는 과정에서 이루어진다. 즉 서로 이질적인 기능이나 분야의 사람들이 모여 브레인스토밍 방법 등을 통해 문제해결을 꾀할 때 우수한 해결방법이나 핵심적인 대안이 도출될 수 있다. 즉 이질적인 기능이나 분야의 사람들이 모여 저장된 지식을 공유하면서 해결책을 찾는다면 효과적으로 문제가 해결되고 새로운 혁신기회를 잡을 수 있게 된다.

급격한 환경변화로 인해 발생하는 문제점들을 용이하게 해결하기 위해서는 다양한 분야의 개별적 지식들이 모여서 새로운 지식을 만들어내는 것이 효과적이다.

제 3 절 21세기 지식경영체제

1. 체계적인 글로벌 지식획득시스템의 구축

기업이 필요한 지식을 획득하는 방법은 국내에서도 가능하고 해외에서도 가능하다. 특히 해외에서의 지식획득은 21세기 글로벌 경쟁사회에서 매우 중요한 경쟁요소가 되고 있다.

대부분의 기업들이 해외시장에 자회사와 지사를 두고 있지만, 판매와 유통을 위해서만 이용할 뿐 지식을 획득하기 위해서는 활용하지 못하고 있다. 즉 한국의 많은 기업들은 지식이 모기업으로 다시 흘러 들어가도록 하는 효과적이고 체계적인 **지식획득시스템**을 갖추지 못하고 있다. 그 이유는 해외로부터 지식을 얻는 것에 대한 중요성을 인식하지 못하여 이들과의 네트워크 형성에 노력을 기울이지 않고 있기 때문이다.

이러한 문제점들이 개선될 수 있도록 해외로부터의 지식획득을 위한 체계적 활동이 전개되어야 한다. 즉 기존의 해외영업망 역할을 확대하여 다양한 정보를 수집하고 이를 토대로 지식창출활동이 이루어져야 한다.

이처럼 국내뿐만 아니라 해외에서도 다양한 경로를 통해 지식을 획득하게 되면 해외시장동향, 고객욕구의 변화, 경쟁업체의 전략에 대한 이해와 예측능력을 향상시킬 수 있다. 그러므로 기업은 국내뿐만 아니라 해외에서도 다양한 지식을 습득할 수 있도록 체계적인 글로벌 지식획득시스템을 구축해야 한다.

2. 공동지식창고를 통한 지식공유 문화의 창출

지식사회에서 기업경쟁력의 핵심은 그 기업이 가지고 있는 지식을 어떻게 활용하느냐에 달려 있다. 그러므로 국경을 초월한 글로벌 경쟁시대에 살아남기 위해서는 부가가치를 끊임 없이 창출해야 한다. 이를 위해서는 구성원의 머리 속에 잠자고 있는 지식을 최대한 활용하며 더불어 지식을 보다 많은 사람들에게 전파하고 이해시켜 활용하기 쉽도록 공유하는 시스템을 구축해야 한다.

개인 또는 부서의 지식을 저장, 분류, 활용, 전달하는 공간인 지식창고를 네트워크로 연결하여 **공동지식창고**(knowledge base)를 형성하면 업무효율을 높이고, 보다 높은 부가가치와 수익성을 창출할 수 있게 된다. 즉 기업은 공동지식창고를 통해 지식공유의 문화를 구축함으로써 다른 경쟁기업에 비해 경쟁우위를 확보할 수 있다.

그러나 지식을 저장하고 공유할 때 주의할 점은 개인이나 부서가 보유하고 있는 지식이나 정보를 지식창고에 넣고 공동으로 사용하기만 하면 되는 것이 아니라는 것이다. 그 이유는 그 공동지식창고에서 얼마나 효율적으로 경영활동에 필요한 지식을 창출할 수 있느냐가 관건이기 때문이다.

따라서 공유하는 기업문화 속에서 경영환경의 중요한 변화내용과 관련된 지식이나 정보를 중심으로 하되 찾아보기 쉬운 형태로 분류되어야 효율적인 지식경영이 이루어질 수 있다.

3. 지식경영을 위한 제도적 기반 구축

다양한 지식을 축적, 활용하기 위해서는 체계적인 저장방법이 필요하며, 축적된 지식들을 공식언어로 표현할 수 있어야 한다. 이를 효율적으로 달성하기 위해서는 표준화되고 구조화된 제도적 기반이 필요한데, 세 가지가 갖추어져야 한다.

첫째, 지식경영을 위해서는 변화지향적 리더십을 갖춘 최고지식경영자(CKO)가 제도적으로 임명되고 운영되어야 한다.

둘째, 지식경영이 이루어지기 위해서는 적절한 조직구조 즉 수평적 네트워크형 조직구조가 갖추어져야 한다. 그 이유는 개인의 창의성을 최대한 보장하면서 기업 전체가 큰 힘을 발휘할 수 있기 때문이다.

셋째, 지식경영을 위해서는 정보기술이 제도적으로 뒷받침되어야 한다. 즉 새로운 정보기술을 습득하여 활용해야 하는데, 이 때 정보기술 중에서도 네트워크, 그룹웨어 등 조직이 협동하여 일할 수 있게 해주는 기술이 필요하다.

여기에서 **그룹웨어**(groupware)는 공동작업을 위한 환경을 제공해주는 컴퓨터 기반 시스템으로서, 의사소통, 협동작업 조정 그리고 지식공유의 기능을 수행할 수 있다.

제21장

기업의 국제화와 국제경영

제 1 절 기업의 국제화

1. 기업의 글로벌 비전

오늘날 경영활동의 무대가 세계로 광역화됨에 따라 기업의 시장은 국내시장은 물론 해외시장으로 탈바꿈하고 있다.

글로벌화된 세계시장에 살게 됨으로써 보다 빠른 통신, 수송 및 재무적 흐름이 발전됨에 따라 급속하게 세계는 좁아지는 지구촌으로 변모하고 있다.

글로벌(global)이라는 용어는 사회, 기업, 지식경쟁의 장의 무한한 유동성과 경쟁이라는 새로운 의미를 나타낸다. 따라서 기업은 글로벌 비전을 소유하는 것이 필수적이 되었는데, **글로벌 비전**(global vision)을 소유한다는 것은 글로벌 사업기회를 인지해서 반응하고, 원자재를 획득하고 소비자에게 완제품을 전달하기 위한 글로벌 유통망을 효율적으로 사용하는 것을 의미한다.

더구나 글로벌 비전은 경영자들이 고객과 유통망이 전세계적으로 작동된다는 것을 이해할 수 있게 하는데, 이는 지리적, 정치적 장벽을 허물고, 이러한 장벽이 경영자의 의사결정에 영향을 미치지 않도록 만든다.

2. 기업의 국제화 동기

기업이 국제화하는 이유는 여러 가지로 설명될 수 있다. 가장 중요한 이유는 국내의 과잉생산이다. 기업들은 과잉생산능력의 문제를 해결하기 위해서 마케팅 활동의 탈출구를 전세계 시장의 차원에서 구하고, 이에 따라 해외수출에 주력하고 있다.

또한 외국의 경쟁사들이 국내기업의 활동영역에 진출하여 국내시장의 경쟁이 치열하게 되어, 국내기업들도 사업을 국제화하는 것 이외에는 다른 선택안이 없음을 깨닫고, 해외시장에 진출하게 되었다.

상기의 거시적인 국제화 동기를 구체적으로 설명하면, 방어적 전략, 공격적 전략 및 기타의 동기로 구분된다.

1) 방어적 전략으로서의 국제화 동기

- 관세장벽이나 수입규제, 독점금지 또는 무역협정 등과 같은 각종 규제조치로부터 기업을 보호함
- 해외시장에서의 민족주의의 고조 등으로 인해 현지생산을 종용받음
- 수송비가 과다하게 소요되거나, 수송 자체가 어려운 제품
- 대리인이나 라이센싱 제휴자와의 관계가 어려워져서 자기 기업이 직접 개입해야 할 필요가 있음
- 해외시장에서 사후서비스를 제공하는 데 어려움이 있거나, 기타 기술적인 어려움에 봉착함
- 특허권을 보호하고자 함
- 원자재 및 부품조달의 어려움을 극복하고자 함
- 경쟁사나 공급업체 또는 고객이 국제화에 대응하고자 함
- 경기변동의 위험 등 기업의 제반 위험을 지역분산화 및 제품다양화로 회피함

2) 공격적 전략으로서의 국제화 동기

- 자본이나 설비, 인적자원, 노하우 등을 보다 적극적으로 활용하여 기업의 수익을 증대함
- 범세계적인 시장전략이나 계획을 수립·추진함으로써 자원 및 시장에 대한 각종 기회를 적극 활용함
- 외국의 새로운 기술과 노하우를 습득함
- 국내시장의 확장가능성이 희박하여 기업의 성장을 위해 국제화 전략을 택함

3) 기타의 국제화 동기

- 해외투자에 대한 유리한 환경조성이나 조세 및 금융상의 혜택 등 각국 정부가 제공하는 유리한 정책을 활용함
- 다른 기업의 해외진출에 자극을 받음
- 기업 내부에서 국제화하고자 하는 강력한 욕구가 작용함

이와 같은 동기와 목적에서 이루어지는 국제화는 투자국이나 투자대상국에 다 같이 커다란 경제적 효과를 가져다준다.

3. 국제화의 도전적인 문제

아이러니컬하게도 해외로 진출하여 경쟁하려는 기업의 욕구는 높지만, 그 위험도 역시 그만큼 높다. 기업들이 해외로 진출하려고 생각할 때 여러 가지 도전적인 문제들이 있다.

① **엄청난 해외부채**: 많은 국가들이 해외차관에 대한 이자도 지급할 수 없을 정도로 엄청난 해외부채를 안고 있다.

② **불안정한 정치**: 부채가 많고, 인플레이션이 높고, 실업이 높은 국가에는 이익송금제한, 국유화 및 수용 등의 위험을 외국기업에게 나타낼 정도로 정치가 불안정하다.

③ **불안정한 환율**: 많은 외채와 정치적 · 경제적 불안은 그 나라의 통화의 가치를 변화시키며, 경화로 이익배당금을 송금할 수가 없다.

④ **외국정부의 개입요건과 관료주의**: 주재국 정부가 외국기업에 대해 많은 규제를 가한다. 합작투자의 요구, 자국의 고용비율, 기술이전, 이익송금 제한 등이 있다.

⑤ **관세 및 기타 무역장벽**: 주제국 정부가 자국산업을 보호하기 위해서 수입품에 대해 불합리한 관세를 부과함, 수입승인의 지연 · 보류, 제품의 조정, 수입상품에 대한 조사 등의 무역장벽을 부과한다.

⑥ **타락 · 부패**: 공무원들이 협조해 주는 조건으로 뇌물을 요구한다.

⑦ **기술적 표절**: 해외기업들의 제품생산방법을 배워서 공공연하게 또는 비밀리에 경쟁자가 된다.

⑧ **제품의 높은 원가와 의사소통에 적응하는데 소요되는 비용**: 해외진출기업은 각 해외시장을 신중하게 연구하고, 정치 · 문화 · 경제에 민감해야 하며, 각 해외시장의 취향에 맞도록 제품과 의사소통에 적응해야 한다.

⑨ **변화하는 국경선**: 국경선이 변화됨으로써 국제기업들의 표적시장이 움직이며 변화하고 있다.

4. 국제화와 세계경제의 변화

1) WTO와 OECD

세계무역기구(WTO: World Trade Organization)는 세계 대부분 국가들 간의 무역에 관한 규칙, 즉 다자간 무역규범을 결정하고 유지하는 국제기구이다.

WTO는 GATT가 우루과이라운드 협상(UR)을 통해 확장된 것으로서, UR에서는 서비스 무역, 지적재산권보호 등 GATT체제가 다루지 않았던 분야를 포함시켰으며, WTO를 설립하여 다자간 무역체제의 기능을 획기적으로 강화하였다. 이에 다라 통신, 금융, 운송, 건축 등 각종 서비스 교역의 자유화에 큰 진전을 가져왔으며, 무역에 있어서 위조상품의 방지, 저작권의 보호 등을 기하게 되었다.

WTO의 출범은 거의 모든 무역활동에 있어서 국가간섭의 여지가 축소되고,

세계시장에서 기업이 보다 자유롭게 경쟁할 수 있는 무한경쟁시대를 도래시키는 것이다. 따라서 기업은 국내시장에서 한층 치열한 경쟁을 감수해야 하는 대신에 해외시장에서는 보다 많은 기회를 얻는 결과를 가져온다.

OECD(경제협력개발기구)는 상호정책협조를 위한 것으로서, 그 핵심내용은 양대 자유화 규약, 즉 자본자유화 및 경상의 거래의 자유화 규약이라고 할 수 있다. 즉 OECD는 국제적으로 자본이동에 제한을 없애고, 서비스 교역도 완전히 자유화하자는 것이다.

즉 OECD는 국가 간에 협상을 통해 시장의 개방을 추진하는 것은 아니지만, 긴밀한 정책협조를 통해 국제경제질서를 선도해 나간다는 점에서 회원국 간에는 동료 간 협력이 효과적으로 작용하고 있다. 따라서 우리나라는 OECD에 가입함으로써 국제경제질서 형성에 능동적으로 참여한다는 이점과 광범위한 시장개방이라는 부담을 동시에 갖게 된다.

2) 지역경제의 블럭화

지역경제의 블럭화란 지리적으로 인접하거나 경제적 이해를 같이 하는 국가들끼리 경제적 통합을 이루는 것을 말한다. **경제적 통합화**란 국민경제 상호간에 차별이 존재하지 않는 상태라고 정의되는데, 국가 간에 이루어지는 경제행위에 대한 무역 및 생산요소의 이동에 상호차별이 사라져 가는 과정인 것이다. 경제적 통합은 차별의 제거단계에 따라 자유무역거래, 관세동맹, 공동시장, 경제동맹, 완전한 경제통합의 다섯 가지 형태로 구분된다.

대표적인 경제통합에는 27개 유럽국가들 간의 **유럽연합**(EU: European Union), 미국, 캐나다, 멕시코의 **북미자유무역지대**(NAFTA), 아세안국가들로 구성된 **아시아자유무역지대**(AFTA), 브라질, 아르헨티나, 파라과이, 우루과이로 구성된 **메르코수르**(Mercosul), **남미국가공동체**(CSN: South American Community-mersosur(10개국))와 **안데스 공동체**(CAN: 5개국이 합친 것), 아시아태평양 국가들 간의 경제협력을 도모하는 APEC 등이 있다.

지역주의는 해당 국가들끼리는 경제장벽을 철폐하지만, 역외국에 대해서는 배타적인 영향을 갖게 될 가능성이 있다. 따라서 지역통합체에 속하지 않은 국가는 무역 및 투자활동에 상당히 불리한 조건을 안게 된다.

이러한 지역주의 추세는 향후에도 지속될 것으로 예상된다. 기업은 세계화 전략에서 대응방법을 찾아야 한다. 기업의 세계화란 생산활동에 있어서 국경장벽을 초월하여 전세계 각 지역에 존재하는 생산요소를 가장 효과적으로 결합하여 최종제품의 경쟁력을 극대화하는 것이다.

따라서 앞으로는 국가단위가 아닌 특정 소규모한 지방단위의 경쟁력이 중요시 되고, 경제활동에 있어서 국적의 의미는 약화되는 시대가 도래할 것으로 예상된다.

제 2 절 기업의 국제화 과정과 해외진출 형태

1. 국제화 과정

세계 각국의 기업은 빠른 속도로 자신의 활동을 국제화하기 위해 자신에게 주어진 기회의 문이 닫히기 전에 하루빨리 경쟁활동을 수행하기 위한 프로그램을 추진하고 있다.

〈그림 21-1〉은 기업들이 국제화를 수행하기 위해 여섯 가지 중요한 의사결정을 해야 함을 보여주고 있다.

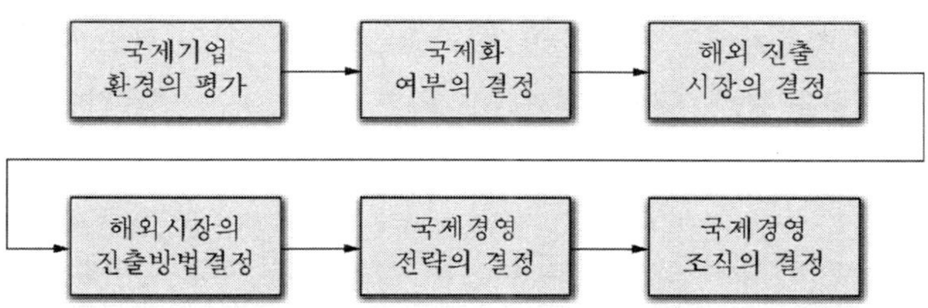

〈그림 21-1〉 국제화의 의사결정 사항

1) 국제기업환경의 평가

어떤 기업이든 국제적으로 활동하기 위해서는 우선 국제기업환경에 대한 이해가 선행되어야 한다. 국제경영환경의 변화는 새로운 기회와 문제를 제시한다.

(1) 국제무역 시스템

기업이 해외로 진출하기 위해서는 **국제무역제도**를 이해해야 한다. 그 이유는 여러 형태의 무역제한조치, 즉 관세, 쿼터, 수입금지 조치, 외환통제, 관세장벽 등이 가해지기 때문이다.

이와는 반대로 국가들 간의 무역을 촉진시키는 제도, 즉 GATT와 자유무역협정(FTA) 등이 있다.

(2) 경제적 환경

해외시장에 진출하는 경우, 국제경영관리자는 각국의 경제상태를 파악해야 한다. 국제시장의 매력성은 그 나라의 산업구조 그리고 각국의 소득분포에 영향을 받는다. 그 나라의 산업구조에 따라 그 나라가 요구하는 제품과 서비스, 소득수준 및 고용 등이 결정되며, 소득분포 패턴은 제품의 구매형태를 결정한다.

(3) 정치적-법적 환경

국가마다 정치적-법적 환경에 큰 차이가 있다. 특정국가에서의 사업여부의 결정은 네 가지 요인, 즉 해외구매에 대한 태도, 정치적 안정성, 통화규제 및 주재국 정부의 태도에 의해 좌우된다.

특히 각국의 법률체제는 거래성립 여부부터 포장에 이르기까지 다양하게 국제경영활동에 영향을 준다. 국제경영관리자가 고려해야 하는 법률적인 문제는 〈표 21-1〉과 같다.

〈표 21-1〉 해외시장 진출시 고려해야 할 법률규제

· 유통계약 또는 판매계약과 그 해약에 관한 규정 · 소매가격 규제 · 기업 간의 담합 내지 결탁, 구매자에 대한 차별, 촉진방법, 유통경로, 차별가격, 시장의 분할과 특약판매, 덤핑행위 등 경쟁에 관한 규정 · 제품의 품질, 규격 및 안전 등에 관한 규제 · 제품의 포장 및 표찰에 관한 규정 · 보증 및 사후보장제도에 관련된 규정 · 가격이나 이익(마진)의 통제 등과 관련된 규제 · 특히, 상표 및 저작권 등에 관한 규정

(4) 문화적 환경

지리적 환경이나 자연적 환경 그리고 역사적 배경에 따라 각국의 사회문화는 다양하다. 이러한 사회문화는 소비자의 제품선택이나 소비방식 그리고 구매의사 결정 과정 등에 영향을 준다. 따라서 국제기업은 각국의 사회문화적 환경을 분석하여 잠재고객의 특성이나 행동패턴 등을 마케팅 프로그램의 개발에 적용할 수 있다. 특히 종교나 사용하는 언어, 미적감각, 윤리와 습관, 관습 등은 각국의 특성을 잘 보여 준다.

2) 진출시장 선정

해외시장에 진출하기에 앞서, 기업은 국제경영의 목적과 정책을 설정해야 한다. 첫째, 기업은 전체 매출액 중 해외시장에서 달성해야 할 매출액 비율을 정해야 한다. 둘째, 얼마나 많은 국가에 진출할 것인가를 결정해야 한다. 셋째, 진출할 시장국가의 유형을 결정해야 한다.

진출이 가능한 국제시장의 명부를 작성한 후, 기업은 각 시장국가를 평가하고, 그 진출순위를 결정해야 한다. 잠재적인 외국시장국가에 대한 진입순위는 시장규모, 시장성장률, 사업비용, 경쟁우위, 위험수준 등 여러 가지 관련요인을 기준으로 결정해야 한다.

국제경영관리자는 시장잠재력 추정지표(인구통계적 특성, 지리적 특성, 경제적 요인, 기술적 요인, 사회문화적 요인, 국가별 목표와 계획)를 사용하여 각 시장의 잠재력을 파악한다. 그 다음에 관리자는 어떤 시장이 가장 큰 장기적 투자수익률을 가져와 줄 것인가를 결정해야 한다.

2. 국제화 단계

기업의 **국제화 단계**는 간접수출 또는 우연한 수출단계로부터 직접투자에 이르는 단계로 이루어진다. 이러한 방향으로 갈수록 국제경영활동에 대한 개입의 수준(commitment)이 높아지고, 경영자원의 투입이 많아지면서 수익성(profitability)이 높아지지만, 위험(risk)의 정도가 높아지고 통제권(control)도 강화된다.

즉 상품수출→기술수출→자본수출→프랜트수출→기업수출 등으로 발전하면서 국제화가 이루어지며, 해외진출이 확대된다.

기업의 해외시장진출은 〈그림 21-2〉와 같이 수출방식, 국제계약방식, 투자방식에 따라 분류될 수 있다.

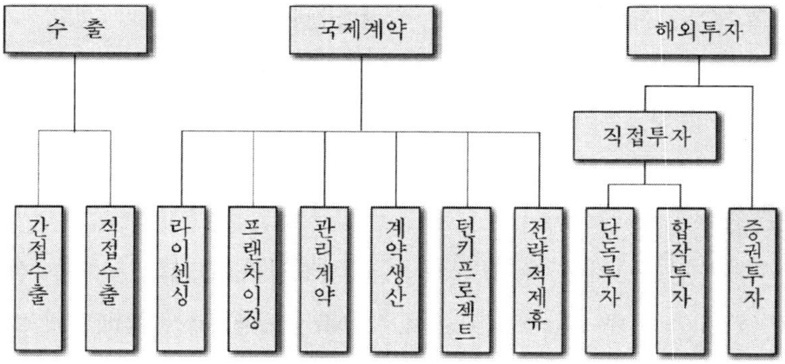

〈그림 21-2〉 기업의 해외시장진출 방식

1) 수출방식에 의한 해외진출

수출방식에 의한 해외진출은 기업이 제품을 자기 나라에서 생산하여 현지국에 수출하는 것으로서, 간접수출과 직접수출이 있다.

(1) 간접수출(indirect exporting)

기업이 제품을 국내에 있는 중간수출업자(국내판매조직, 수출관리상사, 종합상사)를 통해 해외로 수출하는 것으로서, 제품을 생산한 기업은 수출선이나 수출마케팅 전략에 대한 통제권을 갖지 못한다.

간접수출은 주로 수출경험이 없거나, 수출전문인력을 이용할 수 없는 경우 또는 수출규모가 작은 경우 등에 이용된다.

(2) 직접수출(direct exporting)

제품을 생산한 기업이 중간수출업자를 거치지 않고 직접 해외에 있는 고객에게 제품을 수출하는 것이다. 제반 수출마케팅 활동을 직접 계획하고 수행하기 때문에 간접수출보다 시장개입의 범위도 더 확대된다.

2) 국제계약방식에 의한 해외진출

이것은 기업이 자사가 보유하고 있는 기술이나 지식을 일정한 대가를 받고 외국기업에게 이전하기로 계약을 체결하여 해외시장에 진출하는 방식으로서 기술수출이라고도 한다.

(1) 라이센싱(licensing)

라이센서(licensor: 공여기업)와 라이센시(licensee: 수여기업) 간에 라이센서가 보유하고 있는 특허나 노하우, 등록상표 또는 기술공정 등 상업적 자산을 일정한 로열티나 수수료를 받고 라이센시에게 제공하기로 하는 라이센싱 계약을 체결하여 해외시장에 진출하는 기술이전계약 형식의 국제경영방식이다.

라이센싱은 국내 생산원가가 너무 높거나, 수출 현지까지의 운송비가 너무 많이 소요되거나 또는 제품의 현지생산시 현지정부의 규제 때문에 현지생산이 불가능한 경우에 이용된다.

라이센서의 입장에서는 적은 위험과 비용으로 해외시장에 쉽게 침투할 수 있다는 장점이 있고, 라이센시의 입장에서는 유명제품의 상표를 활용할 수 있는 장점이 있다. 그러나 라이센시가 대개 후진국이므로 후진국 스스로가 기술개발을 통해 생산능력과 기술수준의 향상을 꾀하지 못함으로써 기술적인 면에서 선진국에 예속을 당하게 된다.

(2) 프렌차이징(franchising)

프렌차이저(공여기업)가 소유권이 독립된 프렌차이지(수여기업)로부터 일정한 수수료를 받고 상표 등에 대한 사용권을 허가해 주고, 기업의 운영까지도 지원해 주는 국제경영방식이다.

공여기업과 수여기업은 서로 독립성을 유지하면서 최종소비자에게 제공되는 제품 및 서비스의 일부를 각기 생산한다는 점에서 수직적 통합과 유사하다. 이것은 즉석식품, 자동차대여점, 건설, 음료, 호텔, 모텔, 주유소 등과 같은 산업에서 이용된다.

(3) 관리계약(management contracting)

관리계약 또는 경영계약이란 합자투자의 한 형태로서, 양 파트너 중 한 파트너는 운영시설을 보유하고, 상대 파트너는 경영을 담당하는 형태이다.

투자국은 관리 노하우를 제공하고, 현지 외국기업이 자본을 제공하는 방식으로 제품수출이라기보다는 관리서비스의 수출이다. 경영을 담당하는 파트너는 관리 노하우를 제공하는 대가로 합작업체의 일부 소유권이나 로열티 또는 관리대가를 받게 되는데, 이 방식은 호텔, 병원 등의 진출에 이용된다.

(4) 계약제조(contract manufacturing)

진출기업이 생산능력을 가진 현지기업을 선정하여 그 기업으로 하여금 자사가 요구하는 제품을 생산하여 공급하도록 계약을 체결하고, 그 계약하에서 생산된 제품에 대한 마케팅을 자기 기업이 책임지는 것이다.

계약제조는 자기 기업이 직접 그 제품을 생산할 여력이 없거나, 현지의 값싼 노동력이나 원자재를 이용하고자 하는 경우, 그리고 현지생산과정에서 발생할 수도 있는 소유권 문제 등에 따른 충돌을 피하고자 하는 경우에 활용된다.

또한 주문자상표 부착방식에 의한 수출(OEM: original equipment manufacturing)은 일종의 계약제조라고 할 수 있다.

(5) 전략적 제휴(strategic alliance)

경쟁관계에 있는 기업이 일부 사업 또는 기능활동부분에서 경쟁기업과 일시적인 협조관계를 갖는 것을 의미한다. 기업은 전략적 제휴를 통해 상호 대등한 입장에서 경쟁력을 향상시킬 수 있다. 이 부분에 대해서는 제22장에서 상세하게 연구할 것이다.

(6) 턴키 프로젝트(turnkey project)

프랜트 수출(plant export)이라고 하는데, 특정기업이 외국으로부터 공장이나 기타 산업시스템을 발주받아 이를 설계 · 건설하고 기초운영까지도 담당한 후 프로젝트를 완공하여 해외발주자에게 제공하는 방식이다.

턴키 프로젝트의 제공업체는 완성된 시설을 제공하고, 그 대가로 기계설비 대금과 공장설계, 공정노하우, 현지인 훈련 등에 대해 일정한 대가를 받는다.

그리고 이것은 외화가득률이 높고, 건당 계약금이 높으며, 수출국기업이 직접투자에 대한 현지기업의 경영참가를 가능케 하며, 대부분 국제입찰의 형식을 취하므로 국제적인 경쟁이 심하다.

3) 해외 투자방식에 의한 해외진출

해외투자란 투자기업이 외국기업의 주식의 일부 또는 전부를 소유하는 것으로서, 자본수출을 의미한다.

(1) 합작투자(joint ventureor)

합작투자란 2개국 이상의 기업이 공동으로 출자해서 공동으로 경영하는 해외기업의 형태이다. 이것은 주로 후진국에서 이루어지는데, 그 이유는 후진국에는 자본축적이 미비하여 선진국기업이 후진국기업에 대해 자본을 수출하는 것으로서, 후진국 경제에 협력한다는 의미가 있는 것이며, 한편으로 선진기업의 입장에서는 자본을 수출하는 초기단계를 조성하는 것이다.

이것은 현지 파트너의 기여역할을 필요로 하는 경우에 주로 이용된다. 그 특징으로는 생산활동과 이윤을 동시에 추구하는 기업목적성, 공동의 이윤추구 및 공동개발을 추구하는 공동목적성, 공동계산과 공동손익분배의 공동계산성, 협정에 의해 범주가 한정되는 단일목적성, 그리고 일시적으로 투자하는 일시적 목적 등이 있다.

따라서 투자국은 기업위험을 해외경영활동을 통해서 분산하려고 후진국이나 개발도상국에의 기업수출을 위한 사전의 예비적 시도로서 합작투자를 활용한다. 한편 개발도상국이나 후진국은 자본부족과 기술부족, 경영능력 부족을 커버하기 위해서 합작투자를 이용하는데, 잘못 이용되는 경우 외국자본에 의해 국내자본이 예속될 수도 있다. 그래서 외국인의 투자한도를 의도적으로 제한하기도 하며, 업종도 제한하기도 한다.

(2) 단독투자(direct investment)

기업이 의결권주의 95% 이상을 자사가 소유하는 형태로 해외에 진출하는 기업수출의 방식이다. 이렇게 설립된 기업을 **완전소유 자회사**(100% wholly owned company)라고 한다.

단독투자는 기업을 새롭게 설립하여 진출하는 신설방식이나, 기존에 현지에서 가동되고 있는 기업을 인수하거나, 그 기업과 합병하여 진출하는 기업인수, 합병방식을 이용할 수 있다.

이 방식에 의해 해외진출은 제품이나 기술에 대한 강력한 통제가 가능하고, 자사의 경영정책을 독자적으로 운영·관리할 수 있으며, 또한 기술이나 노하우의 노출을 방지할 수 있어 수익성을 창출할 수 있는 이점이 있으나, 다른 방법에 비해 위험수준이 가장 높다.

특히 이 방식은 개발도상국의 경제발전에 선진국기업이 공동으로 참여함으로써, 개도국의 산업을 발전시키고 고용을 증대시키며, 경제성장을 촉구하여 이를 통해서 후진국의 구매력을 증대시킴으로써, 선진공업국 자체의 수출시장을 확대시키는 국제협력의 한 방법이다.

또한 이것은 수출국기업이 해외에 진출함으로써 국내기업으로부터 해외기업 내지는 국제기업으로 발전하는 것을 의미하며, 이로써 국내지향적 기업은 국제지향적 경영으로 체질의 개선을 가져온다.

선진국기업은 기업수출을 통해서 경쟁영역을 확대시키고 있는데, 그 목적은 다음과 같다.

첫째, 개발도상국에로의 상품수출의 장벽을 넘기 위해서 기업수출을 한다.

둘째, 개발도상국의 저임금과 풍부한 노동력을 이용하여 기업이윤을 증대한다.

셋째, 현지의 자본, 제조능력, 경영능력을 활용한다.

넷째, 해외의 생산판매가 중추가 되어 수출대상국으로부터 제3국에로의 재수출 거점이 된다.

다섯째, 수출국 국내의 잉여여휴시설이나 기술 등의 배출구를 해외에서 찾아 유리하게 활용한다.

여섯째, 해외시장에서 상표명을 유지할 수 있다.

3. 국제화와 국제경영관리방식

기업의 국제화에 따른 국제경영관리방식은 아래의 네 가지로 구분된다.

1) 본국지향형(ethnocentric) 기업

모든 중요한 의사결정이 본국을 중심으로 이루어지고, 해외 자회사는 단지 본사 영업활동의 부수적인 것으로만 간주될 뿐 재량권을 갖지 못한다. 또한 해외자회사에 대한 통제가 중앙집권적으로 이루어지며, 현지 자회사의 요직은 대부분 본사에서 파견된 직원으로 보직된다. 언제나 제품도 본국산이 우선적으로 대우를 받는다.

2) 현지지향형(polycentric) 기업

재무나 기술개발 등과 같은 주요 사항에 대해서만 본사가 의사결정권을 가지며, 그 이외의 일상적인 업무에 대한 권한은 분권화되어 해외 자회사에 위임된다. 그러나 해외 자회사의 인재가 본사에 의해 등용되지 않는다.

일상적인 업무의 권한을 현지 자회사에 위임하는 경영방침은 현지정부, 종업원, 소비자 등과 같은 현지 이해관계자들의 감정, 태도 또는 경제적 민족주의에 대한 배려의 차원에서 이루어진다.

3) 지역지향적(regioncentric) 기업

이것은 국제적인 지역시장의 수요를 충당하기 위한 것으로서 지역사업본부의 역할이 중요하며, 각각의 자회사는 지역사업 일부의 의사결정과 통제에 따라 활동을 수행한다.

4) 세계지향형(geocentric) 기업

국가주의적 편견에서 탈피하여 상호의존관계를 가지고 있는 본사와 해외 자회사가 상호유기적으로 결합하여 범세계적인 관점에서 사업활동을 하는 것이다.

따라서 본사와 해외 자회사 간에 정책결정에 대한 의사소통이 자유롭게 이루어지고, 기업이 시스템 내부에 가지고 있는 모든 경영자원과 기업이 직면하고 있는 모든 환경요인을 최적으로 믹스하여 기업의 목표를 달성하게 된다.

제 3 절 다국적 기업

1. 다국적 기업의 의미와 특성

1) 다국적기업의 의미

다국적기업(MNC: multinational corporation)은 세계기업 또는 초국적기업이라고도 한다. 다국적기업에 대한 통일된 정의는 없으나, 일반적으로 다국적기업이란 다수국에서 생산판매의 거점을 확보하거나, 직접투자를 하여 직접 기업활동을 전개하는 기업으로서, 경영자가 국제적인 시야에서 시장개척, 생산 및 연구에 종사하고 세계 어느 곳에서나 적용가능한 다종다양한 의사결정을 할 수 있는 기업을 말한다.

따라서 다국적기업의 경영전략은 거대한 자본력과 탁월한 기술에 의해 세계적인 시야에서 수출활동, 기술제휴, 합작기업, 현지생산, 현지 마케팅 등을 포함해서 일체의 사업활동을 국제적 규모에서 추진한다.

즉 다국적기업은 어느 특정국가의 이익을 초월하여 범세계적 시야에서 경영활동을 전개한다. 다시 말해서 영업제조 거점이 하나의 독립된 이윤센터가 되어 이익은 현지에 재투자되고, 모든 경영활동도 현지기업을 중심으로 세계화함으로써 세계지향적이다.

2) 다국적기업의 강점과 특성

다국적기업은 국가, 국적 및 국경을 초월하며 세계적인 범위와 규모에서 활동하므로, 세계 도처에 있는 자회사 또는 계열회사에는 각각 현지국의 국적을 갖는 현지법인으로서의 기업을 설립한다.

일반적으로 다국적기업은 시장확보뿐만 아니라 현지의 자금, 노동력, 생산자원 등을 이용함으로써 다른 기업 이상으로 여러 강점을 가지고 있다.

첫째, 다국적기업은 무역문제를 극복할 수 있다.

둘째, 다국적기업은 단속문제를 회피할 수 있는 능력을 가지고 있다.

셋째, 다국적기업은 시장조건의 변화에 따라 제조시설을 한 공장에서 다른 공장으로 옮길 수 있다.

넷째, 다국적기업은 전세계로부터 신기술을 구할 수 있다.

마지막으로, 다국적기업은 많은 노동비용을 절감할 수 있다.

최근 다국적기업은 ① 원료독점에서 기술독점으로, ② 식민지 종주국 중심에서 선진국 중심으로, ③ 이윤송금주의에서 재투자로, ④ 재외지사주의에서 현지법인주의로 전개되고 있는데, 이러한 다국적기업은 다음과 같은 특징을 가지고 있다.

첫째, 경영활동 목표의 세계지향성

둘째, 기업소유권의 다국적성

셋째, 인적구성의 다국적성

넷째, 독립적인 이윤센터로서 조직구조의 분권화

다섯째, 경영전략의 초국가성

여섯째, 과실송금이 아닌 이윤의 현지법인에 대한 재투자성

일곱째, 세계경제의 공동개발 및 국제협력체제의 실행

2. 다국적기업의 효과와 문제점

1) 다국적기업의 경제적 효과

다국적기업의 해외진출이 미치는 경제적 효과는 투자국과 투자대상국의 경우에 따라 상이하게 나타난다.

(1) 투자국의 입장

첫째, 직접투자로 이윤과 요소소득을 획득한다.

둘째, 과잉자원의 해외 수출로 높은 요소소득을 취득한다.

셋째, 직접투자로 수출증가가 가능하다.

넷째, 투자수익의 증가로 국제수지의 흑자요인을 형성한다.

다섯째, 직접투자로 자본, 경영 및 기술의 상품무역을 대체한다.

(2) 투자대상국의 입장

첫째, 국내저축의 부족 및 국제수지의 역조를 극복하고, 인플레이션의 위험없이 개발계획을 수행할 수 있다.

둘째, 새로운 산업의 개발로, 국내기업가에게 투자활동을 자극하는 선도적 기능을 담당한다.

셋째, 외국인투자가 요소소득을 증대시키고, 선진기술과 경영을 전파시키는 매개 역할을 하며, 국내자본 형성을 자극하는 역할을 한다.

넷째, 생산시점 및 가격구조에 변형을 가하여 국내무역을 확대시키고, 외부경제를 창출함으로써 저개발국의 경제발전을 촉진한다.

2) 다국적기업의 문제점

현실적으로 외국인투자는 본래의 이념대로 지켜지지 못함으로써 개발도상국과 충돌을 일으키게 되어 경제발전을 저해하는 결과를 초래한다.

(1) 충돌이 되는 이유

첫째, 투자대상국에 재투자하기보다는 본국에 과실을 송금함으로써 개발도상국의 국제수지를 악화시킨다.

둘째, 다국적기업이 본국이나 본사를 위해 경영전략을 구사하고, 또한 그 목적을 위해 투자대상국 정부에 경제적·정치적 압력을 가한다.

셋째, 투자대상국에 적합지 않은 기술이나 경영관리를 이전함으로써 투자대상국의 경제개발에 기여하지 못하고 있다.

넷째, 투자대상국 요원과 다국적기업 요원과의 경영상의 마찰로 경영의 불협화음이 발생한다.

(2) 개발도상국에 대한 문제점

첫째, 외국인투자가 원료개발을 위한 채취산업에 집중되면, 그에 필요한 기계나 기타 재료가 유입되는 반면에 생산물이 유출되어 국내자본의 투자기회를 박탈함으로써 경제의 예속화를 가져온다.

둘째, 외국인투자가 사치성 소비재산업이나 비생산적 서비스 부분에 집중되면, 경제의 균형적 발전이 저해되며, 전시효과를 자극하여 소비성향을 높임으로써 국내 자본형성을 저해한다.

셋째, 저개발국의 동일산업분야에서 경쟁관계에 있는 국내기업을 위축시키게 하며, 또한 새로운 산업에 대한 투자는 국내기업의 투자기회를 상실케 한다.

넷째, 외국인투자로 국내생산요소의 수요가 증대함으로써 완전고용수준을 초과하면, 국내 한계생산기업의 조업을 중단시키며, 요소가격을 등귀시킨다.

다섯째, 외국인 투자기업이 원자재 등의 해외의존도가 높은 경우, 그리고 수출이나 국내시장을 목표로 하는 산업에 투자하는 경우에는 수입만을 원칙적으로 증대시킨다.

여섯째, 저개발국에 대한 외국인투자는 경제의 이중구조를 심화시킬 우려가 있다.

3. 다국적기업의 경영조직

1) 다국적기업의 국제경영활동

국제경영활동이 국내경영활동과 상이한 특징은 나라가 상이하므로 정치·사회·경제·기술·언어·관습·법률, 특히 문화가 상이함에 따라 야기되는 특징 때문에 경영정책과 전략이 다양할 수밖에 없다는 것이다.

국제시장에 진출할 때, 언어의 장벽, 문화의 장벽으로 어려움이 많고 또한 재무, 생산, 마케팅, 인적자원, 조직, 회계 등 기능면에서도 상이한 점이 많기 때문에 해외시장에서 경영활동을 전개하기는 쉽지 않다.

이 경우, 국제경영을 행하기 위해서는 국제경영환경, 국제자원, 비교국제경영 등은 물론 국제재무관리, 국제생산관리, 국제마케팅관리, 국제인적자원관리, 국제조직관리, 국제회계 등 다양한 측면에서의 접근이 필요하다.

2) 국제경영조직

국제경영활동을 전개함에 있어서 우선 업무활동에 대한 조직화가 필요하다. 따라서 국제경영활동을 보다 체계적으로 수행하기 위해서는 조직구조를 갖추어야 한다. 이를 위해서 본사에 국제경영활동을 전담할 전문조직기구를 갖추어야 하며, 본사와의 유기적인 관계에서 국제경영활동을 실행할 해외경영조직구조를 설치해야 한다.

뿐만 아니라, 본사와 해외조직과의 업무활동을 유기적으로 조정하는 커뮤니케이션 시스템을 정비해야 한다. 그리고 효율적인 운용을 위한 관리시스템을 조직적 측면에서 강구해야 한다.

그 다음으로 아래의 여러 가지 제여건을 참작하여 국제경영조직의 구조를 확정해야 한다. 즉

- 기존의 사업규모와 그 형태
- 국제사업에 대한 장기목표

- 국내사업 및 해외사업의 현단계
- 현재의 경영자가 가지고 있는 능력 및 기능
- 국제사업의 발전에 대한 현재의 경영방침 등

일반적으로 국제경영활동은 단순한 수출부의 설치로부터 수출사업부 또는 국제사업부에로의 승격 그리고 보다 적극적으로는 해외자회사의 설립이나 기업 자체의 해외설립에 이르기까지 다양한 조직유형에 의해서 행해진다.

그러나 여기에서 결정해야 할 것은 국제경영활동을 담당하는 조직에게 어느 정도의 권한을 위임함으로써 보다 유효한 경영활동을 전개할 것인가를 결정하는 것이다.

일반적으로 분권관리시스템을 도입함으로써 관리의 민주화를 도모하고, 이를 통해서 보다 유익한 경영활동을 전개할 수 있다. 이 경우에 본사는 해외사업활동의 목표를 지시, 각종 관리기준의 제시, 신경영방법과 기술의 제공, 각종 정보의 제공, 해외사업장에의 지원, 해외요원의 양성, 해외사업장 활동의 종합조정 등의 기능을 수행한다. 그리고 기타 활동은 현지 다국적기업의 요원이 자주권에 의해 행하게 된다.

세계기업들의 경영방식-세 가지 장군형

오늘날 세계기업들의 경영방식은 패튼형, 아이젠하워형, 웨스트모어랜드형 등 크게 세 가지 장군형으로 나눌 수 있다고 프랑스의 경영전문지 랑트르프라즈지가 보도하였다.

컨설팅 전문회사인 에이메니지멘트의 장 미셀 카이에 소장은 이 잡지에서 기업들의 영업전략을 금세기 미국 장군들의 지휘 스타일에 비유하면서 노르망디 상륙작전을 성공시킨 패튼식을 대표적인 공격경영으로 꼽았다. 상품판매의 볼륨을 크게 하고 시장을 적극적으로 점령해 나가는 전략이 패튼식이라는 것이다.

패튼형의 영업전략은 최단기에 최고 성장이 목표다. 흔히 판매시장의 초토화 작전에 비유되기도 한다. 반면 독일 제3제국을 멸망시킨 총지휘자였던 아이젠하워형은 이미 획득한 시장을 견고하게 지키고 지배권을 영속적인 것으로 만들기 위해 투자를 늘린다. 아이젠하워형은 마치 오케스트라 지휘자처럼 종합적 전략가이다.

시장점령도 서두르지 않고 착실하게 획득하는 방식을 택한다.

또 베트남전에서 미군을 지휘한 웨스트모어랜드 장군형은 체면을 지키면서 손실을 최소로 막아 내는데 적합한 전략이다. 마치 베트남전의 수렁에 빠진 미국정부와 미군을 구해 냈던 것과 동일한 방식이다. 새로운 시장을 공략하려 하기보다는 당분간 인적·재정적 손실을 가장 적게 하는 쪽으로 영업을 맞춘다. 이것은 "현상 유지" 혹은 방어형"전법이다. 특히 갑자기 돌출한 경쟁자가 무섭게 시장을 잠식할 때, 그의 힘이 빠질 때까지 기다리는 웨스트모어랜드형 전략이 유효할 경우가 많다.

기업인들은 현재 처한 상황에 따라 현명한 판단을 내려야 하고, 선택된 전략에 적합한 사원채용 및 관리를 해야 할 것이라고 카이에 소장은 충고하고 있다.

자료원: 조선일보, 1996. 10. 24.

제 4 절 21세기 글로벌 경영체제

1. 국제표준의 조기 정착

우리가 1990년대 말 겪은 외환위기 등 경제위기의 근본적인 원인 중의 하나는 급변하는 세계여건에 적절하게 대응하지 못하였기 때문이었다. 즉 한국기업들은 말로는 국제화, 세계화를 외쳤지만, 행동은 우물안 개구리를 벗어나지 못했던 것이다.

정보사회로의 급속한 진전은 세계를 하나로 묶는 글로벌 시대를 만들어내고 있는데, 그 변화는 우리에게 영향을 주고 있다. 따라서 이러한 세계의 변화를 받아들이고 국제기준에 맞는 제도와 행동양식을 갖추지 않으면 고립되고 뒤쳐지게 된다. 이와 같이 전세계적으로 통용되는 하나의 일반적인 기준이 등장하고 있는데, 이것이 **국제표준**(global standard)이다.

이러한 국제표준의 적용은 수 천년동안 이어져온 한국의 가치관과 마찰을 일으킬 수도 있다. 그러나 그 차이를 잘 숙지하여 한국기업에 유리하게 활용하는 지혜가 필요하다. 즉 국제표준은 글로벌 경영을 해야 하는 기업에게는 반드시 필요한 것이므로, 국제표준을 갖추어야 한다. 즉 한국기업들은 국제표준을 우리의 체질에 맞도록 바꾸어 이를 전략적으로 활용할 수 있도록 해야 한다.

2. 종합적인 글로벌 네트워크 구축

21세기 극심한 글로벌 환경변화를 맞아 선진기업들의 경영체제는 각각의 자회사가 독립적인 활동을 벌리는 체제로 변해가고 있다. 또한 전세계 여러 국가에 현지법인을 설립하고, 합작투자나 전략적 제휴를 통해 본사와 자회사 간의 관계가 점차 수평적이고 다양한 관계로 나타나고 있다. 즉 네트워크 구조로 바뀌어가고 있다.

네트워크형 구조란 본사와 해외자회사가 수평적으로 연결된 형태적 네트워크형 기업이 핵심역량을 가진 활동에만 주력하고, 나머지 부분은 각각 해당부분에서 핵심역량을 가진 다른 기업들과의 제휴를 통해 연결하게 된다.

예를 들어, 네트워크형 기업조직은 가장 핵심적인 제품의 디자인에만 전념하고, 생산은 다른 전문업체에 하청을 주고, 판매 역시 판매를 전담하는 기업에 일임한다.

따라서 글로벌 경영을 해야 하는 기업은 글로벌 경영환경에 적응하기 위해 글로벌 네트워크를 구축해야 한다. 이를 통해 본사와 해외자회사간, 그리고 해외자회사간에 원활한 의사소통이 이루어져야 한다.

한편, 글로벌 네트워크의 구축은 생산활동 이외의 경영활동인 인적자원활동, 마케팅 활동 심지어는 재무활동까지도 글로벌 네트워크를 구축하여 종합적인 글로벌 경영이 이루어져야 한다. 따라서 21세기에는 인터넷을 활용하고 있으므로, 그것을 활용하여 종합적인 글로벌 네트워크를 구축하는 것이 필수적인 경쟁수단이 될 것이다.

3. 글로벌 협력경영의 실천

글로벌 협력경영이란 전략적 제휴와 아웃소싱 등 다양한 방법을 통해 다른 기업과 공동경영을 하면서 상호 협력하는 것이다. 이는 지속적으로 기술우위를 확보할 수 있으며, 환경변화에 신속하게 대응하기 위해 필요한 형태이다.

이러한 글로벌 협력경영의 대표적인 전략에는 바로 우호적인 관계에서의 전략적 제휴와 아웃소싱, 국제합작투자 등이 있다. 물론 경쟁관계에 있는 기업들의 기술개발을 위한 제휴가 문제를 발생시킬 수도 있지만, 최근에는 경쟁기업 간의 제휴도 증가하고 있다.

특히 국경을 초월한 아웃소싱의 경우 인트라넷을 이용하여 파트너, 공급업자 그리고 종업원들을 우호적으로 연결함으로써 고객이 원하는 제품을 제공하도록 해야 한다.

또한 국제합작투자의 경우에도 상호 공동의 이익이 창출되어 지속적인 협력관계가 유지될 수 있는 윈윈(win-win)전략의 합작투자관리가 필요하다.

제6부

경영의 신조류와 경영기법

제22장 경영전략과 신조류

제 22 장

경영전략과 신조류

제 1 절 지적재산권과 기술경쟁

1. 지적재산권의 보호장치

국제무역기구(WTO)가 출범하면서 제품 서비스 시장이 국제화 및 개방화하면서 제품 서비스 시장이 국제화 및 개방화됨과 아울러, 선진국들은 TR(Technology Round)을 가지고 그들의 경쟁우위를 강화하고 있다. TR이란 개도국 정부가 민간에게 기술개발을 지원하는 것을 제한하고, 선진국들과 공정한 입장에서 경쟁하도록 하게 하는 것이다.

1980년 미국은 컴퓨터 소프트웨어의 저작권법을 제정하고, 각종 첨단기술을 지적재산권으로 보호를 본격화하였다.

1986년 4월 미국 통상대표부는 지적재산권보호정책을 발표하고, 동년 10월에는 GATT의 새로운 라운드 의제 속에 지적재산권을 포함시킬 것을 합의하는 등 미국의 국제품질과 지적재산권 관련 문제를 대두시키고 있다.

미국은 2004년 10월 **조직적 해적행위 단속전략**(STOP)이라는 대대적인 불법복제 단속계획을 발표하였다. 그 결과로 미국 무역대표부는 2007년 5월 한국을 감시대상국으로 그리고 2009년 5월에 다시 조정하였다.

2. 지적재산권 보호강화 추세

선진국들의 **지적재산권 보호**는 더욱 강화될 것이며, 지금까지 상품교역을 둘러싼 국제 간의 통상마찰은 기술로 확대됨을 암시하고 있다. 이것은 국제경쟁에서 이기기 위해서는 기술이 유일한 수단이며 보증이 된다는 것을 제시한다. 또한 선진국들이 자본주의의 패권을 누리기 위한 제도를 정비, 강화하고 있음을 시사한다.

기술은 경제력의 원동력이며, 군사력에도 막강한 힘을 발휘할 수 있는 원천이 되므로, 각국은 자주기술의 기반을 확립하는 것이 중요하다는 것을 인식하고 있다.

제 2 절 전략적 제휴

1. 전략적 제휴의 추세

최근 기업들은 기술료를 주고 외국기술을 받아오던 관행에서 벗어나 서로의 장점을 살려 시너지 효과를 노리는 세계 유수의 기업들과 제품개발 또는 전사적 차원의 협력체제를 구축하는 전략적 제휴가 증가하고 있다.

세계화, 소비자 욕구의 다변화, 업종간의 승계를 초월하는 기술혁신 등의 환경변화는 하나의 기업만으로 경영환경에 대처할 수 없게 한다. 이에 기업은 경쟁적 우위를 창출하기 위해 다른 기업들과 팀을 조성하는 동반사회를 통해 자신의 경쟁력을 형성시키고자 한다.

이런 장기적인 동반자력은 국경을 넘어 세계적인 네트워크를 구축하고 있는데, 대기업, 중소기업에서 조성되고 있다.

2. 전략적 제휴의 의미, 이유 및 효과

전략적 제휴(strategic alliance)란 경쟁관계에 있는 독립기업 간에 시장에서 높은 경쟁우위를 확보하기 위해 일시적으로 경영자원의 공유 등으로 특정업무에 대해 협력하여 공동사업을 하도록 협력관계를 맺어 동반자화 하는 것으로서, 전략적 파트너십(strategic partnership)이라고도 한다.

기업들이 전략적으로 동맹관계를 맺는 가장 큰 동기는 상호이익인데, 그 이유는 첫째, 제휴를 통해서 기업은 더 크게 성장하지 않고도 추가적인 힘을 획득하게 된다. 둘째, 세계시장에서 자원이 부족하고 또한 새롭게 개방하는 시장에 접근할 수 있어야 하기 때문이다.

코라조(J. Collazo)는 제휴를 하는 전략적 이유로서, ① 현재의 시장과 기술적 기반에서의 격차를 메우기 위함 ② 초과되는 생산능력을 이익으로 전환시키기 위함 ③ 새로운 시장에의 진출비용과 위험을 줄이기 위함 ④ 제품도입을 가속화하기 위함 ⑤ 규모의 경제를 산출하기 위함 ⑥ 법적 및 무역장벽을 극복하기 위함 ⑦ 기존의 운영활동 범위를 확대하기 위함 ⑧ 현사업의 철수시 탈출비용을 절감하기 위함을 지적하였다.

상기의 이유 이외에도 빠른 기술변화에의 대응, 막대한 투자비용을 피함, 연구개발의 실패 위험을 피함 등이 있다. 따라서 제휴할 기업들은 위험 및 자금분담, 시장확대의 실현, 기술습득 및 기술이전, 규모의 경제 실현, 기타 과당경쟁의 방지, 시장진입속도 단축, 산업표준의 선택을 유지함 및 유연성 확보 등을 실현할 수 있다는 점에서 효과적이다.

3. 전략적 제휴의 준수사항 및 유형

성공적인 제휴를 이룩하기 위해서는 몇 가지 사항을 준수해야 한다.

첫째, **전략적 적합성**-제휴를 고려하기 전에 기업은 자신의 핵심역량을 평가해야 한다. 그 후 기업의 사업윤곽, 지리적 위치 및 역량에 대해 자신을 보완할 수 있는 동반자를 발견해야 한다.

둘째, **장기적 관점에의 집중**-돈을 벌기 위해 힘을 합치기보다는 동반자들은 향후 수년 동안 수익을 창출할 수 있도록 집중해야 한다.

셋째, **유연성**-제휴는 유연적이고 탄력적으로 지속될 수 있다.

넷째, **상호이익적**-기업 양측이 모두 이익적이 된다.

다섯째, **기업문화의 이질성 해소**-이질성 등이 해소될 수 있는 장기적 대책이 마련되어야 한다.

상기의 준수사항을 기초로 전략적 제휴는 그 목적에 따라 여러 유형, 즉 연구개발 컨소시엄, 기술제휴, 라이센스, 생산 라이센스, 제품 스왑 등이 있다.

4. 전략적 제휴의 사례

1) 국내기업간

현대종합화학-(공동파이프건설)-삼성종합화학

대림산업-(에틸렌 장기공급)-호남석유화학

LG생활건강-(공동판매망)-풀무원

CJ-(공동물류센터)-한진

삼성전자-(일렉트로피아 프로젝트)-LG전자, 대우전자

2) 국내기업과 해외기업간

업종	제휴업체	내 용
전자	삼성전자-TI(미) 삼성전자-도시바(일) 삼성전자-GI(미) 삼성전자-마이크로소프트(미) LG전자-캠패스(미) LG전자-제니스(미) LG전자-히다치(일) 대우전자-SGI(미)	포르투갈에 반도체 합작공장 플래시 메모리 기술제휴 HDTV분야 핵심칩 공동개발 CD-1 공동개발 ASIC 기술제휴 자본제휴로 공동기술개발 및 도입 기술생산설비의 효율적 개발 고속그래픽워크스테이션 개발판매
자동차	현대자동차-미쓰비시 대우-이스즈-닛산 기아-마쓰다-포드 쌍용-벤츠사	자본참여 및 기술도입 상용차 관련 기술제휴 생산, 기술제공, 판매복합제휴 생산, 기술, 자본 복합제휴
기타	동일방직-델코 등 9개사 방림-니노사(독) 한국 모토로닉스-컴퓨터지니	CIM시스템 공동개발 및 운영 기술 마케팅, 자본 등 전분야 기술상호공유 및 제품공동개발

3) 해외기업들 간

IBM(미)-지멘스(독)-도시바⇒256M DRAM 공동개발

후지쓰(일)-AMD(미)⇒플래시 메모리 합작개발

AT&T(미)-NEC(일)⇒반도체 공동개발

TI(미)-히다치(일)⇒반도체 공동개발

제 3 절 고객가치창조와 고객만족경영

1. 고객가치창조와 고객만족경영의 추세

오늘날 기업들은 고객의 충성도를 보장받기 위해 고객들에게 경쟁사가 제공하지 못하는 가치를 창조하여 제공하여 고객우선주의의 경영전략을 강구함으로써

고객을 만족시키고 있다. 이것은 단골고객을 확보·유지하고 또한 새로운 고객을 창조함으로써 시장점유율과 지갑점유율을 제고시키는데 결정적인 기여를 할 수 있기 때문이다.

2. 고객가치창조

오늘날 시장상황하에서 승리하기 위해 기업은 표적고객에게 월등한 가치를 전달해야 하는데, 그렇게 하기 위해서는 자사의 모든 부서와 구성원들이 경쟁사보다 월등한 고객가치 전달시스템을 구축·형성하여 시행할 수 있도록 교차기능적 팀을 구성해야 한다.

여기에서 고객은 탐색하는데 소요되는 비용 범위 내에서 그리고 제한된 지식, 이동성 및 소득의 범위 내에서 최고의 가치를 제공하는 제공물을 선택하여 가치를 극대화시키고자 한다.

그러므로 기업이 총고객가치를 창조하기 위해서는 제품, 서비스, 요원, 이미지 및 유통경로를 차별화해야 한다. 즉 경쟁사보다 차별화함으로써 고객이 자사의 제공물에 대해 더 큰 기대가치를 갖게 된다. 이 때 기업은 첫째, 자사가 그 제공물의 제품, 서비스, 요원, 이미지 및 유통경로의 이점을 더욱 강화하거나 증대함으로써 총고객가치를 증가시키든가, 둘째, 가격을 인하하거나, 주문처리 및 전달과정을 간소화함으로써 총고객비용을 절감해야 한다.

3. 고객만족

소비자는 기업의 제공물의 가치에 대해 판단하고, 이러한 판단결과에 근거하여 구매 의사결정을 하며, 그에 따른 **고객만족**은 구매자가 구매하기 전에 판단한 기대가치에 대하여 그 제품의 지각적 성능, 즉 실제가치가 같다고 지각하는 경우에 이루어진다. 즉

기대가치 = 실제가치 ⇒ 만족

기대가치>실제가치⇒불만족

기대가치<실제가치⇒기쁨, 감동

4. 고객만족의 중요성

고객만족은 국가경쟁력이라는 거시적 측면과 기업경쟁력이라는 미시적 측면에서 중요한 의미를 갖는다.

1) 거시적 측면

많은 산업들이 시장개방과 성장률 둔화, 시장포화 등으로 어려움을 겪고 있다. 많지 않은 신규구매자를 대상으로 많은 기업들이 경쟁하고 있다. 이 경우에 고객만족은 같은 가치에 더 낮은 가격을 제공함으로써 이루어지므로, 가격의식적인 현재의 고객(외국시장)을 끌어들일 수 있어 국가경쟁력을 높이게 된다.

2) 미시적 측면

기업수익의 원천은 신규고객과 기존고객이다. 이 경우 고객만족은 기존고객을 유지시키는 방어전략이 되며 또한 기존고객의 만족은 신규고객을 개척할 수 있는 공격전략의 역할을 한다.

더욱이 신규고객의 확보는 기존고객의 유지보다 5배의 비용이 소요되므로, 기존고객의 만족 또는 불만족 경험이 잠재고객에게 큰 영향을 줄 수 있으므로 기존고객에 대한 만족은 더욱더 중요하다.

5. 고객만족의 이득

만족한 고객은 아래와 같은 이득을 기업에게 제공한다.

첫째, 만족한 고객은 가격에 별 의미를 부여하지 않으며,

둘째, 장기간 동안 고객으로 남으며,

셋째, 기업이 관련제품이나 개선된 제품을 시장에 도입하게 되면 추가적으로 제품을 구입하며,

넷째, 그 기업이나 그 제품에 대해 다른 사람들에게 우호적으로 이야기한다.

6. 고객만족 방안

고객에게 가치를 제공할 수 있는 차별화 전략을 수립한 후 실천적으로 수행하는 고객만족 전술은 다음과 같다.

1) 최고의 품질을 제공함

고객만족과 수익성은 제품과 서비스의 품질과 밀접하게 연결되어 있다. 즉 높은 수준의 품질은 더 큰 고객만족을 창출하는데, 그 경우 고품질과 역시 저원가가 뒷받침되어야 한다. 그렇게 하기 위해서는 품질향상을 위한 강력한 전사적인 조치, 즉 전사적 품질경영(TQM)의 원칙이 실천되어야 한다. 조직의 모든 구성원이 협력하여 고객의 욕구를 반영한 제품디자인에서부터 부품의 구매, 생산, 검사, 유통, 판매, 판매 후 서비스에 이르는 전과정에 참여하는데 몰입해야 한다.

2) 고객불만처리 시스템 활용

고객은 매 4번의 구매 중 1번 정보는 불만족하며, 불만족한 고객들 중 5% 미만만이 불평을 토로하고 있는데, 나머지 95%는 불평하기보다는 간단하게 공급자를 변경하거나 또는 다른 사람들에게 그 제품에 대해 악평을 하는데, 결국 기업은 고객을 상실하게 된다.

그러므로 기업은 불만족한 고객들이 자사에 불평불만 또는 제안을 용이하게 전달될 수 있는 시스템을 확보해야 한다. 이 경우, 기업은 문제를 해결하기 위해 신속하게 조치를 취해야 할 뿐만 아니라, 불만족 고객의 불평불만의 제시가 제품디자인과 고객서비스를 개선할 수 있는 더 좋은 아이디어를 제공한다는 사실을 명심해야 한다. 그리고 불평처리가 신속하게 처리되는 경우 다시 긍정적으로 평가되고 있음에도 주의해야 한다.

제 4 절 인수, 합병(M&A)

1. M&A의 동기와 필요성

기업의 존속은 성장에 의해서 가능한데, 성장을 유지하는 것이 더욱 어려워지고 있다. 이 문제를 해결하기 위해서는 외부자원을 이용하는 것이 내부자원을 활용하는 것보다 효과적일 수 있다.

생존과 성장을 위해 특정 사업분야에 진출하는 경우 이미 그 사업분야에서 활동하고 있는 기업을 인수하는 방법으로 가능하다. 이처럼 외부경영자원을 활용하는 것은 불확실성의 회피, 환경변화에의 유연한 대응, 정부규제의 대응, 시간절약에서 유리하기 때문이다.

그리고 경제적 동기로는 시너지 효과를 통한 경영효율성의 증대, 사업다각화에 의한 투자위험의 회피 및 경감, 시장지배력 강화, 선진기술 및 노하우 습득, 규모의 경제와 범위의 경제 이용, 감세효과 등이 있다.

또한 기업들이 M&A를 하는 이유로는 비용절감을 통한 전사적 효율성 향상, 중첩되는 업무부문 제거, 구매력 향상, 시장점유율 향상, 경쟁감소, 성숙된 시장에서 안정적인 수익확보 등의 전략적 목표 등이 있다. 또한 성장, 제품계열의 확장, 신규시장에의 신속한 진출, 기술확보 및 신경영기술의 확보 등이 있으며, 더 빠르고 안정적이며 저비용으로 회사를 운영할 수 있다. 또한 비용절감, 사업단위 매각, 구성원 정리해고, 재무구조 개편을 통한 주주가치의 극대화 등 재정적 구조조정이 있다.

2. M&A의 의미

1) 기업인수의 의미

기업인수란 어떤 기업이 다른 기업의 경영권이나 소유권을 획득함으로써 두 기업을 하나의 기업으로 통합하는 과정으로서, 이 경우 인수기업이 피인수기업의 경영진이나 이사회와의 상호교섭을 통해서 기업인수가 이루어지는 경우를 **우호적 기업인수**(friendly takeover)라고 하며, 피인수기업의 경영진이나 이사회의 의사와 관계없이 인수가 이루어지는 경우를 **적대적 기업인수**(hostile takeover)라고 한다.

2) 합병 및 취득(매수)의 의미

(1) 기업합병

기업합병(merger)이란 기업인수의 가장 전형적인 형태로 보통 유사한 규모의 두 개 이상의 기업이 청산절차를 거치지 않고 주식의 교환을 통해 법률적 및 사실적으로 하나의 기업으로 결합하는 것이다. 한 개 이상의 기업이 소멸함과 동시에 소멸회사의 권리 · 의무가 존속기업에 포괄적으로 이적, 승계되는 회사간의 계약이다.

즉 합병기업이 피합병기업의 모든 자산, 자기자본, 부채를 포괄적으로 인수하여 합병기업의 자산과 자기자본, 부채로 만들어 버리는 기업인수 방법이다. 이 때 피합병기업은 기업으로서의 생명을 다하게 되어 그 존재가 소멸된다.

법률상으로 기업합병은 흡수합병과 신설합병으로 나누어진다. 예를 들어, 스위스 제약회사인 Ciba-Geigy사와 Sandoz사가 합병하여 Novartis라는 회사로 새로 태어났다. 또한 Citibank는 Travelers Iusurance Company, Saloman Brothers, Swith Barney사 등을 인수하여 Citigroup으로 다시 태어났다.

합병의 경우, 합병기업은 피합병기업의 주주에게 합병의 대가로서 현금이나 합병기업의 주식을 지불한다. 예를 들어, May Department Stores Company가 Marshall Field's사를 23억 달러에, J. P. Morgan Chase사가 Bank One사를 합병하였다.

(2) 기업취득(매수)

취득(매수: acquisition)이란 한 기업 또는 투자단체가 대상회사의 이사회와 협상을 하여 현금 또는 주식을 지급하여 사들이는 것으로서, 즉 인수회사가 피인수회사의 자산이나 주식을 취득하는 유형이다. 이 경우에 양사가 개별기업으로 계속 존속하게 된다.

기업매수에는 주식매수와 자산매수의 방법이 있다. **주식매수**(stocks acquisition)는 인수기업이 피인수기업의 주식을 매입함으로써 피인수기업의 경영권을 확보하는 방법으로서, 공개매수와 강제공개매수의 방법이 이용된다.

자산매수(assets acquisition)는 인수기업이 피인수기업의 자산의 일부나 전부를 매입하는 방법이다. 이 때 인수기업은 취득한 자산을 자사의 한 부분으로 편입시키거나 자회사를 설립하게 된다.

(3) 기업매수의 예

- Johnson & Johnson사가 치과용제품, 피부치료제, 병원 및 일반의약품, 기저귀, 여성용 위생용품, 유아용제품 등을 제조하는 여러 기업을 인수
- 영국의 Polygram사가 Motown Record Corporation 및 헐리우드 영화사를 인수
- R. J. Reynold사가 Nabisco 상표를 흡수
- Philip Morris사가 General Foods사, Kraft사를 매수
- Procter & Gamble사가 Richardson Vick사, Noxell사 및 Revlon사의 일부를 흡수, Gillette사를 인수
- Nestle사가 Carnation사를 흡수, Gerber사 인수
- HP사가 Compaq사를 인수
- Quaker Oats사가 Stokely-Van Camps사를 흡수, Pepsi Co사가 Quaker Oats사를 인수
- AOL(아메리카온라인)+넷스케이프⇒42억 달러로 인수하면서 Sun Micro-System사와 제휴
- General Electric사가 엔터테이먼트 기업인 Vivendi Universal사를 120억 달러에 인수

- Bank of America사가 Fleet Boston Financial사를 493억 달러에 인수
- Comcast Corp사가 AT&T Broadband사를 540억 달러에 인수

3. M&A의 주지사항과 효과

1) 주지사항

성공적인 합병을 이끌어 내기 위해서 주지해야 할 사항은 다음과 같다.
첫째, 낮은 구매가격
둘째, 익히 알고 있는 분야에서 자신보다 훨씬 작은 회사를 인수함
셋째, 과대평가되지 않은 주식과 현금으로 지불함
넷째, 자기중심적인 CEO의 머리에서 나온 계획은 위험함

2) M&A사의 효과

기업인수 합병방식은 해외진출에 많이 이용되는데 그 이유는 다음과 같다.
첫째, 신속한 해외시장 진출과 신속한 투자자본의 회수가 가능하다.
둘째, 현지의 계속기업을 매수함으로써 초기운영에서 발생할 수 있는 문화적, 법률적, 관리적 문제를 피할 수 있다.

이외에도 M&A에 의한 해외진출은 신설이나 합작투자 형태로 진출하는 경우에 직면할 수 있는 문제점을 상당부분 보완해 줄 수 있는 대처방안으로 받아들여지고 있다. 또 해외자회사의 운영에 대한 불확실성을 축소시켜 줄 뿐만 아니라 경쟁력 증대 및 다국적화 수단으로 활용될 수 있다.

특히 M&A는 사회적으로 이익이 될 수도 있다. 첫째, 흡수되는 기업이 저원가, 저가격으로 이끄는 규모의 경제를 달성할 수 있다. 둘째, 관리능력이 뛰어난 기업이 관리능력이 뒤떨어진 기업을 흡수하여 효율성을 개선할 수 있다. 셋째, 경쟁력이 없는 산업이 흡수 후에 경쟁력을 갖게 될 수도 있다.

그러나 M&A에 의한 경제력 집중은 거대기업군의 출현으로 비효율성의 발생 또한 공존하기 때문에 비판이 일고 있다.

제 5 절 전사적 품질경영

1. 품질의 중요성과 의미

고객들은 평균수준의 품질성능을 거의 받아들이지 않거나, 묵인하지 않으므로, 오늘날 경영자는 제품과 서비스의 품질을 개선, 향상하는 것을 최우선의 직무라고 인식함으로써 품질이 경쟁의 중요한 도구가 되고 있다.

품질이란 제시하거나 또는 의미하고 있는 욕구를 만족시킬 수 있는 제품이나 서비스의 능력에 영향을 미치는 제품이나 서비스의 특성 및 특징의 전부를 의미한다고 정의한다. 이러한 정의는 품질을 고객집중적으로 정의한 것으로서, 제품과 서비스가 고객의 기대사항을 충족하거나 초과하는 경우에 기업이 제품을 제공하였다고 말할 수 있다.

2. 전사적 품질경영의 의미

최고의 품질을 가진 제품이나 서비스를 생산, 제공하는 기업은 제품의 생산과 관련된 모든 분야에서 통합적 전사적으로 품질을 개선, 향상하려고 노력하고 있다.

전사적 굼질경영(TQM: total quality management)이란 고객의 욕구와 기대에 부응하면서 계속적으로 개선하는 경영철학으로 재화나 서비스를 전달하는데 연관되는 모든 사업과정을 계속적으로 향상, 개선함으로써 고객을 만족스럽게 하는데 조직이 전체적으로 관여하는 것이다.

즉 TQM은 품질관리집단, 과정개발, 팀워크, 개선된 원료공급업자와의 관계, 고객의 1차적 및 2차적 욕구를 경청하는 등의 기본요소로 실행하는데, 주요 내용에는 ① 고객에게 집중함 ② 계속적인 개선에 관심을 집중함 ③ 조직이 행하는 모든 것에 대한 품질을 개선함 ④ 정확한 결과를 측정함 ⑤ 구성원에게 권한을 유양함 등이 포함된다.

TQM의 목적은 기업으로 하여금 계속적인 개선에 몰입하도록 하는 것으로서, 여기에서 전사적이란 것은 통합적인 개념으로, 종업원, 협력업체(원료공급업자, 중간상 등), 고객 등 모든 구성원과 생산, 마케팅, 기술개발, 디자인, 구매 및 로지스틱스 등 모든 기능부서가 참여한다는 것을 의미한다.

또한 TQM에서 고객이란 자사의 제품이나 서비스에 대해 내적 또는 외적으로 상호작용하는 모든 사람을 포함한다. 즉 내부고객, 외부고객, 보조고객 등 모든 사람을 포함한다.

따라서 TQM을 실천하는 기업은 모든 구성원들로 하여금 문제들이 처음부터 발생하지 않도록 하기 위해 더 잘 할 수 있는 방법을 계속 추구하도록 해야 한다. 그러므로 고객을 만족시키거나 기쁘게 하는 것은 구성원들이 현 직무를 잘 하는 것뿐만 아니라 작업환경을 개선하기 위한 방법을 개별적으로 또한 공동으로 추구하는 것을 요구한다.

3. TQM 실행에 필요한 구성요소

TQM은 지속적이며 향상적인 변화 프로그램이다. 즉 기업은 향상, 개선하기 위해 발생하는 문제들을 조정하기 위해 여러 방법, 즉 TQM의 구성요소를 지속적으로 탐구하여 조정방법을 강구한다.

TQM의 구성요소는 〈그림 22-1〉과 같은데, 그 구성요소를 통해 TQM은 고객욕구에 집중하며, 참여와 팀워크를 강조하며, 또한 모든 구성원들이 기업의 제품과 서비스의 품질, 고객의 반응시간 또는 작업과정과 같은 활동이나 산출물을 지속적으로 향상시키기 위해 노력하는 문화로 조성하도록 한다.

구조	기술	구성원	변화대리인
· 분권화 · 수직적 차별화의 축소 · 분업의 축소 · 폭넓은 통제의 폭 · 상호기능적 팀	· 유연한 과정 · 작업자의 교육과 훈련	· 교육과 훈련 · 성과평가 및 보상시스템	· 상위자들의 능동적인 지도력

〈그림 22-1〉 TQM 실행에 필요한 구성요소

4. TQM을 성공시키기 위한 조건

최고의 TQM 성과기업은 첫째, 구성원, 고객 및 원료공급업자 모두에게 기업의 전략을 설명하며, 둘째, 운영과정 및 개발과정을 개선하고 또한 간소화하며, 셋째, 디자인으로부터 제품의 전달에 소요되는 시간을 절약하고 있다.

이렇듯, TQM을 성공시키기 위해서는 다음의 조건이 충족되어야 한다.

첫째, 최고경영자의 적극적인 의지와 참여가 필요하다.

둘째, 고객의 반응을 적극적으로 반영해야 한다.

셋째, 설계와 디자인 단계에서부터 제품과 서비스의 품질이 충분히 고려되어야 한다.

넷째, 생산공정을 잘 설계하고 통제해야 한다.

다섯째, 원료공급업자 및 협력업체를 TQM의 구성원으로 인식해야 한다.

여섯째, 생산 후 고객에게 제품이 제공되고 배송되는 마케팅 과정과 로지스틱스 과정에도 품질의 개념이 도입되어야 한다.

일곱째, 각 종업원이 품질관리의 주체라는 생각 아래 종업원들을 품질개선에 참여하는 팀으로 구성해야 한다.

여덟째, 성공한 기업을 벤치마킹하고 끊임없이 품질개선의 노력을 해야 한다.

그 밖에도 TQM을 활용하고자 하는 기업은 ① TQM으로 측정가능한 결과를 성취하기 위해서는 시간이 소요된다. 즉 TQM은 계속적인 개선에 기초를 두고 있기 때문에 지속적인 과정이 되어야 한다. ② 마케팅과 경영자의 노력이 조직체 자신이 아니라 고객에 집중되어야 한다.

제 6 절 벤치마킹

1. 벤치마킹의 의미

품질추구적 기업들이 시장점유율을 향상하기 위한 시도로서, 가장 성공한 경쟁기업을 벤치마킹하고 있다.

벤치마킹(benchmarking)이란 어떤 기업이 다른 기업들보다 월등하게 과업을 수행하는 방법과 이유를 밝혀주는 기술로서, 어느 특정분야와 기능에서 탁월하고 우수한 하나 또는 그 이상의 경쟁기업 또는 비경쟁기업을 찾아 성과차이를 확인, 규명하고, 개선을 위한 아이디어의 원천으로서 그 탁월한 기업의 실천방법을 추구하여 모방하며 그들의 뛰어난 운영 프로세스를 배우면서 부단히 자기혁신을 추구하는 전략적 계획수립의 도구이며 기법이다.

따라서 벤치마킹의 기본적 아이디어란 경영자는 여러 분야에서 선도기업의 방법을 분석하고, 그 방법을 모방함으로써 품질을 개선할 수 있다는 것이다. 따라서 벤치마킹은 순수한 창조보다는 창조를 위한 모방, 즉 창조적 모방을 통해서 우량선도기업의 우수한 경영기법을 활용하는 전략으로서, 그것을 활용하는 기업의 목적은 다른 기업의 최고의 실천방법을 모방하거나 개선하는 것이다.

이 경우, 최고수준의 실천기업을 확인하는 방법으로서, 첫째, 고객, 공급업자, 유통업자에게 질문하여 최고의 직무를 수행한다고 여기는 기업을 평가하도록 요구한다. 둘째, 중요한 상담기업과 접촉할 수 있다.

2. 벤치마킹의 활용과 조건 및 장점

많은 기업들이 초우량기업들의 경영전략이나 경영관리 전반에 관해 벤치마킹을 하여 타사의 장점을 활용하고 있다. 이러한 노력은 동종기업뿐만 아니라 이종기업들을 상대로 한다.

벤치마킹은 아래 세 가지 조건하에서 유용한 결과를 산출한다.

첫째, 신제품보다는 기존제품에 대해 배울 때

둘째, 고객을 만족시키는 방법을 포함하여 기업의 실천사항을 배우는데 유용함

셋째, 자사가 경쟁적인 품질 프로그램을 가지고 있는 경우에만 이상적인 성과를 이룩함

상기의 조건에서 이루어진 벤치마킹은 다음의 장점이 있다.

첫째, 자사의 수준을 알 수 있다.

둘째, 적시에 효율적인 혁신방향과 수단의 설정이 가능하다.

셋째, 초일류를 향한 도전적인 기업문화의 형성, 지속적인 조직학습의 효과를 누릴 수 있다.

3. 벤치마킹의 기본원칙

벤치마킹의 효과를 창출하기 위해서는 아래의 기본원칙을 준수해야 한다.

첫째, 접근방법을 계획하며, 개선해야 할 특정영역을 설정한다. 자신의 과정절차를 연구하고, 그 과정을 잘 수행하고 있는 기업을 확인, 규명한다.

둘째, 관련되는 수행자를 선정한다.

셋째, 정보를 교환할 준비를 해야 한다. 즉 자사의 문제를 해결할 수 있는 방책을 보유하는가를 확인한다.

넷째, 불법적인 행동, 즉 가격담합, 시장분할, 기타 불법적인 조치를 피한다.

다섯째. 신뢰성 있는 자료를 비밀로 유지한다.

4. 벤치마킹의 수행과정

벤치마킹은 일곱 단계 즉 ① 어느 기능을 벤치마킹할 것인가를 결정함 ② 측정해야 할 주요 성과변수를 확인, 규명함 ③ 최고수준 기업을 확인, 규명함 ④ 최고수준 기업의 성과를 측정함 ⑤ 기업의 성과를 측정함 ⑥ 그 차이를 좁히기 위한 프로그램과 조치활동 등을 구체화함 ⑦ 실행하고 결과를 조사하므로 이루어진다.

상기의 단계는 간단하게 〈그림 22-2〉와 같이 4개의 과정으로 나타낼 수 있다.

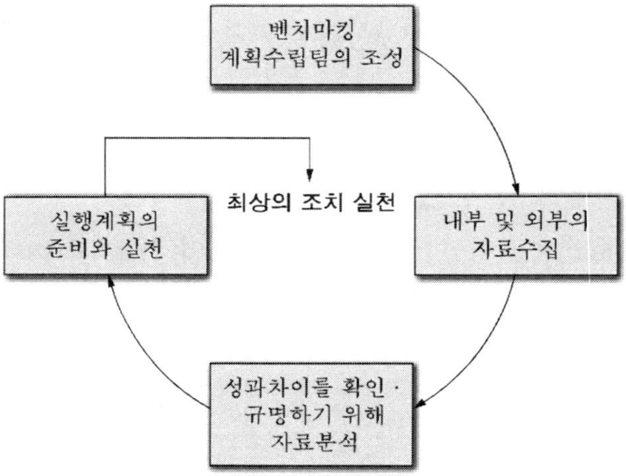

〈그림 22-2〉 벤치마킹의 과정단계

제 7 절 데이터베이스 마케팅

1. 고객 데이터베이스의 필요성과 의미

오늘날 소비자의 기호가 점차 까다로워지고, 경쟁이 격화됨에 따라 전체시장을 작은 단위로 세분화하고, 그 중 표적시장에 주력하는 접근방법으로 향하고 있으나, 이것은 표적시장 내의 개인고객에 대해 초점을 맞추는 것은 아니다.

그러나 개별고객의 상이한 욕구와 특성에 맞추기 위해 점차 마케팅은 대량마케팅에서 세분시장 마케팅으로, 다시 일 대 일 마케팅으로 변화하고 있다. 즉 개별고객을 알고 있는 기업은 고객에 대한 소구를 극대화하기 위해 자사의 제품, 제시물, 메시지, 선적방법, 매체 및 지급방법 등을 고객화하고 있다. 그리고 기업은 개별고객과 예상잠재고객에 대한 이름, 주소 및 기타 관련정보를 획득하기 위해 매우 강력한 수단을 가지고 있는데, 그것이 고객 데이터베이스이다.

고객 데이터베이스는 선도 유발, 선도 자격화, 제품이나 서비스의 판매 또는 고객관계의 유지와 같은 마케팅 목표를 달성하기 위해 현재 접근할 수 있으며 또한 조치할 수 있는 개별고객, 예상담재고객에 대한 광범위한 자료를 조직적으로 수집하는 것이다.

2. 고객 데이터베이스에 포함된 정보 및 활용

고객 데이터베이스에 포함된 정보는 기업이 고객거래, 등록정보, 전화요청, 요리정보 그리고 고객과의 수많은 접촉에서 획득한 정보를 통해서 수집된다.

고객 데이터베이스에는 개인의 인구통계적 자료(연령, 주소, 가족수, 교육수준, 생일), 심리묘사적 특성(라이프스타일 특성, 즉 행동, 관심, 의견: AIO), 매체이용 특성(구독신문, 잡지, 전파매체 등) 및 과거의 기타 관련정보 등으로서 고객의 특성을 파악하는데 유용한 정보를 담고 있어야 한다.

이러한 고객 데이터베이스는 ① 예상잠재고객을 확인, 규명함 ② 어느 고객이 특별한 제시물을 받아야 하는가를 결정함 ③ 고객충성심을 더욱 깊게 함 ④ 고객의 구매를 실현시킴 ⑤ 고객에 대한 심각한 실수를 피하게 함 등으로 활용된다.

3. 데이터베이스 마케팅의 의미와 활용기업

데이터베이스 마케팅(database marketing)이란 접촉하고, 거래할 목적을 위해 고객 데이터베이스 및 기타 데이터베이스(제품, 공급업자, 재판매업자)를 구축하고 유지하며 또한 사용하는 과정이다.

DB 마케팅은 컴퓨터 기술 및 정보기술의 발달로 기업의 규모와는 관계없이 어느 기업에서도 활용될 수 있다. 즉 컴퓨터 및 정보기술의 발달로 대량의 고객 정보의 축적과 축적된 정보에 대한 분석이 가능하여, 마케팅 관리자는 개별고객의 욕구를 파악하고, 상품화할 수 있다. 그리고 전화, TV, 인터넷 등을 이용하여 소비자와 기업간의 직접적인 쌍방향 커뮤니케이션을 보다 저렴하게 실행할 수 있다.

DB 마케팅은 산업재 마케팅기업, 많은 고객자료를 용이하게 수집하는 서비스 제공기업, CRM에 투자하는 최상의 위치에 있으며, 교차판매와 고가판매를 행하는 기업, 고객들이 차별화된 욕구를 가지고 있으며 크게 차별화된 가치가 있는 기업에서 자주 이용된다. 그러나 DB 마케팅은 포장재 소매상, 소비자용 포장재 기업은 거의 이용하지 않는다.

4. 데이터베이스 마케팅에 필요한 투자 및 문제점

기업은 컴퓨터 하드웨어, 데이터베이스 소프트웨어, 자료분석 프로그램, 커뮤니케이션 연결 및 기술요원 등에 투자해야 한다. 데이터베이스 시스템은 제품 및 상표관리, 신제품 개발, 광고와 촉진, 직접우편, 전화마케팅, 현장판매, 주문처리 완료 및 고객 서비스 등의 분야의 구성원을 포함하여 여러 마케팅 집단에 유용하고도 친숙하게 사용될 수 있어야 한다.

그러나 DB 마케팅은 아래의 4가지 문제로 인해 CRM을 효과적으로 사용하는데 방해를 받는다.

① 고객 데이터베이스를 구축하고 유지하는데 필요한 엄청난 투자가 요구된다.

② 기업내의 모든 구성원들이 고객지향적이 되거나, 이용가능한 정보를 사용하는 것이 어렵다.

③ 모든 고객이 기업과의 관계를 원치 않으며 또한 고객은 기업이 너무나 많은 개인적인 정보를 수집한다는 사실을 알게 되어 화를 낼 수도 있다.

④ CRM의 이면에 있는 가정은 항상 진실하지 않다.

제 8 절 고객관계관리(CRM)

1. CRM으로의 전향과 의미

기업은 고객충성심을 극대화하기 위해 개별고객에 대한 세부적인 정보를 관리하고 또한 고객의 접촉점을 관리하기 위해 CRM으로 전향하고 있다. 즉 CRM은 고객관계를 관리하며 또한 모든 이해관계자들을 기업의 제품설계와 개발, 제조, 마케팅, 판매 및 모든 고객서비스 과정에 결속하도록 하는 수단으로 인식되고 있다.

CRM(고객관계관리: customer relationship management)은 기업의 판매팀, 서비스팀, 그리고 마케팅팀이 고객관계의 모든 면을 제공하기 위해 개별고객에 대해 알고 있는 모든 것을 통합하여 고객과 강력한 유대를 강화하기 위해 각 고객의 세부적인 정보를 관리하고 또한 고객충성심을 극대화하려는 목적으로 고객의 접촉점 모두를 신중하게 관리하는 과정이다. 즉 CRM은 전체 조직이 고객을 만족시키는데 전체적으로 집중하도록 지향하면서 관계 프로그램을 실행하도록 하는 전략과 기법의 결합이다.

2. CRM의 목표, 효과 및 이점

CRM의 목표는 높은 고객자산을 산출하는 것인데, 고객자산(customer equity)이란 모든 고객의 할인된 평생가치 총액으로서, 고객이 충성적일수록 고객자산을 더 높아진다.

또한 기업은 CRM을 행함으로써 아래의 효과를 창출할 수 있다.

① CRM으로 고객이 누구이며, 그들이 어떻게 행동하며, 그들이 필요로 하고

원하는 것을 간파할 수 있으며, 기업은 고객기회에 적절하고도 시종일관되게 그리고 신중하게 반응할 수 있다.

② 기업은 높은 수준의 고객서비스를 제공하고 또한 심오한 고객관계를 개발할 수 있다.

③ 기업은 고가치 고객을 확인하고, 그들을 보다 효과적으로 표적화하고, 기업의 제품을 교차판매하고, 특별한 고객 요구조건에 적합한 제공물을 창조할 수 있다.

또한 기업은 CRM을 효과적으로 실행함으로써 아래의 이점을 획득할 수 있다.

① CRM 소프트웨어 시스템은 수집한 많은 양의 고객자료를 의미있게 만들 수 있다.

② 고객의 관심사를 명심하면서 복잡한 사업과정을 단순화시킬 수 있다.

③ 완벽한 사업전략에 접근할 수 있는데, 구성원, 과정 및 기법들 모두가 고객에게 월등한 가치를 제공, 전달하는데 조직화될 수 있다.

3. CRM의 구성과 필수사항 및 자료처리

CRM은 모든 원천에서 나온 고객정보를 통합하고, 심도있게 정보를 분석하고 또한 강력한 고객관계를 구축하기 위해 분석결과를 적용하는 소프트웨어와 분석수단으로 구성되어 있다.

이와 더불어 CRM은 최적 고객획득, 최적의 가치제안 조성, 최적 과정조성, 구성원 동기부여 및 고객유지 학습 등의 필수사항이 있어야 한다.

CRM 분석가는 고객자료에 숨겨진 풍부한 자료를 파헤치기 위해 data warehousing을 개발하고, 또한 data mining 기법을 이용한다.

data warehousing은 귀중한 것으로 가려낼 필요가 있는 세부적인 고객정보에 대한 전사적인 데이터베이스이다. 그것의 목적은 정보를 중앙집중적으로 접근할 수 있는 위치로 불러모으기 위한 것이다. data warehousing가 자료를 수집한 후 기업은 data mining기법을 이용하여 많은 양의 자료를 가려내고 또한 고객에 대한 흥미로운 발견사항을 끄집어낸다. 이러한 자료 시스템은 기업에게 강력한 경쟁적 우위를 제공한다.

4. CRM 시스템의 원칙

성공적인 CRM 시스템은 아래의 원칙을 공유해야 한다.

① 기업은 CRM전략을 실행하기 전에 특별한 목표와 이점을 결정해야 한다.

② CRM은 상, 하 전체적으로 실행되어야 한다. 특히 상위경영층은 기업을 고객에게 집중하는 것으로 변화시키는데 몰입해야 한다.

③ CRM은 구성원들이 새로운 도구를 이용할 수 있도록 그 방법을 전사적으로 훈련하는데 투자해야 한다.

④ CRM은 모든 기능에 효과적으로 의사소통이 되어야 한다. 즉 고객의 문제를 해결하기 위해 교차규율적 팀의 협력이 필요하다.

⑤ CRM은 고객에게 전사적으로 집중함으로써 낭비적인 사업실행을 없애도록 간소해야 한다.

⑥ CRM은 소프트웨어 솔루션을 만드는데 최종사용자를 관여시키며, 그 시스템을 사용하는 구성원, 공급업자, 유통분배업자 및 기타 동반자들로부터 나온 투입요소가 지원되도록 고무해야 한다.

⑦ CRM은 항상 그 결과를 추적, 조사하고 측정함으로써 고객과의 관계를 지속적으로 개선해야 한다.

5. CRM과 부서간의 관련성 및 성과요소

CRM은 최고경영자로부터 하부층에 이르는 모든 관련된 사람들에 대한 사고의 변화에서 이루어지므로, 판매, 마케팅, 서비스 기능의 차원을 넘어 상-하 몰입이 요구된다. 또한 공급업자, 판매상 그리고 기타 동반자 등 모든 중요한 이해관계자들 모두를 포용하므로 기업의 모든 사업측면과 관련된다.

따라서 월등한 CRM 성과는 고객과 관련되는 역량의 세 가지 구성요소를 통

합하는 것에서 나온다. 즉

① 고객보전을 가장 중요시하고, 고객을 만족시키기 위해 구성원들에게 폭넓은 재량을 주는 조직적 지향성

② 관련되는 고객자료의 질, 기업간에 정보를 공유한 시스템에 대한 정보

③ 인센티브, 매트릭스, 조직구조 및 책임을 통해 성취되는 고객관계를 구축하는 조직의 협력 즉 통합결속이다.

6. CRM의 위험과 실패이유

CRM은 아래의 네 가지 위험을 안고 있다.

① 고객전략을 수립하기 전에 CRM을 실행함

② 조직이 조화롭게 변화되기 전에 CRM을 실행함

③ CRM 기술이 보다 양호하다고 가정함

④ 고객을 설득하지 않고 몰래 접근함

즉 CRM은 마술이 아니므로, 미리 심사숙고해야 하며, 기업의 구성원이 CRM에 몰입하고, 사용하는 방법을 알아야 한다. 그리고 CRM은 고객의 자료를 수집하고, 그 자료를 유지하고 추려내려는 비용과 위험이 발생한다는 사실을 알아야 한다.

이에 따라 CRM 노력은 과반수 이상이 그 목적을 달성하지 못하고 있는데, 실패의 공통적 원인은 기업이 CRM을 단순히 기술 그리고 소프트웨어 솔루션으로 잘못 인식하고 있기 때문이다. 즉 기업전략이 아니라 소프트웨어 프로젝트로 CRM을 접근하기 때문이다. 그리고 CRM을 미지의 세계를 탐구하기 위해 사용함으로써 실패하는데, CRM은 정의된 문제를 해결하기 위해 사용되어야 한다.

그리고 CRM을 실행했지만, 전혀 개선, 발전되지 않는 이유는 다음과 같다.

① 그 시스템이 잘못 디자인됨

② 비용이 너무 많이 소요됨

③ 이용자들이 CRM 시스템을 잘 이용하지 못함

④ 많은 이점을 발표하지 못함

⑤ 공동협력자들이 그 시스템을 무시함

결론적으로 CRM은 기술과 기법만으로 수익적인 고객관계가 구축될 수 없으므로, 중요한 것은 관계조성임을 명심해야 한다.

이렇게 조성된 효과적인 CRM이 고객관계 마케팅에 활용된다면 아래와 같은 효과를 창출할 수 있다.

① 기업의 고객기반을 조성하므로 기업의 수익성을 높일 수 있다.

② 기업은 개인별 거래구좌 정보를 이용함으로써 탁월하게 실시간에 고객서비스를 제공할 수 있다.

③ 기업은 가치있는 고객정보에 바탕을 두어 시장제공물, 서비스, 프로그램, 메시지, 매체 등을 고객화할 수 있다.

제9절 학습조직

1. 도입배경과 학습조직의 개념

급속한 기술발전 및 소비자 욕구의 다양화와 같은 환경의 변화속도와 내용에 대처하기 위해 기존의 벤치마킹이나 프로세스 리엔지니어링과 같은 프로그램만 가지고는 새로운 현실에 적응하기 어려워졌다. 또한 거시적이고 총체적인 혁신의 목표 내지는 비전을 설정하고 이를 일관되고 지속적으로 추진해 가는 새로운 혁신 프로그램의 도입이 요청되었다.

이러한 인식하에 생존과 번영을 위해 새로운 상황에 적응하고 대처하기 위한 새로운 추세로 등장한 지도개념이 학습조직이다. 즉 모든 구성원이 문제를 규명하고 해결하는데 관여하고, 기업으로 하여금 계속적으로 시험하고 변화하며 또한 발전할 수 있도록 관여함으로써 기업의 목표와 목적을 학습하며 또한 성취할 수 있는 기업의 역량과 능력을 개발하고 증대해야 한다는 개념이 요구되고 있다.

이런 개념에서 볼 때, **학습조직**(learning organization)이란 일상적인 경영활동 속에서 지식과 지혜를 신속하고 효과적으로 창출, 공유함으로써, 위기상황이든 아니든 관계없이 새로운 현실에 적응하기 위해 환경변화를 탐지하고, 기업경영에 유용한 새로운 정보와 지식, 능력을 지속적으로 창출하여 조직 전체에 전달하고 이용하여(지식의 창출, 획득, 이전), 장기적인 경영환경의 변화에 일상적이며 습관적으로 신속하고 효과적으로 적용하여 언제라도 새로운 환경에 적합한 자기변신을 하고 또한 환경을 주도함으로써 지속적으로 경영성과를 향상시키고 고객을 만족시키며, 종업원의 삶의 질을 높여가는 조직을 말한다.

2. 학습조직의 효과

학습조직의 기본적인 아이디어는 문제를 해결하도록 함으로써 기업이 미래와 장래를 형성하는 태도이며 철학이므로, 적응적 학습과 창조적 학습 모두에 능해야 한다.

잘 된 학습조직은 몇 가지 효과를 창출한다.

① 기업은 사고의 크기를 증가시킬 수 있다. 즉 구성원들은 전략을 포함하여 모든 사고활동에 참여하므로, 상 · 하 부서의 경계가 거의 존재하지 않는다.

② 모든 구성원이 지속적으로 새로운 지식을 습득, 공유하게 되며, 따라서 서로 의사소통을 하며, 지식을 응용하여 협동함으로써 변화하는 환경을 처리할 수 있는 지식정보와 유연성을 발휘할 수 있다.

③ 신속한 환경대응을 통해 기회를 선점하고 미래환경을 주도함으로써 경영성과를 향상시킨다.

④ 고객의 욕구를 신속하게 파악, 공유하여 이에 대응하고 새로운 가치를 창조하여 고객만족도를 높인다.

⑤ 종업원들의 자율적 실천을 장려하여 자아성장욕구를 충족시킴으로써 종업원 만족도를 향상시킨다.

결론적으로 불확실한 환경에 능동적으로 대처하기 위해서는 조직차원의 학습능력이 중요하며, 미래의 경영환경 속에서는 조직의 학습속도와 역량이 중요한 경쟁우위의 원천이 된다.

3. 학습조직 도입을 위한 순환개념과 구축원칙

학습조직을 조직내에 도입하기 위해서는 순환의 개념이 학습조직 구축의 핵심 개념으로 정착되어야 한다.

순환이란 조직의 학습사이클의 계획, 실행, 성찰을 통해서 계속해서 전략적 방향으로 움직여가는 과정을 말한다. 계획이란 신속한 행동과 신속한 검토에 초점을 맞추는 개방적 과정이며, 실행은 신속한 학습을 위해 정보를 제공해 주도록 설계된 전진적인 과정이다. 성찰이란 조직의 근본적인 가정에 대한 의문을 제기하는 것으로 광범위하게 체계적인 학습을 목표로 한다.

학습사이클이 순환되는 과정에서 조직은 학습의 속도, 학습의 깊이, 학습의 넓이 측면에서 학습효과를 발생하게 하는데, 학습효과가 극대화될 수 있도록 학습조직이 구축되어야 한다.

그러한 학습조직이 구축되기 위해서 경영자는 5가지 원칙, 즉 시스템적 사고, 공유된 비전, 도전적인 정신적 자세, 탐지향적 학습, 개인적인 숙달이라는 원칙을 개발해야 한다.

상기의 원칙을 준수함으로써 경영자는 과거 스타일의 사고방식에서 해방되어 자유로워지도록 변화할 수 있으며, 새로운 패러다임에 따라 조정할 수 있다.

4. 학습조직 시스템의 구성요소

학습조직을 구축한다는 것은 학습조직의 중요한 특징인 조직설계, 정보의 공유, 시스템 및 문화의 영역 내에서 특별한 변화가 이루어진다는 것을 의미하는데, 학습조직 시스템의 구성요소는 〈그림 22-3〉과 같다.

첫째, 학습조직에서 중요한 것은 구성원들이 정보를 공유하고 또한 조직 전체적으로 모든 활동에 협력하는 것이다.

둘째, 구성원들 간에 정보가 공개적으로 적절한 시기에 정확한 형태로 공유되어야 한다.

셋째, 조직의 미래에 대한 공유는 비전을 창출하고, 그 비전에 결속하도록 지도력이 발휘되어야 한다.

넷째, 모든 구성원이 공유된 비전에 동의하며, 기업의 모든 과정, 활동, 기능들이 외적환경의 상호작용 요인들간에 상호관계를 인식하는 기업·조직문화가 조성되어야 한다.

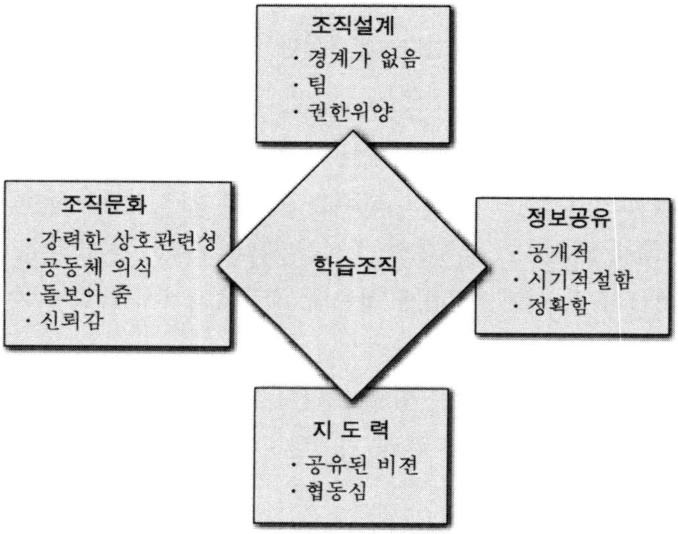

자료원: R. M. Hodgetls, F. Luthans and S. M. Lee, "New Paradigm Organization: From Total Quality to Learning to World Class," *Organizational Dynamics*, Winter 1994, pp. 4-19.

〈그림 22-3〉 학습조직의 특성(구성요소)

제 10 절 리스트럭처링

1. 리스트럭처링의 의미

세계화, 정보화 시대인 21세기에서 유지, 성장하기 위해서 기업은 단순한 인원감축이나 사업부문의 축소 등 소극적인 불황극복책에서 탈피하여 주력사업이라도 성장가능성과 채산성이 불확실한 경우에는 그것에서 과감히 손을 떼는 방법을 강구해야 한다.

리스트럭처링은 구조조정으로서, 재구성, 개조, 개혁으로 시스템 혹은 조직을 새로운 방법을 통해서 조정하는 것으로서, 리엔지니어링 개념을 넘어 기존의 제품을 고객의 입장에서 개선하는 리인벤팅(reinventing) 개념을 포괄하는 적극적인 개념이다.

구조조정, 즉 리스트럭처링(restructuring)이란 기업이 영위하고 있는 사업이나 제품의 성장성, 수익성이 둔화되는 내부환경 변화와 기술혁신, 경쟁격화 등의 외부환경 요인에 적절히 대응하여 미래의 환경변화를 예측하고, 인원감축, 신규사업 진출, 주력사업 교체, 중복사업의 통폐합 및 축소 등을 행하는 기업경영의 제반 시스템 변화를 의미한다.

2. 리스트럭처링의 정책구사와 요건

리스트럭처링은 계획적이고 의도적인 사업구조 재구축이므로, 이를 위해서는 대대적인 인원감축, 사업장 폐쇄, 참여업종의 전문화, 생산라인의 공정개선, 경쟁업체와의 제휴, 부품공급선의 다변화 등 다양한 정책을 구사한다.

리스트럭처링의 가장 근본적인 목적은 수익성을 높이는 것이므로, 비용의 절감으로 가능하나, 따라서 기업은 ① 유휴생산시설을 줄임, 경쟁력 없는 공장 폐쇄함 ② 일부 부품과 서비스의 자체생산을 지양하고 외부에 의존함 ③ 경쟁우위가 없는 사업부문의 매각 정리 ④ 조직구조 개편으로 조직을 단순화함으로써 비용을 절감할 수 있다.

리스트럭처링은 기업의 구체적인 미래상이므로, 기업의 비전을 이루기 위해 기업의 구조를 어떻게 재구성하고 배치할 것인가에 대한 방법론이므로, 4가지 요건을 갖추어야 한다.

① 사업구조를 통한 비전의 구체화

② 기업 내부자원 배분기준 조정

③ 계획적이고 의도적인 사업구조 재구축

④ 과감하고 혁신적인 사업구조 개혁

종합적으로 볼 때, 이 전략의 특징은 전사적 고객만족을 실현시키기 위하여 모든 노력을 경주하고, 경쟁우위를 확보하기 위하여 유망업종에 모든 경영자원을 집중하는 것이므로, 축소 등 조직개편을 혁신적으로 단행하는 것이다.

제 11 절 리엔지니어링

1. 리엔지니어링의 필요성과 그 의미

오늘날 극적으로 변화하는 세상에서 장기적인 성장은 유연적이며 적응적인 조직에 의해 좌우된다. 특히 세계 전역에서 활동하는 기업은 경쟁적 우위를 확보하기 위해서 동태적으로 변화하는 환경에 적응할 수 있도록 혁명적인 변화를 도입하고 수행해야 한다.

리엔지니어링(reengineering)은 비즈니스 리엔지니어링(business reengineering) 또는 사업과정 리엔지니어링(business process reengineering)이라고도 하는데, 이것은 작업이 행해진 방법에 대한 과거의 모든 관념을 버림으로써 과거의 업무과정의 보완이 아니라, 현재의 작업이 최상으로 행해질 수 있는 방법을 결정하여 사업과정의 모든 흐름을 재구성하는 것이므로, 고객의 욕구를 확인, 규명하고 그 후 그 욕구를 충족시킬 수 있도록 과정을 통제하고 구성원을 조정해야 한다.

결론적으로, 리엔지니어링이란 생산성과 재무적 성과를 향상시키기 위해 전통적으로 해 왔던 생산과 제품 및 서비스 그리고 현재의 작업수행방법 등을 재검토하여 어떻게 변화시킬 것인가, 그리고 비용, 품질, 서비스, 속도와 같은 핵심적 과정에서 극적인 향상을 이루기 위해 조직, 구조, 기술, 구성원 등을 포함하여 기업의 작업과정, 사업구조와 절차, 기업 업무 프로세스를 기본적으로 다시 생각하고 근본적으로 재설계하여 환경변화에 보다 유연적으로 반응하며 또한 상호기능적인 분야에 대해 강력한 협동력을 유도하여 기업내 생명력을 주입하려는 경영의 재창조적 과정을 고려한다.

2. 리엔지니어링의 목적과 수행

리엔지니어링은 기존의 업무수행 방식을 근본적으로 재설계하여 개선 이상의 혁신적 경영효과를 목표로 하는 신경영기법으로서 목적은 아래와 같다.

① 현재의 구닥다리 규율과 근본적인 가정을 파악하고 그것을 없애는 것이다.

② 비용, 품질, 서비스, 서비스 속도 등이 향상되고 획기적인 조직성과를 나타낸다.

③ 불필요한 정보와 비효율적인 업무과정을 제거하여 업무의 흐름을 단순화함으로써 기업의 장기적인 성장을 도모한다.

④ 기존의 업무수행 방식을 근본적으로 개선하여 개선 이상의 혁신적 경영효과를 내어 새로운 각도에서 고객을 만족시킨다.

⑤ 기존의 부가가치 산출을 변화시킴으로써 업무를 완전히 새롭게 구성하여 비용절감뿐만 아니라 고객만족을 높이고 품질을 향상시킨다.

그러나 리엔지니어링 과정은 기업이 속한 산업의 현재 및 미래의 경쟁적 분위기에 잘 어울리는 더욱 능률적이고 효과적인 조직구조로 만드는 과정이므로, 비즈니스 리엔지니어링의 창안자인 마이클 해머(Michael Hammer)는 혁신의 대상으로서 관리의 모든 과정, 즉 개발, 조직, 기업문화 등 관리과정 모두가 변화되어야 한다고 주장한다. 즉 업무처리과정에 대한 재설계, 업무의 단순한 통합이 아닌 연계화, 업무의 중복수행방지, 업무수행현장 부서에의 결정권 위양, 현장정보에 치중하는 정보관리시스템 도입, 경영자원의 중앙집권적 활용 등 모든 관리영역에 대해 창조적 변신이 요구된다.

3. 리엔지니어링의 효과와 문제점

리엔지니어링의 요점은 기존의 기업가치관은 물론 모든 경영원칙을 타파하고,

과거의 수행명칭을 없애고, 현재의 업무과정의 흐름을 혁신적으로 재구성함으로써 적은 인원과 적은 노력으로 생산성 향상, 보다 적은 투자로 품질, 서비스의 속도에의 혁신, 고객 서비스의 향상, 원가절감, 신제품 개발과 같은 기업의 새창조를 위한 혁명을 가져온다.

그러나 그것은 도입상에 문제점이 발생할 수 있다. 즉 기업의 주요 사업과정을 간단하게 정의함으로써 실제 수행과정에서 혼란이 야기될 수 있다. 또한 리엔지니어링은 비용과 기간이 많이 소요되어 고통스러운 과정이 될 수도 있다.

제 12 절 아웃소싱

1. 아웃소싱의 필요성과 의미 및 적용범위

국내 및 외국의 경쟁사들에 대해 경쟁력을 계속 유지하기 위한 노력으로 기업은 축소된 조직(leaner organization)으로 변화함으로써 원가를 절감해야 한다. 이러한 필요성으로 기업은 자사에서 직접 행하던 직무의 일부를 외부에서 조달하는 아웃소싱 전략을 구사하고 있다.

아웃소싱(outsourcing)이란 과거에 기업 구성원이 수행하였으나, 핵심능력이 없는 기능들을 다른 기업과의 계약을 통해서 다른 기업들이 수행하도록 과감하게 떼어내어 외주로 돌려 위탁처리하는 방식이다.

이러한 아웃소싱이 과거에는 유지, 청소, 배송과 같은 서비스에서 시작하였으나, 오늘날에는 식당, 건축, 설계, 잔디, 건물, 시설물, 가구, 유지, 식품 서비스, 보안, 레크리에이션 서비스 등에까지 이르고 있다. 오늘날 아웃소싱은 기본적인 내부기능인 인적자원기능, 모집, 훈련, 보상 그리고 정보기술관리, 제품계열의 일부 요소생산, 회계, 법률 서비스, 창고 및 배송 서비스까지 아웃소싱을 한다.

2. 아웃소싱의 효과와 문제점

오늘날 수행되고 있는 아웃소싱은 ① 기업의 경쟁력과 유연성을 높임 ② 재원조달비용을 피함 ③ 비용절감효과와 유연성을 확보함 ④ 낮은 가격 및 높은 품질 제품을 시장에 제공함 ⑤ 노사관계, 환위험, 보호무역장벽 등을 피함 ⑥ 저원가와 품질 서비스 처리속도를 개선함과 같은 이점과 효과를 얻을 수 있다.

그러나 아웃소싱은 ① 자신의 핵심역량이 점차 축소되어 상실될 우려가 있음 ② 기업 내부의 여러 기능간의 상호협조관계가 상실되고, 부품공급업자에 대한 통제력이 상실됨 ③ 인력을 해외에서 아웃소싱하는 경우, 자국 근로자의 실업문제를 야기시키는 문제점도 있다.

결론적으로 볼 때, 성공적인 아웃소싱의 열쇠는 서로가 이득을 창출할 수 있는 동반자력을 형성하기 위해 양측이 전사적으로 몰입해야 한다(〈표 22-2〉 참조).

〈표 22-2〉 아웃소싱의 장 · 단점

장 점	단 점
• 비용절감(아웃소싱 업체의 규모의 경제 및 학습 효과 활용) • 유연한 운영(고용이 아닌 계약) • 재무 유연성(고정비 감소) • 단기적 대응 능력 강화 • 핵심 영역에 집중	• 학습 능력 감소 • 장기적 대응 능력 약화 • 조정 비용 발생(역량이나 생산 흐름을 효과적으로 조정하는 데 소요되는 비용) • 거래 비용 발생(협상이나 계약에 따른 비용, 아웃소싱 업체의 기회주의적 행동을 방지하기 위한 비용) • 정보 유출 위험

제 13 절　시간관리와 시간중심경영

1. 차별화 요소의 변화와 시간단축의 필요성

차별화 요소는 시간의 흐름에 따라 변화하고 있다. 원가우위의 차별화에서 디자인과 기능의 차별화까지 경쟁우위의 요소가 되었다. 그러나 이러한 경쟁우위는 경쟁사의 모방속도가 너무 빨라짐으로써 지속적인 경쟁우위를 가져다주지 못하고 있다.

이제는 성능이나 기능, 디자인이 유사한 제품이라 하더라도 누가 남보다 신속하게 개발하고, 먼저 생산하여 소비자에게 빨리 제공할 수 있느냐 하는 신속성이 차별화의 요소로 부각되고 있다.

이에 따라 시간단축에서 차별화의 요소를 발견하고, 이를 효율적으로 창출할 수 있는 능력을 구비함으로써 시장에서 선도적 지위를 향유해야 한다.

2. 시간단축 경쟁우위 확보영역과 조직의 특징

기업 내에서 시간단축을 통해 경쟁우위를 확보할 수 있는 영역은 세 부분으로 나눌 수 있다.

① 생산부문: 시간단축형 생산시스템에서는 생산라인을 짧게 하고, 레이아웃도 제품중심으로 설계하고, 공정계획을 현장에서 직접 수립한다.

② 영업이나 유통부문: 정보기술 및 통신기술을 활용함

③ R&D부문: 신제품 개발주기를 단축하는 것으로서, **동시 공학**(concurrent engineering)을 적용하여 제품개발시간 단축, 비용절감, 품질향상을 동시에 달성하면서 성공적으로 신제품을 개발한다.

상기와 같은 시간단축형 조직은 세 가지 특징을 가지고 있다.

① 조직계층이 적어 의사결정이 소요되는 시간이 짧다.
② 제품이나 시장중심 조직이므로, 고객과 밀착할 수 있다.
③ 본사와 부품공급업체, 유통업자, 본사내 부서간 정보의 공유가 신속하게 이루어지는 정보시스템이 잘 구축되어 있다.

제 14 절 수퍼리더십과 자율경영

1. 현시대의 과제

현재와 같은 저성장기에는 새로운 시장의 창출, 고부가가치를 추구하는 질의 개념으로 승부해야 하므로, 눈에 보이지 않는 소프트한 것이 더 결정적인 경쟁력이 원천이 된다.

최근 한국기업들이 국제무대에서 선진기업과의 경쟁에서 겪은 어려움은 낙후된 설비나 원가상승과 같은 하드한 요인뿐만 아니라, 창조성, 감성, 정보력과 같은 눈에 보이지 않는 자산, 즉 소프트한 가치창조 능력의 부족이 더 큰 근본적인 요인이 되고 있다.

이러한 가치창조 능력은 조직구성원의 창의성, 전문성, 적극성 등 개개인의 역량에 달려 있다. 따라서 필요한 능력과 자질을 갖춘 인재의 육성, 확보가 향후 한국기업의 경쟁력 강화를 위한 중점 경영과제가 되어야 하며, 이를 위해 대두되는 것이 수퍼리더십이다.

2. 수퍼리더십의 의미와 역할

수퍼리더십(super-leadership)이란 수퍼리더가 갖는 지도력으로서, 수퍼리더는 자기 직원을 스스로 판단하고, 행동에 옮기며, 그 결과를 책임질 수 있는 셀프리더로 키우는 리더를 의미한다.

눈에 보이지 않는 자산을 무기로 경쟁하고 또한 변화가 빠른 환경 속에서 한 사람이 중앙에서 지시, 통제하는 스타일로는 성공적인 경영을 할 수 없다. 따라서 앞으로의 조직 모습은 중앙집권적 형태에서 벗어나 일선 부서가 책임을 지고 신속하게 업무를 처리할 수 있도록 권한과 책임을 부여받는 분권화된 수평적 조직이 되어야 한다. 그리고 구성원들이 필요한 능력과 태도를 갖출 수 있는 자율경영이 정착되어야 한다.

이러한 자율경영에서 수퍼리더는 종업원을 끌고 가는 역할이 아니라, 스스로 문제를 파악하고 해결할 수 있는 능력을 배양해 주는 역할을 해야 한다. 즉 종업원의 능력을 개발하는데 초점을 두어 종업원들이 잠재능력을 최대한 발휘할 수 있도록 자극을 주고, 스스로 모범을 보이며, 궁극적으로 관리가 필요없는 수준으로까지 조직의 힘을 키우는 것이 수퍼리더의 역할이다.

3. 수퍼리더십 발현의 조건과 자율경영의 실현

수퍼리더십을 발현하기 위해서는 아래의 조건이 성숙되어야 한다.

① 리더가 먼저 셀프리더가 되고 행동으로 모범을 보임

② 종업원의 장래 비전과 목표달성을 지원하는 코치로서의 역할을 한다.

③ 스스로 이끌어 가는 팀 조직을 활성화한다.

상기의 조건이 성숙됨으로써 많은 셀프리더들이 모여 자율적인 작업팀을 형성하고 자발적으로 문제를 해결해 나갈 때 기업혁신이 성공할 수 있다.

따라서 진정한 자율경영이 실행되기 위해서는 전사적으로 공유된 가치관과 목표의식하에서 자발적으로 움직이는 자율적인 팀의 집합체로 조직이 운영되어야 한다. 그리고 평범한 사람을 인재로 키울 수 있는 능력을 경영자 스스로가 가질 수 있는 수퍼리더십을 발휘해야 한다.

제 15 절 지속가능경영

1. 지속가능경영의 정의와 중요성

지속가능경영(CSM: corporate sustainability management)이란 지속가능발전의 대상이 되는 환경, 경제, 사회적 지속가능성을 위해 기업이 노력하는 동시에, 이에 따른 리스크를 최소화하고, 주주가치를 포함한 기업가치를 제고시키려는 경영활동이라고 정의한다.

즉 지속가능경영은 기업과 산업활동에 새로운 부담이 되기는 하지만, 기존의 경영방식 전반을 다시 검토해야 하는 전환기에 지속가능한 발전을 위한 기업과 산업계의 역할이 감소되면서 요구되는 새로운 경영환경, 경영방식 또는 경영 패러다임이다.

이러한 지속가능경영이 중요시되는 이유는 위험 및 기회와 연계되기 때문인데 아래와 같다.

- 지속가능경영은 무시할 수 없는 시대적 흐름이고, 경쟁의 장으로 나가기 위한 필수적인 요소이다.
- 지속가능경영을 통해 다양한 기회를 창출할 수 있으므로, 글로벌 선진기업들은 지속가능경영을 새로운 경쟁무기로 이용하는 전략을 추구하고 있다.

따라서 지속가능경영은 비용이 아닌 투자이며, 순응이 아닌 기회가 가치로 인식되어야 하는데, 이를 추진하기 위해서는 최고경영자의 의지, 비전 및 방침의 수립, 추진조직의 구성, 내・외부의 의사소통이 필요하다.

2. 지속가능한 발전

지속가능한 발전(SD: sustainable development)은 지속가능한 경제적 성장을 통해 환경개선, 사회적 형평성 그리고 빈곤의 경감을 추구하고자 하는 것이므로, 지속가능한 발전이 구체적으로 실천되고 효과적으로 달성하기 위해서는 기업의 역할이 절대적으로 필요하다.

지속가능한 발전의 핵심적인 개념은 다음 세대가 원하는 것을 충족할 수 있는 기회를 줄이지 않으면서 지금 우리 세대가 원하는 것을 충족하는 것이다.

지속가능경영이 지속가능한 시대에 기업을 경영하는 방식이며 또한 새롭게 달라지는 경영의 양상으로 이해되므로, 지속가능한 발전에 추구하는 세 가지 축인 경제, 환경, 사회 측면에서 기업은 지속적인 성과를 창출하고, 궁극적으로 경쟁우위를 확보하여 기업의 가치를 증진시켜야 한다. 즉 사회적인 측면에서 투명한 경영을 바탕으로 환경자원을 보전하고 인류의 보편적인 가치를 추구할 수 있는 사회적인 책임을 포함하여 경제적인 성과까지 창출할 수 있는 경영방식이다.

〈그림 22-4〉와 같이 경제적 성장, 생태적 균형, 사회적 발전이라는 세 가지 기능을 통해 지속가능한 발전을 달성하는데 공동의 힘을 쏟아야 한다.

		corporate sustainability management
social aspect	윤리 경영	사회적 책임 투명성 인권 경영
environmental aspect	환경 경영	에코 효율성 그린 가치 사슬 위험관리
economic aspect	일반 경영	수익성 비전과 리더십 파트너십

〈그림 22-4〉 지속가능경영-새로운 패러다임

종합적으로 볼 때, 기업이 지속가능한 발전을 지향할 때 추구할 수 있는 전략 목표에는 사회적 책임, 에코시스템, 혁신과 기술, 생태계, 지속가능 시장, 위험 등 상호관련된 6대 주제가 가이드가 되고 있다.

3. SIGMA(경영을 위한 지속가능성 통합 가이드라인)

SIGMA(Sustainability Integrated Guideline for Management)의 목적은 산업계와 기업이 지속가능경영을 추구할 때 도움을 받을 수 있는 원칙과 활용 등을 개발하는 것이다.

SIGMA에는 아래의 내용이 포함되어야 한다.

- 조직이 지속가능성을 이해하고 실천하는데 길잡이가 될 일련의 원칙
- 지속가능성 이슈를 기업경영의 핵심 프로세스 또는 주요 의사결정에 통합시킬 수 있는 프레임워크
- 조직이 효과적인 전략을 수립하고, 변화를 시작하고, 목표를 달성하는데 사용할 수 있는 일련의 활동의 틀과 접근방식

기업의 지속가능경영의 총괄적 개념은 〈그림 22-5〉와 같이 나타낼 수 있다.

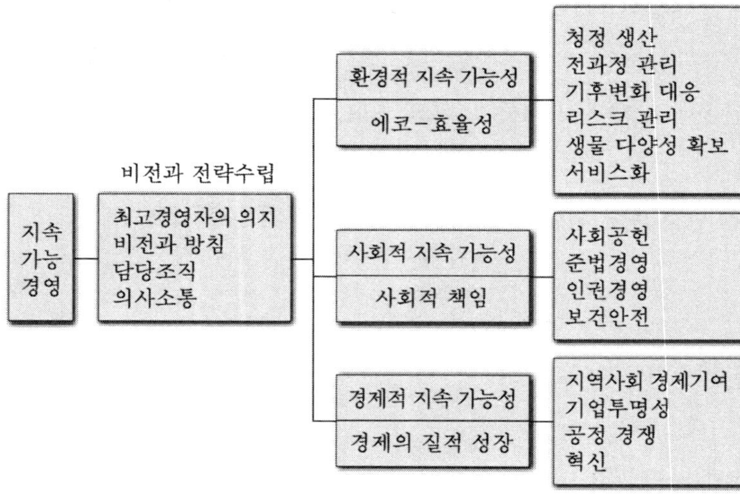

〈그림 22-5〉 기업의 지속가능경영의 개념

제 16 절 기업지배구조

LG경제연구원, 좋은 기업지배구조 10가지 제시

미국의 경제주간지 비즈니스위크는 "GE와 3M 등의 최고의 이사회를, 애플과 제록스 등은 최악의 이사회를 각각 갖고 있다"고 평가한 적이 있다. AT&T, 휴렛팩커드, 씨티그룹, 마이크로소프트 등도 이사회의 독립성이 부족하고 부적절한 이사들이 선임되는 등 기업지배구조가 개선돼야 할 것으로 지적했다.

한국기업지배구조개선지원센터는 한국의 기업지배구조가 100점 만점에 38점 수준에 머물러 있다고 밝혔다. 프라이스워터하우스쿠퍼스도 한국의 자본시장 투명성을 35개 국가 중 31위로 평가했다.

그렇다면 좋은 지배구조란 어떤 것일까. LG경제연구원은 '100점 기업지배구조를 실현하기 위한 10가지 조건' 보고서에서 좋은 기업지배구조를 만들기 위해 갖춰야 할 사항들을 제시했다.

첫째, 사외이사의 중립성. 사외이사의 가장 중요한 역할은 최고경영자(CEO)에 대한 감시와 견제다. 한국은 지배주주가 사외이사를 추천하는 경우가 많아 중립성이 떨어지고 있다. 둘째, 이사회의 경영감시 및 견제. 다국적 제약회사인 화이자는 CEO를 제외한 채 이사회를 열고 감사・보상위원회에도 CEO의 참여를 배제하고 있다. 홈데포도 경영진을 제외한 정기이사회를 연다.

셋째, 자질 있는 이사회. 저명한 사람보다 기업 가치를 높일 수 있는 사람이 사외이사가 돼야 한다. 넷째, 이사회의 전략적 활동으로서, 예를 들어, GE 사외이사들은 매년 두 곳 이상의 사업장을 단독 방문해야 한다. 다섯째, 성과주의 보상체계. CEO의 급여 및 보상은 기업의 장기적 성과에 합리적으로 연계돼야 한다. 여섯째, 독립적인 감사인. 감사인이 기업 소유자나 경영자 등의 영향을 받지 않고 감사할 수 있어야 한다.

이 밖에 △엄격한 인센티브 규정 △엄격하고 투명한 회계원칙 △신뢰할 수 있는 커뮤니케이션 △전사적 위험관리와 내부통제 등도 갖춰져야 할 것으로 지적됐다.

좋은 기업지배구조 10가지

- 중립적인 사외이사
- 이사회의 경영 감시 및 견제
- 자질 있는 이사회
- 이사회의 전략적 활동
- 성과주의 보상체계
- 엄격한 인센티브 규정
- 독립적인 감사인
- 엄격하고 투명한 회계원칙
- 전사적 위험관리와 내부통제
- 신뢰할 수 있는 커뮤니케이션

자료: LG경제연구원

홍찬선 기자 hcs@donga.com

1. 기업지배구조의 논의배경과 의미

1) 기업지배구조의 논의배경 및 의미

한국에서 기업지배구조에 대한 논의는 아래 3가지 배경으로 설명할 수 있다.

첫째, IMF 외환위기를 초래한 원인으로서, 한국기업의 지배구조상 대주주의 경영활동에 대한 적절한 견제장치가 없어 대주주의 독단적인 경영이 가능하였고, 무모한 투자와 과잉차입이 이루어져 외환위기를 맞게 되었다.

둘째, 자본시장의 개방과 세계경제의 통합화 현상으로 인해 다국적기업들이 공정한 경제환경에서 활동할 수 있도록 각국의 경제금융제도를 국제적 기준에 맞추어 수정해야 한다는 요구가 제기되고 있기 때문이다. 이에 기업의 지배구조도 경제환경의 변화에 따라 OECD도 각국에 공통으로 적용될 수 있는 국제적 규범을 제정하였다.

셋째, 상호출자, 경영권 세습 등과 같이 재벌기업에 의한 경제력 집중현상을 해결하기 위한 방안과 관련하여 기업의 지배구조가 논의되고 있기 때문이다.

기업지배구조(corporate governance)란 주주, 경영자, 종업원, 은행, 채권자, 고객, 지역사회, 정부 등 기업의 이해관계자 간의 관계를 규정하는 규범이라고 할 수 있다.

기업의 경영성과에 많은 영향을 미치는 기업지배구조는 많은 이해관계자 간의 역할관계를 나타내는 것이므로, 기업지배구조에 대해 관심을 갖는 이유는 ① 기업지배구조가 기업의 효율성, 더 나아가 경제 전체의 효율성에 영향을 미치기 때문 ② 기업지배구조는 기업목적 및 목표달성을 위한 수단 그리고 기업의 실적을 평가하는 틀을 제공하기 때문이다.

2) 기업지배구조의 결정과 상충문제

기업지배구조는 기업지배구조에 관한 정부의 규제나 제도와 같은 외부적 환경 그리고 관련자의 특성 및 관련자(지배주주, 비지배주주, 전문경영자 등) 간의 역학관계에 의해 결정된다. 또는 기업내 인적관계 등 비재무적인 특성에 의해서도 결정된다.

예를 들어, 기업의 소유와 경영이 분리된 경우, 대규모 자본조달이 용이하고, 규모의 경제를 통한 효율성 증대효과가 크며 또한 전문경영자에 의한 효율적인 경영이 가능하다. 그러나 경영자가 주주의 이익보다는 자신의 이익을 우선함으로써 주주와 경영자간의 대리인 문제(agency problem)가 발생하는 관점이 있다.

이에 마슐리스(R. Masulis)는 주주와 경영자간의 이해상충문제 4가지 형태를 제안하였다.

① 경영자는 기업도산에 따른 자신의 실업가능성을 줄이기 위해 가능한 투자위험이 낮은 사업을 선호하며 부채비율을 줄이고자 한다.

② 경영자는 장기적으로 주주의 수익률이 높은 사업보다는 단기적으로 경영성과가 높은 사업을 선호한다.

③ 경영자는 가급적 적게 노력하고 보다 많은 보수혜택을 얻고자 한다.

④ 경영자는 기업지배권의 이전에 따른 자신의 실업가능성을 최소화하고자 한다.

2. 기업지배구조와 기업가치

1) 기업지배구조의 중요성

기업지배구조의 핵심은 주주의 이익을 극대화하는 것으로서, 기업지배구조 관련자들로 하여금 주주이익을 추구하도록 동기를 부여하는 한편, 이들이 주주이익을 침해하지 않도록 효과적인 감시체계를 구축하는 것이다.

주주이익을 추구하는 기업지배구조를 확립해야 하는 이유는 기업지배구조가 투자자의 투자기준이 되기 때문이다. 특히 국제금융시장에서 자본을 조달하기 위해서는 국제적 수준의 기업지배구조를 확립하여 투자자의 신뢰를 얻는 것이 중요하다.

또한 기업지배구조에서 기관투자자의 역할이 점차 증가하고 있으며, 개인투자자는 경영권을 행사하지는 않지만 지배주주 및 경영진으로부터 평등한 대우를 받고, 지배주주의 독점적인 경영권 행사로 인한 불이익을 받지 않아야 한다. 은행과 같은 채권자도 기업성과에 대한 외부감시자 역할을 하며, 종업원과 이해관계자도 기업의 장기적인 성공과 경영성과에 중요한 역할을 한다.

따라서 지배주주, 비지배주주, 경영진, 이사회 그리고 기관투자자, 은행, 종업원 간의 관계를 규정하는 기업지배구조는 기업의 경쟁력과 큰 관계가 있다고 할 수 있어 기업의 경영성과에 많은 영향을 미치게 한다.

2) 기업지배구조와 기업가치

기업지배구조의 문제는 경제력 집중문제 그리고 기업의 경쟁력과 효율성 문제와 연관하여 분석되므로, 기업지배구조와 기업가치 간의 관계는 2가지 상반되는 이론으로 설명된다.

첫째, **안주주의 가설**(entrenchment hypothesis)에 의하면, 소유경영자의 지분이 높을수록 회사는 외부로부터 인수합병의 위험에서 벗어나기 때문에, 소유경영자는 현실에 안주하려고 한다는 것이다. 따라서 기업가치와 소유경영자의 지분율은 부(-)의 관계를 갖는다.

둘째, **이해일치 가설**(convergence of interest hypothesis)에 의하면, 소유경영자의 지분이 높을수록 기업가치의 증가가 소유경영자의 부를 증식시키기 때문에, 소유경영자는 기업의 이익극대화를 위해 노력한다는 것이다. 따라서 소유경영자의 지분과 기업가치는 정(+)의 상관관계를 갖는다고 한다.

3) 한국의 기업지배구조

한국기업의 지배구조를 보면, 대주주의 지분이 높은 편이며, 대주주가 이사회 회장과 최고경영자를 겸임하는 경우가 대부분이다. 소유경영자 체제는 책임경영을 가능케 하고, 주주와 경영자 간의 대리인 문제를 완화시킬 수 있다. 그리고 많은 기업들이 상호출자를 통하여 계열화되어 소유경영자의 지배권이 강한 편이다.

그러나 소유경영자 체제는 대주주-경영자 형태를 가짐으로써 주주와 경영자 간의 대리인 문제보다는 대주주와 소액주주 간의 대리인 문제를 초래하고 있다. 즉 이사회의 경우, 이사가 대주주에 의해 선임되고 또한 이사회가 최고경영자를 임명하는 권한이 없어 이사회의 역할이 미약한 실정이다.

4) 바람직한 기업지배구조의 모색

기업의 효율성 제고와 경쟁력 강화를 위한 방향으로 기업의 지배구조를 개선하기 위해서는 자본시장의 기능강화, 소액주주 보호를 위한 제도개선, 경영 투명성 제고와 회계감사 기능강화, 이사회 제도 개편과 기능강화, 기관투자자의 역할 강화, 은행과 기업 간의 연계체제구축, 경영자 인센티브 시스템을 구축해야 한다.

대주주의 전횡을 막고 소액주주의 권리를 보호하기 위한 제도로는 집중투표제, 대표소송제 등이 있다.

집중투표제란 여러 명의 이사를 동시에 선임할 때, 주주가 자신의 의결권을 모두에게 몰아주는 제도이다.

집단소송제는 경영진의 불법행위 등으로 인해 피해를 본 주주 중 한 사람이 경영진을 상대로 소송을 내어 승소한 경우 나머지 주주들도 별도의 소송 없이 자동적으로 같은 배상을 받는 제도이다.

대표소송제란 6개월 이상 전체 주식의 1% 이상을 가진 주주가 다른 주주들을 대표하여 회사에 손실을 끼친 임직원에 대해 제기하는 소송으로 경영진의 잘못을 규명하는 성격을 가지고 있다.

1999년 OECD(경제협력개발기구) 자문그룹은 아래와 같이 기업지배구조 원칙을 제시하였다.

① 모든 국내기업이 일률적으로 따라야 할 보편적이고 완전한 기업지배구조는 없다.

② 기업지배구조는 각국의 문화소유구조, 사업환경, 경쟁조건 등 다양한 요소에 따라 달라진다.

③ 기업목표는 주주가치 극대화에 있으며, 다른 이해관계자들의 기대와 요구에도 부응해야 한다.

④ 이사회의 투명하고 독립적인 경영감독이 기업지배구조의 핵심이다.

⑤ 회계 등 일정분야에서의 보편적 기준을 적용하는 것이 바람직하다.

기업지배구조는 각국마다 다양한 형태를 가지므로, 어떤 지배구조가 바람직하다고 결론을 내릴 수 없다. 다만 기업의 경쟁력과 효율성을 높이는 차원에서 기업지배구조의 문제가 논의되어야 한다. 이를 위해서는 ① 기업의 지배구조가 기업의 경쟁력과 효율성에 어떠한 영향을 미치는가 ② 소유와 경영의 분리로 인해 발생하는 대리인 문제를 어떻게 해결해야 하는가 ③ 기업의 지배구조와 관련된 자본시장의 역할은 무엇인가 또는 시장규율(market discipline)은 효과적인가 ④ 경영권 세습은 바람직한 것인가 등의 과제를 연구해야 한다.

OECD 기업지배구조 개선안

OECD(www.oecd.org)는 1996년부터 기업지배구조 개선방안을 마련하기 위한 작업에 착수하였는데 올 2월 기업지배구조 5원칙-△주주권보호의 원칙 △주주평등의 원칙 △이해관계자 역할 △정보공개 및 경영투명성의 원칙 △이사회의 역할-을 포함한 기업지배구조 개선안을 발표하였다. 이 가이드라인은 5월 OECD 각료이사회에서 공식 채택되었으며 향후 1~2년간 수정·보완 과정을 거쳐 최종안이 마련될 예정이다.

개선안은 첫째, 기업지배구조는 주주권리의 보호가 주요 목적임을 명시하고 주식등록, 주식양도, 기업정보의 획득, 주주총회 참석 및 의결권행사, 이사선출, 이익공유권 등이 보호되어야 함을 규정하고 있다. 주주의 지분비율에 영향을 줄 수 있는 주식발행 및 자본조달 등에 대해 주주에게 공개하도록 하고 있다. 이외에도 경영권 취득에 관한 규정 및 구제수단을 명확하게 규정하도록 하고 있다.

둘째, 외국인을 포함한 모든 주주가 평등하게 대우받아야 하며 모든 주주가 권리침해에 대해 효과적인 시정수단을 갖도록 하고 있다.

셋째, 개선안은 주주이익을 중시하는 주주자본주의가 있지만 채권자, 종업원, 지역주민 등 기업과 관련된 이해관계자의 이익도 존중하도록 하고 있다.

넷째, 개선안은 정보공개의 대상으로 다음과 같은 사항을 열거하고 있다. ① 재무실적 & 영업실적, ② 기업목적, ③ 대주주 및 주요 주주의 의결권, ④ 이사회 및 경영진, ⑤ 예상되는 위험요소, ⑥ 종업원 및 이해관계자와 관련된 문제, ⑦ 기업지배구조 및 정책, 재무정보, 비재무정보, 감사 등과 같은 자료는 엄격한 공시기준에 따라 작성되어야 하고 외부의 객관적인 평가를 위해 연례 정기회계감사는 독립감사에 의뢰하도록 하고 있다.

다섯째, 개선안은 이사회에 의한 경영전략수립, 효과적인 감시, 이사회의 기업과 주주에 대한 의무를 강조하고 있는데 이사는 충분한 정보를 가지고 성실하게 최선을 다하여 기업의 이익을 보호해야 하며 이사회는 기업이 위법행위를 하지 못하게 하고 이해관계자의 입장을 고려하도록 하고 있다.

이사회의 기능으로는 ① 경영전략, 주요 사업, 위험관리정책, 예산 및 향후 사업계획, 경영성과의 설정, 경영감독, 경영성과, 주요 투자계획, 인수합병, 자산매각의 감독, ② 경영진의 선출, 교체, 경영진에 대한 감독 및 보수 결정, ③ 경영진, ④ 회사재산의 남용, 내부자거래 등을 포함한 경영자, 이사, 주주 간의 잠재적 이해상충문제 관리 및 감독, ⑤ 독립감사, 신뢰할만한 회계기준, 재무제표의 확보, 감사제도 위험관리, 재무, 법률, ⑥ 원활한 기업지배 관행 구조 운영 감독 조정, ⑦ 정보공개 및 의사결정과정의 감독 등을 열거하고 있다.

또한 경영진과 독립적으로 회사업무를 객관적으로 판단할 수 있도록 이사회에 충분한 사외이사 수를 확보하도록 하고 있다.

OECD가 제시한 기업지배구조 개선안은 비록 구속력이 없지만 우리나라가 OECD 회원국이며 규범의 국제화 추세에 비추어 볼 때 국내 지배구조 개편시 어느 정도 이를 반영하는 것이 불가피한 상황이다.

OECD 기업지배구조 개선안 1999. 2.

구 분	내 용
주주권리보호의 원칙	• 주주의 기본권리 • 회사의 중요 경영상황에 대한 정보 취득권리 • 주주총회에 참석하여 의결권 및 주주제안권, 질의권 행사기회의 보장, 주주총회의 규칙에 대한 정보의 획득 • 자본구조 및 자본조달사항에 대한 정보공시 • 공정하고 투명한 경영권시장 • 기관투자자를 포함한 주주는 의결권행사에 따른 손익비교
주주평등의 원칙	• 의결권 등에서 모든 주주를 평등하게 대우 • 자기매매 및 내부자거래 금지
이해관계자의 권리보호	• 이해관계자의 이익보호 • 기업지배구조 내에 이해관계자의 참여허용 • 기업지배구조 관련 정보제공
정보공개 및 경영투명성의 원칙	• 구체적인 정보제공 • 공시에는 재무정보, 비재무정보, 감사를 포함하고 엄격한 기준에 의한 작성 • 독립감사에 의한 감사
이사회의 역할	• 기업의 이익보호 • 주주 평등의 원칙 준수 • 이해관계자의 이익고려 • 이사회의 기능 • 충분한 사외이사의 확보 • 이사회의 경영진으로부터 독립성 유지

자료원 : 김범석, 기업지배구조개선을 위한 정책방향, 시사금융, 1999. 9.

제 17 절 기타 관리적 노력

1. 다운사이징

1) 다운사이징의 의미

시장점유율이 하락하거나, 너무 지나치게 규모가 커졌을 때, 또는 잘못 관리되었을 경우, 너무나 구성원이 많을 때 등 기업의 이익을 개선, 향상시키는 한 가지 방법은 초과되는 인원을 축소하는 것이다.

다운사이징(downsizing)이란 조직규모를 축소시키는데 중점을 두는 것으로, 조직내의 직무를 없애기 위해 조직의 전략방향에 따라 사업단위를 축소하거나, 합작투자, 아웃소싱, 분사 그리고 네트워크 조직구조 등을 통해 조직구조를 재설계하는 것이다.

다운사이징은 인력축소와 새로운 충원 그리고 핵심사업에 대한 전략의 선택과 집중으로 대표된다. 이 과정에서 인력해고, 조기퇴직, 해고된 직무의 공백을 새로운 유입인력으로 메우거나, 인력재배치 등 다양한 인력조정이 이루어지며, 또한 정규직 인력을 축소하는 대신에 비정규직 인력을 고용하는 인력 아웃소싱을 할 수도 있다.

2) 다운사이징의 영향

다운사이징을 하는 경우, 작업장에서는 혼란 그리고 구성원의 개인적인 삶에 대해서 건강, 좌절, 두려움, 걱정, 화가 남 등의 반응이 대상이 되는 사람 그리고 남은 구성원들에게서 나타난다. 그런 반면에 경영자들 마음 속의 쇼크와 상처는 경감된다.

이 경우, 공개적이며 솔직한 커뮤니케이션이 가장 중요하다. 대상이 되는 사람들에게는 가능한 한 신속하게 정보가 제공되어야 한다. 생존자들은 기업의 새로운 목표와 기대사항을 알아야 한다. 즉 직무가 어떻게 변화하며, 장래에는 무엇을 해야 하는가를 알아야 한다. 다운사이징을 조치하는 경영자는 그러한 정보가 가능한 한 신속하게 이용될 수 있으며 공개적으로 전달되도록 해야 한다.

다운사이징의 대상이 된 구성원들에게 지원을 제공하는데 있어 기업은 특정기간 동안 보조금과 어떤 혜택을 제공한다. 또한 경영자들은 지급혜택기간에 영향을 주는 법규를 준수해야 하며, 이에 추가하여 기업은 새로운 직장을 찾을 수 있도록 지원을 제공한다.

마지막으로, 다운사이징은 희생자와 마찬가지로 생존자들도 스트레스를 받는다. 자주 생존자들은 다음 차례에는 본인이 직업을 잃어버릴 수 있다고 두려워한다. 또는 생존자들은 직무에 대한 책임이 모든 일을 완결하기 위해서는 더 많은 일을 해야 한다는 것으로 증가된다는 사실을 간파한다.

생존자들에게 도움을 주기 위해 경영자들은 구성원들이 말을 할 수 있고, 집단토의를 하며 또한 그들이 얼마나 중요한가를 상담자들에게 커뮤니케이트할 수 있도록 상담자를 마련해야 한다.

2. 가상기업

기업은 내·외부의 협력을 통해 현재 자신이 갖고 있는 것보다 더 많은 자원을 이용할 수도 있거나 또는 새로운 유망시장이 나타났을 때 그 분야에 맞는 기업이나 팀과 손잡고 새로운 조직을 마련했다가 다른 기회가 생기면 적절한 다른 기업을 찾아 새로운 네트워크를 짤 수가 있다.

상기와 같이 행하는 것을 종합해 볼 때, **가상기업**(벌추얼 기업: virtual corporation)이란 차세대에 성공할 수 있는 기업모델을 개발하기 위해서 동종업체, 협력업체는 물론 경쟁업체 간에도 합작 또는 협력관계를 유지하여 이들 기업 간에 첨단정보기술을 활용하고 정보를 공유함으로써 신기술개발과 시장개척을 효율적으로 실행할 수 있는 기업을 말한다.

이 경우, 참여기업들은 구체적인 시장기회를 활용하기 위하여 적극 협력하므로, 협력기간 동안 강한 운명공동체 의식을 공유한다. 그러나 그 존재의 필요성이 없게 되면 가상기업은 자연 해체된다.

가상기업은 급변하는 상황 속에서 보다 신속하고 유연하게 상황에 대처함으로써, ① 투자비용과 간접비용이 협력기업에 분산되어 리스크를 감소시키고, ② 조직 슬림화로 비용과 시간을 절약할 수 있으며, ③ 창조적인 능력과 신속한 상황 대처 능력을 갖추고 있다는 장점이 있으나, 참여기업들 간에 신뢰성이 결여되어 정보교환이 여의치 못한 경우 성과를 기대하기가 어렵다.

이 가상기업이 성공을 거두기 위해서는 우수한 참여 파트너, 우수한 인력, 우수한 정보를 갖추고 효과적인 상호작용을 해야 한다.

찾아보기

[ㄹ]

[ㅁ]

[ㅂ]

[ㅅ]

[ㅈ]

[ㅎ]

〈기타〉

[저자 약력]

• 윤 훈 현

연세대학교 상경대학 경영학과 졸업(경영학사)
연세대학교 경영대학원 수료(판매관리 전공, 경영학 석사)
목원대학교 경영학과 조교수 역임
미국 University of Wisconsin(Madison) 경영대학원 객원교수
고려대학교 대학원 박사과정 수료(경영학 박사)
고려대학교 산업개발연구소장 역임
고려대학교 경영정보대학원장 역임
현 : 고려대학교 경상대학 경영학부 교수
고려대학교 경영정보대학원 교수
저서 : 『21세기 경영학』(공저, 2004), 『현대경영학』(1998)
『현대소비자행동론』(1998), 『소비자행동의 이해』(2008), 『마케팅의 이해』(2009)
편저 : 『객관식 경영학연습』(1993)
역서 : 『최신마케팅원론(Philip Kotler, Marketing : An Introduction)』, 제2판(1991), 제3판(1994), 제4판(1998), 제5판(2001), 제6판(2003)
『현대마케팅론(P. Kotler & G. Armstrong : Principles of Marketing)』, 제4, 5, 7판
『신마케팅론(Gilbert A. Churchill and J. Paul Peter : Marketing)』, 제1판(1996)
『소비자행동론(Henry Assael, Consumer Behavior)』, 제5판, 제6판(1998).
『마케팅관리론(Philip Kotler, Marketing Management』 제6, 7, 8, 9, 10, 11, 12판

21세기 기업과 경영

2012년 8월 20일 중판인쇄
2012년 8월 25일 중판발행

저 자 윤 훈 현
발행인 유 성 열
발행처 **청목출판사**
서울특별시 영등포구 신길로 40길 20
전화 (02) 849-6157(代) · 2820
FAX (02) 849-0817
등록 제318-1994-000090호

파본은 바꾸어 드립니다. 값 25,000원

http : //www.chongmok.co.kr

ISBN 978-89-5565-304-5